JOURNAL ASIATIQUE

ou

RECUEIL DE MÉMOIRES

D'EXTRAITS ET DE NOTICES

RELATIFS A L'HISTOIRE, A LA PHILOSOPHIE, AUX LANGUES
ET A LA LITTÉRATURE DES PEUPLES ORIENTAUX

RÉDIGÉ

PAR MM. BAZIN, BIANCHI, BOTTA, CAUSSIN DE PERCEVAL, CHERBONNEAU, D'ECKSTEIN
C. DEFRÉMERY, L. DUBEUX, DUGAT, DULAURIER
GARCIN DE TASSY, GRANGERET DE LAGRANGE, STAN. JULIEN
MIRZA A. KASEM-BEG, J. MOHL, S. MUNK, REINAUD
L. AM. SÉDILLOT, DE SLANE, ET AUTRES SAVANTS FRANÇAIS
ET ÉTRANGERS

ET PUBLIÉ PAR LA SOCIÉTÉ ASIATIQUE

CINQUIÈME SÉRIE
TOME XI

PARIS

IMPRIMÉ PAR AUTORISATION DU GOUVERNEMENT

JOURNAL ASIATIQUE.

JANVIER 1858.

RECHERCHES

SUR

L'HISTOIRE, L'ORGANISATION ET LES TRAVAUX

DE L'ACADÉMIE IMPÉRIALE DE PÉKING,

PAR M. BAZIN.

SECTION PREMIÈRE.

FONDATION DE L'ACADÉMIE. — HISTOIRE DE SON ÉTABLISSEMENS ET DE SES PROGRÈS DEPUIS LES THANG JUSQU'À LA DYNASTIE ACTUELLE.

L'académie impériale de Péking ou l'académie des han-lin est à la Chine un des grands corps de l'État; elle en a tous les honneurs, toutes les prérogatives, et ses statuts, aussi bien que l'almanach impérial, font voir qu'elle a aujourd'hui plus que jamais un caractère politique.

Comme société savante, on la compare aux académies de l'Europe. La comparaison, dit un missionnaire, est juste à bien des égards. Comme corps politique, comme organe officiel du gouvernement, dont elle exprime la pensée, elle ressemble parfaitement à notre Conseil d'état. Son origine, d'après l'histoire authentique (*tching-sse*), remonte à la dynastie des Thang ; elle fut fondée par Hiouèn-tsoung, auquel la postérité a conservé le nom de *ming-hoang-ti* « l'empereur illustre, » parce que, en effet, son règne fut illustré par de sages réformes et des institutions nouvelles.

Philosophe, Hiouèn-tsoung composa un assez grand nombre d'ouvrages. Orthodoxe, quand il monta sur le trône, il alla en pèlerinage dans le Chan-toung pour y visiter le tombeau de Confucius, et publia une édition du *Hiao'-king*, avec un commentaire perpétuel[1] ; mais bientôt se laissant enthousiasmer des livres et du système de Tao-sse, comme les empereurs Wou-ti et Kièn-wen-ti des Léang[2], il écrivit sur le *Tao-tëe-king* de Lao-tseu un commentaire et une assez longue paraphrase[3].

Curieux enfin du bouddhisme et des fables de sa théologie, il se fit expliquer les principaux monuments de cette religion ; puis il entreprit de confondre dans une espèce de syncrétisme[4], non-seulement les théories de Lao-tseu, de Confucius et

---

[1] On trouve ce commentaire dans l'ouvrage intitulé : *Hiao'-king 'siao-hia 'tsouan-tchou'*. Le commentaire est de Hiouèn-tsoung, des Thang ; la glose, de Ssma-kouang, des Soung.

[2] Voyez *Le Livre de la voie et de la vertu*, composé par Lao-tseu dans le vi° siècle avant l'ère chrétienne, traduit en français et publié par Stanislas Julien. Paris, 1852 ; Introduction, page xxxvi.

[3] Le commentaire a pour titre : *Tao-tëe-king-tchou'*, la paraphrase : *Tao-tëe-king-kiang-sou*. Celle-ci est en 5 livres.

[4] Voy. notre Introduction au théâtre chinois des Youèn, p. xxxiii.

des bouddhistes, mais encore toutes les doctrines et toutes les religions étrangères[1], qui étaient tolérées sous son règne avec une singulière complaisance. Le fameux proverbe chinois 三教一教 « *les trois religions n'en font qu'une* » est une répétition de ce que les historiens ont mis dans la bouche de Hiouèn-tsoung.

Ami des arts et des spectacles, auteur lui-même de quelques ouvrages dramatiques, il établit dans le palais impérial un théâtre et un conservatoire de musique. Ce théâtre fut, à proprement parler, le théâtre de la cour; on y joua des opéras[2], dont l'empereur avait fourni les premiers modèles. Quant au conservatoire, il fut placé sous le patronage de l'impératrice Yang-koueï, et les jeunes filles du harem impérial, au nombre de plusieurs centaines, devin-

[1] Le P. Amiot, dans le portrait qu'il a fait de Hiouèn-tsoung, nous apprend que la religion chrétienne a été très-florissante sous son règne, qu'il a bâti des temples en l'honneur du vrai Dieu, et qu'il a honoré les prédicateurs de l'Évangile d'une manière très-particulière. « Ce que je lis dans l'histoire, dit-il, et dans le monument de Si-ngan-fou, est pour moi une preuve sans réplique que Hiouèn-tsoung a bien mérité des chrétiens. » (*Mémoires des missionnaires de Péking*, t. V, p. 375.) Je n'ai pas à ma disposition les ouvrages où le savant missionnaire a trouvé la source et la vraisemblance de ces faits.

[2] Il n'y avait que des opéras sous les Thang; j'ai montré, dans le *Siècle des Youèn*, que les Chinois comprenaient aujourd'hui sous le nom de Thsǎ-khi sept espèces d'ouvrages dramatiques, à savoir : 1° les drames historiques; 2° les drames tao-sse; 3° les comédies de caractère; 4° les comédies d'intrigue; 5° les drames domestiques; 6° les drames mythologiques; 7° les drames judiciaires ou fondés sur des causes célèbres.

rent les élèves des professeurs. Une chronique des
Thang assure que l'empereur Hiouèn-tsoung avait,
comme musicien, gagné l'affection des jeunes officiers du palais, qui tous prenaient plaisir à disserter
avec lui sur la méthode et les principes de la composition [1]; mais les historiographes, plus sévères que
les chroniqueurs, lui reprochent comme un crime
capital d'avoir, au commencement de son règne,
où il ne montrait encore que des vertus, établi dans
l'intérieur de son palais une académie de musique.
«Il s'amollit tellement dans ces exercices, disent-ils,
qu'il prit peu à peu du dégoût pour les affaires. Il
commença par un simple amusement et finit par les
plus grands désordres [2].» L'histoire, toute partiale
qu'elle est contre Hiouèn-tsoung, à cause des témé-
rités de son esprit, reconnaît néanmoins qu'il a laissé
des établissements utiles.

La onzième année *Khaï-youèn* ou l'an 723 après J.C.
Hiouèn-tsoung fonda une bibliothèque impériale,
appelée 麗正書院 [3], il nomma bibliothécaires
Siu-kièn, du cabinet des archives secrètes, Ho-tchi-
tchang, Tchang-chöue, du ministère des rites; puis
d'autres personnages, qui ont laissé un nom dans
l'histoire des Thang. On aurait dû applaudir à une
pareille fondation; cependant on n'en sut pas gré

---

[1] *Thang-chou*, liv. XXII, fol. 4 et 5; Introduction au Théâtre
chinois, p. IV, V et VI.
[2] *Mémoires des missionnaires de Péking*, t. V, p. 357.
[3] *Tableaux chronologiques de l'histoire officielle, dynastie des Thang*,
fol. 8 v.

à l'empereur; elle devint au contraire l'occasion de
quelques vifs débats entre les magistrats de la capitale. Ma Touan-lin nous apprend que Tchang-choŭ
se trouva dans l'obligation de publier un mémoire
justificatif pour défendre la bibliothèque contre les
entreprises de quelques ministres d'état [1], ceux-ci
accusant de paresse tous les bibliothécaires et soutenant, d'ailleurs, qu'une bibliothèque impériale n'é-
tait d'aucune utilité pour le service du pays. Malgré
ces protestations, l'établissement fut conservé [2].

Ce n'est pas tout. L'empereur, voulant perfection-
ner la langue, la poésie et l'éloquence, institua, la
treizième année Khaï-youèn [3] ou l'an 725, dans le
palais impérial, une société de gens de lettres dont il
se déclara le protecteur et le maître. Telle est l'origine
de l'académie qu'on appela sous la dynastie des Soung
l'académie des han-lin 翰林院 han-lin-youèn.

Le palais impérial des Thang était subdivisé en
plusieurs palais distincts (tièn); chacun de ces palais
avait un nom et une destination particulière. On
remarquait le palais du Khi-lin [4]; le palais du Taï-ki [5],

---

[1] Voyez Éd. Biot, *Essai sur l'histoire de l'instruction publique en Chine*,
p. 287.

[2] Malgré l'abondance des livres, les grandes bibliothèques particulières sont très-rares à la Chine; les missionnaires de Péking en
donnent la raison. Ils ajoutent que, si ce secours manque aux savants
du pays, les savants ont une ressource dans les monastères, où l'on
trouve des collections immenses.

[3] *Tableaux chronologiques de l'histoire officielle*, fol. 8 v.

[4] Licorne merveilleuse, qui n'apparaît que sous le gouvernement
d'un prince accompli.

[5] Nom que les Chinois donnent à la cause première.

le palais de la *joie éternelle*, etc. Ce fut dans le palais des *génies rassemblés*, Tsï-sien-tien, ou des immortels du Ciel, que Hiouèn-tsoung installa d'abord la nouvelle académie. Le jour où elle tint sa première séance, l'empereur changea le nom de ce palais, qu'il appela le palais des *sages réunis*, Tsï-hièn-tien, ou des immortels de la terre. Elle se composa de quarante membres, qui prirent le titre de *tsï-hièn-youèn hio-sse* 集賢院學士 « docteurs du palais des sages réunis[3]. » On verra plus tard que cette expression *hio-sse*, par laquelle on désigna les académiciens, a aujourd'hui une autre signification.

On connaît mieux le costume des académiciens sous les Thang que les statuts de l'académie. Comme marque d'honneur, les académiciens portaient un bonnet orné d'une queue de martre et de bijoux en or[2]. Quant à l'académie, elle avait un directeur ou chancelier. Pendant le règne de Hiouèn-tsoung, le chancelier était Tchang-choüe[3]. Il convoquait l'aca-

---

[1] *Tableaux chronologiques de l'histoire officielle*, fol. 8 v.

[2] *Kin-kou-khi-kouan*, chap. VI, fol. 2 r.

[3] Tchang-choüe, le chef du ministère des rites, conservateur de la bibliothèque, chancelier de l'académie impériale, a beaucoup écrit sur la poésie et l'éloquence (*chi-wen*). Le recueil de ses œuvres, en vingt-cinq livres, est intitulé : 張燕公集 C'est ce grand personnage du règne de Ming-hoang-ti qui a composé l'introduction au *Si-yu-ki* (*Mémoires sur les contrées occidentales*) et la préface de ces Mémoires, préface dans laquelle Tchang-choüe retrace avec infiniment d'art et d'élégance les principales circonstances de la vie de Hiouen-thsang, mais aussi dans laquelle il montra, comme les écrivains de son époque, une érudition trop fastueuse, trop re-

démie, après avoir pris les ordres de l'empereur;
car cette société littéraire ne s'assemblait pas à jours
fixes. Hiouèn-tsoung nomma lui-même les académiciens; mais il s'imposa l'obligation de les choisir
dans le corps des docteurs de l'empire, de ceux qu'on
appelait alors *tsin-sse*, *hio-khieou*, *ming fa*, *ming-king*.
Pour obtenir ces hauts grades, il fallait, conformément aux statuts de Taï-tsoung et aux programmes
de l'administration, se présenter devant des jurys
d'examen*, passer par bien des épreuves, traiter sur-
le-champ une foule de questions relatives aux antiquités, à l'histoire, à l'économie politique. Telle est,
je crois, la raison pour laquelle les poëtes les plus
célèbres de la dynastie des Thang se virent exclus
de l'académie, malgré la protection de Hiouèn-tsoung,
qui les admettait dans sa familiarité [1] et les inscrivait
au nombre de ses pensionnaires [2]. Les épreuves des

cherchée, et qui ne pouvait que déplaire à la longue. On verra tout à
l'heure que cette manière d'écrire a été abandonné. Quoi qu'il en soit,
l'érudition éblouissante de Tchang-choüe, ses figures de rhétorique
et ses allusions perpétuelles étaient un écueil où le plus habile traducteur pouvait faire naufrage. Cependant M. Stanislas Julien a publié le texte, la traduction, et un commentaire développé de la préface du *Si-yu-ki*. Toutes les difficultés ont été vaincues. J'en dirai
autant de l'introduction. Ainsi, ce qui est un écueil pour les sinologues en général n'en est pas un pour M. Stanislas Julien. (Voy. l'ouvrage intitulé : *Mémoires sur les contrées occidentales*, traduits du sanscrit en chinois, en 648, par Hiouen-thsang, et du chinois en français
par M. Stanislas Julien, membre de l'Institut, t. I, Préface et Introduction.)

[1] Voyez notre *Siècle des Youèn*, p. 229.
[2] «Tou-fou, dit Abel-Rémusat, lassé de l'état de gêne qui le pour-
suivait, adressa à l'empereur une pièce de vers, où il peignait sa dé-

concours fermaient l'académie aux poëtes, Tou-fou, Li Thaï-pĕ, Han Feï-king en sont la preuve. L'académie naissante ne compta parmi ses membres ni le grand réformateur de la poésie chinoise, Tou-fou, ni Li Thaï-pĕ, ni Han Feï-king, tous les deux incomparables, au jugement des lettrés, dans la poésie légère. Il faut dire, pour être juste, qu'ils ne s'en souciaient que médiocrement; ils n'étaient pas d'humeur à se plier aux services que le monarque exigeait des académiciens; ils aimaient l'indépendance et les plaisirs; d'ailleurs, chacun d'eux avait le sentiment de sa supériorité. Tou-fou, Li Thaï-pĕ, Han Feï-king et les autres ne reconnaissaient pas la juridiction de l'académie.

Cette société rassembla toutefois beaucoup de personnages illustres; Hiouèn-tsoung n'y fit entrer que des gens recommandables par le talent et l'érudition. A cela près de cinq ou six poëtes fameux, les premiers écrivains de son règne ne manquent pas à la liste des académiciens.

tresse avec cette liberté que la poésie autorise et qu'elle semble ennoblir. Sa requête fut favorablement accueillie et lui valut une pension, dont il ne jouit pas longtemps; parce que cette année même l'empereur fut contraint d'abandonner sa capitale à un rebelle..... Tou-fou se réfugia, en 757, à Foung-thiang, dans le Chen-Si. C'est de cette ville qu'il écrivit au nouvel empereur (Sou-thsoung); il n'en fut pas moins bien traité qu'il ne l'avait été du prédécesseur de ce prince. » (*Nouveaux mélanges asiatiques*, t. II, p. 175.)

Han-feï-king jouissait d'une pension. Quant à Li Thaï-pĕ, il obtenait de Hiouèn-tsoung à peu près tout ce qu'il voulait. On voit, par une charmante nouvelle (M. Théodore Pavie l'a traduite), que l'empereur lui passait toutes ses fantaisies.

On ignore quelle fut la première occupation de l'académie; mais il est certain qu'elle distribuait des prix d'éloquence et de poésie et qu'elle avait déjà dans ses attributions la révision, la correction et la publication d'un certain nombre d'ouvrages imprimés [1] aux frais du gouvernement; société littéraire, sans aucun caractère politique, objet de l'ambition des *lettrés* plutôt que des gens de lettres, l'académie des Thang n'a exercé aucune influence sur la société chinoise et n'a fourni aucun événement à l'histoire.

Après les troubles qui amenèrent la chute de la dynastie des Thang, vers l'an 907, malgré les invasions des Tartares et les guerres intestines, l'académie fondée par Hiouèn-tsoung resta debout au milieu des décombres, et, ce qui est plus remarquable, sous les cinq dynasties *postérieures* [2], où, si l'on veut, pendant les cinquante premières années du xᵉ siècle, malgré la décadence inévitable des études, les concours ne furent jamais abandonnés, tant cette belle institution des concours, d'une origine récente [3]; quant à sa forme, avait jeté de profondes racines dans le pays. La résurrection des lettres et des arts

[1] La fondation de l'académie est postérieure à l'invention de l'imprimerie. On sait maintenant que l'art d'imprimer prit naissance à la Chine vers le commencement de la dynastie des Soui (l'an 581 après J. C.).

[2] On les appelle postérieures, parce que chacune d'elles prit le nom d'une dynastie précédente. On dit, par exemple, les Han postérieurs, par opposition aux Han antérieurs.

[3] Elle ne remonte pas au delà du viiiᵉ siècle de notre ère.

s'opéra sous le règne de Taï-tsou, fondateur de la dynastie des Soung.

On comprendra sans peine que l'académie impériale ne pouvait pas demeurer stationnaire. Elle reçut en effet avec un règlement nouveau une nouvelle organisation. De l'an 960 à l'an 968, Soung Taï-tsou[1] abrogea successivement les anciens statuts académiques. Et, d'abord, le corps savant, qui fut appelé pour la première fois *han-lin-youèn* « grand comité de la forêt des pinceaux, » ne s'assembla point dans le palais impérial, qui fut comme le berceau de l'académie sous les Thang, mais dans l'un des plus beaux édifices de Tchang-ngan. Il s'y assembla régulièrement, quoique les auteurs qui en parlent ne fassent point connaître ses jours d'assemblée. Dans l'opinion des Chinois, les compagnies savantes ne peuvent se recruter honorablement que par les concours. Le système électif, qui conserve, dit-on, l'indépendance et la liberté de nos académiciens, ne se maintiendrait pas ou entraînerait à la Chine la ruine de l'académie. Taï-tsou, d'accord avec le sentiment public, mit le titre d'académicien au con-

---

[1] « Il est des noms, dit M. Abel-Rémusat, qui ont rapport à la race impériale, et qui rappellent la part que l'empereur défunt a prise à l'élévation de sa famille : *Taï-tsou*, le grand aïeul, est le nom commun des fondateurs de dynasties ; *Taï-tsoung*, le grand et honorable prince, celui des princes qui les ont consolidées ; *Tching-tsou*, *Chi-tsou*, *Chi-tsoung*, ceux de leurs successeurs immédiats. Ce ne sont pas là des noms propres, puisque chaque dynastie a eu son *Taï-tsou*, son *Chi-tsoung*. Les Chinois remédient à cet inconvénient en mettant auparavant le nom de la dynastie : *Soung Taï-tsou, Soung Taï-tsoung*. (*Nouveaux mélanges asiatiques*, t. II, p. 6.)

cours, et pour offrir aux candidats une bonne garantie, il en institua un, dont on ne s'était pas encore avisé, un concours *dans le palais impérial*, un concours où il siégea comme *chef du jury*, afin d'apprécier par lui-même le mérite des aspirants [1].

Quoique militaire, quoique moins érudit que Hiouèn-tsoung, Taï-tsou n'avait pas négligé de s'instruire dans les *King* et dans l'histoire. Il aimait la littérature, il écrivait passablement. Attirant sans cesse à sa cour les savants les plus recommandables, il s'entretenait familièrement avec eux; il dissertait avec Tsouï-hioung sur les passages les plus difficiles des livres canoniques. Vers l'an 961, il divisa l'académie impériale en trois sections ou classes; la première fut la *section des lettres*, la deuxième la *section historique*, et la troisième la *section des sciences et des beaux-arts*.

Il décida que chaque académicien de la section des lettres serait obligé de traiter une question sur l'éloquence et la poésie; il voulut que la classe entreprit d'examiner les ouvrages et de composer un commentaire de tous les bons auteurs qui avaient écrit sous les Tcheou, sous les Han et sous les Thang. Aussi le commentaire a-t-il été une des principales occupations de l'académie sous les Soung; elle y employa la plus grande partie de son temps. Surpassant dans la critique des textes le corps savant qui l'avait précédée, elle a fourni le modèle le plus parfait de cette sorte de travail; dissertant elle-

---

[1] Cette institution s'est conservée.

même sur le fond et sur les règles de l'art, elle a classé toutes les formes du *Kou-wen*, marqué les beautés et les défauts des principaux ouvrages et laissé au public chinois une vaste collection de mémoires.

Pour être agréable à la corporation des lettrés, Soung Taï-tsou avait composé l'éloge de Khoung-tseu (Confucius) et de Yèn-tseu (Yèn-hoeï); plus tard, il crut devoir partager entre les académiciens de la classe des lettres l'honneur de composer l'éloge de tous les sages, depuis l'origine de la monarchie jusqu'à son avénement au trône. De là naquit dans la littérature, avec un style académique nouveau, un genre particulier d'ouvrages, que l'on nomme 頌 讚; c'est le panégyrique chinois, qui sous le rapport de la forme (je ne parle pas de la morale), offre une ressemblance frappante avec le panégyrique chrétien; il en a toute la pompe. L'écrivain chinois n'y vante guère que les vertus des philosophes ou des sages, dont il propose l'imitation. On s'étonnera d'autant moins de cette ressemblance, qu'il existe une religion de l'État [1] et que les académiciens en sont les pontifes. Quelques éloges insérés dans le *Kou-wen-youèn-kièn* [2] semblent montrer que les panégyristes des Soung n'ont pas imité la manière de Tchang-choüe et des académiciens des Thang. Les panégyristes des Soung ont sagement retranché de la prose les orne-

---

[1] Voyez nos *Recherches sur les institutions administratives et municipales de la Chine*. (*Journal asiatique*, année 1854, vol. IV.)

[2] Je dirai plus tard quelques mots de cet usage.

ments qui ne conviennent qu'à la versification et, s'il m'est permis d'en juger, ils ont pris un genre d'écrire plus simple, plus naturel, quoique toujours assez concis, par la raison que les Chinois proscrivent systématiquement dans une phrase la multiplicité des caractères[1]. Du reste, le style académique a changé de forme trois ou quatre fois pendant la dynastie des Soung, qui a duré trois cent dix-neuf ans. Sous le règne de Chin-tsoung, il existait deux écoles, l'école de Ssema-kouang et l'école de Wang-ngan-chi. Chaque académicien avait une manière d'écrire différente, suivant qu'il appartenait à l'une ou à l'autre école.

Le panégyrique ou l'éloge des grands hommes devint, pour la classe des lettres, un nouveau genre d'occupation, qui rompit l'uniformité de son ancien travail; mais, sous ce rapport, la section historique fut traitée plus favorablement que la classe des lettres. Le fondateur de la dynastie des Soung investit l'académie du beau privilége d'écrire l'histoire authentique de la nation et réforma un abus; car il paraît certain que, depuis l'époque des Tsin, les fonctions des historiographes tendaient à se perpétuer dans certaines familles. L'empereur abolit la charge de *taï-sse-ling* « grand historiographe » et transporta le tribunal des historiographes à l'académie. C'est le plus grand événement de son règne. Pour l'exécution de ses plans, il partagea la section historique en deux comités, qui existent encore. Le premier

---

[1] Voyez ma *Grammaire mandarine*, Introduction, p. XXI.

fut *le comité des historiographes de la cour;* le second, *le comité des historiographes de l'empire.* Je parlerai plus tard de l'organisation et du travail intérieur de ces comités.

Ainsi, la section historique, forcée de s'astreindre à un travail honorable, mais fastidieux, se trouva pour la première fois chargée de la statistique de l'empire. Toutefois, ce serait une erreur de croire que la statistique devint par cela même l'objet exclusif de ses travaux. Il s'en faut de beaucoup que les Chinois écrivent l'histoire d'une façon uniforme; et d'abord chez eux toutes les sciences, à l'exception de la médecine et de l'astronomie, sont comprises dans l'histoire, comme autrefois chez nous toutes les sciences étaient comprises dans la philosophie. Outre l'histoire exacte, authentique (*tching-sse*), les annales (*pièn-nièn*), les chroniques, qui se divisent en chroniques générales et particulières, en chroniques impériales, provinciales, départementales, etc.; l'histoire des pays tributaires ou des royaumes étrangers (*tsaï-ki*); les mémoires historiques (*ki*), les descriptions historiques (*tohi*), les résumés historiques (*tchhao*), il y a encore l'histoire du mandarinat ou de la magistrature chinoise (*tchi-kouan*), l'histoire des institutions politiques (*tching-chou*), la géographie (*ti-li*), qui est une branche de l'histoire, par la raison que les noms géographiques ont varié sous chaque dynastie, l'histoire des hommes célèbres ou la biographie (*tcheuèn-ki*), l'histoire des livres ou la bibliographie (*moŭ-loŭ*), et enfin la critique historique ou la philosophie de l'histoire (*sse-ping*) : celle-ci s'applique à découvrir les causes des événements. La composition de pareils ouvrages fut regardée comme un travail digne des académiciens. L'académie s'acquitta consciencieusement de ses obligations nouvelles, publia l'histoire des Thang, l'histoire des Léang, des Tsin, des Han et des Tcheou postérieurs, puis recueillant, amassant les matériaux qui pouvaient servir à l'histoire de son temps, elle continua l'œuvre des Ssema-than, des Ssema-thsièn et des Phan-kou.

La section des sciences et des beaux-arts, d'un ordre subalterne chez les Chinois, fut naturellement divisée en deux comités, *le comité des sciences* et *le comité des arts.* Soumis l'un et l'autre à un régime très-précaire et très-mobile pendant la dynastie des Soung, le comité des sciences, comité auxiliaire de la section historique, ne se composa d'abord que d'un certain nombre d'astronomes; ceux-ci transmettaient aux historiographes de l'académie le résultat des observations recueillies par les astronomes de l'observatoire impérial. A partir de la période *Ta-kouan* (1107)[1], on fit entrer dans le comité des sciences quelques médecins et quelques mathématiciens, pour y représenter la médecine et les mathématiques. Quant au comité des arts, on n'y voit guère figurer que des peintres et des calligraphes. La peinture avait fait des progrès considérables sous les Thang; elle fut encouragée par le gouvernement sous les

[1] Vers la fin de la dynastie des Soung.

Soung. Taï-tsou appela dans le comité des beaux-arts les peintres qui avaient exécuté, d'après ses ordres, les fresques des musées impériaux et les cent quatre portraits [1] qui décoraient les murs du collége impérial (*koue-tseu-kièn*). On sait que la peinture à fresque était connue à la Chine avant l'ère chrétienne [2]. Ce comité de peinture fonda une école. Son programme, d'après une encyclopédie chinoise intitulée *Yǔ-haï*, comprenait la représentation des divinités de la secte des bouddhistes et de la secte des Tao-sse, la représentation des figures humaines, la représentation des montagnes et des rivières, des oiseaux et des quadrupèdes, des fleurs, des maisons, des arbres [3]. Il y a longtemps que les musées impériaux de Taï-tsou et de ses successeurs ont disparu avec la capitale des Soung. Sous le rapport de l'art, c'est une perte dont on peut se consoler; on serait néanmoins curieux de savoir comment les peintres avaient représenté les personnages mythologiques

---

[1] Le portrait de Confucius, les portraits de ses soixante et douze disciples, depuis Yèn-tseu jusqu'à Yèn Tchi-pŏ; les portraits des dix principaux sages et les portraits de vingt et un commentateurs des King : en tout cent quatre.

[2] «On raconte du peintre Kao-hiao, que les éperviers qu'il avait peints sur le mur extérieur d'une salle impériale étaient si ressemblants, que les petits oiseaux n'osaient en approcher. Outre le cheval de Yen-tseu, que plusieurs prirent pour un animal réel, on cite encore la porte du peintre Fan-hièn. On dit que lorsqu'on était entré dans le temple où elle se trouvait, à moins d'être prévenu, on cherchait quelquefois à sortir par cette porte, qui était peinte sur la muraille. » (Grosier, *Description générale de la Chine*, t. VI, p. 392-393.)

[3] Éd. Biot, *Essai sur l'histoire de l'instruction publique en Chine*, p. 360 et 361.

de la religion du Tao-sse, dans un temps où cette religion était florissante, où tout le monde y croyait.

Telle a été la constitution primitive de l'académie des *han-lin*.

Si jamais, disent les historiens, les savants jouirent du double avantage de l'opulence et des honneurs, ce fut sous le règne de Taï-tsou. Son successeur, monarque éclairé, qui avait dans son palais une bibliothèque de quatre-vingt mille volumes, acheva la restauration des lettres et devint, comme Taï-tsou, le protecteur de l'académie; celle-ci fut définitivement préposée à la haute surveillance des études. On commença, vers l'an 990, à tirer de son sein les inspecteurs et les examinateurs. Sous les règnes de Sin-tsoung et de Yng-tsoung (1023 à 1063), l'académie compta au nombre de ses membres le ministre Fan-tchoung-yèn, qui rétablit les colléges dans tous les districts; Sou-che, écrivain du premier ordre; Ssema-kouang, historien célèbre; Wang-ngan-chi, réformateur, qui échoua malheureusement dans ses entreprises; Ngheou-yang-sieou, le savant le plus universel d'alors. A cette époque on n'avait pas encore songé à faire des han-lin un corps politique. L'entretien de Chin-tsoung avec Ssema-kouang, quand celui-ci fut nommé président de l'académie, en offre une preuve. « Ssema-kouang, suivant M. Abel-Rémusat, placé en opposition avec la réforme et persévérant toujours dans son orthodoxie, voulait refuser cette charge honorable, ne pouvant, disait-il, être à la tête d'une compagnie qui allait bientôt se trouver composée de nouveaux docteurs, dont les principes, conformes à ceux de Wang-ngan-chi, étaient diamétralement opposés à ceux qu'il avait lui-même puisés chez les anciens. « Vous les redres-« serez, dit l'empereur; vous serez leur chef, ou vous « les amènerez à penser comme vous, ou ils vous « convaincront qu'il faut penser comme eux. » Sse-makouang chercha une autre excuse. « Je ne sais pas « composer des vers, ajouta-t-il, il faut que le prési-« dent de l'académie sache en faire et en fasse de bons, « pour être en droit de juger de ceux qui lui sont pré-« sentés. — Cette raison ne vaut pas mieux que l'autre, « repartit l'empereur. Vous vous en tiendrez à la prose « et vous laisserez la poésie à ceux qui s'y entendront; « ne répliquez plus[1]. » Évidemment l'académie impé-riale des han-lin n'était alors qu'une société de gens de lettres et de philosophes; elle n'avait aucun ca-ractère politique.

L'an 1115, le chef des Kin ou des Iou-tchi (qui sont les ancêtres des Mandchous) succéda au der-nier empereur de la dynastie des Soung. La Chine fut conquise et gouvernée par les Kin ou les Tartares, puis par les Youèn ou les Mongols; mais comme elle étendit sur ses conquérants la souveraineté de sa langue et de ses institutions, ceux-ci adoptèrent les mœurs des Chinois, dont ils se mirent à étudier les livres. L'académie des han-lin compta donc au

---

[1] Ce passage est extrait de la Biographie de Ssema-kouang, par M. Abel-Rémusat. (Voyez *Nouveaux mélanges asiatiques*, t. II, p. 159 et 160.)

nombre de ses membres des Chinois et des Tartares sous les Kin, des Chinois, des Tartares, des Mongols, des Persans et des Arabes [1] sous les Youèn, par la raison que Khoubilaï accueillait avec des égards extraordinaires les savants de toutes les nations. Les historiens disent qu'il aimait les académiciens presque autant que les lamas. Assurément, rien n'est plus remarquable que cette assimilation de langage, d'idées et de mœurs dans une compagnie d'hommes appartenant à tant de races différentes. Il est vrai que les Mongols s'abstenaient quelquefois de prendre part aux travaux de l'académie, alléguant toujours leur incapacité ; mais enfin plusieurs, comme Khoutoulou, Alin-Timour, Tormichi, de la classe des lettres ; Thö-khĕ-thö [2], et presque tous les membres de la section historique ont composé des ouvrages, et des ouvrages d'un assez grand mérite.

L'empire des Youèn comprenait la Chine, la Tartarie chinoise, le Tibet, le Toung-king et la Cochinchine. Ce fut dans un palais de la ville de Taïtou (aujourd'hui Péking) que le fondateur de ce grand empire installa son académie. Quoique transportée ailleurs, elle n'éprouva aucun changement

[1] Comme il y avait à cette époque beaucoup de musulmans à la Chine, un collége spécial fut établi, vers l'an 1289, pour l'enseignement de la langue arabe, qui n'était comprise que de plusieurs membres de l'académie. Ce collége fut supprimé vers l'an 1321. (Éd. Biot, *Essai sur l'instruction publique en Chine*, p. 405.)

[2] L'orthographe de ces noms propres est, j'imagine, très-imparfaite. De quelque manière qu'on s'y prenne, la transmission chinoise des mots étrangers présentera toujours une foule d'obstacles.

ni .dans son régime intérieur, ni dans ses statuts. Sous les Youèn, rien ne lui manqua, excepté les académiciens nommés sous les Soung, les académiciens chinois, qui, professant le culte de la légitimité; comme il ne fut jamais professé en Europe, aimaient mieux tout perdre, que de se soumettre aux conquérants[1]. J'ai parlé, dans mon Mémoire sur les institutions municipales, du douloureux spectacle que la Chine présentait alors.

Pendant toute la dynastie des Youèn, on trouve l'académie partagée en trois sections.

Les occupations de la classe des lettres furent à peu près les mêmes. Dès l'an 1271, Khoubilaï, à la demande du ministre chinois Yè-liu-tsou-thsaï, commença par tirer de la section les inspecteurs des études chargés de rétablir l'enseignement des colléges. L'an 1288, ces inspecteurs, moins scrupuleux que les académiciens des Soung, firent accroire à l'empereur qu'ils avaient organisé dans les provinces vingt-quatre mille huit cents colléges. du premier ordre. Tous ces colléges n'existaient que de nom; mais enfin la restauration des études s'accomplit à la longue. Khoubilaï se montra toujours plein d'égards et de condescendance pour les académiciens. En 1290, après le fameux tremblement de terre de Chang-tou, il poussa la déférence jusqu'à leur demander quelle était la cause de cette affreuse

---

[1] Beaucoup d'hommes éminents, fidèles aux Soung et aux principes de la légitimité, n'entrèrent pas à l'académie sous les Youèn. Ma Touan-lin en est un grand exemple.

calamité, c'est-à-dire quel était le vice capital de son gouvernement. Aucun d'eux n'osa le signaler, disent les historiens, dans la crainte d'éprouver la vengeance du premier ministre[1]. Sous le règne de Wen-tsoung (1328 à 1333), la classe des lettrés publia un ouvrage analogue au *Taï-thsing-hoeï-tièn* d'aujourd'hui. C'est le *Recueil des statuts administratifs de la dynastie des Youèn.* Ce grand ouvrage fût écrit en mongol d'abord, puis traduit en chinois. Des travaux d'un autre ordre, auxquels essayèrent de se livrer plusieurs académiciens, auraient donné à ceux-ci un plus grand air de ressemblance avec les nôtres, si le gouvernement n'y eût pas mis des obstacles. Je veux parler des arts, qui sont le domaine de l'esprit et de l'imagination. Quelques membres de la première classe, profitant des loisirs que leur laissait la savante académie des han-lin, se mirent à composer des romans, des comédies et des drames (thsă-ki). Ils vivaient dans un temps où, sous ce rapport, la littérature chinoise fut poussée à sa perfection. Ces auteurs dramatiques, si puissants et si bien titrés, obtinrent naturellement des succès et trouvèrent des admirateurs; mais quand on vit des courtisanes, comme Tchang Koŭe-pin[2], Hoa Li-

---

[1] Ce premier ministre était Sang-kho.

[2] Courtisane et actrice. Son vrai nom était Tchang-khŏ-pin; Tchang-khoŭe-pin est son nom d'auteur, c'est-à-dire le nom qu'on lui donna quand elle fut admise dans la société des auteurs dramatiques. Il est à présumer qu'elle avait des relations avec Kouan Han-king, et que ce fut cet académicien qui lui apprit à composer des

lang [1], Tchao Ming-king [2], sé mêler aussi de littérature, il fut interdit aux académiciens de travailler pour le théâtre. .

La section historique de l'académie des han-lin, presque entièrement composée de Mongols, acquit des titres à l'estime des Chinois par la publication de trois ouvrages fort intéressants, l'Histoire des Soung (*Soung-sse*), l'Histoire des Léao (*Léao-sse*) et l'Histoire des Kin (*Kin-sse*). Pour l'exécution de ces grands travaux, la classe avait nommé une commission, dont le président était Liu-sse-tching. On cite au nombre de ses principaux collaborateurs Thŏ-khĕ-thŏ, Timourtache et son fils, académiciens mongols; Nghéou-yang-sieou, académicien chinois. Les trois ouvrages, formant ensemble sept cent quarante-sept livres, furent présentés à l'empereur Chun-ti, par la section historique, l'an 1346. Gaubil, qui les avait parcourus, trouve « qu'ils contiennent beaucoup de recherches sur la géographie des pays étrangers, une espèce de bibliothèque des grands hommes, le résultat des observations astronomiques et divers calendriers, etc. [3] » Le jugement du P. Gaubil ne diffère pas beaucoup de celui que portèrent plus tard

---

vers. On a de Tchang-koüe-pin trois drames intitulés : *La Tunique confrontée, Sié Jin-koueï* et *Les Aventures de Lo-li-lang.*

[1] Courtisane et comédienne. Elle composa quatre petites pièces, qui ne réussirent guère, à ce qu'il paraît; elles ne sont pas restées au théâtre. .

[2] Courtisane et actrice. Elle a écrit trois comédies, qui ne sont pas restées au théâtre.

[3] Voyez Goupil, *Histoire des Mongols,* p. 280.

sur les historiens mongols quelques membres de l'académie, avec lesquels le savant missionnaire entretenait des relations. « Ni Tsaï-siè, ni San-tchang, écrivent les académiciens, n'ont encore pu effacer les
historiographes de la dynastie des Youèn. Aujour-
d'hui même, quiconque veut étudier sérieusement
l'histoire des Soung est obligé de s'appuyer sur ces
documents officiels..... Malheureusement on ne dira
pas que l'histoire des Léao pèche par l'abondance
des détails ; car tout y est en raccourci. Les auteurs
n'y donnent que des abrégés. Ainsi le vocabulaire,
qui aurait dû comprendre l'explication de tous les
mots de la langue des Léao, ne forme qu'un chapitre..... Si l'on compare l'Histoire des Kin à l'Histoire des Léao, on trouvera que la première est plus
riche en faits et apprend une foule de particularités
curieuses. Les collaborateurs de Thö-khĕ-thö étaient
évidemment de la grande école des historiens. Quant
au style et à l'exécution, l'ouvrage est à la fois grave,
sévère et d'une élégance soutenue [1]. » On n'aperçoit
dans tout cela contre les Mongols aucune prévention,
aucune jalousie. La critique des académiciens chinois est aussi impartiale qu'elle est judicieuse. Quand
cette critique s'est exercée plus tard sur des livres
composés en chinois par nos missionnaires, elle a été
tout aussi équitable, tout aussi judicieuse. Les académiciens chinois ne semblent pas avoir, comme les
nôtres, des intérêts de corps à ménager. On peut con-

---

[1] Voyez notre *Siècle des Youèn*. (*Journal asiatique,* série IV,
vol. XV.)

suiter à ce sujet le *Catalogue de la bibliothèque de Khièn-loung*; l'analyse exacte et bien raisonnée qu'ils y font des ouvrages de Mathieu Ricci, de Diego Pantoja, du P. Emmanuel Diaz et du P. Ferdinand Verbiest en est une preuve convaincante.

Il y a trois sciences auxquelles les Mongols prirent toujours le plus constant et le plus vif intérêt, la médecine, l'astrologie et l'astronomie ou la science du calendrier. Sous le règne de Khoubilaï, la section des sciences comptait au nombre de ses membres autant d'Arabes que de Chinois. Les médecins les plus célèbres du comité chinois furent Tchu-tchin-heng[1], Wang-feou et Wang-hao-kou; celui-ci avait puisé dans ses relations avec les membres du comité arabe sur la théorie et la pratique de la médecine une foule d'idées et de connaissances. Quant aux astronomes, il faut citer avec Tchao-yéou-kin et Wang-y le fameux Koŭo Cheou-kin, le premier des Chinois qui ait étudié la trigonométrie sphérique. Malgré cela, les sciences d'observation ont été la partie faible de l'académie.

Un grand mouvement national rejeta les Mongols en Tartarie, et mit sur le trône, en 1368, la dynastie chinoise des Ming. Elle fut fondée par le fils d'un laboureur, personnage extraordinaire, sur lequel M. Abel-Rémusat a publié une intéressante notice[2]. C'est ce monarque éclairé, dont j'ai parlé

---

[1] Voyez la notice biographique de ce médecin dans notre *Siècle des Youèn.* (*Journal asiatique*, série IV, vol. XVI.)

[2] Étude biographique sur Taï-tsou, fondateur de la dynastie des

moi-même dans un mémoire[1], qui autorisa les premières assemblées municipales et investit les chefs de famille établis dans les communes du droit d'élire leurs magistrats.

Un tel monarque ne pouvait être que le protecteur de l'académie. Le premier concours pour l'admission des membres nouveaux s'ouvrit, en effet, sous sa présidence, l'an 1385, dans le palais impérial. Il nomma sur-le-champ une commission qu'il chargea d'écrire l'histoire de la dynastie des Mongols, plaça toujours dans les comités des hommes recommandables[2]; mais Tching-tsou, le troisième empereur de la dynastie des Ming, y introduisit des innovations considérables ; voici la plus importante :

L'académie, qui avait été fortifiée et rehaussée sous les Soung par l'institution du comité des historiographes, le fut encore davantage , sous le règne de Tching-tsou, par l'établissement d'un *comité législatif*, investi du privilége, alors singulier, de discuter et de rédiger les projets de lois ainsi que les projets de règlements. Ce fut, suivant Ma Touan-lin, la deuxième année Young-lo des Ming, ou l'an 1404, que l'empereur institua le comité de législation[3]. Le décret

Ming. (Voyez Abel-Rémusat, *Nouveaux mélanges asiatiques*, t. II, p. 4 et suiv.)

[1] Voyez nos *Recherches sur les institutions administratives et municipales de la Chine*. (*Journal asiatique*, série IV, vol. IV.)

[2] Il essaya cependant de créer le corps législatif dont je vais parler ; mais le décret qu'il publia la dix-huitième année *Houng-wou*, ou l'an 1385, ne reçut pas d'exécution. (Voyez le *Li-tai-ti-wang niên-piao*, section des Ming, fol. 3 r.)

[3] A partir de ce moment, le comité de législation fut toujours

organique, publié par ses ordres, est conçu à peu
près dans les mêmes termes que l'article 52 de notre
constitution de l'an VIII[1]. Quant aux motifs du décret, ils sont clairement exposés dans la *Taï-thsing-
hoeï-tièn.* « Le souverain seul, disent les auteurs de
ce recueil, a le droit de faire les lois et d'en assurer
l'exécution par des ordonnances; cependant, comme
il ne peut suffire à ses nombreuses fonctions, il est
obligé de s'entourer de conseils. » Mais, remarquons-
le bien, Tching-tsou ne délégua jamais à ces conseils une partie de sa puissance. C'est là, pour le dire
en passant, ce qui distinguera toujours l'académie
des han-lin de nos anciens parlements et de notre
conseil d'état. Déjà le grand aïeul de Tching-tsou
avait, dans une pensée généreuse, transféré au peuple
la nomination des officiers municipaux, et autorisé,
comme je viens de le dire, ces assemblées nombreuses, dans lesquelles il suffit d'être chef de famille
pour avoir le droit de siéger et de voter. Si l'empereur Tching-tsou, en sacrifiant quelque chose de sa
suprême indépendance, n'eût pas craint de partager
sa puissance législative, soit avec l'académie des han-
lin, soit avec le nouveau comité qu'il instituait, il
aurait fondé un gouvernement analogue aux gou-

convoqué par les empereurs dans le palais impérial, où, comme on
le verra plus tard, il tient des séances et forme, avec les présidents
des ministères et d'autres magistrats de la capitale, la législature du
pays. L'empereur fixe lui-même la durée de sa session.

[1] « Sous la direction des consuls, un Conseil d'état sera chargé
de rédiger les projets de loi et les règlements d'administration publique. »

vernements constitutionnels de l'Europe. La création
de ce comité avait quelques avantages. Comme l'académie a toujours conservé ses traditions fidèlement,
religieusement, elle pouvait, avec plus de facilité
qu'un autre corps, établir l'esprit d'unité dans les
lois, donner une direction d'ensemble beaucoup plus
sûre aux affaires administratives : c'est ce qu'elle a
fait. Ajoutez à cela que l'institution d'un comité législatif central a supprimé tout d'un coup l'inconvénient du partage et de la distribution des projets de
lois entre les six départements ministériels (*loù-pou*),
comme cela se pratiquait sous les Soung.

Mais la confection des ordonnances et des décrets,
des proclamations et des lettres patentes constituait
un genre de travail auquel les académiciens n'étaient
pas suffisamment préparés. Il exigeait, avec la connaissance des formules, un style simple, une expression facile, une grande netteté. Or on sait que la
netteté n'est pas à la Chine une des plus belles qualités du discours académique. Pour obvier à cet inconvénient, Tchin-tsou établit dans le sein de l'académie une école préparatoire 庶常館 *chou'-tchang-*
'kouan; il y attacha, comme professeurs 教習, deux
membres de son conseil privé, et nomma pour la première fois des académicienss stagiaires, du titre de
choa'-kĭ-sse' 庶吉士, académiciens qui devinrent
les élèves de cette école pratique. Il fixa la durée des
stages à trois années.

Dans l'origine, le comité des *chou'-kĭ-sse'* ne se composa que de dix membres; ils furent régulièrement nommés, après avoir satisfait au programme d'un concours spécial, mais ils ne touchèrent aucun traitement. On n'accorda aux académiciens stagiaires qu'un secours d'argent et des provisions de bouche. S'il faut en croire Ma Touan-lin, une division du ministère du personnel leur fournissait à chaque lune des pinceaux, de l'encre et du papier; une autre division leur fournissait des vivres le matin et le soir; le ministère des rites, des chandelles et du bois à brûler, etc. [1]. Tout cela prouverait qu'après les guerres et la révolution, le trésor s'était considérablement obéré. L'installation du comité de législation fut inaugurée par l'empereur. A quelque temps de là, le nombre des membres fut porté à vingt-huit. Ma Touan-lin nous apprend encore que l'an 1491 la direction du concours spécial dont je viens de parler fut attribuée à une commission composée de plusieurs membres du conseil privé (*neï-kŏ*), des présidents et des·vice-présidents du ministère des rites et du ministère des offices. Outre l'analyse des King, analyse indispensable dans un examen chinois, les candidats se trouvaient dans l'obligation de composer un mémoire sur une question de politique ou de législation. On ne recevait d'ordinaire que quatre ou cinq candidats. De 1523 à 1580, neuf concours de ce genre n'amenèrent aucune élection [2].

---

[1] Éd. Biot, *Essai sur l'histoire de l'instruction publique en Chine*, p. 434, à la note. — [2] *Id. ibid.*

Il est vraisemblable qu'en matière de législation l'académie fut plus d'une fois consultée, même sous les Soung; cependant elle n'offrit jamais, comme sous les Ming, un mélange de fonctions politiques, administratives et littéraires. Quelques ordonnances impériales déterminèrent d'une manière plus précise les attributions du comité législatif; d'autres étendirent le cercle de sa compétence; mais, malgré cela, il eut toujours l'air d'un conseil privé facultatif; seulement, quand les empereurs publiaient des ordonnances après avoir consulté l'académie, ces ordonnances se terminaient par ces mots, *De l'avis de notre académie impériale*, comme on met chez nous *De l'avis de notre Conseil d'état*.

Une autre innovation de Tching-tsou, innovation d'une moindre importance, mais assez remarquable, c'est l'établissement d'un comité de traduction pour les langues étrangères. L'an 1407, après la translation de sa résidence à Péking, l'empereur ajouta ce nouveau comité aux comités de l'académie. Il fut composé de trente-huit élèves du collége impérial. En 1426, on les chargea d'examiner ceux des élèves du *Koüe-tseu-kièn* qui s'adonnaient à la philologie[1]. Cette innovation mit les académiciens chinois en état

---

[1] «Cet examen fut souvent répété depuis, dit M. Abel-Rémusat, et les élèves qui s'y distinguèrent obtinrent la préférence pour les places d'interprètes, d'envoyés et autres, où la connaissance des langues étrangères pouvait être utile ou nécessaire. En 1770, le nombre des interprètes fut fixé pour chacun des pays avec lesquels l'empire entretenait des relations.» (Abel-Rémusat, *Nouveaux mélanges asiatiques*, t. II, p. 248.)

d'acquérir quelques notions nouvelles sur le méca-
nisme et la grammaire des langues tartares.

D'après ce que je viens de dire, on voit que l'académie, sous les Ming, était divisée à-peu-près comme
il suit : la section de législation, la section des lettres,
la section historique, la section des sciences et le
comité des traducteurs.

Le comité de législation, en recevant les secrètes
instructions des empereurs, s'empara de la confection des lois, des ordonnances et des règlements
d'administration. Pour ce qui concerne uniquement
les concours, on doit à ce comité la rédaction de
soixante et dix-sept ordonnances, qui furent promul-
guées par les empereurs. Vers la fin de la dynastie des Ming, l'an 1497, il publia, d'après les ordres
de l'empereur Hiao-tsoung, un ouvrage analogue à
celui qui avait été composé sous les Youèn par la
classe des lettres, assurément moins compétente,
quand il s'agit d'un pareil travail. Il mit au jour le
Ta'-ming-hoeï'-'tièn ou le *Recueil des statuts administratifs de la grande dynastie des Ming.* Douze ans après
cette publication, l'eunuque Li-joung, qui avait conçu
le projet de mettre le sceptre impérial dans sa famille, obtint, à force d'intrigues, qu'on anéantît les
planches du *Ta'-ming-hoeï'-'tièn*, comme contraire,
disait-il, aux principes de Houng-wou (Ming-taï-tsou),
fondateur de la dynastie[1]. L'ouvrage, néanmoins,
fut réimprimé; il a servi de base au *Taï-thsing-hoeï'-
'tièn.*

[1] Mailla, *Histoire générale de la Chine*, t. X, p. 270.

On continua de choisir les présidents des concours parmi les académiciens de la classe des lettres. Ceux-ci examinaient sur les *King* et le *Sse-ch* du collége impérial (*Koŭe-tseu-kièn*), au des-
Co-
réens. Vers la onzième lune d   asse
offrit à l'empereur Wen-ti l'e
'*Young-lŏ-ta'-'tièn* 永樂大典 ou la collection des auteurs classiques du premier ordre, c'est-à-dire de tous ceux qui pouvaient faire autorité sous les Ming. C'est, sans contredit, le plus grand ouvrage qu'aucun corps savant ait jamais publié; car il se compose de onze mille volumes et n'a pas moins de vingt-deux mille huit cent soixante et dix-sept kiouèn ou sections. L'empereur écrivit lui-même la préface du *Young-lo-ta-tièn*. La treizième année Young-lo ou l'an 1415, Hou-kouang et d'autres académiciens de la classe des lettres publièrent, par ordre de l'empereur, l'ouvrage philosophique intitulé 性理大全 *Sing-li-ta-thsionèn*, ouvrage dans lequel ils avaient recueilli et rassemblé les opinions des philosophes célèbres de la dynastie des Soung, au nombre de cent vingt[2]; mais comme on y trouvait, à propos du Tao, une foule de choses que l'orthodoxie condamne, cet ouvrage fut corrigé et réimprimé, par

---

[1] Le Précis chronologique de l'histoire générale ne parle que des Coréens. (*Li-taï ti-wang nièn-piao*, sect. des Ming, p. IV.)
[2] Voyez le Catalogue abrégé de la bibliothèque impériale de Péking, section Jou-kia.

ordre de Khièn-loung, sous le titre de *Sing-li-tsing-i*

性 理 精 義.

Le comité des historiographes écrivit l'Histoire authentique de la dynastie des Youèn (*Youèn-sse*), qui forme deux cent dix livres, et la section des sciences beaucoup d'excellents ouvrages, dont il faut faire honneur à la compagnie de Jésus plutôt qu'à l'académie des han-lin. C'était le temps où les Européens Loung-hoa-ming (le P. Longobardi), Loung-iu-han (le P. Térence), Tang-jo-wang (le P. Adam Schall) et Lo-ya-ko (le P. Rho), fonctionnaires de l'observatoire, communiquaient à l'académie impériale émerveillée les résultats de leurs travaux et de leurs observations. Si l'académie ouvrit ses portes aux musulmans sous les Youèn, elle compta des chrétiens au nombre de ses membres sous les Ming, c'est-à-dire des Chinois convertis au christianisme par les missionnaires. Les étrangers qu'elle admit dans son sein furent des Coréens et des Japonais ; chose assez remarquable, aucun Tibétain n'en fit partie.

Telle a été l'académie sous les Thang, sous les Soung, sous les Youèn et sous les Ming ; engageons-nous maintenant dans les détails et voyons ce qu'elle est aujourdhui.

SECTION II.

ORGANISATION DE L'ACADÉMIE IMPÉRIALE DES HAN-LIN, SOUS LA DYNASTIE ACTUELLE.

---

§ I. COMPOSITION DE L'ACADÉMIE.

D'après le *Taï-thsing-hœï-tièn*, l'académie est ainsi composée :

BUREAU.

Les chanceliers de l'empire, directeurs ou présidents de l'académie impériale des han-lin 翰林院掌院學士 *han'-lin-youèn 'tchang youèn hio-sse'* [1]. Il y en a deux, un Tartare et un Chinois.

Les ministres d'État, lecteurs impériaux 侍讀學士 *chï'-tŏu-hĭo-ssé* [2], au nombre de cinq, deux Tartares et trois Chinois. Membres du cabinet, ils reçoivent et lisent tous les documents que l'on adresse au conseil des ministres (*neï'-kŏ*) ; ils font part à l'empereur du contenu de ces documents.

---

[1] *Taï-thsing-hœï-tièn*, liv. LV, fol. 1 r. Il y a dans le cabinet, ou le conseil des ministres (*neï'-kŏ*), quatre chanceliers de l'empire. (Voyez *An anglo-chinese Calendar for 1850*, p. 49.) Les présidents de l'académie des han-lin sont du 2ᵉ rang des mandarins, 2ᵉ classe ; ils portent, au sommet du bonnet officiel et comme marque distinctive, un globe de corail ciselé en forme de fleurs.

[2] *Ibid.* liv. LV, fol. 4 r. Ils sont du 4ᵉ rang, 2ᵉ classe.

Les ministres d'État, orateurs impériaux 侍 諾 學 士 *chî'-'kiang-hio-sse'* [1], au nombre de cinq, deux Tartares et trois Chinois. Membres du conseil des ministres, comme les lecteurs impériaux, ils sont particulièrement chargés de réciter les prières, toutes les fois que l'empereur offre un sacrifice, les morceaux d'éloquence et de poésie composés par les académiciens, les compliments, les oraisons funèbres, etc. etc.

ACADÉMICIENS TITULAIRES.

1° Les académiciens du titre de *siéou-tchouèn'* 修 撰. Ils sont chargés de la rédaction habituelle des actes du gouvernement ou de la composition des ouvrages d'érudition et de haute littérature, publiés par l'académie. Le nombre des *siéou-tchouèn'* est illimité [2].

2° Les académiciens du titre de *pièn-siéou* 編 修. Ils sont chargés de recueillir et de rassembler les matériaux des ouvrages. Le nombre des *pièn-siéou* est illimité [3],

3° Les académiciens du titre de *'kièn-'thao* 檢 討. Ils sont chargés de la correction et de la révision des ouvrages. Le nombre des *'kièn-'thao* est illimité [4].

---

[1] *Taï-thsing-hoei-tièn*, liv. LV, fol. 4 r. Ils sont, comme les lecteurs impériaux, du 4° rang, 2° classe. — [2] *Ibid.* liv. LV, fol. 4 r. Ils sont du 6° rang, 2° classe. — [3] *Ibid.* Ils sont du 6° rang, 2° classe. — [4] *Ibid.* Ils sont du 7° rang, 2° classe.

ACADÉMICIENS STAGIAIRES.

Les nouveaux académiciens, que l'on nomme *chou'-kĭ-sse'* 庶吉士, font un stage de trois années, et subissent un examen avant d'être inscrits sur le tableau des académiciens titulaires[1]. dans l'Almanach impérial de 1844, les *chou'-kĭ-sse'* étaient au nombre de soixante.

ADMINISTRATION.

1° Bibliothèque et archives.

Les conservateurs de la bibliothèque 典簿 *'tièn-pou'*. Il y en a deux, un Tartare et un Chinois. Du temps de Khang-hi, on nommait la bibliothèque *'tièn-pou'-thing* 典簿廳, parce qu'elle renfermait les archives de l'académie. Le dépôt des livres est confié à la garde des *'tien-pou'* (conservateurs) 守書籍之藏, qui règlent le service des employés 治其吏役[2].

Les archivistes 孔目 *'khoung-mŏu'*[3]. Il y en a deux, un Tartare et un Chinois. Les archivistes sont préposés à la garde des archives, comme les conservateurs à la garde des livres.

---

[1] . *Taï-thsing-hoeï-tièn,* liv. LV, fol. 1 v. — [2] *Ibid.* liv. LV, fol. 8 r. Les conservateurs de la bibliothèque et les archivistes de l'académie sont du 8° rang, 2° classe. — [3] *Ibid.*

2° Greffe.

Les greffiers de l'académie 待詔 *taï-tchao'*. On en compte quatre, deux Tartares et deux Chinois. Ils sont chargés de l'examen et du classement des pièces officielles 掌校對奏章 ; ils expédient et gardent certains actes. On appelle le greffe 待詔廳 *taï-tchao-thing* [1].

3° Comité des traducteurs.

Les traducteurs de l'académie des han-lin 筆帖式 *pi-tie-chï*. Ils sont au nombre de quarante-quatre, sur lesquels il y a quarante Tartares et quatre Chinois des huit bannières. Leurs occupations consistent à traduire du chinois en mandchou 掌繙譯 [2].

4° École des *chou'-ki-sse* ou des académiciens stagiaires.

Les deux professeurs de l'école 庶常館敎習 *chou'-tchang-'kouan-kiao-sï*, un Tartare et un Chinois. On les prend parmi les ministres d'État. Ils sont chargés d'instruire les *chou'-ki-sse* 掌敎庶吉士 [3].

Les deux économes 提調 *thi-thio'*. On les choisit parmi les académiciens de la deuxième classe ou

---

[1] *Taï-thsing-hoeï-tièn*, liv. LV, fol. 8 v. Les greffiers de l'académie impériale sont du 9° rang, 2° classe. — [2] *Ibid.* — [3] *Ibid.*

de la troisième. Ils sont chargés de distribuer aux élèves de l'école, c'est-à-dire aux académiciens stagiaires, les provisions que le gouvernement leur accorde 掌庶吉士廩饍 [1].

COMITÉ DES HISTORIOGRAPHES DE LA COUR.

Les historiographes de la cour 起居注官 *khi-kiu-tchou-kouan* [2]. Ils sont au nombre de vingt-deux, dix Tartares et douze Chinois.

Les agents, les traducteurs et les employés du comité.

COMITÉ DES HISTORIOGRAPHES DE L'EMPIRE.

Les historiographes de l'empire 國史官 *kŏue-'sse-kouan*, dont le nombre est illimité [3].

Les agents et les employés du comité.

SURINTENDANCE OU DIRECTION GÉNÉRALE DES TRAVAUX ACADÉMIQUES.

Les deux inspecteurs ou directeurs généraux 詹事府詹事 *tchèn-sse'-'fou-tchèn-sse'*, un Tartare et un Chinois [4].

Les deux inspecteurs adjoints 少詹事 *'chao-tchèn-sse'*, un Tartare et un Chinois [5].

Les agents et les employés de la direction générale.

---

[1] *Taï-thsing-hoeï-tièn*, liv. LV, fol. 8 v. — [2] *Ibid.* liv. LV, fol. 9 r. — [3] *Ibid.* liv. LV, fol. 12 v. — [4] *Ibid.* liv. LV, fol. 14 v. Ils sont du 3ᵉ rang, 1ʳᵉ classe. — [5] *Ibid.* Ils sont du 3ᵉ rang, 2ᵉ classe.

Comme chanceliers de l'empire et chefs du cabinet,

Ils dirigent les affaires de l'État[1].

Ils assistent aux séances du conseil; ils y proposent les lois.

Ils déterminent et arrêtent la forme des ordonnances, des décrets, des proclamations et des lettres patentes qui émanent de l'autorité souveraine.

Ils promulguent, au nom de l'empereur, les décrets qui font loi[2]; ils en surveillent l'exécution.

Ils ont le privilége de s'asseoir dans la salle du trône, quand des ambassadeurs tributaires ou étrangers présentent au souverain leurs lettres de créance[3].

Premiers ministres, délégués du pouvoir exécutif, ils remplissent les fonctions spéciales[4] qui leur sont attribuées.

Comme présidents de l'académie impériale[5],

[1] 理庶務

[2] 宣布絲綸

[3] Voyez le *Taï-thsing-thoung-li,* ou le Cérémonial de la dynastie régnante, publié la vingt et unième année Khièn-loung (1756 de notre ère), liv. XLIII. M. Pauthier a extrait de ce livre intéressant, et publié dans la *Chine moderne* le cérémonial concernant les tributs apportés à la cour, la présentation des lettres de créance, l'audience solennelle de l'empereur, la remise des présents et la reconduite de l'ambassade. (*Chine moderne,* Iʳᵉ partie, p. 211, 218.)

[4] Elles sont étrangères au sujet de notre notice.

[5] La nomination des présidents de l'académie appartient à l'em-

. Ils rassemblent les candidats [1] qui aspirent aux honneurs académiques et se présentent pour subir l'examen impérial, que l'on nomme 朝考 *tchhao-khao* [2].

Ils annoncent que *tel* jour, à *telle* heure, le chef de l'État ouvrira le concours dans la salle du trône 保和殿 *pao-'ho-thièn'* [3].

Ils soumettent à l'approbation de l'empereur,

1° La matière du MÉMOIRE 論 *lun* ou de la dissertation que les candidats doivent composer [4] : la matière de ce mémoire est fournie par la politique ou la science du gouvernement;

2° Le sujet de l'INSTRUCTION MORALE 詔 *tchao* ou du discours pour engager au bien, que les aspirants doivent écrire : ce discours est une espèce de sermon;

3° Le texte de la PARAPHRASE 疏 *sou* qu'ils doivent

pereur; mais l'empereur ne peut les choisir que parmi les ministres d'État (*ta'-hio-sse'*), les présidents et les vice-présidents des ministères (*chang-chou-chi-lang*). (*Taï-thsing-hoeï-tièn*, liv. LV, fol. 1 r.)

[1] Ces candidats sont des docteurs (*tsin-sse*) de la classe de ceux qui se consacrent entièrement à l'étude et n'exercent aucun emploi administratif. Ils sont examinés par le président ou le vice-président du ministère des rites, qui a la direction générale de l'instruction publique. (Éd. Biot, *Essai sur l'histoire de l'instruction publique et de la corporation des lettrés*, p. 515.)

[2] C'est l'examen qui a été institué, comme on l'a vu, par le fondateur des Soung, vers l'an 968.

[3] Il y en a deux autres, le *taï-ho-tièn* et le *tchoung-ho-tièn*.

[4] *Taï-thsing-hoeï-tièn*, liv. LV, fol. 1 r.

faire: ce texte est toujours pris dans les livres sacrés
King;

4° Le thème sur lequel ils doivent composer la
PIÈCE DE VERS 五言全韻 '*ou-yĕn-pă-yun*', ainsi
nommée parce que chaque strophe de celte pièce
renferme huit vers qui riment entre eux, chaque
vers cinq mots ou cinq monosyllabes.

Ils font partie du grand jury d'examen, dont l'empereur est le chef.

Dès que le concours est terminé, ils introduisent à
l'audience de l'empereur 引見, pour attendre sa
décision, tous les docteurs qui ont concouru [1].

Ils les rangent dans l'ordre suivant :

1° Ceux qui sont du sang impérial ;

2° Ceux qui sont Tartares Mandchous;

3° Ceux qui sont Mongols;

4° Ceux d'entre les docteurs chinois qui appartiennent aux huit bannières [2];

5° Ceux de Tchĭ-lĭ' ;

6° Ceux du pays de Foung-thièn (Moukden);

7° Ceux du Kian-sou;

8° Ceux du 'An-hoeï;

9° Ceux du Kiang-si;

10° Ceux du Tchĭ-kiang;

11° Ceux du Fŏu-kièn;

[1] Sans distinction des candidats qui doivent ou ne doivent pas
être proclamés membres de l'académie des han-lin. (*Taï-thsing-hoeï-
tièn*, liv. LV, fol. 1 r.)

[2] C'est-à-dire les fils des militaires. Ils sont inscrits sur des registres que l'on nomme *hiun-tsï* « registres de l'armée. »

12° Ceux du Hou'-pĕi;

13° Ceux du Hou'-nan;

14° Ceux du Ho-nan;

15° Ceux du Chan-toung;

16° Ceux du Chan-si;

17° Ceux du 'Chen-si;

18° Ceux du Kan-soŭ;

19° Ceux du Sse'-tchhouèn;

20° Ceux du 'Kouang-toung;

21° Ceux du 'Kouang-si;

22° Ceux du Yun-nan;

23° Ceux du Koueï'-tcheou[1].

Ils remettent eux-mêmes aux candidats élus le bonnet et la ceinture des académiciens[2].

Ils informent du résultat du concours,

1° Les *tièn-pŏu* ou les archivistes de l'académie, chargés d'inscrire d'office sur un registre particulier les noms des *chou'-kĭ-sse'* ou des nouveaux académiciens;

2° Les *ti-thiao* ou les économes de l'académie, afin que chaque membre élu reçoive la subvention à laquelle il a droit.

Après avoir proclamé le manifeste impérial, ils introduisent les nouveaux académiciens ou les *chou'-kĭ-sse'* dans l'école préparatoire qui leur est affectée et que l'on nomme aujourd'hui, comme sous les

---

[1] *Taï-thsing-hoeï-tièn,* liv. LV, fol. 1 v.

[2] A peu près comme le maire de Péking remet à chaque licencié le chapeau, la robe et les bottines, dont il est parlé dans le code des examens publics et des concours.

Ming, *chou'-tchang-'kouan* 得旨乃逄庶吉
士於庶常館, pour y faire un stage de trois années, avant d'être nommés académiciens titulaires [1].

Ils désignent parmi les *chou-kï-sse'* les expéditionnaires de l'académie, c'est-à-dire ceux qui doivent
se mettre en état de faire des copies officielles.

Quand le stage des *chou'-kï-sse'* est terminé, ils
introduisent à l'audience de l'empereur, pour être
nommés académiciens titulaires où pour être pro-
mus à une charge, tous les académiciens stagiaires,
qui ont subi honorablement un dernier examen que
l'on appelle 御試 *iu'-chi'* [2].

Ils dirigent et surveillent les travaux des académiciens.

Dans les questions administratives et dans un
grand nombre d'affaires, ils sollicitent, pour être publiés, les AVIS de l'académie, avis qui font de ce corps
politique et savant le flambeau de l'administration.

La veille du jour où l'empereur doit visiter l'académie des han-lin 皇帝幸院前期, ils se joi-
gnent aux grands corps de l'État pour diriger les préparatifs de la cérémonie [3].

Ils se concertent avec le ministère des rites, l'intendance de la maison impériale 內務府 *neï-wou-
'fou*, l'intendance de la musique 樂部 *yŏ-pou* et

---

[1] *Taï-thsing-hoeï-tièn*, liv. LV, fol. 1 v. — [2] *Ibid.* liv. LV, fol. 2 v.
— [3] *Ibid.* liv. LV, fol. 2 r.

l'intendance du cérémonial de la cour 鴻臚寺
houng-lou-sse.

Ils ordonnent qu'on élève dans la grande salle de l'académie un trône pour l'empereur 設寶座, un trône aux deux côtés duquel ils font étendre les nattes destinées aux ROIS 王大臣, c'est-à-dire aux principaux membres de la famille impériale.

Ils font étendre, *au bas des degrés du trône*, les nattes destinées aux fonctionnaires de l'État [1].

Ils invitent l'empereur à monter sur son trône, lorsque l'empereur entre dans la grande salle pour y recevoir les hommages des princes du sang, des ministres et des fonctionnaires de l'État.

Quand le souverain offre le thé 皇帝進茶, la collation 進饌 ou le vin 進酒, ils jouissent du privilége d'exécuter le cérémonial d'usage, après les membres de la famille impériale.

Revêtus de leurs plus beaux ornements, ils accompagnent l'empereur jusqu'au delà du King-tchheng ou de la ville tartare, quand l'empereur sort de la capitale; quand il y rentre, ils vont au-devant de lui jusqu'au *Tso-ngan-men* ou jusqu'à la porte gauche de la Paix [1].

Comme pontifes,

Ils fixent la liturgie et les observances que l'on doit suivre dans les sacrifices de la capitale et des

---

[1] *Taï-thsing-hoeï-tièn*, liv. LV, fol. 3 r. — [2] *Ibid.* liv. LV, fol. 4 v.

provinces, sacrifices dont quelques-uns sont réglés par l'académie des han-lin [1].

Ils offrent eux-mêmes dans les temples de la capitale tous les sacrifices qu'ils jugent à propos d'y faire.

Ils examinent attentivement les formules d'oraison 說文 *chŏu-wen* que l'académie compose, et que les *orateurs* impériaux récitent à haute voix, quand on offre les sacrifices du premier ordre.

Deux fois par an, au printemps et en automne (avant que l'empereur, comme souverain pontife, interprète les livres sacrés dans la grande salle nommée *Wen-hoa-thièn*), ils lui présentent une liste de candidats, parmi lesquels celui-ci choisit les *orateurs* impériaux tartares et les *orateurs* impériaux chinois, dont les fonctions consistent à solliciter l'interprétation d'un passage des *King*, à recevoir respectueusement et à proclamer dans les deux langues (mandchoue et chinoise) la décision impériale, ou, si l'on veut, pontificale. C'est la cérémonie religieuse que l'on nomme 經筵 *king-yèn* [2].

§ 3. TRAVAUX DES ACADÉMICIENS TITULAIRES.

Voici la nomenclature des travaux réservés aux académiciens titulaires :

---

[1] G. Pauthier, *Chine moderne*, p. 143.
[2] *Taï-thsing-hoeï-tièn*, liv. LV, fol. 2 r. Le *hing-yèn* est, à proprement parler, un concile; on en tient deux chaque année.

Service ordinaire.

1° Les projets de loi ou de règlements par lesquels l'empereur manifeste sa volonté. Ces actes de
l'autorité souveraine, comme on le verra tout à l'heure,
sont principalement,

Ou des ordonnances 制 *tchi"*;

Ou des décrets 詔 *tchao'*;

Ou des proclamations 誥 *kao'*;

Ou des lettres patentes 勅 *tchhi*.

2° Les prières 說文 *chöu-wen* que l'on récite
dans les sacrifices, tant du premier ordre que du
deuxième et du troisième; ces prières sont consacrées par l'usage. Il existe d'ailleurs un formulaire
常式 dont on s'écarte rarement[1].

3° Les morceaux d'éloquence 文章 *wen-tchhang*
et les pièces de poésie 賦詩 *fou'-chi* que l'on récite dans les fêtes.

4° Les compliments de félicitation ou de condo-
léance que l'académie adresse à l'empereur.

5° Les épithalames, à l'occasion du mariage des
princes et des princesses du sang.

6° Les oraisons funèbres des empereurs, des im-
pératrices et des membres de la famille impériale.

7° Les épitaphes ou les inscriptions 碑文 *pi-
wen* que l'on met sur les tablettes des mandarins dé-

---

[1] *Taï-thsing-hoeï-tièn*, liv. LV, fol. 7 r.

cédés, toutes les fois que l'on accorde à ces mandarins un titre honorifique posthume 諡 *chi*[1].

8° Les inscriptions particulières que l'on met sur
les tablettes des patrons institués *canoniquement* par
l'empereur[2]. On nomme ces inscriptions 諭 祭
文 *iu-tsi-wen*.

Service extraordinaire.

Les ouvrages d'érudition et de haute littérature
publiés par le gouvernement.

§ 4. TRAVAUX DES ACADÉMICIENS STAGIAIRES.

On vient de voir que l'empereur manifeste sa volonté par une ordonnance, *tchi'*; ou par un décret,
tchao'; une proclamation, *kao'*; ou par des lettres patentes, *tchhi*. Mais la forme des ordonnances, des
décrets, des proclamations et des lettres patentes
doit être arrêtée d'avance et clairement déterminée
皆 先 期 撰 擬. Nous le répétons, c'est l'académie qui les prépare, qui en fait des copies, et,

---

[1] *Taï-thsing-hoeï-tièn*, liv. LV, fol. 7 r.

[2] L'empereur, comme souverain pontife, institue canoniquement
les patrons; cependant, comme je l'ai montré, dans mes *Recherches
sur les institutions municipales de la Chine*, le souverain pontife n'intervient pas toujours directement; le peuple alors préconise un personnage et choisit lui-même son patron. (Voyez *Recherches sur les
institutions municipales de la Chine*, p. 150; voyez aussi le *Taï-thsing-
hoeï-tièn*, liv. LV, fol. 7 r.)

par l'autorité de sa jurisprudence, participe en quelque sorte de la puissance souveraine.

Chez nous, aux termes du décret du 25 janvier 1852, le Conseil d'état, sous la direction du chef de l'empire, rédige les projets de loi; trois conseillers en soutiennent la discussion devant le sénat et le corps législatif. A la Chine, tout projet de loi est soumis au conseil général 軍機處 *kiun-ki-tchou*[1], quelquefois au conseil des ministres ou au cabinet 內閣 *neï-kŏ*. Il y a néanmoins cette différence, que les deux chanceliers chinois, intermédiaires obligés entre les conseils et l'académie, ne sont pas chargés, comme les trois conseillers français, d'en soutenir la discussion; car dans le conseil des ministres (*neï-kŏ*), comme au conseil général (*kiun-ki-tchou*), on ne discute pas; on n'y parle même pas, puisque toutes les affaires y sont traitées par écrit. De même que les Égyptiens, dont parle Bossuet, les Chinois semblent craindre la fausse éloquence, « qui éblouit les esprits, émeut les passions. »

[1] Expression difficile, sur le sens de laquelle on pourrait se méprendre. M. Bridgman en a donné l'intelligence; voici comment il s'exprime : « General council is rather an equivalent for, than a trans-« lation of the phrase Kwan-ki'-chū' (Kiun-ki'-tchou) : ch'ā (tchou) « means a place, and here denotes a court or council, including all « those servants of the emperor who are appointed to deliberate on « the machinery of the army. The general government of this coun-« try partakes more of the military character than of the civil; and « hence Kwan (Kiun), army, is used as an equivalent for state; and « machinery of the army, instead of council of state or general coun-« cil of the nation. » (Bridgman, *A chinese Chrestomathy in the Canton dialect*, p. 573.)

Voici, d'après le *Taï-thsing-hoeï-tièn*, comment on fait les lois dans le Céleste Empire.

« La salle où le grand conseil s'assemble 軍機堂 est située près de la porte *Loung-tsoung-men* (Porte des ancêtres éminents). Chaque jour les ministres d'État, membres du conseil 軍機大臣 s'y rendent entre cinq et six heures du matin. Après que les affaires ont été expédiées et que les eunuques de service 內奏事太監 ont communiqué les ordres de l'empereur, chaque ministre d'État se retire immédiatement. Il n'y a point d'heures fixes pour les audiences impériales. Tantôt l'empereur ne convoque le conseil qu'une fois par jour, tantôt plusieurs fois. Quand les membres du conseil arrivent en présence de l'empereur, ils étendent par terre une natte, et obtiennent de sa majesté la permission de s'asseoir. Ensuite les projets de loi (préparés par l'académie) sont soumis à chaque membre ou ministre d'État, qui reçoit en même temps un certain nombre de tablettes oblongues (fabriquées avec du bambou) 籤 *thsièn*, sur lesquelles sont inscrites à l'avance diverses propositions. Chaque tablette en contient une. S'il y a deux propositions sur un même sujet, on les transcrit chacune sur une tablette différente; s'il y en a trois, on fait trois tablettes; s'il y en a quatre, on en fait quatre. Chaque membre du conseil donne son avis, avant que l'empereur ait fait connaître sa volonté, en lui présentant respectueusement avec les deux mains, et à genoux, la tablette (sur laquelle est inscrite la proposition qui lui paraît préférable); puis retourne à sa place, pour y attendre la décision souveraine [1].

Chez nous, le Conseil d'état ne présente qu'un projet de loi sur une affaire. A la Chine, l'académie doit nécessairement en présenter plusieurs. Si les académiciens titulaires préparent et rédigent les projets de loi, les académiciens stagiaires les expédient. Ceux-ci, introduits dans l'école pratique (*chou-tchang-kouan*) pour y faire un stage de trois années, sont immédiatement divisés par séries. Le chancelier chinois, président de l'académie, choisit parmi les *chou'-kĭ-sse'* âgés de moins de trente ans, ou de trente ans au plus, dix expéditionnaires qui doivent s'appliquer plus que les autres à la calligraphie [2]. Il paraît que dans les provinces méridionales de la Chine les belles mains sont assez rares et que l'on s'y néglige passablement sur l'écriture ou l'art de tracer les caractères; car on lit dans le *Taï-thsing-hoeï-tièn* qu'aucun académicien, originaire du Sse'-tchouen, du 'Kouang-toung, du 'Kouang-si, du Yun-nan et du Koueï-tcheou ne peut être nommé expéditionnaire du premier ordre ou calligraphe [3]. Cette fonction, du reste, ne laisse pas que d'être instructive; au bout d'un certain temps, on met la capacité des expédi-

[1] Ce curieux passage du *Taï-thsing-hoeï-tièn* a déjà été traduit en anglais par M. Bridgman, et en français par M. G. Pauthier. (Voyez *A chinese Chrestomathy in the Canton dialect*, p. 573.)

[2] *Taï-thsing-hoeï-tièn*, liv. LV, fol. 1 v.

[3] *Ibid*. liv. LV, fol. 1 v.

tionnaires à l'épreuve ; on leur confie des travaux de
rédaction, par exemple des projets d'ordonnances,
de décrets ou de lettres patentes.

Il faut, en outre, que les *chou'-kĭ-sse'* concilient
l'amour des lettres avec l'esprit des affaires. Afin qu'ils
ne deviennent pas inhabiles par défaut de pratique,
il existe pour les *chou'-kĭ-sse'* tartares un cours de
poésie mandchoue, pour les *chou'-kĭ-sse'* chinois un
cours de poésie chinoise. Ces cours, faits par les
deux professeurs dont j'ai déjà parlé (cf. § 1) paraissent obligatoires. Regardés avec raison comme
les élèves de l'académie, les *chou'-kĭ-sse'* sont astreints
à composer chaque mois une de ces pièces de poésie (*fou'-chi*) que l'on récite dans les fêtes et un de
ces morceaux que l'on nomme '*ou-yèn-pă-yun*'[1]. Quand
le stage est terminé, les élèves quittent l'école et subissent un dernier examen.

On peut donc énumérer maintenant toutes les
épreuves auxquelles le *chou'-kĭ-sse'* ou l'académicien
stagiaire s'est volontairement soumis, avant d'être
proclamé académicien titulaire. Ce sont, 1° l'examen
du district, *kien-'khao*, ou l'examen préparatoire du
premier degré, qui ne confère aucun grade ; 2° l'examen du département ou de l'hôtel de ville, *fou-
'khao*, c'est-à-dire l'examen préparatoire du deuxième
degré, qui constate la capacité requise pour subir
l'examen définitif ; 3° l'examen de la chancellerie,
youèn-'khao, ou l'examen qui confère le baccalauréat ;
4° les concours généraux, *hoeï-chi*, pour les grades

[1] *Taï-thsing-hoeï-tièn*, liv. LV, fol. 8 v.

supérieurs; 5°le grand-examen impérial, *tchhao-'khao*, qui confère le titre d'académicien stagiaire; 6° enfin le dernier examen, *iŭ-chi*, qui confère le titre d'académicien titulaire.

Il est difficile de décider si le titre d'académicien, après de pareilles épreuves, peut rendre un homme heureux. Trop souvent le candidat, proclamé à trente ans membre de l'académie, n'atteint le but de son ambition qu'exténué par le travail et les veilles. Quelques-uns parviennent à rétablir leur santé; mais d'autres, en grand nombre, finissent par s'éteindre après avoir traîné une vie languissante. Cette faiblesse ordinaire de leur complexion devient une source inépuisable de sarcasmes dont on accable en Chine les pauvres académiciens.

§ 5. FONCTIONS ET ATTRIBUTIONS GÉNÉRALES DES HISTORIOGRAPHES DE LA COUR.

L'histoire est un enseignement; de là vient que les Chinois en font tant de cas. Ils la placent après les *King*, ou livres sacrés, dans un rang supérieur à la philosophie, à l'astronomie, à la médecine, à la poésie, à ce que nous nommons en Europe la littérature [1]. Je crois que l'institution des historiographes

---

[1] Les bibliographes admettent quatre classes principales, à savoir : les King, l'histoire, les sciences et les arts, les belles-lettres, puis quarante-quatre subdivisions ou sections bibliographiques. Il y a dix sections pour la première classe, quinze pour la seconde, quatorze pour la troisième, et cinq pour la quatrième. (Voy. notre *Siècle des Youèn; Journal asiatique*, série IV, vol. XV.)

est aussi ancienne à la Chine que la monarchie; mais rectifions d'abord une méprise dans laquelle on se laisse entraîner. Les historiographes, dans le service ordinaire, ne sont pas chargés d'écrire l'histoire, mais de fournir aux historiographes futurs les pièces authentiques, d'après lesquelles ceux-ci devront écrire l'histoire de la dynastie. Après une catastrophe, une invasion étrangère, une révolution, quand la dynastie a cessé d'occuper le trône, c'est *la commission historique, nommée par le fondateur d'une dynastie nouvelle,* qui recueille et met en œuvre les matériaux laissés par les historiographes de la dynastie précédente, qui coordonne les faits, compose les annales; c'est à cette commission qu'il appartient de rechercher les motifs des actions, de prononcer des jugements sur les vertus ou les vices des principaux personnages de la dynastie éteinte, sur les causes de son élévation, de sa prospérité et de sa chute.

Puisque l'histoire générale commence par l'histoire de la cour, il est nécessaire qu'il y ait dans le palais impérial des historiographes particuliers. Nous avons distingué (§ 1) les historiographes de la cour, *khi-kiu-tchou'-kouan,* au nombre de vingt-deux, des historiographes de l'empire, *koue-sse-kouan,* dont le nombre est illimité. On trouve toujours quatre historiographes de service dans le palais impérial. S'il n'y en avait qu'un seul, celui-ci pourrait faire dire à l'empereur ce qu'il n'a pas dit, ou lui attribuer ce qu'il n'a pas fait. Voici, d'après le *Taï-thsing-hoeï-tièn,* comment ils remplissent leurs fonctions :

Service intérieur ou service du palais.

Toutes les fois qu'il y a des assemblées dans le palais impérial, les historiographes de service restent à côté de l'empereur, pour prendre note de ce qu'il dit ou de ce qu'il fait[1].

Ils assistent à toutes les audiences, ordinaires ou solennelles, à toutes les cérémonies, sans en excepter une seule, à tous les festins, à tous les examens.

Chaque historiographe de service a sa place marquée :

Dans le *Taï-ho-tièn* 太和殿 ou la salle de la *souveraine concorde*, lorsque l'empereur y vient le premier jour de l'an, pour recevoir les félicitations d'usage, lorsqu'il s'y rend au solstice d'hiver ou au jour anniversaire de sa naissance; lorsqu'on y donne un festin; lorsque le commandant en chef d'une armée y prend congé de l'empereur; lorsqu'on y examine les *chou'-ki-sse'* ou les académiciens stagiaires; lorsque le souverain y reçoit les ambassadeurs des royaumes étrangers[2];

Dans le *Tchoung-ho-tien* 中和殿 ou la *salle de la moyenne concorde*, lorsque l'empereur y vient pour examiner, 1° avant les sacrifices, les formules d'oraisons et les prières (*chŏu-wen*) composées par les académiciens; 2° avant la grande cérémonie du labourage, les grains et les instruments aratoires que

---

[1] *Taï-thsing-hoeï-tièn*, liv. LV, fol. 9 r. — [2] *Ibid.* liv. LV, fol. 9 r. et v.

l'on y destine; 3° le tableau généalogique de la famille impériale;

Dans le *Pao-ho-tièn* 保和殿 ou la *salle de la
concorde protectrice*, lorsque l'empereur s'y rend pour
examiner les docteurs (*tsin-sse*) qui aspirent au titre
académique, ou pour recevoir les ouvrages que l'académie lui présente.

Service extérieur.

Les historiographes de la cour accompagnent l'empereur :

Quand il se rend dans le *Khièn-thsing-koung* 乾
清宮 ou le *palais de la pareté céleste*, pour distribuer des récompenses aux fonctionnaires de l'État,
ou pour célébrer une fête[1];

Quand il se rend dans le *Wen-hoa-tièn* 文華
殿 ou la *salle des conciles*, dans le *Wen-youèn-kö* 文
淵閣 ou la *bibliothèque*, pour interpréter les livres
sacrés[2];

Quand il se rend dans le temple de Confucius, à
l'académie ou au collége impérial (*Köue-'tseu-kièn*)[3];

Quand il visite les tombeaux de la famille impériale;

Quand il sacrifie, comme souverain pontife, dans
les temples de la capitale;

Enfin, quatre historiographes restent attachés à la

---

[1] *Taï-thsing-hoei-tièn*, liv. LV, fol. 9 v. — [2] *Ibid.* liv. LV, fol. 10 r.
— [3] *Ibid.* liv. LV, fol. 12 r.

personne de l'empereur quand il se rend à Youèn-ming-youèn, sa résidence d'été.

Généralement, l'historiographe de la cour doit rapporter un fait, toutes les fois que ce fait offre un exemple ou une leçon, traiter les affaires publiques avant les particulières. S'il parle des actes du goûvernement ou des documents soumis à l'empereur, il faut qu'il les énumère dans l'ordre suivant :

Les actes qui émanent de l'autorité impériale 上諭;

Les documents fournis par les départements ministériels 部本;

Les documents apportés par le service des dépêches 通本 etc. etc. [1]

Le *Taï-ihsing-hoeï-tièn* entre à ce sujet dans une foule de détails. Je ne puis m'y arrêter; mais je remarquerai que, relativement à la préséance, les grands corps de l'État se classent dans l'ordre suivant :

1° Le conseil des ministres ou le cabinet (*Neï-kŏ*);

2° Le ministère de la famille impériale (*Tsoung-lin-'fou*);

3° L'académie impériale des han-lin (*han-lin-youèn*);

4° Le ministère des offices (*li-'pou*);

5° Le ministère des finances (*hou-pou*);

6° Le ministère des rites (*li-pou*);

7° Le ministère de la guerre (*ping-'pou*);

---

[1] *Taï-thsing-hoeï-tièn*, liv. LV, fol. 11 v.

8° Le ministère de la justice (*hing-pou*);

9° Le ministère des travaux publics (*koung-pou*);

10° Le tribunal des censeurs (*tou-tcha-youèn*);

11° La surintendance des affaires étrangères (*li-fan-youèn*);

12° La chambre des requêtes (*thoung-tching-sse*);

13° La cour d'appel (*ta-li-sse*)[1].

Ainsi l'académie se trouve placée au troisième rang.

« Il est d'usage, dit un écrivain célèbre, M. de Châteaubriand, de tenir un registre secret sur lequel est inscrit, heure par heure, tout ce que dit, fait et ordonne un pape pendant la durée de son pontificat. » A la Chine, l'historiographe du palais inscrit sur une feuille volante tout ce que le souverain dit, fait ou ordonne : c'est ce qu'on appelle son compte rendu, son rapport 記注. Après l'avoir signé et daté, sans le communiquer à ses collègues, l'historiographe le jette dans un tronc ou coffre en fer 乃匭而藏焉[2]. Chaque mois on ouvre le coffre; on recueille tous les rapports; on en coud les feuillets et on en fait deux registres 每月分作二冊. A la fin de l'année, ces registres, au nombre de vingt-quatre, sont vérifiés, arrêtés et timbrés par les chanceliers, présidents de l'académie impériale, puis transmis au cabinet, puis déposés aux archives 送於內閣

[1] *Taï-thsing-hoei-tièn*, liv. LV, fol. 11 v. [2] — *Ibid.* liv. LV, fol. 12 r.

而貯諸庫. Voilà des faits authentiques et mieux
constatés que celui dont parle M. de Châteaubriand.

§ 6. FONCTIONS ET ATTRIBUTIONS GÉNÉRALES DES HISTORIOGRAPHES DE L'EMPIRE.

Les historiographes, ai-je dit, se bornent à recueillir
les pièces authentiques, d'après lesquelles la commis-.
sion nommée par le fondateur d'une dynastie nouvelle
entreprend de rédiger l'histoire générale de la dynastie
éteinte. Cette commission n'est pas simplement l'écho
des anciens historiographes et ne se croit pas dans l'o-
bligation de répéter, caractère par caractère, ce qu'ils
ont écrit. Si elle trouve dans quelque mémoire un panégyrique au lieu d'une censure, elle ne tient aucun
compte du panégyrique. En un mot, elle doit, pour
parvenir à la connaissance de la vérité, examiner avec
soin, discuter tous les témoignages. Mais de quel
ordre sont ces témoignages? Quelles en sont la nature et la forme? Où les trouve-t-on? Restent-ils cachés dans les archives, comme les mémoires des historiographes du palais ou les produit-on au grand
jour? Le *Thaï-thsing-hoeï-tièn* répond à ces questions.

L'histoire authentique de la Chine est fondée sur
quatre ordre de témoignages, à savoir :

1° L'histoire de la dynastie ou des souverains,
'Pen-ki' 本紀;

2° Les mémoires, *Tchouèn* 傳 ;

3° La statistique, *Tchi'* 志 ;

4° Les tableaux synoptiques, *Piao* 表 [1].

L'histoire de la dynastie est ouverte par l'histoire de son fondateur; on a vu, dans la section précédente, comment elle se compose et comment elle se transmet à la postérité. Je ne parlerai ici que des mémoires de la statistique et des tableaux synoptiques.

Il y a onze espèces de mémoires. Le *Taï-thsing-hoeï-tièn* en fournit le catalogue, ce sont:

1° Les mémoires concernant les ministres du cabinet, *Ta'-tchhin-tchhouèn;*

2° Les mémoires concernant les sages de la dynastie, *Tchoung-i'-tchhouèn* [2];

3° Les mémoires concernant la corporation des lettrés, *Jou-lin-tchhouèn;*

4° Les mémoires concernant les écrivains célèbres, *Wen-youèn-tchhouèn;*

5° Les mémoires concernant les magistrats intègres, *Sian-li'-tchhouèn;*

6° Les mémoires concernant les particuliers qui ont été le modèle des vertus domestiques, *Hiao'-yéou-tchhouèn* [3];

---

[1] *Taï-thsing-hoeï-tièn*, liv. LV, fol. 12, 13 et 14.

[2] Morrison explique ainsi le mot composé *tchoung-i*, dont on fait un usage très-fréquent dans les livres : « Honest and eminently devoted to right principles, without regard to consequences. » Il n'est question dans cette phrase que des sages de la Chine, auxquels le gouvernement rend un culte. (Voyez nos *Recherches sur les institutions municipales de la Chine*, p. 154 et suiv.)

[3] Particulièrement de la piété filiale.

7° Les mémoires concernant les femmes célèbres, *Lie-'niu-tchhouèn* [1];

8° Les mémoires concernant les chefs des tribus indigènes, *'Thou-sse'* [2];

9° Les mémoires concernant les pays situés au delà des frontières, *Sse'-i'-tchhouèn;*

10° Les mémoires concernant les ministres d'État qui ont été fidèles à la politique du gouvernement, *Eul'-tchhin-tchhouèn;*

11° Les mémoires concernant les ministres d'État qui ont été hostiles à cette politique, *Nĭ-tchhin-tchhouèn* [3].

La statistique générale de l'empire se partage en quatorze branches et s'applique,

1° A l'astronomie, *Thièn-wen-tchi;*

2° A la météorologie, *Chi-hièn-tchi;*

3° Aux rites, *Li-tchi;*

4° A l'art militaire, *Ping-tchi;*

5° A la législation pénale, *Hing-tchi;*

6° A la musique, *Yŏ-tchi;*

[1] Voyez nos *Recherches sur les institutions municipales de la Chine,* p. 156 et 157.

[2] «Dans les parties montagneuses de l'empire, et surtout dans les provinces de l'ouest, il subsiste encore un assez grand nombre de tribus qui n'ont éprouvé qu'imparfaitement l'influence des institutions chinoises, et qui appartiennent, selon toute apparence, à la population aborigène de ces provinces, en partie subjuguée et modifiée par les Chinois des provinces septentrionales et centrales. Il y a des restes de ces peuples dans plusieurs provinces, notamment dans le Sse-tchhouèn, le Yun-nan et le Hou-nan.» (Abel-Rémusat, *Coup d'œil sur la Chine et sur ses habitants.*)

[3] Voyez le *Taï-thsing-hoeï-tièn,* liv. LV, fol. 12, 13; voyez aussi G. Pauthier, *Chine moderne,* Iʳᵉ partie, p. 273.

7°. A l'éloquence, *I-wen-tchï;*

8° A la géographie, *Tï'-'li;*

9° Aux rivières et aux canaux, *Ho-khiu-tchï';*

10° Aux chaises à porteurs et aux vêtements, *Yu-fŏu-tchï';*

11° Au cérémonial de la cour et de la société, *I-weï'-tchï';*

12° Aux denrées qui se vendent pour la nourriture des hommes, *Chï-ho-tchï';*

13° Aux charges et aux fonctions publiques, *Tchï-kouan-tchï';*

14° A la nomination et à la promotion des fonctionnaires, *Tchouèn-'kiu.*

Enfin, les tableaux synoptiques, d'un genre particulier, comprenant, année par année, l'état des services rendus,

1° Par les membres de la famille impériale, *Tsoung-chï wang-koung;*

2° Par les princes mongols et les princes mahométans des possessions chinoises, *Moung-'kou-hoeï-pou-wang-koung.*

Ces tableaux énoncent les titres qui leur ont été conférés.

Tels sont les matériaux de l'histoire de la Chine. Les documents du premier ordre sont fournis par les historiographes de la cour, *'kki-kiu-tchou-kouan'* (cf. § 1); mais une loi fondamentale en interdit la publication tant que la dynastie occupe le trône. Les documents du deuxième, du troisième et du quatrième ordre sont fournis par les historiographes de l'empire, *köue-'sse-kouan* (cf. § 1), et offerts chaque année à l'empereur. Le gouvernement peut les publier; il en publie parfois des extraits.

Suivant un système dont l'invention remonte au 11ᵉ siècle avant notre ère, et que l'on attribue au célèbre Ssema-thsièn, tous ces documents s'incorporent dans les annales et en font l'histoire la plus authentique et la plus fidèle qu'il y ait dans le monde.

J'avoue néanmoins que de pareils travaux me semblent à peu près stériles. La connaissance de l'histoire, telle qu'on l'écrit à la Chine, y exige une lecture immense, et cette lecture, qui doit causer un excessif ennui, étouffe l'imagination, écrase la mémoire des étudiants. On veut qu'ils se mettent au courant de nos arts, de notre chimie, de notre physique, de nos mathématiques; mais alors il faut qu'on opère une réforme générale dans le Céleste Empire. Ses habitants renonceront-ils tout d'un coup à des habitudes invétérées ? Cela paraîtra peu probable à ceux qui connaissent le caractère chinois.

SECTION III.

STATISTIQUE GÉNÉRALE DES OUVRAGES PUBLIÉS PAR L'ACADÉMIE DES HAN-LIN, DEPUIS LA DEUXIÈME ANNÉE CHUN-TCHI (1645) JUSQU'À LA SEIZIÈME ANNÉE KIA-KING (1811).

Le catalogue que je présente ici, sans être d'une étendue excessive, embrasse néanmoins, sous des titres généraux, le cercle entier des travaux académiques à la Chine.

Ces titres généraux sont :

ANTIQUITÉS.

Archéologie.
Histoire des arts.
Iconographie.
Numismatique.

PHILOLOGIE.

Philologie classique.
Philologie mandchoue.
Philologie chinoise.
Philologie comparée.

HISTOIRE.

Chronologie.
Histoire officielle.
Annales.

Histoire des pays tributaires.
Histoire particulière des institutions.
Statistique.
Géographie générale.
Géographie particulière.
Histoire contemporaine.
Bibliographie.
Histoire philosophique.
Actes de l'autorité.

RELIGION.

PHILOSOPHIE.

LÉGISLATION.

ENCYCLOPÉDIES.

LITTÉRATURE ET POÉSIE.

Une académie ne pouvant guère s'estimer que par les services qu'elle rend et les ouvrages qu'elle produit, j'ai cru devoir ajouter à ma notice historique sur l'académie des Thsing le catalogue général de ses travaux. On y trouvera les titres, la date et l'étendue des ouvrages qu'elle a mis au jour et qui sont distribués chronologiquement, section par section. A la tête de chaque genre, j'indique le plus succinctement possible si, dans ce genre de composition, l'académie des Tsing s'est soutenue, si elle a rétrogradé ou si elle a fait des progrès.

ANTIQUITÉS.

Archéologie.

L'archéologie a été fondée à la Chine par Liu-ta-fang, de la dynastie des Soung. Son Histoire des antiquités, intitulée 'Khao-'kou-thou, est antérieure au Pŏ-'kou-thou. Avant Ta-fang, on n'aperçoit que des tentatives assez défectueuses en ce genre. Sous les Ming, on cultiva l'archéographie, la numistatique et la paléographie; on écrivit d'excellents ouvrages; mais l'académie des Thsing nous présente un livre supérieur encore, puisqu'on y trouve, dit le *Catalogue abrégé*, avec la description, l'*explication* des monuments[1]. L'ouvrage dont je veux parler a pour titre :

西清古鑑 *Si-thsing'-kou-kièn'* « Miroir des antiquités du musée impérial, » 4o livres[2].

Ce magnifique recueil, qui peut être mis en parallèle avec nos plus beaux ouvrages du même genre, fut publié en 1749 (quatorzième année Khièn-Ioung). On y distingue parmi les antiquités la gravure et la description de quatorze cent quarante-quatre vases, dont plusieurs remontent jusqu'aux premiers temps de la dynastie des Chang (dix-sept cent soixante-six ans avant notre ère)[3].

---

[1] *Catalogue abrégé* de la bibliothèque impériale de Peking, liv. XII, fol. 17 v.

[2] *Catalogue abrégé*, liv. XII, fol. 17 v.

[3] M. G. Pauthier en a fait graver quelques *fac-simile* réduits, mais

5.

Histoire des arts.

L'académie a discuté, par ordre de dates, les opinions de tous les auteurs qui ont parlé de l'histoire des arts. Ses propres ouvrages, s'en rapportant au *Catalogue abrégé*, contiennent quelques vues nouvelles et des considérations ingénieuses; toutefois, le grand mérite de l'histoire des arts, telle qu'on l'écrit à la Chine, est l'exactitude. Rien n'y paraît oublié; mais les historiens, insistant sur les moindres choses, s'élèvent rarement aux idées générales. On n'y trouve d'ailleurs aucune théorie fondée sur la nature et sur le goût. Nous avons de l'académie des han-lin quatre ouvrages principaux dans ce genre, à savoir:

1° Le 書畫譜 *Chou-hoa'-pou* « Histoire générale de l'écriture et de la peinture, » 100 livres.

Cet ouvrage, écrit par un certain nombre d'académiciens de la classe des lettres, sous la direction de Sun'-yŏ-pan, vice-président du Li-'pou, ou du ministère des rites, fut commencé en 1705 (quarante-quatrième année Khang-hi), achevé et publié en 1708. Voici l'ordre des matières, d'après le *Catalogue abrégé*: Origine de l'écriture; origine de la peinture; état de ces deux arts sous chaque dynastie, à partir de la dynastie des Tcheou; règles particulières à chaque genre; histoire des calligraphes et des peintres célèbres; his-

très-fidèles, qu'il a joints au premier volume de sa *Description de la Chine*. (Voyez les planches 38-44 du Ier volume.)

toire des ouvrages exécutés par des anonymes; travaux ordonnés par l'empereur Khièn-loung[1].

2° Le 國朝宮史 *Koŭe-tchhao-koung-'sse* « Histoire des palais impériaux, publiée sous la dynastie actuelle, » 36 livres.

Cet ouvrage parut pour la première fois en 1742 (septième année Khièn-loung). Si l'on y traite du cérémonial des fêtes (*tièn-lĭ*), des palais (*koung-tièn*) où on les célèbre, des dépenses courantes (*king-fœï*) que l'entretien de ces palais exige, etc. les derniers chapitres paraissent consacrés à des recherches historiques sur les palais de la dynastie des Tcheou. D'après les catalogues de Khièn-loung, l'ouvrage, corrigé et augmenté, fut réimprimé successivement en 1761 (vingt-sixième année Khièn-loung) et en 1801 (sixième année Kia-king)[2].

3° Le 祕殿珠林 *Pĭ-tièn'-tchou-lin* « La Forêt des perles du cabinet des antiques, » 24 livres.

C'est la description du cabinet des antiques. L'ouvrage fut publié en 1744 (neuvième année Khièn-loung). On commence par l'histoire des anciennes peintures. Le *Catalogue abrégé* nous apprend que l'on y a fait une classe à part des tableaux représentant des sujets bouddhiques et tao-sse. Après l'histoire des peintures vient l'histoire des monuments écrits, au nombre desquels on remarque le recueil des autographes des empereurs. Les gravures, les dessins sur

[1] *Catalogue abrégé,* liv. XII, fol. 11, r. et v. — [2] *Ibid.* liv. VIII, fol. 13 r.

la soie, les gravures sur pierre, les gravures sur bois, les anciennes planches des *King* et des livres de la haute antiquité sont l'objet des derniers livres [1].

Iconographie.

On a de l'académie un ouvrage de cette espèce; il est intitulé :

皇朝禮器圖式 *Heang - tchhao-'li-khï-thou-chï* « Modèles figurés des vases, des costumes, des instruments de musique, etc. ou iconographie officielle de la dynastie des Mandchous, » 16 livres.

Ce recueil de gravures, commencé en 1759 (vingt-quatrième année Khièn-loung), fut offert à l'empereur en 1764. On trouve dans les *Antiquités du musée impérial de Khièn-loung* une iconographie ancienne. L'iconographie des Mandchous est imprimée avec autant de magnificence et gravée avec autant de soin.

Numismatique.

Quelques services ont été rendus à la numismatique par l'académie des Thsing, qui a mis au jour un livre digne d'estime à beaucoup d'égards, et dans lequel on peut puiser beaucoup de connaissances historiques et chronologiques; il est intitulé :

錢錄 *Thsièn-lon* « Catalogue des monnaies. » Cet ouvrage a été publié par l'académie en 1751 (seizième année Khièn-loung). Les treize premiers livres, consacrés à la description des monnaies an-

---

[1] *Catalogue abrégé*, liv. XII, fol. 11 v.

tiques, offrent un grand intérêt. Elles y sont classées chronologiquement depuis les temps anciens jusqu'à la première année Tsoung-tching, du règne de Hoai-tsoung-ning-ti des Ming (1268 après J. C.). Il ne faudrait pas chercher dans un ouvrage exécuté par des académiciens chinois un corps de doctrine sur la science des médailles ou l'art monétaire; je crois néanmoins qu'on devrait y trouver une érudition plus sage. Le Catalogue des monnaies des peuples étrangers (*Waï-iu*) renferme ce qu'il y a de plus curieux pour nous; chaque figure est accompagnée de notes historiques et archéologiques [1].

PHILOLOGIE.

Philologie classique.

C'est en quelque sorte la philologie sacrée des Chinois. Elle embrasse l'explication des *King* et des *Sse-chou*. L'académie, reconnaissant que l'idiome savant, trop concis, parfois énigmatique des King, est un idiome impénétrable pour le commun des Chinois, forma le projet de mettre à la portée des esprits simples, non-seulement les livres canoniques, mais encore les livres classiques de l'école de Confucius. Pour y parvenir, elle tenta de nouveaux procédés; de là les *Ji-'kiang* ou « Lectures journalières. » Ce sont de très-utiles, mais très-ennuyeux ouvrages, qui consistent dans la paraphrase, en style vulgaire,

---

[1] *Catalogue abrégé*, liv. XII, fol 11 r.

d'un livre canonique ou d'un livre classique. Assurément, l'académie n'a pas vaincu toutes les difficultés. C'est ainsi, par exemple, que les expressions abstraites des *King* et des *Sse-chou* restent encore susceptibles d'équivoque et d'arbitraire quand on a lu les paraphrases; néanmoins, on trouve dans celles-ci une explication des anciens livres sous des formes tout à fait nouvelles et qui ont, en général, plus de clarté.

Les ouvrages de cette espèce publiés par l'académie sont au nombre de dix-huit, à savoir :

1° Le 易經通註 *I-king-thoung-tchou'* « Commentaire perpétuel sur le I-king, » 4 livres.

Cet ouvrage, commencé en 1656 (treizième année Chun-tchi), fut offert à l'empereur, en 1658, par Fou I-sièn, président de la commission. Le *I-king-thoung-tchou'*, d'après le *Catalogue abrégé*, n'est autre chose que le *Young-lo-i-king* corrigé et augmenté [1].

2° 日講四書解義 *Ji-'kiang-sse'-chou-kiai-i* « Lectures journalières ou paraphrase des quatre livres classiques, » 26 livres.

Cet ouvrage fut publié, en 1677 (seizième année Khang-hi), par une commission dont Koulena, académicien mandchou, était le président [2].

3° Le 日講書經解義 *Ji-'kiang-chou-king-'kiai-i* « Lectures journalières ou paraphrase du livre des annales, » 13 livres.

---

[1] *Catalogue abrégé*, liv. I, fol. 20 v. — [2] *Ibid.* liv. IV, fol. 9 r.

Cet ouvrage fut publié en 1680 (dix-neuvième année Khang-hi) [1].

4° Le 日講易經解義 *Ji-'kiang-ï-king-'kiai-i* « Lectures journalières ou paraphrase du I-king, » 18 livres.

Cet ouvrage fut publié, en 1683 (ving-deuxième année Khang-hi), par un comité dont l'académicien 'Nieou-'niéou était le président. La préface est de l'empereur Khang-hi [2].

5° Le 春秋傳說彙纂 *Tchun-thsiéou-tchouèn-choŭe' louï-'tsouan* « Choix d'opinions sur les commentaires du Tchun-thsiéou, » 38 livres.

Cet ouvrage fut publié, en 1698 (trente-huitième année Khang-hi), par l'académie des han-lin [3].

6° Le 周易折中 *Tcheou-ï-tchï-tchoung* « Opinions impartiales et décisives sur le I-king de Tchéou-koung, » 22 livres.

Cet ouvrage fut publié, en 1715 (cinquante-quatrième année Khang-hi), par une commission dont Li-kouang-ti était le président. Les auteurs, dit le *Catalogue abrégé*, y montrent une grande indépendance et ne s'attachent pas aux opinions particulières d'une école [4]. »

7° Le 月令輯要 *Yŭei-ling-tsĭ-yao* « Principes généraux du Yŭei-ling (chapitre du Li-ki).

Ce petit ouvrage, exécuté sur le plan du *Yŭei-*

---

[1] *Catalogue abrégé*, liv. II, fol. 8 v. — [2] *Ibid.* liv. I, fol. 21 r. — [3] *Ibid.* liv. III, fol. 15 r. — [4] *Ibid.* liv. I, fol. 21 r.

ling, de Hoang-tao-tcheou, de la dynastie des Ming,
fut publié, en 1715 (cinquante-quatrième année
Khang-hi), par une commission académique.

8° Le 書經傳說彙纂 *Chou-king-tchouèn-
choüe-louï-'tsouan* « Choix d'opinions sur les commentaires du Chou-king, » 24 chapitres.

Cet ouvrage fut publié, en 1721 (soixantième année Kkang-hi), par une commission dont le président était Wang-hio-ling. L'empereur Khang-hi en
a composé la préface.

9° Le 詩經傳說彙纂 *Chi-king-tchouèn-
choüe-louï-'tsouan* « Choix d'opinions sur les commentaires du Chi-king, » 14 chapitres.

Cet ouvrage fut commencé, par un comité académique, sous la direction de Wang-houng-sin, président du *hou-pou* ou du ministère des travaux publics, en 1721 (soixantième année Khang-hi). La
préface, qui est de l'empereur Young-tching, forme
deux chapitres. L'ouvrage a été achevé, en 1726[1].

10° Le 孝經集註 *Hiao'-king-tsï-tchou'* « Exa-
men critique des commentaires sur le *Hiao'-king* (livre
de la piété filiale), » 1 livre.

Ce petit ouvrage fut composé par l'empereur
Young-tching et publié par la direction générale en
1726 (cinquième année Young-tching). Young-tching
n'a pas fait, comme Hiouèn-thsoung, un commentaire
sur le Hiao'-king, mais un examen critique de tous
les commentaires[2].

---

[1] *Catalogue abrégé*, liv. II, fol. 19 r. — [2] *Ibid*. liv. III, fol. 15 r.

11° Le 日講春秋解義 *Ji-kiang-tchun-thsiéou-'kiai-i'* « Lectures journalières ou paraphrase du Tchun-thsiéou, » 64 livres.

C'est le Tchun-thsiéou, tel qu'il fut expliqué par Khang-hi et Young-tching dans les conférences, que l'on nomme *King-yèn*. L'ouvrage fut publié par l'académie en 1728 (septième année Young-tching).

12° Le 日講禮記解義 *Ji-kiang 'li-ki' 'kiai-i'* « Lectures journalières ou paraphrase des '*Li-ki*', » 26 livres.

Cet ouvrage fut publié en 1736 (première année Khièn-loung).

13° Le 周官義疏 *Tcheou-kouan i-sou* « Explications du *Tcheou-li* ou du Rituel de la dynastie des Tcheou, » 48 livres.

Cet ouvrage fut publié en 1748 (treizième année Khièn-loung). On y trouve, chose assez curieuse, les commentaires du célèbre réformateur Wang-ngan-chï [1].

14° Le 儀禮義疏 *I-'li i-sou* « Explications du *I-'li*, » 48 livres.

Cet ouvrage fut publié par l'académie en 1748 (treizième année Khièn-loung) [2].

15° Le 禮記義疏 '*Li-ki' i-sou* « Explication du *Li-ki*, » 82 livres.

Cet ouvrage fut publié en 1748 (treizième année

---

[1] *Catalogue abrégé*, liv. II, fol. 26 r. — [2] *Ibid.* liv. II, fol. 29.

Khièn-loung.) On y trouve une excellente critique du Li-ki.[1]

16° Le 周易述義 *Tcheou-ī chŭ-ï'* « Sens tra-ditionnel du *I-king* de Tcheou-koung, » 10 livres.

Cet ouvrage fut publié par l'académie en 1755 (vingtième année Khièn-loung)[2].

17° Le 詩義折中 *Chi-ï tchi-tchoung* « Opi-nions impartiales et décisives sur le sens du *Chi-king*, » 20 livres.

C'est, d'après le *Catalogue abrégé*, le meilleur ou-vrage qui existe sur le *Chi-king*[3].

18° Le 春秋直解 *Tchun-thsiéou tchi-'kiai* « Explication exacte du *Tchun-thsiéou*, » 16 livres.

Cet ouvrage fut publié, en 1758 (vingt-troisième année Khièn-Loung), par un comité dont Fou-heng était le président[4].

Philologie mandchoue.

Sous la dynastie des Thsing, la lexicologie mand-choue fut naturellement cultivée avec le plus grand soin. Ses progrès pendant le règne de Khièn-loung semblent extraordinaires. L'académie impériale y contribua par trois ouvrages, qui sont :

1° Le 清文鑑 *Thsin-wen-kién* « Miroir de la langue mandchoue, » 8 livres.

C'est le premier dictionnaire mandchou qui ait

---

[1] *Catalogue abrégé*, liv. II, fol. 34 r. — [2] *Ibid.* liv. I, fol. 21 v. — [3] *Ibid.* liv. II, fol. 19 r. et v. — [4] *Ibid.* liv. III, fol. 15.

été publié. Il parut en 1708 (quarante-septième année Khang-bi) sous ce titre : *Mandchou gisoun-i boulekou bitkhe.* Langlès, qui en parle, a donné un extrait de la préface [1].

2° Le 增訂清文鑑 *Tseng-thsing wen-kièn* « Miroir de la langue mandchoue, corrigé et augmenté, » 32 livres.

Cette nouvelle édition du dictionnaire mandchou fut publiée la trente-sixième année Khièn-loung (1770), en mandchou et en chinois, par un comité à la tête duquel on avait placé l'académicien Fou-heng,[2] Elle est, assure-t-on, d'une autorité irréfragable [3].

3° Le 清漢對音字式 *Thsing-han-toui-yin tseu'-chi* « Modèle, pour la transcription des mots mandchous en caractères chinois. »

Cet ouvrage fut publié par l'académie en 1772 (trente-huitième année Khièn-loung). On y trouve une concordance mandchoue et chinoise, ou des syllabaires très-corrects, dont on peut faire un excellent usage pour la transcription des mots étrangers.

---

[1] Elle est de l'empereur Khang-hi. (Voy. Langlès, *Alphabet mandchou*, p. 6, 7 et suiv.)

[2] *Catalogue abrégé*, liv. IV, fol. 24 v.

[3] « This work has been augmented at different times by two sup-« plements, besides an elaborate index, entirely in Mandchu in 9 vo-« lumes. » (Voyez Wylie, *Translation of the T'sing-wan K'e mung, a chinese Grammar of the manchu tartar language, with introductory notes on manchu literature*, p. XVIII.)

Philologie chinoise.

On jugera du mérite des académiciens, comme lexicographes, par l'énumération des travaux qu'ils ont publiés; ce sont autant de monuments. La lexicographie chinoise se partage en plusieurs branches; car il y a pour les dictionnaires trois ordres tout à fait distincts : l'ordre des clefs, l'ordre des tons et l'ordre des matières. L'ordre des clefs est parfaitement adapté à l'écriture chinoise; l'ordre des tons remplace à la Chine l'ordre alphabétique; l'ordre des matières, qui offre les avantages d'une encyclopédie, ne convient qu'aux savants. Adoptant ces trois ordres, parcourant tous les monuments de la littérature, l'académie des Thsing a laissé des chefs-d'œuvre dans ce genre et a révélé aux étrangers le fond de sa langue. Voici les monuments qu'elle a publiés :

3° Le 佩文韻府 Peï-wen yun-fou « Grand Dictionnaire tonique de la langue chinoise; » 443 livres.

C'est l'entreprise la plus vaste qui ait été conçue par des philologues. Pour l'exécuter, il fallait une connaissance parfaite de la langue et des bons auteurs, un esprit méthodique, une patience à toute épreuve. Or aucune de ces qualités ne manque aux académiciens de la Chine. Le Peï-wen yan-fou, dont le premier volume a été interprété en français par M. Callery [1], fut publié en 1704 (quarante-troisième

---

[1] Voyez le *Dictionnaire encyclopédique de la langue chinoise*, par J. M. Callery, t. I, 1844.

année·Khang-hi). Ses auteurs ont apporté un soin scrupuleux dans le choix des exemples; ils indiquent la source où ils sont puisés.

2° Le 康熙字典 *Khan-hi tseu'-tièn* « Dictionnaire publié par ordre de l'empereur Khang-hi, » 42 livres.

Ce dictionnaire, qui a une grande autorité à la Chine, fut publié, en 1710 (quarante-neuvième année Khang-hi), par une commission dont l'académicien Tchang-iŭ-chou était le président[1]. « Le *Khang-hi tseu-tièn*, dit M. Abel-Rémusat, avec moins de variété que le *Tching-tsen-thoung*, offre le mérite d'une composition plus méthodique et plus régulière[2]. »

3° Le 駢字類編 *Phièn-tseu loui'-pièn* « Répertoire de mots dissyllabiques, rangés par ordre de matières, » 240 livres.

Ce magnifique ouvrage fut commencé en 1719 (cinquante-huitième année Khang-hi), et achevé en 1725 (quatrième année Young-tching)[3].

4° Le 韻府拾遺 *Yun'-fou chi-i* « Supplément au grand dictionnaire tonique, intitulé : *Yun'-fou kiun-iŭ,* » 112 livres.

Cet ouvrage fut publié en 1720 (cinquante-neuvième année Khang-hi). Les auteurs ont perfectionné le système de classification dans lequel les caractères sont arrangés d'après l'ordre des sons finaux[4],

[1] *Catalogue abrégé*, liv. XIV, fol. 12 r.
[2] Abel-Rémusat, *Mélanges asiatiques*, t. I, p. 97.
[3] *Catalogue abrégé*, liv. XIV, fol. 11 v. — [4] *Ibid.* liv. XIV, fol. 12 v.

5° Le 分類字錦 *Fen-loaï tseu'-kin* « Dictionnaire chinois par ordre de matières, » 64 livres.

Cet ouvrage, publié par ordre impérial en 1721 (soixantième année Khang-hi), a été tiré des mêmes sources que le *Phièn-tseu' loaï-pièn;* mais il est plus correct[1].

6° Le 音韻闡微 *Yin-yan' tchhèn-weï* « Dictionnaire tonique, » 18 livres.

Cet ouvrage fut commencé en 1715 (cinquante-quatrième année Khang-hi), et achevé, en 1725 (quatrième année Young-tching), par une commission dont Li-kouang-li était le président.

On y trouve des recherches sur l'ancienne prononciation du chinois[2].

7° Le 叶韻彙輯 *Tsïei-yan' loaï-tsï* « Dictionnaire tonique, » 58 livres.

Cet ouvrage fut publié, en 1750 (quinzième année Khièn-loung), par une commission dont l'académicien Leang chi-tching était le président[3].

8° Le 音韻述微 *Yin-yan' choŭ-weï* « Dictionnaire tonique, » 106 livres.

Cet ouvrage fut publié en 1772 (trente-huitième année Khièn-loung). La prononciation des mots y est plus correctement indiquée que dans les autres dictionnaires[4].

---

[1] *Catalogue abrégé,* liv. XIV, fol. 11 r.— [2] *Ibid.* liv. IV, fol. 29 r. — [3] *Ibid.* liv. IV, fol. 29 v. — [4] *Ibid.* liv. IV, fol. 29 v.

Philologie comparée.

Il existe dans le sein de l'académie un comité que l'on nomme le comité des traducteurs. La philologie comparative est quelquefois l'objet de ses recherches et de ses travaux. On a de ce comité trois ouvrages assez médiocres, ce sont :

1° Le 同文韻統 *Thoung-wen yan-thoung* « Vocabulaire polyglotte par ordre de matières, » 6 livres.

Il fut publié en 1750 (quinzième année Khièn-loung). C'est un ouvrage dans lequel les auteurs établissent, suivant le *Catalogue abrégé*, une synonymie authentique entre les expressions propres au sanscrit et au tibétain et les mots chinois. On y trouve, avec l'interprétation de chaque mot, sa prononciation approximative [1].

2° Le 西域同文志 *Si-iŭ thoung-wen-tchi* « Tableaux des noms géographiques du *Si-iŭ* (pays occidentaux) en chinois, en mandchou, en mongol, en œlet, en tibétain et en turc, » 24 livres.

Cet ouvrage fut publié par ordre impérial, en 1763 (vingt-huitième année Khièn-loung) [2].

3° Le 滿洲蒙古漢字三合切音清文鑑 *Man-tcheou mong-kŭ han-tseu san-hŏ-thsiei yin thsing-wen-kièn* « Dictionnaire mandchou,

---

[1] *Catalogue abrégé*, liv. IV, fol. 29 r. — [2] *Ibid.* liv. IV, fol. 24 r.

mongol et chinois, avec des explications en mandchou, » 33 livres.

Ce dictionnaire fut publié, par ordre impérial, en
1778 (quarante-quatrième année Khièn-loung).

HISTOIRE.

Chronologie.

A la Chine, où l'histoire nationale a pris avec les
siècles un développement singulier, les instituteurs
de la jeunesse attachent beaucoup d'importance aux
dates. Ce n'est donc pas sans raison qu'on a multiplié
les précis chronologiques, les tableaux et les manuels.
Entre les ouvrages de ce genre, ceux de l'académie
des Thsing tiennent, sans contredit, la première
place. On en compte trois, à savoir :

1° Le 歷代紀事年表 Li-taï ki-sse niên-
piao « Tableau chronologique de l'histoire universelle, » 100 livres.

« Excellent tableau dit M. Abel-Rémusat, dans le
goût de ceux de l'abrégé du président Hénault ou
de l'Atlas de Lesage, mais bien plus savant et plus régulier[1]. » Il fut publié, en 1712 (cinquante et unième
année Khang-hi), par une commission dont Wang-
tchi-tchhou était le président. Chaque ordre d'événements a sa colonne particulière. »

2° Le 明紀綱目 Ming-ki kang-mou « Aperçu
chronologique de l'histoire des Ming, »

---

[1] Abel-Rémusat, *Mélanges asiatiques*, t. II, p. 375.
[2] *Catalogue abrégé*, liv. V, fol. 13 v.

Cet ouvrage fut publié en 1739 (quatrième année Khièn-loung). Il ne figure pas dans le *Catalogue abrégé.*

3° Le 通 鑑 輯 覽 *Thoung-kièn'tsĭ-'lan* « Précis chronologique de l'histoire universelle, » 116 livres.

Cet ouvrage, qui n'est pas, comme on le pourrait croire, une sèche nomenclature, fut publié par le comité des historiographes de l'empire en 1768 (trente-troisième année Khièn-loung)[1].

Histoire officielle.

Le grand monument de ce genre publié par l'académie des Thsing a pour titre :

明 史 *Ming-'sse* « Histoire officielle de la dynastie des Ming, » 360 livres.

D'après le *Catalogue abrégé,* le décret qui en donne la composition est daté de la deuxième année *Chun-tchi* (1645). Ce décret fut reçu dans la salle du trône (*Pao-ho-tièn'*) par Tchang-ting-iŭ, président de l'académie impériale.

La première partie de l'histoire des Ming parut en 1679 (dix-huitième année Khang-hi), mais l'ouvrage ne fut achevé qu'en 1739 (quatrième année Khièn-loung). Ainsi, l'académie n'y consacra pas moins de *quatre-vingt-quatorze ans.*

Annales.

Comme sous les Ming, le *Thoung-kièn* 通 鑑 ou

---

[1] *Catalogue abrégé,* liv. V, fol. 15 r.

le corps des annales a été continué par l'académie.
Il fut achevé en 1774 (quarantième année Khièn-
loung).

Histoire des pays tributaires.

Quelques ouvrages de ce genre, où sont accumulés les détails les plus intéressants sur les contrées
voisines de l'empire, mériteraient d'être étudiés par
les Européens; celui que l'académie nous présente,
et qui paraît fort médiocre, a pour titre :

皇清職貢圖 *Hoang-thsing tchĭ-koung-thou*
« Histoire des Coréens et des peuples tributaires de
la Chine sous la dynastie actuelle, avec des figures, »
9 livres.

Cet ouvrage fut publié, en 1751 (seizième année
Khièn-loung), par Fou-heng et d'autres académiciens
de la classe des lettres [1].

Histoire particulière des établissements civils et politiques.

Les ouvrages que l'on comprend dans cette classe
manquent à la Bibliothèque impériale de Paris. Nous
ne laissons pas cependant d'écrire sur les institutions
de la Chine; mais avec toutes les recherches, tous
les soins imaginables, rien ne nous peut garantir de
commettre beaucoup de fautes. On n'a de l'académie
que deux ouvrages relatifs à l'histoire des établissements, ce sont :

[1] *Catalogue abrégé*, liv. VII, fol. 9 r. et v.

1° Le 國子監志 *Koŭe-'tseu-khièn-tchï* « Histoire du collége impérial, » 62 livres.

Cet ouvrage fut publié, en 1777, par une commission dont Leang-koŭe-tchi, président du ministère des finances, était le directeur. On y trouve une histoire très-exacte du collége impérial depuis les Tbang jusqu'au règne de Khièn-loung [1].

2° Le 歷代職官表 *Li-taï tchi-kouan-'piao* « Tableaux des magistratures publiques sous chaque dynastie. »

Ces tableaux furent publiés par une commission académique, en 1779 (quarante-cinquième année Khièn-loung). Il y en a un pour chaque cour, pour chaque établissement [2].

Statistique.

La statistique de la population mandchoue a été une des principales occupations de l'académie sous les Thsing; elle a publié deux ouvrages en ce genre:

1° Le 八旗通志 *Pă-khi thoung-tchï* « Statistique générale des huit bannières, ou de la population mandchoue, » 250 livres.

L'ouvrage fut commencé en 1726 (cinquième année Young-tching), publié en 1739 (quatrième année Khièn-loung), et, par conséquent, achevé en moins de treize ans. Le comité des historiographes mit quatre-vingt-quatorze ans à écrire l'histoire des

---

[1] *Catalogue abrégé*, liv. VIII, fol. 3 v. — [2] *Ibid.* liv. VIII, fol. 3 v.

Ming; c'est qu'une histoire générale est plus difficile à composer qu'une statistique générale [1].

2° Le 八旗滿洲氏族通譜 *Pă-khi man-tcheou chĭ-tsŏ thoung-'pou* « Tableaux généalogiques des familles mandchoues, mongoles, coréennes; etc. » 80 livres.

Cet ouvrage fut publié en 1744 (neuvième année Khièn-loung) [2].

Géographie générale.

L'académie des Thsing, comme je l'ai dit dans le *Siècle des Youèn*, a élevé à la géographie un monument incomparable. Rien n'approche en Europe de la vaste collection intitulée : *Taï-thsing-ĭ-thoung tchĭ* « Géographie universelle de la Chine. » Certainement on peut reprocher aux géographes chinois plusieurs défauts d'ignorance par rapport à l'astronomie, à la géographie physique, aux phénomènes de la nature, à la cartographie; ils n'en ont pas moins adopté, sous les Ming, un corps de doctrine qui est devenu celui des plus grands géographes de l'Europe.

L'académie a fait paraître trois ouvrages de géographie, ce sont :

1° Le 皇輿表 *Hoang-iu-'piao* « Tableaux géographiques de l'empire chinois. »

Cet ouvrage fut publié en 1679 (dix-huitième année Khang-hi). Les *Tableaux géographiques* se trou-

---

[1] *Catalogue abrégé*, liv. VIII, fol. 15 r. — [2] *Ibid.* liv. VI, fol. 18 r.

vent à la Bibliothèque impériale de Paris, où ils forment quatre volumes in-4°. Je n'en dirai rien, si ce n'est que l'exécution laisse beaucoup à désirer. Le *Catalogue abrégé* n'en fait pas mention.

2° Le 太清一統志 *Tai-thsing,i-thoung tchi* « Géographie universelle de la Chine, publiée sous la dynastie des Thsing, » 500 livres.

C'est le grand ouvrage dont je viens de parler. La première édition complète parut en 1764 (vingt-neuvième année Khièn-loung).

3° Le 治河方略 *Tchi-ho fang-lio* « Art de diriger le cours du fleuve Jaune. »

Cet ouvrage, publié en 1811 (seizième année Kia-king), n'est qu'un extrait du *Tchi-ho thòa-lio* de Wang-hi, auteur qui vivait sous la dynastie des Youèn.

Géographie particulière.

Après la géographie générale, on place la géographie particulière. Celle-ci peut comprendre autant de subdivisions qu'il y a de districts en Chine. Dans la géographie générale, tout est sacrifié à l'instruction ; on expose les faits clairement et laconiquement. Dans les *Descriptions historiques et géographiques*, écrites avec beaucoup d'élégance, les auteurs cherchent à plaire, et, pour plaire, ils y font entrer quelquefois un grand nombre de choses tout à fait distinctes de la géographie.

Nous trouvons dans le *Catalogue abrégé* sept descriptions géographiques, publiées par l'académie, à savoir :

1° Le 盤山志 *Phan-chan-tchï* « Description historique et géographique des montagnes du Phan-tcheou, » 21 livres.

Cet ouvrage fut publié, en 1754 (dix-neuvième année Khièn-loung), par une commission dont Tsiang-fou, académicien de la classe des lettres, était le président. Khièn-loung en ordonna la composition pendant son voyage dans le Kouëi-tcheou [1].

Phan-tcheou est le nom d'un ancien district dans le nord-est du Yun-nan et le sud du Kouëi-tcheou; il renferme un grand nombre de montagnes, sur lesquelles habitent plusieurs tribus appartenant à la population aborigène de ces provinces.

2° Le 皇輿西域圖志 *Houng-iu si-iŭ thou-tchï* « Description géographique de la Chine et des pays occidentaux de l'Asie, avec des cartes, » 52 livres.

Cet ouvrage fut publié en 1756 (vingt et unième année Khièn-loung) [2].

3° Le 熱河志 *Ieho-tchï* « Description historique et géographique de Iehol, » 80 livres.

Cet ouvrage fut publié en 1756 (vingt et unième année Khièn-loung). Il est divisé en vingt-quatre sections, et contient l'histoire de Iehol depuis les Léao jusqu'au règne de Khièn-loung [3]. On peut lire dans

---

[1] *Catalogue abrégé*, liv. VII, fol. 19 v. — [2] *Ibid.* liv. VII, fol. 9 r. — [3] *Ibid.* liv. VII, fol. 8 r.

les voyages de lord Macartney une description du magnifique parc de Iehol.

·4° Le 臨清紀略 *Lin-thsing ki'-lio* « Histoire et antiquités de Lin-thsing, » 16 livres.

Cet ouvrage fut publié en 1773 (trente-neuvième année Khièn-loung)[1]. Lin-thsing est le nom d'un dé partement dans la province de Chan-toung. On y voit le tombeau de l'ancien philosophe Tchouang-tseu.

5° Le 盛京通志 *Ching-king-thoung-tchi* « Description générale de Moukden, » 100 livres.

Cet ouvrage, dont il existe une version man-dchoue, fut publié en 1778 (quarante-quatrième an-née Khièn-loung)[2].

6° Le 蘭州紀略 *Lan-tcheou ki'-lio* « Histoire et antiquités de Lan-tcheou. »

Cet ouvrage fut publié en 1780 (quarante-sixième année Khièn-loung). Lan-tcheou fait partie du dé-partement de Li-kiang-fou, dans le Yun-nan.

·7° Le 河源紀略 *Ho-youèn ki'-lio* « Histoire et antiquités de Ho-Youèn. »

Cet ouvrage fut publié en 1781 (quarante-septième année Khièn-loung). Ho-Youèn est le nom d'un ar-rondissement et d'une ville du troisième ordre, dans la province de Kouang-toung.

Histoire contemporaine.

L'académie est chargée d'écrire l'histoire contem-

---

[1] *Catalogue abrégé,* liv. V, fol. 19 r. — [2] *Ibid.* liv. VII, fol. 9 v.

poraine. Ce corps savant doit-il s'en applaudir? Je
ne le pense pas. Comme le gouvernement est plus
que monarchique, il existe à la Chine des coutumes
qui détruisent la dignité et l'indépendance des académiciens. Le P. Cibot affirme qu'ils ont le privilége
de ne fléchir le genou que devant l'empereur et les
princes du sang; oui, mais le principe de l'inamovi-
bilité est inconnu des Chinois. Quand un premier
ministre en veut à un académicien, il lui fait con-
férer un petit mandarinat dans une province éloi-
gnée de la capitale.

Du reste, les auteurs ne s'exposent guère en écri-
vant l'histoire contemporaine; ils ont même, quand
il s'agit de l'empereur et des ministres, une manière
de louer ridiculement hyperbolique; aussi tous les
ouvrages de ce genre sont-ils ce qu'il y a de plus
faible et de moins estimable dans les compositions
de l'académie. Elle en a publié onze, à savoir :

1° Le 平定三逆神武方略 Phing-
ting' san-nĭ chin-'wou fang-lio « Histoire abrégée de la
révolte des princes de Kouang-toung, de Foŭ-kièn
et de Formose. »

Dans cet ouvrage, publié en 1682 (vingt et unième
année Khang-hi), les auteurs racontent les événements
mémorables écoulés pendant la première moitié du
règne de Khang-hi. On sait que les princes de Kouang-
toung, de Foŭ-kièn et de Formose se joignirent à Ou-
san-koueï, déjà maître des quatre grandes provinces
du sud-ouest, pour renverser la puissance des Mandchous. On sait aussi que les trois ennemis du grand

monarque se divisèrent alors et finirent par être battus.

2° Le 平定朔漢方略 *Phing-ting' soû-moû fang-lio* « Histoire abrégée de la pacification des tribus tartares, » 48 livres.

Le décret qui ordonne la publication de cet ouvrage est daté de la trente-sixième année Khang-hi (1696). Achevé en 1708 (quarante-septième année Khang-hi), il contient l'histoire de Satchar, prince mongol, qui s'était ligué avec les chefs des tribus tartares pour secouer le joug des Mandchous et reconquérir la souveraineté [1].

3° Le 平定金川方略 *Phing-ting' kin-tchhouèn fan-lio* « Histoire abrégée de la conquête du *petit ruisseau d'or*, ou de la pacification des Miao-tseu, » 32 livres.

Cet ouvrage fut publié en 1748 (treizième année Khièn-loung) [2]. Il contient l'histoire de la réduction des Miao-tseu, c'est-à-dire d'un petit peuple qui était resté enfermé dans les montagnes du Sse-tchouèn et avait conservé son indépendance [3].

4° Le 平定準葛爾方略 *Phing-ting' 'tchun-kö-eal fang-lio* « Histoire abrégée de la destruction du Djoum-gar, ou de l'armée de Galdan, chef des Éleuthes, » 54 livres.

Cet ouvrage fut publié en 1771 (trente-septième

---

[1] *Catalogue abrégé*, liv. V, fol. 18 r. — [2] *Ibid.* liv. V, fol. 18 r. et v.

[3] Abel-Rémusat, *Nouveaux mélanges asiatiques*, t. II, p. 52.

année Khièn-loung) [1]. L'académie y a tracé le tableau politique de la Chine durant une époque très-orageuse. On nommait *Djoun-gar* « aile gauche » le corps d'armée de Galdan, chef des Éleuthes, plus connu par son titre de *contaïsch*. Gerbillon, qui accompagnait Khang-hi dans cette expédition, nous en a laissé un récit assez détaillé [2].

5° Le 平定兩金川方略 *Phing-ting'-léang kin-tchouèn fang-lio* « Histoire de la conquête définitive des *deux ruisseaux d'or*, ou des pays occupés par les Miao-tseu, » 152 livres.

Ce grand ouvrage fut publié par l'académie, en 1775 (quarante et unième année Khièn-loung) [3].

6° Le 平定臺灣紀略 *Phing-ting' thaï wan ki'-lio* « Histoire abrégée de la conquête de Formose. »

Cet ouvrage fut publié en 1786 (cinquante-troisième année Khièn-loung), et contient l'histoire de l'île de Thaï-wan (Formose), depuis l'an 1683, époque à laquelle Khang-hi s'en rendit maître, jusqu'au règne de Khièn-loung [4].

7° Le 平苗紀略 *Phing-miao ki'-lio* « Histoire abrégée de la pacification des Miao-tseu. »

Ce petit ouvrage, publié en 1797 (deuxième année Kia-king), n'est que l'abrégé de la grande relation.

[1] *Catalogue abrégé*, liv. V, fol. 18 r.
[2] Duhalde, t. IV, p. 394.
[3] *Catalogue abrégé*, liv. V, fol. 19 r. — [4] *Ibid.* liv. V, fol. 20 v.

8° Le 平三省邪匪方略 *Phing san-sing 'sie-feï fang-lïo* « Histoire de la pacification des trois provinces insurgées. »

Cet ouvrage fut publié en 1801 (sixième année Kia-king). Il contient l'histoire des insurrections qui éclatèrent au commencement du règne de Kia-king.

9° Le 幸魯盛典 *Hing'-lou ching'-tièn* « Voyages de Khang-hi dans le pays des Éleuthes, » 40 livres.

Cet ouvrage fut publié en 1684 (vingt-troisième année Khang-hi) [1].

10° Le 南巡盛典 *Nan-siun ching'-tièn* « Voyages de Khièn-loung dans les provinces méridionales, » 120 livres.

Cet ouvrage fut publié en 1766 (trente et unième année Khièn-loung) [2].

11° Le 西巡盛典 *Si-siun ching'-tièn* « Voyages de l'empereur Kia-king dans les provinces de l'ouest. »

Cet ouvrage fut composé en 1811 (seizième année Kia-king).

Bibliographie.

L'académie a publié, en 1772 (trente-huitième année Khièn-loung), l'ouvrage intitulé :

四庫全書 *Sse'-khou thsiouèn-chou* « Catalogue de tous les livres composant la bibliothèque de Khièn-loung [3]. »

[1] *Catalogue abrégé*, liv. VIII, fol. 11 v. — [2] *Ibid.* liv. VIII, fol. 12. [3] Pour les progrès de la bibliographie, voyez l'introduction de notre *Siècle des Youèn* (*Journal asiatique*, série IV, vol. XV.)

Histoire critique et philosophique.

L'histoire philosophique marque la supériorité chez les écrivains du Céleste Empire, qui, dans ce genre comme en beaucoup d'autres, a précédé l'Europe. Née à la Chine, sous la dynastie des Thang, l'histoire philosophique ne ressemble ni à l'histoire officielle, ni aux annales; elle n'offre pas non plus, comme la chronique, une série de tableaux, mais elle décrit, avec une précision très-méthodique et très-lumineuse, les causes qui ont produit les événements. Ainsi, en 1734, lorsque Montesquieu publia les *Considérations sur les causes de la grandeur et de la décadence des Romains*, il y avait déjà plus de mille ans que les Chinois écrivaient des traités sur les causes de la grandeur et de la décadence des dynasties.

Dans la critique historique, on peut citer honorablement les ouvrages de l'académie; ce sont :

1° Le 經史講義 *King-sse-kiang-i* « Sens développé des King et des historiens, » 31 livres.

Cet ouvrage, composé par Tsiang-fou et plusieurs académiciens de la classe des lettres, fut publié en 1749 (quatorzième année Khien-loung). Il offre un modèle parfait de la critique historique et philosophique chez les Chinois[1].

2° Le 開國方略 *Khaï-koue fang-lio* « Histoire

---

[1] *Catalogue abrégé*, liv. IX, fol. 20 v.

abrégée de la fondation de la dynastie Tai-thsing,»
3 livres.

 Les considérations sur les causes de la décadence
des Ming occupent la première partie de cet ouvrage,
qui fut composé en 1772 (trente-huitième année
Khièn-loung); la seconde partie est remplie par l'histoire de la dynastie actuelle, c'est-à-dire par l'histoire
de son établissement et de ses progrès.

3° Le 蒙古源流 *Mong-'kou youèn-liéou* « Origine et civilisation des Mongols, » 8 chapitres.

 Cet ouvrage fut publié par l'académie en 1776
(quarante-deuxième année Khièn-loung)[2].

4° Le 滿洲源流考 *Man-tcheou youèn liéou
khao* « Recherches sur l'origine et la civilisation des
Mandchous, » 20 livres.

 Cet ouvrage fut publié, comme le précédent,
en 1776 (quarante-deuxième année Khièn-loung)[3].

Actes de l'autorité.

 Les Chinois ont appliqué l'art d'écrire aux matières d'administration. Il existe une branche de littérature que les bibliographes appellent *Tchao' ling'
tseou'-i' loui'*, etc. et dont les monuments sont des ordonnances ou des placets. En ce genre, auquel je
ne m'arrête pas, l'académie a publié de magnifiques
recueils, contenant les décrets et les proclamations
des empereurs mandchous; quant au comité des his-

¹ *Catalogue abrégé*, liv. V, fol. 16 r. — ² *Ibid.* liv. V, fol. 29 r.
— ³ *Ibid.* liv. VII, fol. 8 v.

toriographes, il a régulièrement fourni et imprimé
tous les mémoires, toutes les statistiques, tous les
tableaux dont j'ai parlé dans la deuxième section de
ce Mémoire, § 6.

RELIGION.

L'académie n'a composé que des rituels, et des rituels à l'usage des Mandchous. On en compte quatre;
ce sont :

1° Le 萬 壽 盛 典 *Wan'-cheou' ching'-tien*
« Règlements spéciaux, concernant les temples où
l'on célèbre chaque année la fête de l'empereur, »
130 livres.

Cet ouvrage fut publié en 1713 (cinquante-
deuxième année Khang-hi). Les livres les plus intéressants sont ceux que les auteurs consacrent à la
liturgie [1]. Il a été traduit en mandchou.

2° Le 大 清 通 禮 *Taï-thsing thoang-li* « Cérémonial universel de la dynastie Taï-thsing, » 40
livres.

Cet ouvrage, entrepris par ordre impérial, en
1736 (première année Khièn-loung), fut achevé
en 1756. D'après la notice du *Catalogue abrégé*, la
liturgie y occupe beaucoup de place [2].

3° Le 滿 洲 祭 *Man-tcheou-tsi* « Sacrifices des
Mandchous, » 6 livres.

Cet ouvrage fut publié en 1776 (quarante-deuxième
année Khièn-loung). On y trouve, avec la liturgie des

---

[1] *Catalogue abrégé*, liv. VIII, fol. 12 r. — [2] *Ibid.* liv. VIII, fol. 12 r.

Tartares-Mandchous, les formules des prières que ceux-ci adressent au ciel et aux génies [1].

PHILOSOPHIE.

Le dix-huitième siècle, à la Chine, n'a pas été le siècle de la philosophie. On assure même que les académiciens, sous les règnes de Khang-hi et de Khièn-loung, ne tenaient à aucun système. Il faut dire aussi que, dans le Céleste Empire, la philosophie ne se recommande pas, comme chez nous, par sa propre importance. C'est l'histoire qui est le lien commun de toutes les études, et la philosophie s'y trouve exposée ou comme l'opinion d'une secte, ou comme l'opinion d'un individu.

On a, de l'académie, deux ouvrages philosophiques, ce sont :

1° Le 朱子全書 *Tchou-'tseu thsiouèn-chou* « Œuvres complètes du philosophe Tchou-hi, » 66 livres.

Ouvrage publié, en 1713 (cinquante-deuxième année Khang-hi), par une commission dont l'académicien Li-kouang-ti était le président [2]. M. Pauthier en a donné quelques extraits dans la *Chine moderne* [3].

2° Le 性理精義 *Sing'-'li thsing-i* « Sens orthodoxe du *Sing-li tá'-thsiouèn*, ou de la philosophie naturelle, » 12 livres.

Cet ouvrage, publié en 1717 (cinquante-sixième

[1] *Catalogue abrégé*, liv. VIII, fol. 13. — [2] *Ibid.* liv. IX, fol. 20 r. [3] *Chine moderne*, p. 385-388.

année Khang-hi) par une commission académique,
n'est qu'une édition expurgée du *Sing'-'li ta-thsiouèn*[1].

On trouverait l'académie de Péking très-arriérée
sous ce rapport, si on la comparait aux académies
de l'Europe; je crois cependant qu'elle a fait des progrès dans la science du droit administratif, et que son
Hoeï-tièn, qui est le code de l'administration, vaut
mieux que celui des Ming. Malheureusement, comme
on s'en aperçoit aujourd'hui, l'autorité ne s'y conforme pas toujours.

Les trois codes publiés par l'académie des Thsing
sont :

1° Le 大淸會典 *Taï-thsing hoeï'-'tièn* «Recueil des statuts administratifs de la dynastie des
Thsing, » 100 livres.

La première édition fut publiée en 1693 (trente-
troisième année Khang-hi); la seconde, en 1726 (cinquième année Young-tching); la troisième, en 1747
(douzième année Khièn-loung)[2]. C'est dans le *Hoeï-
tièn* que nous avons puisé en partie les éléments de
ce Mémoire.

2° Le 大淸律例 *Taï-thsing liu-li* «Lois fon-
damentales et statuts supplémentaires de la dynastie
Taï-thsing, » 47 livres.

C'est le code de la dynastie mandchoue. L'acadé-

---

[1] *Catalogue abrégé,* liv. IX, fol. 20 r. — [2] *Ibid.* liv. VIII, fol. 7 r.
— [3] *Ibid.* liv. VIII, fol. 7 v.

mie le publia en 1740 (cinquième année Khièn-
loung).

3° Le 大清會典則例 *Taï-thsing hoeï-
tien-tsĕ-li* « Règlements annexés à la Collection des
statuts administratifs de la dynastie Taï-thsing, avec
des planches, » 180 livres.

ENCYCLOPÉDIES.

On ne veut pas, à la Chine, que de pareils monuments restent inachevés. L'encyclopédie y est une
œuvre qui se continue, pour ainsi dire, sous chaque
dynastie, et à laquelle l'académie prend toujours la
part la plus honorable. Sous les Thsing, le corps des
han-lin s'est vraiment signalé, puisque, sur les dix
ouvrages de ce genre qu'il a fait paraître, on ne compte
pas moins de quatre encyclopédies nouvelles. Ces dix
ouvrages sont :

1° Le 孝經衍義 *Hiao'-king 'yèn-i'* « Encyclopédie morale, politique et administrative, fondée
sur les principes du Hiao-king, ou du livre de la piété
filiale, » 100 volumes.

Cet ouvrage, commencé en 1656 (treizième année Chun-tchi), fut publié, ou, comme dit le *Catalogue abrégé*, présenté à l'empereur en 1682 (vingt
et unième année Khang-hi).

2° Le 廣羣芳譜 *Kouang-khiun fang-'pou*
« Traité complet de botanique et d'agriculture, » 100
livres.

On trouve, dans le catalogue de M. Stanislas Julien, les divisions de cet ouvrage, qui fut publié en 1708 (quarante-septième année Khang-hi)[1].

3° Le 子史精華 'Tseu-'sse thsing-hoa « Anthologie des philosophes et des historiens de la Chine, » 160 livres.

Cet ouvrage fut publié par l'académie en 1721 (soixantième année Khang-hi)[2].

4° Le 授時通考 Cheou'-chi thoung-'khao « Traité général d'agriculture, » 78 livres.

Le décret qui en ordonne la composition est daté de la deuxième année Khièn-loung (1737); mais l'ouvrage ne fut présenté à l'empereur qu'en 1743 (huitième année Khièn-loung)[3]. On a publié sur le Cheou-chi thoung-'khao un travail qui donne une idée sommaire du contenu de chaque livre[4].

5° Le 續通典 Sou-thoung-tièn « Supplément au Thoung-tièn de Thou-yéou, » 144 livres.

Thou-yéou vivait sous la dynastie des Thang. Le Thoung-tièn, qu'il a publié, est le tableau de la constitution politique de l'empire chinois. On y a toujours fait des suppléments; celui-ci offre dans les derniers chapitres le tableau de la constitution politique de l'empire sous les Ming[5].

6° Le 皇朝通典 Hoang-tchhao thoung-tièn

[1] Catalogue abrégé, liv. XII, fol. 25. — [2] Ibid. liv. XIV, fol. 12 r. — [3] Ibid. liv. X, fol. 4 r. — [4] Voyez Recherches sur l'agriculture et l'horticulture des Chinois, par le baron d'Hervey-Saint-Denys. — [5] Catalogue abrégé, liv. VIII, fol. 8 r.

« Constitution politique de l'empire chinois sous la dynastie actuelle, d'après le plan de Thou-yéou, » 100 livres [1].

7° Le 續通志 Sou thoung-tchi' « Supplément au *Thoung-tchi* de Tching'-thsiao, » 527 livres [2].

Tching'-thsiao vivait sous la dynastie des Soung, et le *Thoung-tchi*, qu'il a publié, est une histoire universelle.

8° Le 皇朝通志 Hoang-tchhao thoung-tchi « Histoire universelle, publiée d'après le plan de Tching'-thsiao, sous la dynastie actuelle, » 200 livres [3].

Ces quatre derniers ouvrages ont été mis au jour par l'académie des han-lin, en 1767 (trente-deuxième année Khièn-loung).

9° Le 續文獻通考 Sou wen-hièn thoung 'khao « Supplément au *Wen-hièn thoung-'khao* de Ma Touan-lin, » 252 livres.

Cet ouvrage, commencé en 1747 (douzième année Khièn-loung), fut achevé et publié en 1771 [4]. On connaît le bel éloge que M. Abel-Rémusat a fait du *Wen-hièn-thoung-'khao*, « ouvrage, dit-il, qui vaut à lui seul toute une bibliothèque, et qui, quand la littérature chinoise n'en offrirait pas d'autres, mériterait qu'on apprît le chinois pour le lire [5]. » Le savant orientaliste n'a parlé ni du *Thoung-tièn*, ni du *Thoung-*

---

[1] *Catalogue abrégé*, liv. VIII, fol. 8 v. — [2] *Ibid.* liv. V, fol. 24 r. — [3] *Ibid.* liv. VIII, fol. 8 v. — [4] *Ibid.* liv. VIII, fol. 7 v.

[5] Abel-Rémusat, *Grammaire chinoise*, p. 180.

tchi. Quant à moi, je m'en tiens au jugement des académiciens chinois sur les trois auteurs : « Ma Touanlin est véritablement d'un ordre inférieur, si on le compare à Thou-yéou ; mais, si on lui oppose Tching'-thsiao, ce n'est pas celui-ci qui a tout l'avantage[1]. »

10° Le 皇朝文獻通考 *Hoang-tchhao wen-hièn thoung-'khao* « Examen général des monuments écrits, publié sous la dynastie actuelle, d'après le plan de Ma Touan-lin, » 266 livres[2].

Ces deux derniers ouvrages furent exécutés par l'académie dans le même temps, c'est-à-dire, de la douzième à la trente-septième année Khièn-loung (1747 à 1771).

RECUEILS DE LITTÉRATURE ET DE POÉSIE.

Enfin, les ouvrages de cette espèce publiés par l'académie sont :

1° Le 古文淵鑑 *Kou-wen youèn-kièn'* « Miroir des sources de la littérature antique, » 64 livres.

Ce recueil a été compilé, en 1684 (vingt-troisième année Khang-hi), par un certain nombre d'académiciens de la classe des lettres. « Sous le rapport de la typographie, dit M. Abel-Rémusat, c'est peut-être le plus beau livre de la bibliothèque royale[3]. »

2° Le 歷代賦彙 *Li-taï fou'-weï* « Tableau de la poésie sous les différentes dynasties. »

---

[1] *Catalogue abrégé,* liv. VIII, fol. 6. — [2] *Ibid.* liv. VIII, fol. 8 r.
[3] Abel-Rémusat, *Grammaire chinoise,* p. 178.

Cet ouvrage fut publié en 1706 (quarante-cinquième année Khang-hi).

3° Le 歷代詩餘 *Li-taï chi-iu* « Histoire de la poésie chinoise, depuis les Thang jusqu'aux Ming, » 120 livres.

Cet ouvrage fut composé en 1707 (soixante-sixième année Khang-hi). Aux morceaux de poésie qui occupent les cent premiers livres, les auteurs font succéder des notices biographiques; ils vont même jusqu'à donner des règles pour chaque genre de composition [1].

4° Le 淵鑑類函 *Youèn-kièn' loaï-'han* « Encyclopédie historique et littéraire, tirée du *Miroir de sources* (bibliothèque de l'empereur Khang-hi), » 450 livres.

Cette vaste collection fut publiée en 1710 (quarante-neuvième année Khang-hi) [2].

5° Le 全金詩 *Thsiouèn-kin-chi* « Recueil complet de poésies composées sous les Kin. »

Ce recueil fut publié en 1711 (cinquantième année Khang-hi).

6° Le 唐詩 *Thang-chi* « Poésies des Thang. »

Elles furent recueillies et publiées, par une commission de l'académie, en 1713 (cinquante-deuxième année Khang-hi).

7° Le 曲譜 *Khio-'pou* « Traité de la poésie lyrique, » 14 livres.

[1] *Catalogue abrégé*, liv. XX, fol. 24 r. — [2] *Ibid.* liv. XIV, fol. 11 r.

Cet ouvrage, plein de bons documents, suivant le *Catalogue abrégé*, fut composé en 1715 (cinquante-quatrième année Khang-hi) [1].

8° Enfin, le 全唐文 *Thsiouèn-thang-wen* « Collection complète des écrivains des Thang. »

Cet ouvrage fut publié en 1808 (treizième année Kia-king).

Voilà le catalogue des ouvrages publiés par l'académie des han-lin, et, pour ainsi dire, l'état de services de ce corps savant, depuis l'an 1645 jusqu'en 1811. C'est au lecteur de la juger. Si j'avais présenté la statistique générale de ses travaux sous les Soung, sous les Youèn et sous les Ming, on reconnaîtrait qu'elle a publié plus d'ouvrages à elle seule que toutes les académies de l'Europe. Depuis l'avénement des Thsing, laissant tout à fait dans l'oubli la magie et les sciences occultes, elle a cultivé avec succès l'archéologie, la philologie, l'histoire et la géographie ; mais, ne trouvant de charmes que dans la littérature et la poésie, elle a négligé autant que ses devancières les sciences de calcul et d'observation ; de là ses erreurs ou son ignorance sur plusieurs des sujets qu'elle traite. Toutefois, il ne faudrait pas répéter, avec Voltaire, qu'elle a trouvé le secret de multiplier les livres sans multiplier les connaissances. La nation, agitée, décomposée par des secousses profondes, tire encore des travaux de ces académiciens des avan-

---

[1] *Catalogue abrégé*, liv. XX fol. 26 r.

tages très-considérables. On se demande aujourd'hui quel sera sur l'académie des han-lin et la société chinoise l'ascendant du génie européen; c'est là une grande question que je ne me charge pas de résoudre.

NOUVELLES ET MÉLANGES.

SOCIÉTÉ ASIATIQUE.

PROCÈS-VERBAL DE LA SÉANCE DU 11 DÉCEMBRE 1857.

Le procès-verbal de la dernière séance est lu et adopté.

On donne lecture d'une lettre de M. Whitney, à New-Haven, dans laquelle il annonce l'envoi d'un certain nombre de doubles de la Bibliothèque de la Société orientale américaine, offerts en don à la Société asiatique. On décide que la Société offrira, en retour, à la Société américaine, un certain nombre de volumes du Journal asiatique qui manquent à sa bibliothèque.

Sont proposés et nommés membres de la Société :

MM. John MUIR, membre du service civil de la Compagnie des Indes, à Édimbourg;
Ernest MASSON, avocat à Nancy.

M. Mohl communique à la Société une lettre du docteur Tidman, secrétaire de la Société des missions de Londres, contenant la copie d'une lettre du révérend John Chalmers, à Shang-haï, dans laquelle ce dernier donne des renseignements sur l'état de trois corps de caractères chinois, gravés à Sang-haï aux frais de la Société des missions de Londres, et offre à la Société asiatique toutes les facilités pour en obtenir une fonte, si le nombre des caractères gravés à Shanghaï répondait aux besoins des savants en France. M. Mohl est chargé, par le conseil, d'exprimer à la Société des missions toute sa reconnaissance pour cette offre libérale. Il sera fait au conseil un rapport ultérieur sur cette négociation, quand les listes annoncées des caractères seront arrivées à Paris.

OUVRAGES OFFERTS À LA SOCIÉTÉ.

Par l'auteur. *Fleurs de l'Inde,* comprenant la mort de Yaznadate, etc. Nancy, 1857, in-8°.

Par l'auteur. *Vergleichende Grammatik des Sanskrit, Send, Griechischen, Lateinischen, Littauischen, Altslavischen, Gothischen und Deutschen,* von Franz Bopp. (2ᵉ éd.) Iᵉʳ vol. 2ᵉ livr. Berlin, 1857, in-8°.

Par M. le comte de Lazareff. *Collection de chants nationaux de l'Arménie,* par l'Association littéraire Kamar-Katsba. Saint-Pétersbourg, 1857, in-8°.

Par l'auteur. *Rapport à M. le ministre de l'instruction publique sur les archives de Turin,* par M. Victor Langlois, in-8°, sans nom de lieu.

Par l'auteur. *Principes de grammaire générale,* par M. Saint-Hubert Theroulde (Supplém. à la Théorie des temps). Paris, 1857, in-8°.

Par les rédacteurs. *Bulletin de la Société de géographie,* août-novembre 1857, in-8°.

Par les rédacteurs. *Journal des savants,* 1857.

Par l'Académie. *Denkschriften der kaiserlichen Akademie der Wissenschaften,* VIIIᵉ vol. (Wien, 1857), in-4°.

Par les rédacteurs. *Le Moniteur algérien,* numéros d'octobre et novembre 1857.

Par les rédacteurs. *L'Écho d'Oran,* numéros de novembre 1857.

The anglo-barmese entertaining preceptor, being a collection
of oriental and other stories, translated into barmese for the use
of students of the language, by Thomas-Alexander MAINWARING.
Maulmain, 1853, in-8° (XII et 151 pages).

Ce petit livre contient cent quatre-vingts anecdotes en anglais et en birman, et une analyse des mots; il est destiné,
avant tout, aux employés anglais dans les provinces d'Arra-
can et de Pégou, qui ont besoin de la connaissance du birman
dans l'exercice de leurs fonctions. Il est exécuté par un homme
fort compétent et d'après une méthode excellente; de sorte
qu'il rendra des services importants aux savants que des recherches sur le bouddhisme conduiront à l'étude du birman.
Il est seulement à regretter que le manque absolu de com-
munications de librairie avec les pays de l'Asie orientale
rende presque impossible aux bibliothèques en Europe de
se procurer une foule d'ouvrages qui y paraissent par les
soins des Européens qui y résident, et qui ne pensent presque
jamais que leurs travaux pourraient offrir un intérêt aux savants dans leur patrie. Cette indifférence est un fait déplorable et presque inexplicable.

J. M.

Life in China, by the Rev. William C. Milne. Londres, 1857,
in-8°. (517 pages et 4 cartes.)

M. Milne appartient à la Société des missions de Londres,
dont les membres se sont généralement distingués par leur
culture littéraire et les études qu'ils font sur les pays où ils
sont stationnés. M. Milne lui-même est avantageusement
connu par ses contributions au *Chinese repository* et par la
part qu'il a prise dans la nouvelle traduction de la Bible en
chinois, qui a paru récemment à Shang-haï, en quatre forts
volumes in-8°. Il a passé quatorze ans à Ningpo et à Shang-
haï, et, revenu en Angleterre, il a voulu contribuer, par le

présent ouvrage, à mieux faire connaître la Chine. Le volume
est divisé en quatre parties, qui traitent des erreurs vulgaires
sur la Chine, de la vie des Chinois à Ningpo, de la description d'un voyage de Ningpo à Canton, à travers le centre de
l'empire, enfin de la vie à Shang-haï. La route que l'auteur
a suivie de Ningpo à Canton était, en grande partie, un ter-
rain neuf pour les Européens; et sa connaissance de la langue
et sa manière de voyager comme les gens du pays lui ont
permis de faire beaucoup d'observations. Son opinion sur les
Chinois leur est, comme celle de tous les voyageurs qui les
ont observés autre part que dans les ports de mer, beaucoup
plus favorable que les idées répandues généralement sur eux
dans le monde. Ce petit volume est très-digne de l'attention
des hommes qui s'intéressent à la Chine, et bien plus ins-
tructif que quelques ouvrages plus ambitieux, qui ont fait
beaucoup plus de bruit que ne fera jamais ce livre modeste
et sincère.

                                                J. M.

————————

Recherches sur plusieurs ouvrages de Léonard de Pise découverts par
   M. le prince B. Boncompagni, et sur les rapports qui existent
   entre ces ouvrages et les travaux mathématiques des Arabes, par
   F. Woepcke. Rome, 1856, in-4° (15 pages).

Ce petit écrit est une continuation des travaux de M. Woepcke sur l'influence que les ouvrages des mathématiciens
arabes ont exercée sur la renaissance des sciences en Europe.
Les quelques feuilles dont le traité se compose ne forment
que la première partie du travail de l'auteur, et contiennent
la traduction d'un chapitre des Prolégomènes d'Ibn Khaldoun,
relatif aux sciences mathématiques. Il est vivement à désirer
que M. Woepcke trouve le temps et les matériaux nécessaires
pour éclaircir cette partie obscure et importante de l'histoire
de la civilisation. — J. M.

JOURNAL ASIATIQUE.

FÉVRIER-MARS 1858.

MÉMOIRE

SUR LE CALENDRIER ARABE AVANT L'ISLAMISME,

ET

SUR LA NAISSANCE ET L'ÀGE DU PROPHÈTE MOHAMMAD,

PAR MAHMOUD EFFENDI,

ASTRONOME ÉGYPTIEN.

INTRODUCTION.

Le destin semble avoir pris plaisir à condamner à l'oubli, ou à laisser dans une obscurité plus ou moins profonde l'histoire antique, même celle des peuples qui se sont élevés au plus haut degré de civilisation. Ce sont les monuments laissés par eux, et qui ont été témoins de leur grandeur, que la postérité doit interroger pour connaître les destinées de ses ancêtres. Mais si ces monuments se trouvent mutilés par le temps, ou s'ils font entièrement défaut, c'est aux traditions transmises de bouche en bouche que les premiers écrivains de la postérité doivent avoir recours pour les recueillir, les discuter, et en former enfin un corps d'histoire. Mais une telle histoire se trouve indubitablement enveloppée d'épaisses ténèbres.

C'est dans ce dernier cas que les premiers écrivains arabes se sont trouvés : n'ayant sous les yeux aucun monument, il leur a fallu courir de ville en ville pour recueillir de la bouche des peuples les traditions anciennes qui ont échappé à l'oubli, et qui étaient généralement recueillies par les poëtes de l'antiquité, pour en faire le sujet de quelques épisodes ou de quelques poëmes.

Les écrivains arabes n'ayant commencé leurs récits historiques que deux ou trois siècles après l'hégire, on comprend facilement combien il leur a été difficile de connaître d'une manière certaine la chronologie des Arabes avant l'islamisme. Le calendrier anté-islamique a été toujours un sujet de grandes discussions entre les auteurs.

Les historiens s'accordent à penser que les Arabes païens se servirent de l'année luni-solaire pendant un laps de temps plus ou moins long avant l'hégire. Les commentateurs du Coran, des hadith, et les lexicographes semblent croire que les Arabes ne se sont jamais servis que des années lunaires vagues. Les sentiments des savants européens ont également différé sur ce point : Pococke, Gagnier, Golius, Prideau, etc. et M. Caussin de Perceval, embrassent la première opinion. Silvestre de Sacy se range du côté contraire ; il dit formellement, mais sans pouvoir le démontrer, que les Arabes, surtout ceux de la Mekke, ne se sont servis que d'un calendrier purement lunaire. Ideler semble pencher vers cette opinion. Les idées de ces illustres maîtres se trouvent savamment discutées par MM. Silvestre de Sacy [1] et Caussin de Perceval [2].

Dans ce mémoire, je n'ai nullement la prétention de critiquer l'une ou l'autre opinion ; la nécessité d'en adopter une pour compléter un travail que j'ai entrepris m'a obligé de chercher dans les divers manuscrits arabes, et dans d'autres ouvrages étrangers, quelques-unes des traditions ou des témoignages qui ont rapport à ce sujet. La pensée que ce travail pourrait jeter quelque nouvelle lumière sur ce point important de la chronologie arabe m'a engagé à donner ces matériaux avec la conclusion que j'en ai dû tirer. Je touche

[1] *Mémoires de l'Académie des inscriptions et belles-lettres*, t. XLVIII, p. 606 et suivantes.

[2] *Journal asiatique*, cahier d'avril 1843.

donc à la question ; je la traite d'une manière neuve, tout en respectant les opinions.

J'ai commencé par considérer comme non avenus tous les témoignages ou opinions qui établissent formellement l'existence, soit d'un calendrier purement lunaire, soit d'un sys-, tème luni-solaire, quel que soit le mode d'intercalation. Tout ce qui a rapport au mot *nacî*[1] n'entre pas non plus dans mes matériaux fondamentaux.

J'ai fixé ensuite, d'après mes documents, les dates juliennes de la mort d'Ibrahim, fils du Prophète ; du jour de l'entrée de l'apôtre à Médine (l'hégire), et enfin celle de la naissance du Prophète. Les mois arabes correspondant à ces événements[2] étant également connus, j'en ai conclu sans peine le genre de calendrier qui était en usage chez les Arabes, du moins chez ceux de la Mekke, plus de soixante ans avant le pèlerinage d'adieu.

Je divise donc ce travail en deux parties. Je réunis dans la première les traditions ou documents qui servent de base à mes calculs ; dans la seconde, je combine ces documents entre eux pour déterminer, et le genre de calendrier antéislamique, et l'âge du législateur, qui font l'objet du présent mémoire.

J'ai fait suivre ce mémoire d'un appendice dans lequel j'ai discuté la question sous un autre point de vue en examinant ce qu'ont donné sur ce sujet, les écrivains les plus anciens.

---

[1] *Nacî*, نسيء, veut dire « retard. » Suivant les lexicographes et les commentateurs du Coran, c'est retarder l'observation d'un mois sacré à un autre ; remise de l'observation d'un mois sacré, que l'on rejette sur un autre. Les historiens prétendent que le *nacî* est l'intercalation d'un treizième mois que les Arabes faisaient pour rendre solaires leurs années, et le mois intercalé lui-même.

[2] J'ai déterminé, dans la deuxième partie, deux autres époques, celle d'une éclipse lunaire et celle du solstice d'été de l'année 541 de Jésus-Christ ; ce qui porte à cinq au lieu de trois le nombre des époques sur lesquelles j'ai basé mes recherches.

PREMIÈRE PARTIE.

DOCUMENTS.

PREMIER DOCUMENT.

ÉPOQUE DE LA MORT D'IBRAHIM, FILS DU PROPHÈTE MOHAMMAD, DÉTERMINÉE PAR UNE ÉCLIPSE DE SOLEIL.

Bouckhary nous transmet la tradition suivante (voyez page 58, n°.301 du Supplément des manuscrits de la Bibliothèque impériale de Paris). Je la donne avec le commentaire dont elle est le sujet dans le كتاب مواقيت الصلاة ; n° 213 du Supplément des manuscrits arabes :

حدثنا عبد الله بن محمد (المسندى) قال حدثنا هاشم

ابن القاسم (هو ابو النصر الليثى) قال حدثنا شيبان ابو

معاوية (النحوى) عن زياد بن علاقة عن المغيرة ابن شعبة

(رضى الله عنه) قال كسفت الشمس على عهد رسول الله

صلى الله عليه وسلم يوم مات (ابنه من مارية القبطية)

ابراهيم (بالمدينة فى السنة العاشرة من الهجرة كما عليه جمهور

اهل السير فى ربيع الاول او فى رمضان.........) فقال الناس

كسفت الشمس لموت ابراهيم....... فقال رسول الله صلى

الله عليه وسلم ان الشمس والقمر لا ينكسفان لموت احد

ولا لحياته.......

« Abdou-Llahi, fils de Mohammad[1], raconte que Hachim, fils d'Elkacim, lui dit que Chiban-Abou-Mouaviah avait entendu citer par Ziad, fils de Ilaka, une tradition que celui-ci tenait de la bouche de Maghira, fils de Chouba, l'un des compagnons du Prophète. Voici cette tradition :

« Le soleil s'est éclipsé dans le temps de l'apôtre de Dieu, le jour même où Ibrahim (son fils de Marie la Copte) est mort (à Médine, dans la dixième année de l'hégire, suivant la majorité des biographes; et cela a eu lieu dans le mois de rabiI, suivant les uns, et dans le mois de ramadan suivant les autres.......). Le peuple dit alors, « Le soleil s'éclipse à cause de « la mort d'Ibrahim; » mais le Prophète répondit : « Le soleil et la lune ne s'éclipsent ni pour la mort « ni pour la naissance de qui que ce soit. »

Ainsi le commentateur de ce hadith met la mort d'Ibrahim dans le mois de rabi I, ou dans le mois de ramadan de la dixième année de l'hégire. Or nous trouvons dans l'ouvrage intitulé : *Alsirah-Alhalabiah*, n° 596 du Supplément des manuscrits arabes de la Bibliothèque impériale, chapitre des enfants du Prophète, ce qui suit :

وفى سنة ثمان من الهجرة فى ذى الحجة ولدت له صلى الله عليه وسلم مارية القبطية رضى الله عنها ولده ابراهيم

---

[1] Je ne m'attache pas ici à faire une traduction littérale ou mot à mot; je supprime même par fois, dans la traduction, quelques mots insignifiants, pour rendre plus clair le sens du passage en version.

...... ومات سنة عشرة من الهجرة واختلف فى سنه فقيل
سنة وعشرة اشهر وستة أيام وقيل ثمانية عشر شهرا ولما
كسفت الشمس فى ذلك اليوم قال قائل كسفت لموت ابراهيم
فقال رسول الله صلى الله عليه وسلم لا تكسف لموت احد
ولا لحياته وفى لفظ ان الشمس والقمر آيتان من آيات الله
يخوف الله بهما عباده فلا يكسفان لموت احد ولا لحياته ......

« Dans la huitième année de l'hégire, au mois de
dhoul-hedja, Marie la Copte enfanta Ibrahim, fils
du Prophète....... Il mourut dans la dixième année
de l'hégire. On n'est pas d'accord sur son âge; les
uns lui donnent un an, dix mois et six jours d'existence; les autres, dix-huit mois. Le soleil s'étant
éclipsé dans ce jour, quelqu'un dit qu'il s'éclipsa à
cause de la mort d'Ibrahim. » Le Prophète répondit,
« Il ne s'éclipse ni pour la mort ni pour la naissance
« de personne; » ou il dit que le soleil et la lune sont
des merveilles divines par lesquelles Dieu manifeste sa puissance afin qu'on le craigne; ils ne s'é-
clipsent pour la mort ni pour la naissance de personne. »

La naissance d'Ibrahim, suivant cette tradition,
eut lieu dans le mois de dhoul-hedja; les opinions
paraissent être d'accord sur ce point. On lit dans le
troisième volume de l'*Essai sur l'Histoire des Arabes*,
par M. Caussin de Perceval (p. 267), ce qui suit :

« Mohammad rentra à Médine à la fin du mois
de dhoul-câda, peu de jours après, c'est-à-dire dans

les commencéménts du mois de dhoul-hedja (fin de mars 630), Marie la Copte, son esclave et sa concubine, accoucha d'un fils. »

Ibrahim est donc né, suivant l'aveu de tout le monde, dans le mois de dhoul-hedja de l'an 8 de l'hégire. Il a vécu ou un an, dix mois et six jours [1], ou dix-huit mois seulement. Cette dernière opinion doit être rejetée, parce qu'il s'en suivrait que la mort d'Ibrahim se trouverait placée dans le mois de djoumada II. L'autre me paraît la seule vraie. En effet, en comptant un an, dix mois et six jours à partir de dhoul-hedja de l'an 8, on tombe sur le mois de chawal de l'an 10 de l'hégire, et c'est, à un mois près, d'accord avec le commentateur du hadith précédent, qui la place dans le mois de ramadan. Mais dans lequel de ces deux mois l'événement a-t-il eu lieu? C'est ce que des considérations astronomiques peuvent nous faire connaître.

Tout le monde sait que le cours des mois lunaires musulmans n'a été interrompu par aucune espèce d'intercalation depuis l'an 10 de l'hégire, jusqu'à présent; en partant ainsi d'une certaine époque arabe, on reconnaît, d'après les calculs astronomiques, qu'une éclipse de soleil est certaine à Médine vers la fin du mois de chawal de l'an 10 de l'hégire, et que dans le mois de ramadan cette éclipse est impossible. La mort d'Ibrahim a donc eu lieu dans le mois de chawal.

---

[1] Masoudi dit qu'Ibrahim a vécu un an, dix mois et huit jours. (Voir النهب مروج, manuscrit arabe, n° 714, fol. 286.)

Un calcul rigoureux m'a démontré qu'en effet le soleil s'éclipsa [1] presque totalement à Médine, vers huit heures trente minutes après minuit, le 27 janvier de l'an 632.

Le 29 du mois de chawal de l'an 10 de l'hégire correspond donc au 27 janvier 632. Voilà un point astronomiquement déterminé.

SECOND DOCUMENT.

DÉTERMINATION DE L'ÉPOQUE DE L'HÉGIRE.

L'auteur d'*Alsirah-al-halabiah* rapporte dans l'ouvrage déjà mentionné (Supplément des manuscrits arabes, n° 596, fol. 210, II° vol.) la tradition suivante :

وفى كلام للحافظ ابن ناصر الدين عن ابن عباس رضى الله عنهما ان رسول الله صلى الله عليه وسلم قدم المدينة يوم عاشورا فاذا اليهود صيام فقال رسول الله صلى الله عليه وسلم ما هذا قالوا هذا يوم اغرق الله تعالى فيه فرعون ونجى فيه موسى فقال رسول الله صلى الله عليه وسلم انا اولى بموسى فامر رسول الله صلى الله عليه وسلم :

---

[1] La plus grande phase de cette éclipse était, à Médine, de dix doigts et demi environ. Faute d'une détermination directe de la longitude et de la latitude de cette ville, j'ai adopté pour mes calculs, et d'après les cartes modernes, 37° 29′ pour longitude à l'est du méridien de Paris, et 24° 55′ pour latitude boréale de Médine.

بصومه هذا حديث صحيح اخرجه البخارى ومسلم والمدينة

يحتمل ان المراد بها قبّا ويحتمل ان المراد بها باطنها......

« Al-Hafiz-ben-Nassir-el-dine raconte qu'Ebn-Abbas, le cousin et compagnon du Prophète, dit que l'apôtre de Dieu arriva à Médine (en fuyant la Mekke) le jour de âchoura [1] au moment du jeûne des juifs. Le Prophète demanda pourquoi l'on jeûnait ce jour-là ; on lui répondit que c'était le jour où Pharaon périt par les eaux, et où le Seigneur sauva Moïse. Le Prophète dit alors : « Je dois plus « que les juifs respecter la mémoire de Moïse. » Et il ordonna de jeûner ce jour-là. Cette tradition, ajoute l'auteur, est authentique; elle se trouve dans Boukhari et Mouslim. » Il dit encore : « On peut entendre par Médine, dans cette tradition, ou Kouba (petit village du faubourg de Médine), ou l'intérieur même de Médine. »

Pour pouvoir tirer parti de cette tradition, il faut bien comprendre ce qu'on entend par âchoura, qui correspond au jour de l'entrée du Prophète à Médine. Si l'on entendait par ce mot, avec les musulmans, le dixième jour du mois de moharram, la tradition serait en contradiction avec l'opinion générale, qui place l'hégire dans le mois de rabi I et qui

---

[1] Âchoura est le dixième jour du mois de moharram chez les musulmans. Il paraît que les juifs arabes appelaient également âchoura le dixième jour du mois de ticheri, lequel mois est le premier de leur année civile, et le septième de l'année religieuse.

est fondée sur des traditions également authentiques. Il est donc essentiel de savoir si le mot âchoura n'indiquait pas, au temps du législateur, une autre époque dans l'année. Les témoignages suivants nous mettent à même de connaître le véritable jour qu'on a voulu désigner par ce mot de âchoura, qui a jeté des doutes dans la tradition et induit en erreur quelques savants. Aussi notre auteur, sentant cette difficulté, s'exprime-t-il, en continuant sa narration, de la manière suivante :

وفي كونه صلى الله عليه وسلم وجدهم صائمين لذلك اليوم
اشكال لان يـوم عاشورا هو اليوم العاشر من شهر الله الحرم
او هو اليوم التاسع منه كما يقول ابن عباس فكيف يكون
فى ربيع الاول واجيب بان السنة عند اليهود شمسية لا
قمرية فيوم عاشورا الذى كان عاشر الحرم واتفق فيه غرق
فرعون لا يتقيد بكـونه عاشر الحرم بل اتفق انه فى ذلك
الزمن اى زمن قدومه صلى الله عليه وسلم (كان) وجود
ذلك اليوم بدليل سؤاله صلى الله عليه وسلم اذ لوكان ذلك
اليوم يوم عاشورا ما سأل ومـا يدل على ذلك مافى المعجم
الكبير للطبرانى عن خارجة بن زيد عن ابيه قال ليس
يوم عاشورا اليوم الذى يقوله الناس انما كان يـوم تستـر
فيه الكعبة وتلعب فيه الحبشة عند رسول الله صلى الله
عليه وسلم وكان يدور فى السنة وكان الناس يأتون فلان

اليهودى فيسألونه فلما مات اليهودى اتوا زيد بن ثابت
فسألوه ....

« L'observation du jeûne par les juifs, ce jour-là,
offre une difficulté; car le âchoura étant le dixième
jour du mois de moharram, ou le neuvième du
même mois, selon Ebn-Abbas, comment se pourrait-il qu'il tombât dans le mois de rabi I (dans lequel Mohammad fit positivement son entrée à Médine)? On a levé la difficulté en considérant que
l'année, chez les juifs, étant solaire et non pas lunaire, le âchoura, qui était le dixième jour du mois
de moharram, et qui jadis correspondait au jour
où Pharaon fut englouti par les flots, ne doit pas
toujours répondre au dixième jour du mois de moharram; il s'est trouvé tout simplement être le même
jour où Mohammad a fait son entrée à Médine. En
effet, si ce jour-là était le jour de âchoura (dixième
de moharram), le Prophète n'aurait pas demandé ce
qu'était ce jour-là. » Notre auteur ajoute : « On peut
citer à l'appui de cette interprétation un passage de
l'ouvrage intitulé : *Almoudjam Alkabir*, par Al-Tha-
barani. Voici ce passage [1] : « Kharidja, fils de Zaïd,
« raconte que son père, le compagnon du Prophète,
« dit : Le jour de âchoura n'est pas ce que le peuple
« veut dire; c'était un jour où l'on couvrait la câba
« et où les Éthiopiens venaient pour jouer chez le
« Prophète. Ce jour se transportait de mois en mois

---

[1] Le texte arabe est mentionné plus haut.

« successivement dans l'année; la détermination de
« l'époque de ce jour était confiée à un certain juif,
« et, après sa mort, elle fut confiée à Zaïd, fils de
« Thabit. »

Cette tradition nous montre que le jour de âchoura
dont il s'agit était, chez les juifs et les Arabes de la
Mekke, un jour fixé d'après l'année luni-solaire.

Mais dans quel mois et à quel jour de ce mois?
C'est ce que nous allons voir. Albirouny nous donne
sur ce sujet, dans son ouvrage intitulé, *Kitab-el-
athâr*[1] (manuscrit de l'Arsenal), le passage suivant :

وقد قيل ان عاشورا هو عبرانى معرب يعنى عاشـور وهـو
العاشر من تشرى اليهود الذى صومه صوم ٱلكبـور وانـه
اعتبر فى شهور العرب فجعل فى اليوم العاشر من اول شهورهم
كما هو فى اليوم العاشر من اول شهور اليهود.....

« On a dit positivement que âchoura est un mot
hébreu, arabisé de *âchour*, qui est le dixième jour
du mois juif ticheri, et dont le jeûne est le jeûne
de Kippour; que les Arabes l'ont fixé, à l'imitation
des juifs, dans le dixième jour de leur premier
mois. »

Je conclus donc, de l'ensemble de ces témoignages, que Mohammad entra à Médine le dixième

---

[1] Cet ouvrage, précieux par son ancienneté et par les riches
matériaux qu'il renferme, m'a été très-utile, et je ne puis que remercier ici M. Reinaud de m'avoir engagé à le consulter et de m'en
avoir fait sentir l'importance.

jour du mois de ticheri, jour où le jeûne est prescrit par la Bible, et dans lequel les juifs, encore de
nos jours, observent rigoureusement cet acte de dévotion.

Cette conclusion me paraît d'autant plus conforme
à la vérité, que ce jour est un lundi, conformément
à l'aveu de tous les écrivains. Pour connaître l'époque
de cet événement dans le calendrier chrétien, il
faut simplement chercher la date correspondante au
dixième jour de l'an des juifs [1], dans l'année 622
de Jésus-Christ; car l'hégire a eu lieu sans contes-
tation dans le courant de cette année-là.

Le calcul [2] nous montre que ce jour était le 20 septembre, et c'est le huitième jour dans le mois lunaire d'après l'apparition; car la conjonction eut
lieu le samedi, 11 septembre, à une heure environ
après minuit, en comptant de Paris [3], et on ne put
voir le croissant, à l'œil nu, que le dimanche soir
du 12 au 13 septembre; de sorte que le lundi 13
septembre a dû être le premier du mois lunaire
arabe.

Or les traditions nous apprennent que ce fut ou
le 2, ou le 8, ou enfin le 12 du mois de rabi I, que
le Prophète entra à Médine, et que ce jour était un
lundi. Le 2 et le 12 n'étant pas des jours de lundi,

---

[1] Cette année est la 4383ᵉ de la création, d'après le calcul des
juifs.

[2] Voyez mon Mémoire sur le calendrier judaïque, t. XXVI des
Mémoires des savants étrangers de l'Académie royale de Belgique.

[3] Et à une heure et demie environ avant minuit, selon le temps
de Médine.

le 8 se trouve naturellement fixé pour l'événement, et l'on a pour conclusion finale que : l'hégire ou l'entrée de l'apôtre de Dieu à Médine a eu lieu le lundi 8 du mois de rabi I, correspondant au 20 septembre 622, et au 10 du mois de ticheri de l'an 4383 de la création.

Avant de quitter ce sujet, j'ai cru utile d'ajouter quelques observations touchant la tradition principale.

Je ferai observer d'abord que la répétition de cette tradition, plusieurs fois par des voies diverses, dans les deux ouvrages les plus authentiques, Alboukhari et Mouslim, peut être considérée comme une preuve d'authenticité. Mais il y a un passage de la tradition qui ne s'accorde pas avec la Bible. Ce passage est celui-ci :

فقال رسول الله صلى الله عليه وسلم ما هذا قالوا هذا يوم
اغرق الله تعالى فيه فرعون ونجى فيه موسى

« Le Prophète demanda aux juifs ce que c'était ce jour-là; et on lui répondit que c'était le jour où le Seigneur fit périr Pharaon dans les eaux et sauva Moïse. » Le jour dont on parle ici est le dixième du mois de ticheri, tandis que le jour où Moïse avait passé la mer Rouge était, suivant la Bible, le 21 du mois de nisan ou le septième jour après la Pâque juive.

Ce manque de véracité pourrait-il être une preuve de non authenticité de la tradition? Non, certes.

Ebn-Abbas n'a fait que rapporter ce qu'il avait vu et ce qu'il avait entendu dire par quelques juifs, sans doute peu instruits. Ce fait prouve uniquement que ces juifs ignoraient la cause de l'institution de ce jeûne.

Ce passage, du reste, se trouve complétement omis dans la même tradition, rapportée dans un autre endroit de Boukhari par la voie d'Abi-Mousa, un des plus érudits des compagnons.

On y lit simplement (Boukhari, n° 301, fol. 232, manuscrits arabes, supplément):

حدثنا احمد او محمد بن عبد الله الغُدانى قال حدثنا
حماد بن اسامة قال حدثنا ابو محيس عن قيس بن مسلم
عن طارق بن شهاب عن ابى موسى قال دخل النبى صلى
الله عليه وسلم المدينة واذا ناس من اليهود يعظمون
عاشورا ويصومونه فقال النبى صلى الله عليه وسلم نحن
احق بصومه فامر بصومه

« Abou-Mousa dit (d'après le rapport de Boukhari) que le Prophète entra à Médine lorsqu'un certain nombre de juifs jeûnaient âchoura et le vénéraient. Le Prophète dit alors : « Il nous appartient plus qu'à « eux de jeûner ce jour-là. » Et il prescrivit le jeûne ce jour-là. »

Quelques écrivains, n'ayant pas bien saisi le sens de cette tradition, prétendaient que l'hégire devait avoir eu lieu le dixième jour du mois de moharram,

et que ce jour se trouvait en même temps correspondre au dixième jour du mois de ticheri chez les
juifs. L'auteur de *Kitab-al-athar*, Albirouny, démontre
avec raison l'impossibilité de cette concordance, sur
laquelle se basait cette opinion. Mais il a poussé trop
loin sa censure et sa critique; il a cru même prouver la non authenticité de la tradition d'Ebn-Abbas.
Voici ce qu'il dit sur ce sujet dans *Kitab-al-athar* (manuscrit de l'Arsenal de Paris) :

وروى ان رسول الله صلى الله عليه وسلم لما قدم المدينة
وجد اليهود يصومون عاشورا فسألهم عنه فاخبروه انه
اليوم الذى اغرق الله فيه فرعون وآله ونجى موسى ومن
معه فقال عليه السلام نحن احق بموسى منهم فصام وامر
اصحابه بصومه فلما فرض صوم شهر رمضان لم يأمرهم
بصوم عاشورا ولم ينههم وهذه الرواية غير صحيحة لان
الامتحان يشهد عليها وذلك ان اول المحرم كان سنة
الهجرة يوم الجمعة السادس عشر من تموز سنة ثلاث وثلاثين
وتسعمائة للاسكندر فاذا حسبنا اول سنة اليهود فى تلك
السنة كان يوم الاحد الثانى عشر من ايلول ويوافقه اليوم
التاسع والعشرون من صفر ويكون صوم عاشورا يوم الثلاثا
التاسع من شهر ربيع الاول وقد كانت هجرة النبى عليه
السلام فى النصف الاول من ربيع وسئل عن صوم يوم

الاثنين فقال ذلك يوم ولدت فيه وبعثت فيه وانزل على
فيه وهاجرت فيه ثم اختلف فى اى الاثنين كانت الهجرة
فزعم بعضهم انها. فى اليوم الثانى من ربيع الاول وزعم
بعضهم انها فى اليـوم الثامن منه وزعم اخرون انها فى
اليوم الثانى عشر منه والمتفق عليه الثامن ولا يجوز ان
يكون الثانى ولا الثانى عشر لانهما ليسا بيـوم اثنين من
اجل ان اول ربيع الاول فى تلك السنة كان يـوم الاثنين
فيكون على ما ذكرنا قدوم النبى عليه السلام للمدينة قبل
عاشوراً بيوم واحد وليس متفق وقوعه فى الحرم الا قبل
تلك السنة ببضع سنين او بعدها بنيف وعشرين سنة
فكيف يجوز ان يقال ان النبى عليـه السلام صام عاشورا
لاتفاقه مع العاشر فى تلك السنة (الابعد ان نـقل مى اول
شهور اليهود الى اول شهور العرب نقلا لاتفاقـه معه)
وكذلك فى السنة الثانية مى الهجرة كان العـاشـور يـوم
السبت..... مى ايلول والتاسع مى ربيع الاول فما ذكروه
من اتفاقهما حينئذ محال على كل حال

واما قولهم ان الله اغرق فرعون فيه فقد نطقت التورية
بخلافه وقد كان غرقه فى اليوم الحادى والعشرين مى نيسان
وهو اليوم السابع من ايام الفطير وكان اول فصح اليهود بعد
قدوم النبى المدينة يـوم الثلاثا الثانى والعشرين مى

ادار سنة [1] ثلاث وثلاثين وتسعمايـة للاسكندر ووافقـه

اليوم السابع عشر من شهر رمضان وللـيـوم الـذى اغـرق

الله فيه فرعون كان اليـوم الثالث والعشرين من شهـر

رمضان فاذن ليس لما رووه وجه البتة (انتهى)

«La tradition nous rapporte que, quand le Prophète entra à Médine, les juifs jeûnaient âchoura,
et que, sur sa demande, ils répondirent que c'était
le jour où le Seigneur avait sauvé Moïse et ses
compagnons, et fait périr Pharaon et les siens dans
les eaux; que le Prophète dit alors : « Il nous con-
« vient mieux qu'aux juifs de respecter la mémoire
« de Moïse. » Et il jeûna ce jour-là avec ses compagnons. Plus tard, quand le jeûne de ramadan a été
prescrit, il n'a été question ni de jeûner, ni de ne
pas jeûner âchoura. Cette tradition, ajoute Albirouny, n'est point authentique, parce que les preuves
sont contre elle.

« En effet, continue notre auteur, le premier jour
du mois de moharram de l'an 1 de l'hégire est le
vendredi, 16 du mois de thamouz de l'année 933
d'Alexandre. En calculant le commencement de l'année juive dans cette année-là, nous trouvons que c'est
le dimanche, 12 du mois d'éloul, et il correspond
au 29 du mois de shafar. Le jeûne de âchoura était
donc le mardi, 9 du mois de rabi I.

عدد ثلاث وثلاثين خطا وصوابه اربع وثلاثين فتامل [1]

« Or, d'une part, l'hégire eut lieu dans la première moitié du mois de rabi I; de l'autre, le Prophète dit, quand on lui demanda si l'on jeûnait le lundi : que c'était le jour où il était né, où il avait été envoyé, et où il avait reçu pour la première fois des versets du Coran ; il est aussi le jour où il a accompli sa fuite (hégire) pour Médine. Mais on n'est pas d'accord sur la date du lundi de l'hégire ; les uns le placent au 2, les autres au 8, enfin d'autres prétendent que c'était le 12 du mois de rabi I ; le 8 est généralement adopté. Ce jour ne peut être ni le 2 ni le 12 du mois, parce que ces deux jours ne sont pas des jours de lundi, attendu que ce mois de rabi commençait un lundi. On conclut, de ce que nous venons d'exposer, que l'entrée du Prophète à Médine a eu lieu un jour avant âchoura, et cela ne peut arriver, dans le mois de moharram, que plusieurs années avant l'hégire et vingt et quelques années après. Comment pourrait-on donc dire que le Prophète avait jeûné âchoura parce qu'il s'accordait avec le dixième jour du mois de moharram? (Cette concordance ne peut avoir lieu qu'après le transport de âchoura du premier des mois juifs au premier des mois arabes d'une manière convenable [1].) En outre le âchoura était, dans la deuxième année de l'hégire, le samedi...... du mois d'éloul et le neuvième du mois de rabi I : tout ce qu'on a dit de leur concordance est donc absurde.

« Quant à l'observation que le Seigneur avait fait

[1] Je ne sais pas si j'ai bien saisi le sens de cette phrase, qui me

périr Pharaon dans les eaux ce jour-là, la Bible
atteste formellement le contraire. Ce naufrage eut
lieu le 21 nisan, qui est le septième jour de la fête
de la Pâque juive. La Pâque juive, après l'entrée
du Prophète à Médine, arriva le mardi 22 adar de
l'année 933 [1] d'Alexandre; ce jour s'accordait avec
le 17 de ramadan. Pharaon aurait péri le 23 du
même mois : donc il n'y a aucun moyen de justifier
ce que l'on rapporte. »

Albirouny paraît avoir interprété la tradition de
la même manière que ceux qu'il critiquait; savoir :
que le Prophète serait entré à Médine le jour de
âchoura juif; que ce jour se trouvait le même que
celui des musulmans, et qu'enfin le Seigneur avait
sauvé Moïse à pareil jour.

· Aussi dit-il que « cette tradition n'est point authentique, parce que les preuves sont contre elle. »

Les preuves qu'il vient de donner sont : 1° la
non concordance des deux âchoura; 2° que le âchoura
juif aurait eu lieu le mardi, tandis que le jour d'en-
·trée du Prophète à Médine serait le lundi précédent; 3° que ce jour n'est point celui où Moïse avait
été sauvé.

La non concordance des deux âchoura ne peut
pas être une preuve contre l'authenticité de la tradition, parce que cette concordance n'y est nullement
mentionnée; elle prouve seulement l'erreur de ceux

paraît défigurée par les copistes; mais elle n'a, heureusement, aucune importance.

[1] Le chiffre 933 est inexact; il doit être 934.

qui ont cru voir dans la tradition la conséquence de cet accord, tout en en affirmant l'authenticité. Albirouny lui-même ne la donne formellement que comme une preuve de l'absurdité de la concordance, quoique la manière dont elle est exposée laisse apercevoir une attaque contre la tradition, laquelle attaque est sans base et sans fondement.

Pour la deuxième preuve, si l'on refait le calcul de notre auteur, on verra qu'elle est plutôt pour que contre l'authenticité de la tradition ; en effet, en calculant bien, on trouve que le premier jour du mois de ticheri de l'année juive, qui commence dans le courant de la première année de l'hégire, est le samedi 11 éloul (11 septembre, qui correspond à la fin du mois de shafar), et non pas le dimanche, 12 éloul, comme le dit Albirouny ; le âchoura ou le 10 ticheri était donc le lundi 8 rabi I, et non pas le mardi 9 du même mois arabe.

Quant au troisième point, nous l'avons déjà discuté dans ce document, et nous avons montré qu'il ne doit porter aucune atteinte à l'authenticité de la tradition.

Du reste, on peut bien prouver par d'autres moyens que l'entrée du Prophète à Médine eut lieu réellement le 20 septembre 622, correspondant au dixième jour du mois de ticheri, qui est le âchoura juif.

1° Masoudi dit, dans *Mouroudj-el-dhahab* (Supplément des manuscrits arabes, n° 715, fol. 152) :

وبين تاريخ يزدجرد وتاريخ الهجرة من الايام ثلاثة الاف
وستمائة واربعة وعشرون يوما

« Entre l'ère de Iazdajird et celle de l'hégire, il y
a trois mille six cent vingt-quatre jours. »

Or l'hégire même, ou l'entrée du Prophète à Médine a eu lieu, de l'aveu de tous les écrivains, 67 jours
après le premier jour du mois de moharram qui
commence l'ère de l'hégire; on doit donc avoir 3624
moins 67, ou 3557 jours entre le commencement
de l'ère de Iazdajird et le jour d'entrée du Prophète
à Médine; et comme l'ère de Iazdajird commence
le mardi 16 juin 632 de Jésus-Christ (8 ou 9 jours
après la mort de Mohammad), il suffit de compter
3557 jours, en rétrogradant à partir du 16 juin 632,
pour avoir la date julienne qui correspond au jour
de l'hégire. L'opération faite, on tombe sur le 20 septembre 622, qui est un lundi. L'entrée de l'apôtre à
Médine eut donc réellement lieu le lundi 20 septembre 622, lequel jour correspond au 10 ticheri
chez les juifs.

2° Le manuscrit arabe n° 1131 du Supplément
(fol. 3 de la fin de l'ouvrage) contient :

فنقول ان بين اول يوم من السنة التى (فيها) حادثت
الشمس اول دقيقة من لحمل من سنة انتقال الهر الدال
على الملة وبين اول يوم من سنة الهجرة با سنة فارسية
واربعة اشهر وثلثة (صوابه ثمانية) ايام وستة عشر ساعة...

« Nous disons qu'il y a entre le premier jour de
l'année de l'hégire et le premier jour de l'année qui
commence par l'équinoxe du printemps, et dans laquelle eut lieu la conjonction (de Jupiter et de Saturne), qui précède la naissance de Mohammad,
cinquante et une années persanes, quatre mois, huit[1]
jours et seize heures. »

L'équinoxe vernal dont il s'agit ici est suivi par
une conjonction de Jupiter et de Saturne; or le calcul nous montre qu'il y eut en effet, vers l'époque
de la naissance de Mohammad, une conjonction
entre ces deux astres, vers le 29 ou le 30 mars de
l'année 571 de Jésus-Christ, comme on le verra
plus tard. L'équinoxe eut lieu, d'après mes calculs,
le 19 mars à 15 heures et 11 minutes après minuit,
temps moyen de Médine; le premier jour du mois
de moharram de l'année de l'hégire tombe donc 51
années persanes, 4 mois, 8 jours[1] et 16 heures après
le 19 mars, 15 heures et 11 minutes de l'année 571
de Jésus-Christ. En réduisant ce laps de temps en

---

[1] Le texte arabe, comme on le voit, a été bien défiguré par les
copistes; je l'ai donné tel qu'il est, sauf le nombre 8 jours, qui est
dans le texte 3 jours. Ce nombre de 3 jours est, à coup sûr, une
faute; ce doit être 8, car en comptant 51 années persanes, 4 mois
et 3 jours, etc. à partir de l'équinoxe vernal de l'année indiquée
dans le texte, on ne tombera pas sur une nouvelle lune, qui doit
être celle du mois de moharram de l'année de l'hégire; mais, en
restituant le nombre 8, on tombera sur une nouvelle lune, ce qui
doit être. Si l'on examine, du reste, l'orthographe arabe du mot
trois, qui peut être écrit ainsi : ثَلَثَة, et celui du mot huit, que
l'on trace à la hâte ainsi : ثمانية, on verra que le copiste a bien pu se
tromper et prendre l'un pour l'autre.

jours, attendu que l'année persane est de 365 jours, on aura 18,743 jours et 16 heures, ou 18,744 jours, en ajoutant 1 jour pour la fraction. Or l'hégire avait eu lieu 2 mois et 8 jours après le commencement du mois de moharram : on a donc 18,744 jours plus 67, ou 18,811 jours entre l'hégire même et l'époque de l'équinoxe vernal, savoir, le 19 mars 571. Cela fait tomber l'hégire ou l'entrée du Prophète à Médine le lundi 20 septembre 622, correspondant au 10 ticheri, jour de la fête de Kippour chez les juifs.

Passons maintenant au troisième et dernier document.

TROISIÈME DOCUMENT.

SUR LA NAISSANCE DU PROPHÈTE MOHAMMAD.

Le manque de traditions formelles sur l'époque de la naissance du Prophète m'oblige de donner dans ce document un grand nombre de traditions et de témoignages touchant ce sujet.

1° Nous trouvons dans le premier volume d'*Al-sirah-al-halabiah*, السيرة الحلبية (n° 596 du Supplément des manuscrits de la Bibliothèque impériale de Paris, fol. 47 et suivants), ce qui suit :

فعن قتادة رضى الله عنه ان رسول الله صلى الله عليه وسلم سئل عن يوم الاثنين فقال ذلك يوم ولدت فيه وذكر ابن بكار والحافظ ابن عساكر ان ذلك كان حين طلوع

الفجر ويدل له قول جده عبد المطلب ولد لى الليلة مع

الصبح مولود وعن سعيد بن المسيب ولد رسول الله صلى

الله عليه وسلم عند ابهار النهار اى وسطه وكان ذلك

اليوم لمضى ثنتى عشرة ليلة من شهر ربيع الاول وكان فى

فصل الربيع وقد اشار لذلك بعضهم بقوله

بقول لنا لسان لحال فيه

وقول لحق يعذب للسميع

فوجهى والزمان وشهر وضعى

ربيـــع فى ربيـــع فى ربيـــع

قال وحكى الاجماع عليه وعليه العمل الآن فى الامصار

خصوصا اهل مكة فى زيارتهم موضع مولده وقيل لعشر

ليال مضت من ربيع وجح اى صححه للحافظ الدمياطى

وقيل ولد لسبع عشرة ليلة خلت منه وقيل لثمان مضت

منه قال ابن دحية وهو الذى لا يصح غيره وعليه اجمع

اهل التاريخ

« Kotâdah rapporte que le Prophète dit : « Le lundi
« est le jour où je suis né. » Ebn-Bakar et le hafiz
Ebn-Asakir disent que la naissance eut lieu à l'aube
du jour ; on a, à l'appui de cela, ces paroles d'Abdou-
l-Mouttaleb, aïeul du Prophète : « Un enfant m'a été
« donné cette nuit, au moment de l'aurore. » Saïd,
fils de Mousaïb, rapporte que le Prophète est né

au milieu de la journée. Ce jour était le 12 du mois
de rabi I et au printemps. Un poëte, faisant allusion
à cette circonstance, dit :

Le langage de la réalité pourrait mettre dans la bouche
de Mohammad cette vérité douce à entendre :

Ma figure, la saison et le mois de ma naissance sont la
prospérité, le printemps et le mois de rabi.

« La veille du 12 rabi I est adoptée par le peuple
pour célébrer la naissance du Prophète dans les
grandes villes généralement, et à la Mekke en particulier, surtout quand on veut visiter l'endroit de sa
naissance. D'autres disent que la naissance eut lieu
le 10 du même mois : Hafiz Damiathi justifia cette
opinion. On a dit aussi qu'il était né le 17. Les historiens assurent que c'était le 8 ; Ebn-Dehieh soutient
cette opinion, et il dit qu'il ne peut pas en être autrement. »

Mohammad est donc né au printemps, le 8, le
10 ou le 12 du mois de rabi I, selon les opinions les
plus accréditées.

2° Le manuscrit n° 597 de l'ouvrage déjà mentionné nous donne dans la feuille 70 et les feuilles
suivantes ce qui suit :

قالت حليمة فقدمنا مكة على امه صلى الله عليه وسلم

اى بعد ان بلغ سنتين ونحن احرص شى على مكثه فينا

لما نرى من بركته صلى الله عليه وسلم فكلمنا امه وقلت

لها دعينا نرجع به هذه السنة الاخرى فانى اخشى عليه

وبآه مكتـماى مرضها ووخمها فلم نزل بها حتى ردته صلى
الله عليه وسلم معنا..... قالت حليمة فرجعنا بـه صلى
الله عليه وسلم فوالله انـه بعد مقدمنا به صلى الله عليه
وسلم باشهر وعبارة ابن الاثير بعد مقدمـنا بشهرين
او ثلاثة مع اخيه يعنى من الرضاعة لـى بهم لنا ولعـل
هـذا لا ينافيه قول الحب الطبرى فلما شب وبلغ سنتين
لانه التى ذلك الكسر فبينما هو صلى الله عليه وسلم واخوه
فى بهم لنا خلف بيوتنا والبهم اولاد الضان اذ اتى اخوه
يشتد اى يغدو فقال لى ولابـيـه ذاك اخ القرشى صلى الله
عليه وسلم قد اخذه رجلان عليهما ثياب بيض فاضجع ه
فشقا بطنه...... قالت فخرجت انا وابوه نحوه فوجدناه
قائما منتقعا وجهه.... قالت حليمة فرجعنا به الى خبائنا
اى محل الاقامة وقال لى ابوه يا حليمة لـقد خشيت ان
يكون هذا الغلام قد اصيب فالحقيه باهله قبل ان يظهر
به ذلك...... قالت فحملناه فقدمنا به مكة على امه......

« Halima (la nourrice de Mohammad) dit : « Quand
« il (Mohammad) eut deux ans, nous l'amenâmes
« chez sa mère, à la Mekke; mais, tenant beaucoup
« à ce qu'il restât avec nous, à cause de la prospérité
« dont nous jouissions, depuis le jour où il était entré
« chez nous, nous demandâmes à sa mère de nous

« le laisser encore cette année, en lui disant : Je re-
« doute pour lui l'air et les maladies de la Mekke.
« Nous ne cessâmes d'insister auprès d'elle, jusqu'à
« ce qu'elle eût consenti à nous le rendre... » Halima
continue : « Nous retournâmes avec lui. Je jure par
« Dieu ! que quelques mois (deux ou trois mois, au
« rapport d'Ebn-al-Athir) après notre retour il était,
« avec son frère de lait, auprès des moutons qui nous
« appartiennent, ou, selon le rapport de Thabari,
« qui ne contrarie pas ce qui précède, quand il gran-
« dit et eut deux ans (en supprimant la fraction de
« deux ou trois mois), tandis qu'il était, avec son frère
« de lait, auprès de nos moutons, derrière nos mai-
« sons, celui-ci arrive en courant, nous dire, à moi
« et à son père : Mon frère le koréchite a été pris
« par deux hommes en habits blancs; ils l'ont fait
« coucher, et ils lui ont ouvert le ventre..........
« J'accourus avec son père vers lui, continue Halima;
« nous le trouvâmes debout, mais pâle..... En re-
« tournant avec lui dans notre demeure, son père
« (nourricier) me dit : Écoute, Halima, je crains que
« cet enfant ne soit possédé du démon; reporte-le à
« ses parents avant que ce mal se déclare. Nous
« le portâmes alors, continue-t-elle, à sa mère, à la
« Mekke. »

Or nous trouvons dans le même ouvrage (f° 80)
ce qui suit :

وعن حليمة رضى الله تعالى عنها انها كانت بعد رجوعها
به صلى الله عليه وسلم من مكة لا تدعه ان يذهب مكانا

بعيـدا عنها فغفلت عنه يوما فى الظهيرة فخرجت تطلبه
فوجدته مع اخته من الرضاعـة وهى الشيما........ وكانت
ترقصه بقولها

هـذا اخ لى لم تـلـده امى   وليس من نسـل ابى وعمى
فانـمـه اللـهم فـيـما تـنـمى

فقالت فى هذا الحر اى لا ينبغى ان يكون فى هذا الحر.......

« On rapporte que Halima, après son retour de la
Mekke avec lui, ne le laissait pas s'éloigner d'elle;
et qu'un jour, ne le voyant pas, elle se. mit à sa
recherche, et le trouva avec Chima, sa sœur de
lait....... qui le faisait danser èn lui chantant :

« Voilà ùn frère que ma mère n'a pas enfanté; il
« n'est pas non plus la progéniture de mon père, ni
« de mon oncle. Fais-le croître, ô mon Dieu! parmi
« les choses que tu fais croître. » Halima s'écria alors :
« Dans cette chaleur-là! Voulant dire qu'il était im-
• prudent de le faire sortir par une pareille chaleur. »

Cet incident eut lieu, comme l'on voit, après le
retour de Halima de la Mekke avec lui. Or la première tradition nous apprend qu'il avait alors deux
ans, et qu'il fut rendu à sa mère quand il avait deux
ans et quelques mois (deux ou trois mois, selon le
rapport d'Ebn-al-Athir); donc Mohammad était âgé
de deux ans à deux ans et trois mois quand sa sœur
de lait l'avait fait sortir au moment de la grande chaleur que sa nourrice redoutait pour lui.

Ceci a dû se passer en été, ou à une époque très-
voisine de l'été; d'où il résulte que la naissance de
Mohammad a eu lieu au printemps.

Cette conclusion me paraît d'autant plus vraisemblable, qu'elle est en parfait accord avec le premier
témoignage et avec ceux que je vais donner.

3° Le cheïkh Imam-Chams-el-dine Mohammad,
fils de Sâlim, connu sous le nom de Khallal, nous
dit, dans son ouvrage *Al-Djefr-el-Kabir*[1] (n° 1174,
manuscrits arabes, ancien fonds, fol. 4) ce qui suit:

وقد صح ان النبى عليه الصلاة والسلام ولد فى يوم

الا ثنين فى شهر ربيع الاول فى العشرين من نيسان عام الفيل

فى عهد كسرى انوشروان فلما اتت عليه اربعون سنة

ويوم بعثه الله وذلك فى يوم الاثنين فلما اتت له ثلاث

وخمسون سنة هاجر الى المدينة......

«Il est certain que le Prophète était né le lundi
dans le mois de rabi I, le 20 du mois de nisan de
l'année de l'Éléphant, dans le temps de Kesra Nou-
chirwan (Kosroës le Grand); il reçut sa mission
prophétique après quarante ans et un jour de sa
naissance, et il accomplit son hégire à Médine, à
l'âge de cinquante-trois ans.»

Or le mois de nisan, dans ce témoignage, est

كتاب لجفر الكبير للشيخ الامام شمس الدبن محمد بن [1]
سالم المعروف بالخلال

le mois d'avril; Mohammad est donc né au printemps.

4° Al-Masoudi fixe, dans son ouvrage intitulé, *Mouroudj-el-zahab*, مروج الذهب ومعادن الجوهر, la naissance du Prophète dans l'année 882 d'Alexandre. Voici ce qu'il dit dans le manuscrit arabe n° 714, Supplément, Ier vol. fol. 279 :

والذى صح من مولده عليه الصلاة والسلام انه كان بعد

قدوم اصحاب الفيل مكة بخمسين يوما وكان قدومهم

مكة يوم الاثنين لثلاث عشرة ليلة بقيت من المحرم

سنة ثمان مايـة واثنين وثمانين من عهد ذى القرنين فكان

قدوم ابرهة مكة لسبع عشرة خلت من المحرم ولست

عشرة ومايـتـين من تاريخ العرب الذى اوله حجة الغـدر

ولسنة اربعين من ملك كسرى انوشـروان وكان مولده

عليه الصلاة والسلام لثمان خلون من ربيع الاول من هذه

السنة بمكة ....

«Ce qu'il y a de vrai dans tout ce que l'on a dit sur la naissance du Prophète, c'est qu'elle eut lieu cinquante jours après l'arrivée des Éthiopiens avec leurs éléphants à la Mekke. Ils avaient assiégé la Mekke le lundi, treize jours avant l'expiration du mois de moharram de l'année 882 de l'ère de Dhoul Karnaïn (de l'ère des Séleucides); Abraha (l'Éthiopien) arriva donc devant la Mekke le 17 du mois

de moharram, correspondant à l'an 216 de l'ère
arabe, qui commence par le pèlerinage de trahison, et à la quarantième année du règne de Kesra
Anoucherwan. Le Prophète naquit à la Mekke le
8 du mois de rabi I de cette année-là. »

L'époque que Masoudi donne tombe en l'année
571 de Jésus-Christ.

5° Dans la page 283, vol. I, de l'*Essai sur l'Histoire des Arabes*, par M. Caussin de Perceval, on
trouve la note suivante :

« Suivant Ebn-el-Athir, cité dans le *Tarikh-el-Kha-
micy* (fol. 86 v°), Kesra régna quarante-sept ans et
huit mois. (Les historiens grecs lui donnent, à un
mois près, la même durée de règne.) Ebn-el-Athir
ajoute : Kesra vécut sept ans et huit mois après la
naissance de Mohammad. »

Donc Kesra avait régné quarante ans complets
lors de la naissance de Mohammad ; or ce monarque
avait commencé à régner en 531 de Jésus-Christ ;
donc Mohammad est né dans le courant de l'année
571 de Jésus-Christ.

6° L'auteur de *Mouckhtassar-el-Tawarikh*, مختصر
التواريخ, Gergès [1], fils d'Abi-Elyas..... etc. جرجس
ابن ابى اليـاس ابن ابى المـكارم ابن ابى الطيب عرن بابـن
العميـد nous affirme (Supplément, manuscr. arabe,
n° 751) que Mohammad était âgé de huit ans lors

---

[1] Cet auteur est connu en Europe sous le nom d'*Almakin*, comme
le dit M. Reinaud dans le Catalogue du supplément des manuscrits
arabes de la Bibliothèque impériale de Paris.

de la mort de Kesra Anoucherwan. Or nous trouvons dans l'*Art de vérifier les dates* (p. 408) le passage suivant : «L'an 579, il (Kesra) meurt à Ctésiphon, vers le mois de mars.» Donc, Mohammad avait huit ans vers le mois de mars; il était né, par conséquent, vers la même époque de l'année 571 de Jésus-Christ.

7° M. Ideler cite, dans son *Traité de chronologie mathématique* (t. II, p. 498), le passage suivant :

«Mohammad est né, suivant Almakin, le 22 nisan de l'année 882[1] de l'ère des Séleucides.»

Ce mois de nisan syriaque correspond au mois d'avril; ce serait donc le 22 avril 571 de Jésus-Christ que Mohammad est venu au monde.

8° M. Silvestre de Sacy donne (*Mémoires de l'Académie des inscriptions*, t. XLVIII, p. 530), sur la foi de Gagnier, le passage suivant :

ولادة النبى صلعم الساعة السادسة من ليلة الاثنين

عشرين نيسان سنة ٨٨٢ لاسكندر

«La naissance du Prophète avait eu lieu à la

---

[1] Voici le passage correspondant, et que l'on trouve dans l'*Historia saracenica* :

قال انه صلى الله عليه وسلم ولد ببطحا مكه فى الليلة المسفرة
من صباح يوم الاثنين لثمان خلون من ربيع الاول يوافقه
من شهور الروم الثانى والعشرون من نيسان سنة اثنين وثمانين
وثمان ماية للاسكندر ذى القرنين....

sixième heure de la nuit du lundi, le 20 nisan de l'année 882 d'Alexandre. »

Ce jour-là correspond au 20 avril 571 de Jésus-Christ.

Les astronomes orientaux paraissent être d'accord pour placer également la naissance de Mohammad vers le mois d'avril de l'année 571 de Jésus-Christ. Ils la fixent presque immédiatement après une conjonction de Jupiter et de Saturne, qui eut lieu dans la constellation du Scorpion.

J'ai calculé la position de ces deux astres en me servant des Tables de Bouvard, et j'ai reconnu que, pour le 1ᵉʳ avril 571 de Jésus-Christ, Jupiter se trouvait dans 15° 2′ [1] du Scorpion, et Saturne dans 15° 17′ de la même constellation; le mouvement de ces deux planètes était rétrograde. La conjonction doit avoir eu lieu le 29 ou le 30 mars 571 de Jésus-Christ. Cette conjonction est appelée par les astronomes orientaux : قران ملة الاسلام « la conjonction de la religion musulmane », ou simplement : قـران الملة « la conjonction de la religion. »

Nous allons donner quelques-uns de ces témoignages.

[1] Voici les résultats exacts de mes calculs pour le 1ᵉʳ avril 571 de Jésus-Christ.

PLANÈTES.	LONG. HÉLIOC.	LATIT. HÉLIOC.	LONG. GÉOCENT.	LATIT. GÉOCENT.
Jupiter..	210° 57′ 21″	1° 9′ 4″ B	215° 2′ 25″	1° 23′ 50″ B
Saturne.	213° 4′ 4″	2° 22′ 3″ B	215° 16′ 47″	2° 36′ 40″ B

9° Le manuscrit arabe [1] n° 1161, ancien fonds, fol. 88, contient :

اقول ان سنة ولادة النبى صلى الله عليه وسلم اتفقت عام

الفيل وهى سنة ٨٨٢ للاسكندر وليها كان قران بين زحل

وللمشترى فى برج العقرب قبل الولادة بقليل...

« Je dis que la naissance du Prophète eut lieu l'année de l'Éléphant, laquelle année est celle de 882 d'Alexandre; une conjonction entre Saturne et Jupiter eut lieu dans la constellation du Scorpion cette année-là, peu de temps avant la naissance. »

D'après ce témoignage, Mohammad serait né peu de temps après le 30 mars 571 de Jésus-Christ.

10° Le témoignage suivant, que j'ai puisé dans l'ouvrage intitulé : منتهى الادراك فى تقاسيم الافلاك *Mountaha-el-idrak*, etc. n° 1115, manuscr. arabe, ancien fonds, VIII° chapitre, nous conduit au même résultat :

وولد النبى صلى الله عليه وسلم فى السنة الاولى من القران

الدال على ملة الاسلام....

« Le Prophète naquit la première année de la conjonction, qui fut comme le précurseur de la religion musulmane. »

---

[1] L'auteur de cet ouvrage s'appelle يحيى بن محمد ابن ابى بكر المغربى الاندلسى « Iahya, fils de Mohammed, fils d'Abi Choakr al-Andalousi ».

Nous savons déjà que cette conjonction eut lieu le 29 ou le 30 mars de l'année 571; donc le Prophète est né la même année.

11° Enfin on trouve dans les manuscrits n°1129[1], Supplément, fol. 15, et n°1131[2], Supplément, 3° fol. de la fin de l'ouvrage, de pareils témoignages, qui prouvent que la naissance de Mohammad a eu lieu dans l'année 571 de Jésus-Christ, peu de temps après le 29 mars, époque du phénomène céleste déjà mentionné.

12° On peut ajouter, comme un douzième et dernier témoignage, les opinions des historiens qui placent cette naissance dans la quarantième[3] ou quarante et unième année[4] du règne de Kesra Anoucherwan. En effet, comme ces savants n'indiquent pas l'époque précise dans l'année, on peut bien supposer que les premiers avaient en vue la fin de la quarantième année, et que les autres entendaient désigner les commencements de la quarante et unième année du règne du grand monarque persan. Par là ces sentiments se trouvent rapprochés les uns des autres, et ils ne différeraient entre eux que d'un ou de deux mois; ils s'accorderaient alors pour placer

---

[1] Cet ouvrage s'appelle كتاب الكامل فى اسرار النجوم «Alkamil dans le secret des astres».

[2] L'auteur est الشيخ احمد بن عبد الجليل «Ahmed, fils d'Abdou-l-Djalil», et le nom de l'ouvrage كتاب القرانات «Le livre des conjonctions».

[3] Masoudi et l'auteur de *Moudjmil-al-tawarikh*, etc.

[4] Hamza Isphahani, etc.

la naissance du Prophète dans l'année 571 de Jésus-Christ.

J'ajoute qu'Aboul-féda place la naissance de Mohammad dans la 881ᵉ année d'Alexandre et dans la 1316ᵉ de l'ère de Nabonassar; il la fait correspondre aussi à la 42ᵉ année du règne de Kesra Anoucherwan. Or la 881ᵉ année d'Alexandre commence le 1ᵉʳ octobre 569 de Jésus-Christ, tandis que la 1316ᵉ de Nabonassar finit le 2 avril 569; cette concordance est donc impossible. Nous devons par conséquent rejeter comme absurde et sans valeur ce témoignage d'Aboul-Féda, qui se contredit du reste lui-même.

En effet, dans la page 14 de l'édition de Gagnier de la Vie de Mohammad par Aboul-féda, cet historien dit que Mohammad a reçu sa mission à l'âge de quarante ans, l'année 922 d'Alexandre. D'après ce passage, Mohammad serait né en 882 de l'ère d'Alexandre ou en 571 de Jésus-Christ.

L'accord que l'on remarque dans cette multitude de traditions et de témoignages divers équivaut, pour moi, à une certitude. Aussi je ne balancerai pas un instant à admettre que Mohammad est né au printemps de l'année 571 après Jésus-Christ. Le mois d'avril étant désigné formellement dans quelques-uns de ces témoignages, et par déduction dans d'autres, je l'admets également pour cet événement. Mais dans quel jour du mois d'avril la naissance a-t-elle eu lieu? C'est ce que nous allons voir.

La conjonction vraie de la lune a eu lieu dans le

mois d'avril 571, le 10, à 9 heures 41 minutes environ après minuit, temps moyen de la Mekke[1]; le croissant ne put être visible à l'œil nu que le 11 au soir. Donc le mois lunaire arabe correspondant a dû être commencé le dimanche 12 avril. Mohammad est né, suivant les opinions les plus accréditées, le 8 ou le 10, ou enfin le 12 du mois lunaire rabi I. Le jour de la naissance était un lundi, de l'aveu unanime de tous les écrivains; et comme il n'y a du 8 au 12 de ce mois lunaire que le 9 qui fût un lundi, on ne peut admettre que ce jour-là pour la naissance.

Je conclus donc, en terminant, que le Prophète Mohammad est né le lundi 9 rabi I, qui correspond au 20 avril 571 après Jésus-Christ.

DEUXIÈME PARTIE.

DU CALENDRIER ANTÉ-ISLAMIQUE ET DE L'ÂGE DU PROPHÈTE MOHAMMAD.

———

CALENDRIER ANTÉ-ISLAMIQUE.

La connaissance du système du calendrier qui était en usage dans le Hidjaz (Arabie Pétrée), et particulièrement à la Mekke, ainsi qu'à Iathrib (Médine), est excessivement facile d'après les trois époques

———

[1] J'ai pris pour la longitude de cette ville 37° 54′ 45″ à l'est du méridien de Paris, et pour la latitude 21° 28′ 17″ nord.

dont la détermination, indépendamment les unes des autres, a fait le sujet de la première partie de ce travail. En effet, ces époques étant:

1° Le 27 janvier 632 de Jésus-Christ, qui tombe le 29 d'un mois arabe chawal ;

2° Le 20 septembre 622 de Jésus-Christ, qui tombe le lundi, 8 d'un mois arabe rabi I ;

3° Le 20 avril 571 de Jésus-Christ, qui correspond au lundi, 9 d'un mois de rabi I, chez les Arabes de la Mekke ;

Si l'on compare la troisième à la deuxième époque, on voit que les Mekkois ont dû compter du 9 rabi I ou 20 avril 571, au 8 rabi I ou 20 septembre 622, un nombre entier d'années (moins un jour), quel que soit le système de calendrier dont ils se servaient alors. Le laps de temps entre ces deux époques est de 18,780 jours. Les Arabes réglaient leurs mois, avant comme après l'islamisme, sur la marche de la lune; le mois était tantôt de 29, tantôt de 30 jours. L'année ordinaire était de 12 lunaisons, et de temps en temps ils intercalaient, au dire des historiens, une treizième lunaison pour rendre l'année solaire. On intercalait 9 mois dans une période de 24 ans, 7 mois dans 19 ans, 1 mois chaque 3 ans, ou enfin 1 mois chaque 2 ans, suivant les diverses opinions. Les commentateurs du Coran, les lexicographes et les biographes autorisent à croire que les Arabes païens se servaient d'un calendrier purement lunaire. C'est donc l'un de ces cinq systèmes qui se trouvait en usage à la Mekke, quand le Prophète

Mohammad quitta cette ville pour se réfugier à Médine.

Or nous avons déjà remarqué que 18,780 jours doivent former, à un jour près, un nombre entier d'années du système du calendrier anté-islamique. En divisant donc 18,780 par le nombre [1] des jours de l'année moyenne de chacun des cinq systèmes, on doit reconnaître lequel de ces systèmes était réellement en usage par le seul fait d'avoir un nombre entier dans le quotient de la division correspondante. L'opération faite, on voit que c'est le dernier système (année purement lunaire) qui satisfait seul et rigoureusement à cette condition, car 18,780, divisé par 354^j,367, donne 53 ans moins 1 jour.

Je conclus donc que les Mekkois se servaient, dans les cinquante années antérieures à l'hégire, d'un calendrier purement lunaire.

Voyons, à présent, si nous pouvons obtenir le même résultat par la comparaison de la troisième époque avec la première. Ces deux époques sont :

1° Le 20 avril 571, qui est un 9° jour d'un mois arabe rabi I;

2° Le 27 janvier 632, qui tombe un 29° jour d'un mois arabe chawal.

---

[1] La durée de l'année moyenne dans le premier système (en intercalant 9 mois dans 24 ans) est de 365^j,441; celle de l'année du second système (en intercalant 7 mois dans 19 ans) est de 365^j,246; pour le troisième système, on a pour durée de l'année moyenne 364^j,211; dans le quatrième système, on a 369^j,132; enfin, dans le cinquième système, la longueur de l'année purement lunaire est de 354^j,367.

La durée de, temps comprise entre elles est de 22,197 jours; or, du 9 rabi I jusqu'au 29 chawal, il y a 226 jours; il faut donc que 22,197 jours donnent un nombre entier d'années plus 226 jours. En effet 22,197, divisé par 354^j,367 (durée moyenne de l'année lunaire vague), donne pour quotient 62 ans, et pour reste, 226 jours : l'année qui était en usage à la Mekke et à Médine pendant les 62 ans qui précèdent le pèlerinage d'adieu fut, donc l'année lunaire vague.

L'identité de ces deux résultats ne justifie-t-elle pas à la fois, et l'exactitude des trois époques, et celle du résultat lui-même? Il me semble que oui. Tout paraît du reste nous le confirmer. Nous avons déjà donné, dans le second document, une tradition rapportée par Thabarani au sujet du mot de âchoura; si on l'examine attentivement, on y verra un témoignage direct de l'usage du calendrier purement lunaire chez les Mekkois avant l'hégire. En effet, cette tradition porte :

عن خارجة بن زيد عن ابيه قال ليس يوم عاشورا اليوم الذى يقوله الناس انما كان يوم تستر فيه الكعبة وتلعب فيه للحبشة عند رسول الله صلى الله عليه وسلم وكان يدور فى السنة وكان الناس يأتون فلان اليهودى فيسألونه فلما مات اليهودى اتوا زيد بن ثابت فسألوه....

« Kharidja, fils de Zaïd, raconte que son père (le

compagnon du Prophète), dit : « Le jour de âchoura
« n'est pas ce que le peuple veut dire; c'était un jour
« où l'on couvrait la câba et où les Éthiopiens ve-
« naient jouer chez le Prophète; ce jour se transpor-
« tait (de mois en mois successivement) dans l'année.
« La détermination de l'époque de ce jour était con-
« fiée à un certain juif, et, après sa mort, elle fut
« confiée à Zaïd, fils de Thabit. »

Le véritable jour de âchoura, dont la détermination était confiée à un juif, est sans doute le âchoura
des juifs (10° du mois de ticheri), qui avait été, à
ce qu'il paraît, adopté par les Arabes païens de la
Mekke. Or, pour que le dixième jour du mois de
ticheri (de l'année juive luni-solaire) se transportât
de mois en mois successivement dans une autre année, il faut que celle-ci ait été purement lunaire.

Pour ceux qui conserveraient encore quelque
doute sur ce point important, malgré les preuves
évidentes que je viens de donner, je vais encore en
présenter d'autres, basées uniquement sur des phénomènes astronomiques.

Le manuscrit n° 213 du Supplément des manuscrits arabes de la Bibliothèque impériale de Paris
nous apprend, dans le folio 2 à partir de la fin du
volume, que :

وذكر صاحب جمع العدة ان جمسون القمر وقع ﻲ السنة

الرابعة ﻲ جمـادى الاخرة ولم يشتهر انه صلى الله عليه

وسلم جمع له الناس للصلاة....

« L'auteur de l'ouvrage intitulé : *Djema-el-Eddah*
dit qu'une éclipse de lune eut lieu dans le mois de
djoumada II de l'an 4 de l'hégire ; et qu'il n'est pas
reconnu que le Prophète ait rassemblé le peuple
pour faire la prière à l'occasion de cette éclipse. »

On voit sans peine que cette éclipse ne peut être
que celle du 20 novembre 625 [1] de Jésus-Christ. Le
14 du mois arabe djoumada II correspond donc au
20 novembre 625. Voilà une époque astronomiquement determinée.

Nous lisons aussi dans le Journal asiatique, cahier
d'avril 1843, ce qui suit :

« Procope nous apprend que, dans une assemblée de généraux romains convoquée à Dara par Bélisaire, en 541 de Jésus-Christ, pour délibérer sur
un plan de campagne, deux officiers, qui comman-
daient un corps formé des garnisons de Syrie, déclarèrent qu'ils ne pouvaient suivre l'armée dans sa
marche contre la ville de Nisib, donnant pour raison que leur absence laisserait la Syrie et la Phéni-
cie exposées aux incursions du roi des Arabes, Ala-
mondar (Almoundhir III). Bélisaire démontra à ces
officiers que leur crainte était mal fondée, parce
que l'on approchait du solstice d'été, temps auquel
les Arabes païens devaient consacrer deux mois entiers aux pratiques de leur religion, sans faire aucun usage de leurs armes. »

Or les Arabes avaient dans l'année deux époques

---

[1] Le calcul nous montre que la lune s'éclipsa, vers trois heures
après minuit de Médine, le 20 novembre 625 de Jésus-Christ.

consacrées à leur culte, et dans lesquelles ils ne faisaient aucun usage de leurs armes; ces deux époques
étaient, l'une d'un mois de durée (le mois de radjab), l'autre de deux ou trois mois (dhoul-câda,
dhoul-hedja et moharram). Laquelle de ces deux
époques Procope avait-il en vue? La teneur du passage précédent laisserait apercevoir que c'est la seconde, et que les deux mois dont il s'agit sont
dhoul-câda et dhoul-hedja; mais un examen très-
rigoureux nous démontre que cela ne peut pas être,
et voici comment : si les deux mois de dhoul-câda
et dhoul-hedja ont eu réellement lieu à l'époque du
solstice d'été, ils ont dû s'écouler ou tous deux avant
ou l'un avant et l'autre après, ou enfin tous deux
après le 20 juin 541, qui est l'époque de ce solstice;
de sorte que la nouvelle lune qui eut lieu le 10 juin
541 de Jesus-Christ serait celle du mois de dhoul-
hedja, de dhoul-câda, ou enfin celle du mois de chawal. Or d'une part le système du calendrier qui
était alors en usage est l'un des cinq systèmes suivants : intercalation de 9 mois dans une période de
24 années; intercalation de 7 mois dans 19 ans; celle
de 1 mois dans 3 ans, 1 mois dans 2 ans, ou enfin le système purement lunaire; d'autre part, nous
avons deux époques physiquement déterminées, savoir :

1° Le 27 janvier 632, date d'une éclipse solaire
qui correspond à la fin d'un mois arabe chawal, ou,
ce qui revient au même, le 28 janvier 632, qui
était la nouvelle lune du mois de dhoul-câda.

2° Le 20 novembre 625, date d'une éclipse lunaire, qui tombait dans un mois arabe, djoumada II, ou bien le 6 novembre 625, qui était la nouvelle lune du mois de djoumada II. Il faut donc, pour que le passage précédent de Procope soit vrai, qu'en comptant en reculant, soit à partir de la nouvelle lune de dhoul-câda, le 28 janvier 632, soit à partir de celle de djoumada II, 6 novembre 625, on tombe dans les deux cas, et dans un des cinq systèmes déjà mentionnés, sur un même mois, dhoul-hedja, dhoul-câda ou chawal. Or le calcul nous montre que cette condition n'est remplie en aucune manière. En effet, si l'on part des deux époques certaines, la nouvelle lune du mois de dhoul-câda correspondant au 28 janvier 632, et celle du mois de djoumada II, ou 6 novembre 625, et si l'on rétrograde jusqu'au 10 juin 541, qui correspond à un mois arabe incertain (considérant, de plus, que ces deux laps de temps font successivement 33,104 jours, ou 1,121 lunaisons, et 30,830 jours, ou 1,044 lunaisons), on compte dans le premier système intercalaire, d'une part, 90 années et 8 ou 7 lunaisons; de l'autre, 84 années et 5 ou 4 lunaisons; ce qui nous fait tomber sur rabi I ou rabi II, dans le premier cas, et sur moharram ou shafar dans le second.

Dans le deuxième système intercalaire, on compte également 90 années et 8 lunaisons d'une part, et 84 et 5 mois de l'autre; ce qui nous fait tomber sur le mois de rabi I dans le premier cas, et sur celui de moharram dans le second.

Dans le troisième système intercalaire, on trouve
90 ans et 11 mois d'une part, et 84 ans et 8 mois de
l'autre ; de sorte que l'on tombe sur le mois de dhoul-
hedja dans le premier cas, et sur le mois de chawal
dans le second.

Dans le quatrième système intercalaire, on a 89
années et 9 mois d'une part, et 83 ans et 7 mois de
l'autre, et l'on tombe, par conséquent, sur les deux
mois de shafar et de dhoul-câda.

Enfin, en suivant le système purement lunaire,
on compte 93 années et 5 mois dans le premier cas,
et 87 années justes dans le second, de sorte que
l'on tombe, dans les deux cas, sur le mois de djoumada II.

Le 10 juin 541 n'a donc pu être ni la nouvelle
lune de dhoul-hedja, ni celle de dhoul-câda, ni
enfin celle de chawal, ou, ce qui revient au même,
les deux mois de dhoul-hedja et dhoul-câda n'ont
pas eu lieu, en 541, à l'époque du solstice d'été.

Voyons, à présent, si Procope ne s'est pas trompé
et s'il n'aurait pas pris l'une des deux époques (dhoul-
câda et dhoul-hedja) pour l'autre (le mois de radjab), ou du moins si ses copistes n'auraient pas défiguré le passage précédent en copiant δύο μάλιστα
μῆνας « deux mois entiers », à la place de ἕνα μάλιστα
μῆνα « un mois entier ». Dans ce cas, la nouvelle lune
du mois de radjab aurait eu lieu en 541, ou immédiatement avant le solstice d'été, ou immédiatement
après ; de sorte que le 10 juin 541, époque d'une
nouvelle lune, serait ou celle du mois de radjab,

ou bien celle du mois de djoumad aII. Or, pour que
cela ait eu réellement lieu, il faut que, en partant des
deux époques certaines déjà mentionnées, et re-
montant jusqu'au 10 juin 541, on tombe, dans les
deux cas, en suivant l'un des cinq systèmes, sur un
même mois arabe, radjab ou djoumada II. Le calcul nous montre, en effet, que cette condition se
trouve rigoureusement remplie. (Le tableau de ce
calcul est déjà donné plus haut.) Il est donc certain
que Procope prit l'époque des deux mois, dhoul-
câda et dhoul-hedja, pour celle du mois de radjab,
si toutefois ses copistes ne l'ont pas mal copié.

Quelle est la conséquence de cela? La voici : la
nouvelle lune qui suit immédiatement le solstice
d'été de l'année 541 étant celle du mois de radjab, et les temps écoulés entre cette époque et chacune des deux autres déterminées par les éclipses
étant exclusivement compatibles avec le système
purement lunaire, c'est donc ce même et unique
système qui était alors en usage, parmi les Arabes,
un siècle environ avant que le législateur de l'islamisme abolît le nacî.

L'existence du mois de radjab, immédiatement
après le solstice d'été de 541, se vérifie également
par les deux époques qui font l'objet des deuxième
et troisième documents.

Ainsi nous avons cinq époques, déterminées
chacune d'une manière indépendante des autres,
et qui, combinées deux à deux, donnent dix résultats ou laps de temps dont l'écoulement se trouve

exclusivement conforme au système purement lunaire.

L'accord parfait de tous ces résultats est assurément une preuve certaine de l'erreur de ceux qui ont admis l'usage d'un calendrier luni-solaire chez les Arabes païens. Sans aller même plus loin, la comparaison seule de l'éclipse solaire avec l'éclipse lunaire est une preuve mathématique de l'usage du calendrier lunaire vague chez ce peuple.

Je conclus donc, en résumant, que les Arabes, avant comme après l'islamisme, ne se sont servis que d'un calendrier purement lunaire.

ÂGE DU PROPHÈTE MOHAMMAD.

Mohammad est mort le 12 du mois de rabi I de l'an 11 de l'hégire, d'après l'opinion la plus accréditée et généralement admise. Ce jour tombe dans les premiers jours du mois de juin 632 de Jésus-Christ; c'était, dit-on, un lundi. Or la nouvelle lune ou la conjonction vraie eut lieu le dimanche 24 mai, neuf heures environ après midi moyen de Médine; de sorte qu'on ne put voir la nouvelle lune, à l'œil nu, que le mardi au soir. Donc le mois arabe rabi I commença le mercredi 27 mai. Le 12 de ce mois tombe un dimanche 7 juin; Mohammad mourut donc ou le dimanche, 12 rabi I, 7 juin 632, ou le lundi 13 rabi I, 8 juin 632. Et comme la naissance du législateur eut lieu, d'après le troisième document, le 20 avril 571, et que du 20 avril 571 au 7 juin 632 on compte 22,329 jours, Moham-

mad a donc vécu ce nombre de jours, ce qui fait
61 années solaires, plus 48 jours, ou bien 63 années
lunaires vagues et 3 jours.

Les traditions que Boukhari et Mouslim rapportent sur ce sujet font vivre le Prophète 60, 63 ou
65 années. Le chiffre de 63 a été adopté par la majorité des écrivains anciens, et à l'unanimité par les
modernes. Almasoudi, après avoir donné toutes les
traditions qui ont été rapportées sur l'âge de Mohammad, dit [1] :

والذى وجدنا عليه آل محمد صلى الله عليه وسلم هو ابن

ثلاث وستين سنة....

« Nous avons trouvé que la postérité de Mohammad et de ses parents ne lui donnait que soixante-
trois années d'existence. »

Cet accord que l'on remarque entre les traditions
généralement adoptées et le résultat précédent ne
justifie-t-il pas encore notre conclusion sur l'usage
d'une année purement lunaire avant l'islamisme?

Avant de terminer, disons quelques mots sur l'é-
poque de la mission prophétique de Mohammad.

Les traditions de Boukhari et de Mouslim, ainsi
que les témoignages des historiens, s'accordent, sauf
quelques rares exceptions, à fixer le commencement
de la mission prophétique de Mohammad quarante
ans après sa naissance. Or Mohammad est né,

---

[1] *Mouroudj-el-Dhahab,* n° 715, supplément arabe, fol. 179 et
suivants.

d'après mes calculs, le 20 avril 571; si l'on compte 40 années lunaires ou 14,174 jours à partir de cette époque, on tombe dans le commencement du mois de février de l'année 610 de Jésus-Christ. Ce fut donc en février, c'est-à-dire dans l'hiver de l'année 610, que Mohammad reçut sa mission divine. Le 1ᵉʳ verset de la 74ᵉ surah (يا ايها المدثر قم) فانذر « Ô toi, qui es enveloppé dans tes vêtements, lève-toi et va prêcher les hommes »), qui lui avait annoncé sa mission divine, ne montre-t-il pas, par son énoncé même, qu'il lui a été révélé dans les rigueurs de l'hiver [1]?

S'il en est ainsi, ce serait un autre témoignage pour justifier l'usage du calendrier purement lunaire parmi les Arabes païens.

APPENDICE.

Les noms des mois qui étaient en usage parmi les Arabes païens, lors de l'apparition de l'islamisme, sont encore les mêmes aujourd'hui, savoir :

---

[1] Les commentateurs du Coran disent, les uns, que Mohammad s'était enveloppé dans son manteau à la suite d'une nouvelle fâcheuse que ses ennemis, les Coraïchites, avaient fait courir; les autres, qu'il s'était endormi enveloppé dans son manteau... .....

Mohie-el-dine ebn-al-Arabi dit :

ان.التدثر انما يكون من البرودة التى تحصل عقيب الوحى...

« C'est à cause du froid que le Prophète éprouvait après la révélation qu'il s'enveloppa dans ses vêtements. »

محرم	Moharram.........	1ᵉʳ mois.
صفر	Safar............	2° idem.
ربيع الاول	Rabi I..........	3° idem.
ربيع الآخر	Rabi II..........	4° idem.
جمادى الاولى	Djoumada I.......	5° idem.
جمادى الثانية	Djoumada II......	6° idem.
رجب	Radjab..........	7° idem.
شعبان	Chabân..........	8° idem.
رمضان	Ramadhân.......	9° idem.
هوال	Chawâl..........	10° idem.
ذو القعدة	Dhoul-câda......	11° idem.
ذو الحجة	Dhoul-bedja......	12° idem.

Quatre de ces mois, radjab, dhoul-câda, dhoul-hedja et moharram, étaient considérés, depuis un temps immémorial, comme sacrés ou inviolables; de sorte que toute espèce d'hostilité devait cesser pendant cette partie de l'année. « C'était, comme le dit M. Caussin de Perceval, une espèce de trêve de Dieu, sagement instituée chez un peuple avide de guerre, de pillage et de vengeance. Elle contribuait à empêcher les diverses tribus de s'entre-détruire, et donnait au commerce quelques moments fixes de sécurité. »

Il y avait donc deux époques différentes dans l'année arabe où toute hostilité devait cesser : c'étaient le mois de radjab d'une part, et dhoul-câda, dhoul-hedja et moharram de l'autre. Or l'inaction, pendant trois mois consécutifs, parut pénible à ce

peuple actif, et qui ne vivait, pour ainsi dire, que
de pillage.

Pour satisfaire à ses instincts belliqueux et à son
ambition, on établit ce qu'on appelle le *nâci*; c'est-
à-dire l'ajournement de l'observance d'un mois sacré
à un autre mois non sacré.

De temps en temps, on remettait le privilége sacré du mois de moharram au mois suivant, safar;
de sorte que l'on avait seulement deux mois consécutifs sacrés, au lieu de trois. Voici ce qu'Almasoudi
nous dit à ce sujet (voir *Mouroudj Aldhahab* [1], chapitre de l'*Histoire de la Mekke*) :

وكانت النسأة ى بنى مالك بن كنانة فكان اولهم ابو
القلس حذيفة بن عبيد ثم ولده قلع بن حذيفة وورد
الاسلام واخرهم ابو ثمامة وذلك ان العرب كانت اذا فرغت
من ﺤ وارادت الصدر اجتمعت اليه فيقوم ويقول اللهم
انى احللت احد الصفرين الصفر الأول ونسأت الاخر
للعام المقبل فظهر الاسلام وقد عادت الشهور للحرم الى
بعدها على ما كانت عليه ى اصلها وذلك قول النبى عليه
السلام الا ان الزمان قد استدار كهيئته يوم خلق الله
السموات والأرض وما ذكر عليه السلام ى هذا لحديث
الى اخره فاخبر الله عز وجل عنهم بذلك بقوله انما
النسىء زيادة ى الكفر

وقد لخفر بذلك عمير بن قيس القرايسى فقال كهة له

السنا الناستمن الى معـدّ   شهور لخل نجعلها حـراما

« Les Naçaa [1] étaient de la tribu des enfants de
Mâlik, fils de Kinânah; le premier était Hodhaïfah,
fils d'Obaïd, et ensuite son fils Kal, fils de Hodhaïfah; celui-ci a vu naître l'islamisme. Le dernier des
Naçaa est Abou-Temâmah.

« Quand les Arabes avaient accompli la cérémonie du pèlerinage, ils se rassemblaient, avant de
s'en aller, autour du nâci. Celui-ci se levait, et il
disait : «Mon Dieu, je déclare non sacré l'un des
« deux safar, safar I, et je remets l'autre à l'année
« prochaine. »

« L'islamisme parut lorsque les mois sacrés avaient
repris leurs places primitives dans l'année; c'est là
le sens de la parole du Prophète : «Le temps est
«redevenu tel qu'il était le jour où Dieu créa les
«cieux et la terre.» Ce que dit le législateur dans
ce hadíth fut révélé par Dieu même dans ce verset
du Coran : «Le nací est un surcroît d'infidélité. »
Umaïr, fils de Kaïs, dit en se glorifiant :

« N'est-ce pas nous qui autorisions la remise des
«mois parmi les enfants de Maadd; qui leur ordon-
«nions de tenir pour sacrés les mois qui étaient
«profanes?»

Les noms que nous avons déjà cités ont été, dit-
on, donnés aux mois arabes dans le temps de Kilab,

---

[1] *Naçua* est le pluriel de *nâci.*

fils de Morra, un des aïeux de Mohammad, deux siècles environ avant l'islamisme. Les noms que ces mois avaient anciennement ne nous sont pas connus d'une manière positive; Almasoudi nous en donne, dans le *Mouroudj el-Dhahab*, les dénominations suivantes, qui sont, en commençant par moharram :

ناتق *natik*, 1er mois; تقيل *thakil*, 2e mois; طليق *talik*, 3e mois; ناجر او *nadjir*, 4e mois; اسلخ او اسلح او سماح او سماخ *aslakh* ou *asmâkh*, suivant les différents manuscrits, 5e mois; امنح *amnah*, 6e mois; احلك *ahlak*, 7e mois; كسع *kasa*, 8e mois; زاهر *zâher*, 9e mois; برط او مرط *bart* ou *mart*, 10e mois; حرف او نعيس *harf* ou *na-is*, 11e mois; نعس او مريس *naas* ou *meris*, 12e mois.

Albirouny paraît avoir été plus instruit dans cette matière qu'Almasoudi. Voici ce qu'il en dit dans le *Kitab-el-Âthar* :

وتوجد للشهور اسامى قد كان اوائلهم يدعونها بها وهى هذه المؤتمر وناجر وخوان وصوان وحنّين ورنّا ــ رنّ والاصم وعادل وناتق وواغل وهواع وبرك

« Les mois arabes avaient eu d'autres noms, par lesquels les anciens les désignaient, ce sont : moutamer, nadjir, khawan, ssawan, hennin, ronna, assamm, adel, natik, waghel, hewah et barak. »

Cet auteur ajoute ensuite :

وقد توجد هذه الاسما·محالفة لما اوردناه ومختلفة
الترتيب كما نظمها احد الشعرآ ى شعره

يمؤتمر وماجـــره بـــدأنا   وبالخـوان نتبعه الصوان
وبالـرُبّـا وبائـدة تـلـيـه   يعود اصم صم به السنان
وواغـله ولطله جـمـيـعـا   وعادله فهـم غـرر حسـان
ورنـة بـعدها برك فتمـت   شهور لحول يعقدها البنان

« Quelquefois on rencontre ces noms avec un peu
de changement, soit dans les dénominations elles-
mêmes, soit dans leur ordre propre, comme on le
voit dans ces vers anciens :

Par moutamer et nadjir nous commençons notre année ;
nous faisons suivre au mois de kawan celui de ssawan.

Ensuite viennent robba, baïdah et assamm, dans lequel
on n'entend point le bruit des armes.

Waghel, natel et adhel, qui sont brillants et beaux.

Ensuite rannah et barack complètent le nombre des mois
de l'année, qui sont faciles à retenir.

Le même auteur donne une troisième série de
dénominations qui ne diffère de la première que
par le changement du nom du onzième mois, *hewah*
en celui de *rannah*[1].

_____
[1] Ces noms se trouvent réunis dans ces trois vers arabes :

اردت شهور العرب فى جـــاهـليـة
فـحذها على سـرد الحرم تـشتزك

Enfin, en consultant, de plus, les dictionnaires arabes pour ces noms, on conclut que les Arabes païens appelaient le mois de moharram, *moutamer;* celui de safar, *nadjir;* rabi I, *khawan;* rabi II, *ssawan;* djoumada I, *hennin* ou *robba*[1]; djoumada II, *ronna* ou *baïdah;* radjab, *assamm;* chabân, *waghel* ou *waïl*[2], ou enfin *adhel*[3]; ramadhân, *natik* ou *nattel;* chawal, *wool* وعل, ou *woghl* وغل, ou *adhel;* dhoul-câda هواع, *hewa* ou *rannah;* enfin le mois de dhoul-hedja s'appelait *barak.*

Parmi ces noms, on en distingue quatre qui ont des rapports avec la nature des quatre saisons. On a, en première ligne, le mot *nadjir,* donné par Masoudi pour le quatrième mois de sa série, et par Albirouny, pour le second.

Nadjir veut dire excessivement chaud; Albirouny cite, à l'appui de cela, une tradition très-ancienne, faite en vers, en deux hémistiches, que voici :

$$صرَى آسِن يبزوى له المرء وجهـه$$

$$وان ذاقه الظمآن فى شهـر ناجـر$$

$$فمُؤتَمـر ياتى ومن بـعـد ناجـر$$
$$وخـوان مـع صـوان فى هـرك$$
$$جتَّـين ورّبا والاصـم وعـادل$$
$$وناتق مع وغـل ورنـة مـع بـرك$$

[1] Robba était également le nom commun des deux djoumada.

[2] وَعِل ككنف شعبان كما فى القاموس.

[3] عادل او عاذل.

L'homme altéré dans le mois de nadjir trouverait si agréable l'eau croupissante et corrompue qu'il n'osait naguère aborder[1].

Le mois de nadjir a donc dû être, lors de sa dénomination, en plein été; de sorte que moutamer, nadjir et khawan ont dû être les trois mois de l'été.

Les trois mois suivants, ssawan, robba et bâidah, seront ceux de l'automne. En effet, on distingue le caractère de cette saison par la signification du mot *robba*, qui dérive ou de رَبَب *rabab*, qui veut dire «grande quantité d'eau,» ou bien de رَبَابَه *rabâbah*, qui signifie «nuage qui change de nuance, qui paraît tour à tour blanc ou noir.»

Les septième, huitième et neuvième mois, savoir: assamm, waghel et nattel, qui doivent avoir été ceux de l'hiver, ont également, dans le mois de nattel, quelque chose qui caractérise l'hiver; car *nattel* signifie celui qui puise de l'eau d'une rivière, d'un puits ou autre source, pour la verser ailleurs dans l'intention d'arroser la terre, ou pour une autre destination.

Enfin le printemps se trouve caractérisé par le premier des trois derniers mois, adel, hewah et barak; car عَادَل *adel* est celui qui égalise, qui observe l'égalité, qui met autant d'un côté que de l'autre.

---

[1] Cette traduction est un peu libre; je ne sais même pas si j'en ai bien saisi le sens. Voici, du reste, la traduction littérale: «L'homme se cache la figure à l'aspect d'une eau croupissante et corrompue; mais si l'homme altéré dans le mois de nadjir goûtait cette même eau......!»

C'est donc parce que ce mois-là avait eu lieu, lors
de la nomenclature, à l'époque de l'équinoxe du
printemps, où les jours égalent les nuits, qu'on le
nommait *adel*, ou égalisateur.

On remarque également des rapports entre quelques-uns des noms des mois modernes, moharram,
safar, rabi, etc. et les saisons; car *ramadhân* signifie
« grande chaleur; » *rabi*, « pluie printanière, végéta-
tion printanière », etc. et enfin *djoamada* veut dire
« sec », et *djamâd* جَماد, « desséché » à cause du manque
de pluies. La racine جَمَد *djamada* veut dire « geler »,
et جَمَادِى *djoamadi*, « froid glacial ».

Ces rapports frappants entre les noms des mois,
soit anciens, soit nouveaux, et les saisons, indiquent-
ils que les mêmes mois appartiennent à une année
luni-solaire? Pour les mois anciens, les témoignages
unanimes de tous les écrivains (historiens ou autres),
l'absence complète de toute tradition affirmative, et
le caractère nomade des Arabes de cette époque,
qui connaissaient à peine l'agriculture, tout enfin
porte à croire que ce peuple ne se servait que d'une
année purement lunaire. Ces rapports ne peuvent
donc pas être une preuve d'appartenance des mois
nadjir..... robba..... nattel. ..... et adel..... à une
année luni-solaire ou agronomique. Les Arabes auraient simplement lié ces mois avec les circonstances
atmosphériques ou autres, pour l'année de la nomenclature, sans porter leur vue plus loin, et sans connaître qu'après dix-sept ans les mois d'été passeraient

en hiver, et *vice versa*. Cela étant, les nouveaux mois, rabi..... djoumada..... et ramadhan, etc. peuvent-ils avoir été, à leur tour, institués pour former une année agronomique? Il me semble que non; car nous venons de voir que les mois anciens, malgré leur intime relation avec l'année agronomique, ne se rapportent qu'à une année lunaire vague. Il n'y a donc point de raison d'attribuer le nouveau système des mois à une année luni-solaire. Cependant nos meilleurs historiens prétendent le contraire. Ici on peut se demander sur quoi ces historiens fondent leur opinion, et s'ils ne se sont point copiés les uns les autres : ceci est un point important.

Je réponds affirmativement à ce dernier point. La preuve en est très-simple; elle consiste dans la comparaison des passages que ces historiens donnent sur ce sujet. M. Caussin de Perceval a déjà remarqué[1] que Makrizi avait copié Albirouny presque textuellement. Albirouny, à son tour, ainsi que Mohammad al-Charcaci, a copié l'auteur de *Kitab-el-Oulouf*, Abou-Mâchar[2], le plus ancien des écrivains qui aient parlé de cette matière, et dont l'écrit nous soit parvenu. Aboulféda copia Masoudi.

Les passages de Makrizi, de Mohammad al-Charcaci et d'Aboulféda sont insérés dans le Mémoire de M. Silvestre de Sacy, tome XLVIII des *Mémoires de*

[1] Voir le Mémoire de M. Caussin de Perceval sur le calendrier arabe avant l'islamisme, *Journal asiatique*, 1843, cahier d'avril.

[2] Masoudi parle d'Abou-Mâchar dans le *Mouroudj-Eldhahab*, composé l'an 334 de l'hégire. Abou Mâchar mourut, d'après Ibn-Kallicân, en l'an 272 de l'hégire.

l'Académie des inscriptions et belles-lettres; celui d'Al-birouny est en partie dans le Mémoire de M. Caus-sin de Perceval, *Journal asiatique*, 1843, cahier d'a-vril. Quant au passage d'Abou-Mâchar, il n'est in-séré nulle part, du moins à ma connaissance; aussi je m'empresse de le donner, parce qu'il est le plus ancien écrit sur le sujet qui nous occupe, et pour pouvoir le comparer aux autres, qui n'en sont, à la vérité, que des reproductions.

Je n'ai pas copié ce passage du *Kitab-el-Oulouf* même, mais je le donne d'après l'ouvrage intitulé : كتاب منتهى الادراك فى تقاسم الافلاك *Kitab Montaha-el-idrak.* L'auteur dit l'avoir copié du *Kitab-el-Ou-louf* par Abou-Mâchar. Ce manuscrit porte le nu-méro 1115, ancien fonds de la Bibliothèque impé-riale de Paris. (Le passage est dans le viii° chapitre, dans lequel on parle de l'ère de l'hégire.)

Voici ce passage :

.... واما العرب فى الجاهلية فكانوا يستعملون سنى

القمر برؤية الاهلة كما تفعله اهل الاسلام وكانوا يحجون فى

العاشر من ذى الحجة وكان لا يقع هذا الوقت فى فصل

واحد من فصول السنة بل يختلف مرة يقع فى زمان

الصيف ومرة فى زمان الشتا ومرة فى الفصلين الباقيين

لما يقع بين سنى الشمس والقمر من التفاضل فارادوا ان

يكون وقت حجهم موافقا لاوقات تجاراتهم وان يكون

الهواء معتدلا ى للحر والبرد مع تووريق الاشجار ونبات
اكلا لتسهل عليهم المسافرة الى مكة ويتجروا بها مع
قضا مناسكهم فتعلموا عمل الكبيسة من اليهود وسموا
النسىء اى التأخير الا انهم خالفوا اليهود ى بعض
احوالهم لأن اليهود كانوا يكبسون تسع عشرة سنة قمرية
بسبعة اشهر قمرية حتى تصير تسع عشرة شمسية
والعرب تكبس اربعا وعشرين سنة قمرية باثنى عشر شهرا
قمرية واختاروا لهذا الامر رجلا من بنى كنانة وكان يدى
بالقلس واولاده القائمون بهذا الشان تدعى القلامسة
ويسمون ايضا النسأة والقلس هو البحر الغزير واخر
من تولى ذلك من اولاده ابو ثمامة جنادة بن عوف بن
امية بن قلع بن عباد بن قلع بن حذيفة وكان القلس
يقوم خطيبا ى الموسم عند انقضاء الحج بعرفات ويبتدى
عند وقوع الحج ى ذى الحجة فينسىء الحرم ولا يعده ى الشهور
الاثنى عشر ويجعل اول شهور السنة صفر فيصير الحرم
اخر شهر ويقوم مقام ذى الحجة وحج فيه الناس فيكون الحج
ى الحرم مرتين ثم يقوم خطيبا ى الموسم ى السنة الثالثة
عند انقضاء الحج وينسىء صفر الذى جعله اول الشهور
للسنتين الاولتين ويجعل شهر ربيع الاول اول شهور
السنة الثالثة والرابعة حتى يقع الحج فيهما ى صفر الذى

هو اخر شهور هاتين السنتين ثم لا يزال هذا دأبه فى كل
سنتين حتى يصير اول شهور السنة الثالثة والعشرين ذوالحجة
وتسميه المحرم وتقع حجة هاتين السنتين فى اخر شهورها
وهو ذو القعدة ثم يجعل اول شهور السنة للخامسة والعشرين
المحرم فيقع الحج فى ذى الحجة. وبعسود الدور الى الحال الاولى
وكانوا يعدون كل سنتين خمسة وعشرين شهرا وقد وافق
خروج النبى صلى الله عليه وسلم من مكة الى المدينة
السنة السادسة عشر من الدور الاخير من الادوار وكان
اول شهور تلك السنة شعبان واخرها الذى وقع فيه الحج
رجب اذ كانوا يحفظون ذلك فلما كانت السنة الثالثة
والعشرون وصار اول شهورها ذو الحجة وهى سنة ثمانى من
الهجرة فتح فيها النبى صلى الله عليه وسلم مكة لثلاث
عشرة ليلة خلت من رمضان ويقال لسبع عشرة ليلة
خلت منه ولم يقم الحج بسبب وقوعه فى ذى القعدة ولما
كانت السنة للخامسة والعشرون عاد الدور فيها الى المحرم
وصار اول شهور السنة وهى سنة عشر من الهجرة وخرج
النبى صلى الله عليه وسلم الى مكة وحج فى العاشر من ذى
الحجة على صور اسماء الشهور وهى حجة الوداع ثم خطب
وامر الناس بما شا الله ان يأمر به ثم قال فى خطبته الا
ان الزمان قد استدار كهيئته يوم خلق الله السموات

والارض يعنى بذلك ان اسما الشهور قد عادت الى
ما كانت عليه فى اول الزمان ونهاهم عن استعمال النسىء
فى السنين فصارت سنوهم وشهورهم دائرة فى الفصول
الاربعة التى هى الربيع والصيف والخريف والشتاء الى زماننا
هذا والذى ذكرناه هو على ما حكاه ابو معشر فى كتاب
الألوف وذكر ايضا فيه عن بعض الرواة انهم كانوا يكبسون
اربعة وعشرين سنة قمرية بتسعة اشهر قمرية فكانوا
بنظرون الى فضل ما بين سنة الشمس وهو عشرة ايام
واحدى وعشرون ساعة وخمس ساعة بالتقريب ويلحقون
بها شهرا تاما كلما تم منها ما يستوفى ايام شهر وكنهم
كانوا يعملون على انه عشرة ايام وعشرون ساعة فكانت
شهورهم تابعة مع الازمنة جارية على سنن واحد
لا تتاخر عن اوقاتها ولا تتقدم الى ان جّ النبى صلى الله
عليه وسلم وصارت اسماها غير مؤدية الى معانيها اذ
كانت اسماها مشتقة من الاحوال الجارية فيها ولا يتفق
فيها تلك الاحوال اذا تغيرت عن اوقاتها من فصول السنة
فاول شهورهم المحرم سمى بهذا الاسم لان من شهورهم
اربعة حرم واحد فرد وثلاثة سرد ذو القعدة وذو الحجة
والمحرم ورجب وكانوا يحرمون القتال فى هذه الشهور
ولا يتعرضون لاحد فيها بالقتل والدم وان كان ذا دم

عنده ثم صفر سمى به لما يعتريهم فيه من موض يصفر
الوانهم ثم شهر ربيع الاول وشهر ربيع الاخر سميا
بالربيع لانها كانا يأتيان فى الخريف وكانت العرب تسمى
للخريف ربيعا ثم جمادى الاولى وجمادى الثانية سميا بذلك
لاتيانهما فى ايام الشتا عند جمود الماء ووقع للجليد ثم
رجب سمى بذلك لانه يقال فيه ارجموا اى كفوا عن
القتال ثم شعبان سمى به لاشعاب القبائل فيه الى طلب
المياه والغارات ثم رمضان سمى به لأنه كان يأتى حين بداه
للحر وارمضت الأرض ثم شوال لقولهم شولوا اى ارتحلوا
وقيل بل سمى به لأن الابل كانت تشول فيه اذنابها
لشهوة الضراب ولذلك لا يجوزون العرب فيه التزويج ثم
ذو القعدة لقعودهم فيه عن القتال ثم ذو الحجة لاقامتهم
للحج فيه فكانت شهورهم منقسمة على الفصول الاربعة
واسميها منقسمة على ما يتفق فيها من الاحوال وكانوا
يبتدئون فيها بالخريف ويسمونها الربيع ثم الشتا ثم
الربيع ويسمونه صيفا ويسميه بعضهم الربيع الثانى ثم
الصيف ويسمونه القيظ فلما حرم النسىء تعطلت قسمة
الشهور على الفصول وبقيت اساميها اسماء الاسلام فقط
(انتهى)

«Les Arabes païens se servaient de l'année lu_

naire; ils comptaient leurs mois d'après l'apparition
du croissant, comme le font les musulmans. Leur
pèlerinage était fixé dans le dixième jour du mois
de dhoul-hedja. Cette époque ne tombait pas toujours dans une même saison : quelquefois c'était en
été, d'autres fois en hiver et dans les deux autres saisons. La raison en est la différence qui existe entre
l'année solaire et l'année lunaire. Voulant que
l'époque du pèlerinage tombât au moment où ils
faisaient leur commerce, que l'air fût tempéré, à
l'époque même où poussent les feuilles des arbres
et où le fourrage est abondant, pour leur faciliter
le voyage à la Mekke, et afin qu'ils y fissent leur
commerce tout en s'acquittant de leur acte de dévotion, les Arabes apprirent l'embolisme des juifs,
et ils le nommèrent *alnáci;* ou le retard. Cependant ils ne suivaient pas exactement la computa-
tion des juifs; ceux-ci intercalaient 7 mois lunaires
dans 19 années lunaires, pour avoir 19 années solaires, tandis que les Arabes intercalaient 12 mois
lunaires dans 24 années lunaires. Ils avaient choisi,
pour cette opération, un homme des enfants de
Kinânah; on l'appelait *Alkalammas;* ses enfants,
investis de ce privilége, se nommaient *Kalâmesah;*
ils étaient également appelés *Nasaa.* Kalammas veut
dire *grosse mer.* Le dernier de ses enfants qui ait
excercé cette opération est Abou-Temâmah Djenâdah, fils de Auf, fils de Omaiah, fils de Kala,
fils de Abbâd, fils de Kala, fils de Hodhaïfah. Le
Kalammas haranguait le peuple rassemblé à Arafat,

après la cérémonie du pèlerinage. Il commence
quand le pèlerinage tombe dans le mois de dhoul-
hedja, et il ajourne le moharram sans le compter
dans les douze mois de l'année; de sorte que safar
devient le premier mois de l'année, et moharram
le dernier; celui-ci prend alors la place de dhoul-
hedja, et l'on y célèbre le pèlerinage deux années
consécutives.

« Dans la troisième année, après le pèlerinage,
le Kalammas harangue le peuple, et il ajourne safar, dont il avait fait le premier des mois dans les
deux années précédentes. Le mois de rabí I devient
ainsi le premier mois de la troisième et de la quatrième année; de sorte que le pèlerinage tombe,
dans ces deux années, dans le mois de safar, qui
devient le dernier de leurs mois. Le Kalammas
continue cette œuvre chaque deux ans, jusqu'à ce
que dhoul-hedja tombe, dans la vingt-troisième et
la vingt-quatrième année, le premier mois de l'année et qu'il porte le nom de moharram. Le pèlerinage tombe, dans ces deux années, dans le mois
de dhoul-câda, qui en est le dernier. Ensuite, dans
la vingt-cinquième année, moharram redevient le
premier mois, le pèlerinage retombe dans dhoul-
hedja, et le tour recommence de la même manière. Les Arabes comptaient, chaque deux ans,
vingt-cinq mois.

« L'année de l'hégire se trouvait la seizième année
dans la dernière période. Cette année-là commençait par chabân et finissait par radjab, et c'est

dans celui-ci que le pèlerinage eut lieu alors; car
les Arabes observaient cela. La vingt-troisième année de cette période commença par dhoul-hedja;
elle était l'an 8 de l'hégire, et ce fut cette année que
la Mekke fut prise par les musulmans, le 13 ou le
17 du mois de ramadhan. Le Prophète n'a pas fait le
pèlerinage dans cette année, parce qu'il tomba dans
dhoul-câda; mais dans la vingt-cinquième année,
dixième de l'hégire, moharram redevenant le premier mois, le législateur a accompli son pèlerinage, le 10 du mois de dhoul-hedja, suivant l'ordre
des noms des mois. Ce pèlerinage fut nommé le
pèlerinage d'adieu. Le Prophète harangua le peuple
et lui ordonna ce que Dieu voulut. Il dit dans cette
harangue, « Le temps est redevenu tel qu'il était
« lors de la création des cieux et de la terre; » voulant
dire par là que les noms des mois sont redevenus
tels qu'ils étaient dans le commencement du temps.
Il leur défendit de se servir du nâci dans leur année. Par là leurs années et leurs mois sont devenus, jusqu'à nos jours, mobiles dans les quatre
saisons, savoir : le printemps, l'été, l'automne et
l'hiver. Voilà ce que nous avons copié du *Kitab-el-*
Oulouf, d'après le récit d'Abou-Mâchar.

« Abou-Mâchar ajoute encore dans le même ouvrage que, selon quelques narrateurs, les Arabes
païens intercalaient 9 mois lunaires dans 24 années
lunaires; ils portaient leur vue sur la différence de
10 jours, 21 heures et une cinquième partie environ
de 1 heure, qui existe entre leur année et l'année

solaire, pour ajouter à leur année un mois entier, chaque fois qu'il s'accumulait de cette différence de quoi faire un mois; cependant, ils opéraient d'après la considération que cette différence n'était que de 10 jours et 20 heures : leurs mois étaient, conséquemment, immobiles dans les saisons, indiquant toujours les mêmes époques dans l'année, jusqu'à ce que le Prophète fît son pèlerinage d'adieu. Alors les significations de leurs noms devinrent inapplicables; car ces noms dérivaient (dans l'origine) des circonstances relatives aux époques de ces mois, qui, devenant mobiles, ne pouvaient plus s'accorder avec les mêmes circonstances. Le premier mois est moharram, qui veut dire *sacré*; il fut ainsi nommé, parce qu'il est un des quatre mois sacrés chez les Arabes; ces quatre mois, dont un est isolé et les trois autres consécutifs, sont : dhoul-câda, dhoul-hedja, moharram et radjab. La guerre était interdite pendant ces quatre mois; il n'était permis à personne de lever les armes contre quelqu'un, fût-il même l'assassin de ses parents. Safar (qui veut dire *jaune*, selon cet auteur) fut ainsi nommé parce qu'une maladie qui jaunissait le teint venait frapper les Arabes à cette époque de l'année. Rabi I et rabi II (qui veut dire *printemps*) furent ainsi nommés, parce qu'ils arrivaient en automne et que les Arabes appelaient l'automne *printemps*. Quant aux djoumada I et djoumada II (gelée), ils furent ainsi nommés parce qu'ils venaient en hiver, quand l'eau gèle. Radjab (abstinence, selon cet

auteur[1]), fut ainsi nommé, parce que les Arabes disaient en ce mois : ارجبوا erdjebou, c'est-à-dire, abs-
tenez-vous de faire la guerre. Chabân (dispersion)
fut ainsi nommé, parce que les tribus se disper-
saient dans ce mois pour aller chercher les eaux
et pour faire des incursions. Ramadhân (grande
chaleur) fut ainsi nommé, parce qu'il tombait quand
la chaleur commençait et que la terre se réchauffait. Chawâl (départ ou accouplement) fut ainsi
nommé, parce que les Arabes disaient, *Choulou*,
شولوا, voulant dire « Partez », ou parce que c'était
l'époque de l'accouplement des chameaux; c'est là
la cause pour laquelle les Arabes n'autorisaient pas
le mariage à cette époque. Quant à dhoul-câda (repos), il a été ainsi nommé, parce que les Arabes,
dans ce mois, se reposaient des fatigues de la guerre;
et dhoul-hedja (pèlerinage), parce qu'il était le
mois du pèlerinage.

« Les mois étaient ainsi partagés suivant les quatre
saisons; leurs noms dérivaient des circonstances
propres à chacun d'eux. Les Arabes commençaient
par l'automne; ils l'appelaient *printemps*. Venaient
ensuite l'hiver et le printemps; le printemps était
appelé *été*; quelques-uns l'appelaient *second printemps*. L'été était appelé *kaïdh* (été rigoureux).

« Quand le nâci fut aboli, les mois ne pouvaient
plus tomber aux mêmes époques dans les saisons;

---

[1] Le sens qu'on trouve dans les dictionnaires est *crainte*, avec
l'idée de *respect* et de *vénération*.

leurs noms restèrent seuls en usage dans l'islamisme. »

Avant d'examiner ce long passage d'Abou-Mâchar,
et pour pouvoir en tirer parti, j'ai cru devoir donner ce que Albirouny dit sur ce sujet. Cet auteur est
également très-ancien ; il mourut, d'après la biographie de Hadj-Khalifah, en l'an 330 de l'hégire. Il
paraît avoir fait beaucoup de recherches : tout en re-
produisant les idées d'Abou-Mâchar, il donne les traditions anciennes sur lesquelles le système intercalaire paraît avoir été basé. Albirouny parle de ce
sujet dans deux endroits de son ouvrage intitulé *Ki-
tab-el-Athar*. Dans le premier il dit :

وكذلك كانت العرب تفعل فى جاهليتها فينظرون ......
الى فضل ما بين سنتهم وسنة الشمس وهو عشرة ايام
واحدى وعشرين ساعة وخمس ساعة بالجليل من الحساب
فيلحقون بها شهرا كلما تم منها ما يستوفى ايام شهر
ولكنهم كانوا يعملون على انه عشرة ايام وعشرون ساعة
وتتولى ذلك النسأة من كنانة المعروفون بالقلامس واحدهم
قلمس وهو البحر الغزير وهم ابو ثمامة جنادة بن عوف
بن امية بن قلع بن عباد بن قلع بن حذيفة وكانوا كلهم
نسأة واول من فعل ذلك منهم كان حذيفة وهو ابن
عبد فقيم بن عدى بن عامر بن ثعلبة بن مالك بن
كنانة واخر من فعله ابو ثمامة

قال شاعرهم يصفه

هذا نقم كان يدعى القطيسا   وكان للدين لهم موسسا

مستمعـا فى قوله مرأسا

وقال اخر

مشهر من سابق كنانه   معظم مشرف مكانه

مضى على ذكـم زمانـــه

غيره

ما بين دور الشمس والهلال يجمعه جمعـا لدى الاجبـال

حتى ينم الشهـر بالكمـال

وكان اخذ ذلك من اليهود قبل ظهور الاسلام بقريب من مايتى سنة غير انهم كانوا يكبسون كل أربع وعشرين سنة قمرية بتسعة أشهر فكانت شهورهم ثابتة مع الازمنة جارية على سنن واحد لا تتأخر عن اوقاتها ولا تتقدم الى ان حج النبى عليه السلام حجة الوداع. وانزل عليه انما النسئ زيادة فى الكفر يضل به الذين كفروا يحلونه عاما ويحرمونه عاما لخطب عليه السلام وقال ان الزمان قد استدار كهيئته يوم خلق الله السموات والأرض وتلى عليهم آيـة فى تحريم النسىء وهو الكبس فاهلوه حينئذ وزالت شهـورهم عما كانت عليه وصارت اسماؤها غير مؤدية الى معانيها ......

« Les Arabes païens réglaient leurs années comme les juifs; ils portaient leur vue sur la différence de 10 jours, 21 heures et ⅕ d'heure existant entre leur année et l'année solaire; ils ajoutaient à leur année un mois, chaque fois qu'il s'accumulait de cette différence de quoi faire un mois complet; cependant ils faisaient leur calcul comme si la différence des deux années n'était que de 10 jours et 20 heures seulement. Ceux qui étaient chargés de cette opération sont les naçaa, choisis parmi les enfants de Kinânah; ils s'appelaient *Kalâmes*, mot dont le singulier est Kalammas, ou grosse mer; ce sont : Abou-Temâmah Djenâdah, fils de Aûf, fils d'Omeïah, fils de Kala, fils de Abbâd, fils de Kala, fils de Hodheïfah; ils étaient tous des naçaa.

« Le premier qui a exercé cette opération était Hodheïfah, qui est Ebn-Abd-Fokaïm, fils d'Adi, fils de Âmer, fils de Thalabah, fils de Mâlik, fils de Kinânah. Le dernier fut Abou-Temâmah. Un de leurs poëtes dit :

Fokaïm était appelé Kalammas; il réglait les affaires religieuses; il était chef obéi.

« Un autre poëte dit :

C'est lui, parmi les enfants de Kinânah, qui réglait les mois; il était respecté et honoré dans sa dignité; il a passé ainsi tout son temps.

« Un autre dit :

Quand la différence entre l'année solaire et l'année lu-

,naire s'accumulait, il l'additionnait pour en faire un mois complet.

' « Il avait appris cela des juifs, deux siècles envi- ron avant l'islamisme. Cependant les Arabes inter- calaient 9 mois dans chaque période de 24 ans. Leurs mois étaient immobiles dans les saisons; ils ne retardaient ni n'avançaient sur leurs époques, jusqu'à ce que le Prophète fît son pèlerinage d'adieu, et qu'il reçût du ciel le verset suivant : « Le nâci est « un surcroît d'infidélité, etc. » Alors il harangua le peuple et dit : « Le temps est redevenu tel qu'il « était lorsque Dieu créa les cieux et la terre. » Il leur lut le verset précédent pour abolir le nâci, qui est l'embolisme. Ils l'ont abandonné ainsi, et leurs mois cessèrent de correspondre aux mêmes époques; leur signification devint fautive. »

Le second passage d'Albirouny est le suivant :

وكانوا فى الجاهلية يستعملونها على نحو ما يستعمله ....:.,.

اهل الاسلام وكان يدور حجهم فى الازمنة الاربعة ثم

ارادوا ان يحجوا فى وقت ادراك سلعهم من الادم والجلود

والثمار وغير ذلك وان يثبت ذلك على حالة واحدة فى

اطيب الازمنة واخصبها فتعلموا الكبس من اليهود

المجاورين لهم وذلك قبل الهجرة بقريب من مايتى سنة ١

فاخذوا يعملون بها ما يشاء كل فعل اليهود من الحاق

فضل ما بين سنتهم وسنة الشمس شهرا بشهورها اذا

ثم يتولى القلامس من بني كنانة ذلك بان يقوموا بعد
انقضاء الحج ويخطبون في الموسم وينسئون الشهر ويسمون
التالي له باسمه فيتفق العرب في ذلك ويقبلون قوله ويسمون
هذا من فعلهم النسيء لأنهم كانوا ينسأون اول السنة
في كل سنتين او ثلاث شهرا على حسب ما يستحقه التقدم
قال بأئلهم

لنا ناسىء يمشون تحت لوائه   يحل اذا شاء الشهور ويحرم
وكان النسيء الاول للمحرم فسمى صفر به وشهر ربيع الأول
باسم صفر ثم والوا بين اسماء الشهور وكان النسيء الثاني
لصفر فسمى الذى كان يتلوه بصفر ايضا وكذلك حتى دار
النسيء في الشهور الاثنى عشر وعاد الى المحرم فاعادوا
بها فعلهم الاول وكانوا يعدون ادوار النسيء ويعدون بها
الازمنة فيقولون قد دارت السنون من زمان كذا الى
زمن كذا وكذا دورة فان ظهر لهم مع ذلك تقدم شهر
عن فصل من الفصول الاربعة لما يجتمع من كسور سنة
الشمس وبقية فصل ما بينها وبين سنة القمر الذى لحقوه
بها كبسوها كبسا ثانيا وكان يبين لهم ذلك بطلوع منازل
القمر وسقوطها حتى هاجر النبي عليه السلام وكانت
نوبة النسيء كما ذكرت بلغت شعبان فسمى محرما وشهر
رمضان صفر فانتظر النبي صلى الله عليه وسلم حينئذ

حجة الوداع وخطب الناسَ .وقال فيها الا وان الـزمان قد
استدار كهيئته يوم خـلـق الله الـسمـوات والارض اعنى
بذلك ان الشهور قد عادت الى مواضعها وزال عنها فعل
العرب بها....

« Anciennement les Arabes païens se servaient
de leurs mois de la même manière que les musulmans. Leur pèlerinage était mobile; il se transportait d'une saison à une autre. Voulant faire leur
pèlerinage à l'époque de la maturité de leurs denrées, telles que les cuirs, les peaux, les fruits.... etc.
voulant qu'il restât invariable dans la meilleure et
la plus abondante saison, les Arabes empruntèrent
l'intercalation, deux siècles environ avant l'hégire,
des juifs qui les avoisinaient. Ils se servirent de l'embolisme de la même manière que les juifs, c'est-à-
dire qu'ils intercalaient un mois chaque fois qu'il
y avait de quoi ajouter un mois par suite de l'accumulation de la différence existant entre leur année et l'année solaire [1]. Les Kalâmes parmi les enfants de Kinânah avaient seuls le privilége de régler
et d'exercer cet ordre; ils haranguaient le peuple
après la cérémonie du pèlerinage, et ils intercalaient le mois en donnant son nom au mois suivant. Les Arabes l'admettaient alors. Cette opération a été appelée le *náci* « l'intercalation »; car ils

[1] Je crois que c'est ce passage qui a suggéré à Hadj-Khalifa l'idée
que les Arabes païens intercalaient, comme les juifs, 7 mois dans
19 ans.

intercalaient un mois au commencement de l'année, chaque deux ou trois ans, selon ce qu'exige
l'avance. Un ancien poëte dit :

Nous avons un nâci sous l'ordre duquel nous marchons ;
il déclare profanes les mois sacrés, et il sanctifie les profanes
quand il le veut.

« Le premier nacî était pour moharram ; safar fut
alors appelé *moharram ;* rabi I, *safar,* et ainsi de
suite pour tous les mois.

« Le second nâci était pour safar ; de sorte que
le mois suivant, rabi I, fut appelé *safar,* et ainsi
de suite. Le mois nâci se transportait ainsi de mois
en mois dans les douze mois de l'année, jusqu'à
ce qu'il revînt au mois de moharram (après douze
intercalations) ; alors ils recommençaient la même
opération. Les Arabes comptaient les périodes du
nâci, et ils s'en servaient dans leur chronologie ; ils
disaient, par exemple : les années firent une période, ou une révolution, de telle époque à telle
époque.

« Si les Arabes s'apercevaient que, malgré l'embolisme pratiqué, ils allaient se trouver en avance
d'un mois sur une saison quelconque, par suite
de l'accumulation des fractions [1] de l'année solaire

---

[1] La fraction dont il s'agit ici ne peut être que celle qui reste
d'une intercalation régulière d'un mois chaque trois années. Ce
passage paraît, au reste, comme l'a déjà fait remarquer M. Caussin
de Perceval, en contradiction avec le reste.

et du restant [1] de la différence entre cette année
et l'année lunaire à laquelle cette différence était
ajoutée, ils faisaient une seconde intercalation; le
lever ou le coucher des étoiles qui occupent les
mansions de la lune leur permettaient de con-
naitre cet écart. Les Arabes continuèrent ce mode
d'embolisme; le tour du mois intercalaire tomba,
l'année de l'hégire, sur chabân. Ce mois fut nommé
alors *moharram;* ramadhân fut appelé *safar.* Le Prophète dut donc attendre la fin de la période pour
accomplir le pèlerinage d'adieu dans lequel il harangua le peuple, et dit, « Le temps est redevenu tel
« qu'il était lorsque Dieu créa les cieux et la terre, »
voulant dire par là que les mois reprirent leurs
places primitives, et qu'ils ne sont plus affectés
des altérations que les Arabes leur faisaient subir. »

La seule comparaison des passages de Makrizi et
de Mohammad-Charcaci, dont nous avons déjà parlé,
avec ceux d'Abou-Mâchar et d'Albirouny, que nous
venons de donner, montre clairement que ces auteurs se sont copiés les uns les autres. En jetant, de
plus, les yeux sur le passage suivant de Masoudi,
on verra facilement qu'Aboul-Féda a copié cet auteur :

وقد كانت العرب فى الجـاهلية تـكـنـبـس فى كل ثلاث سنين
شهرا وتسميه النسئ وهـو التاخير وقـد ذم الله تعـالى
النسئ بقوله انما النسئ زيادة فى الكفر

---

[1] Ce restant est sans doute la petite fraction d'une heure et une
cinquième partie d'une heure qu'on avait négligée.

« Les Arabes païens intercalaient un mois chaque trois années ; ils appelaient ce mois-là le nâci, ou retard. Dieu blâme cette action lorsqu'il dit : « Le « nâci est un surcroît d'infidélité [1]. »

Maçoudi me paraît avoir extrait cette idée d'une phrase dans le dernier passage de Albirouny ; cette phrase est :

« Si les Arabes s'apercevaient que, malgré l'embolisme pratiqué, ils allaient se trouver en avance d'un mois sur une saison quelconque, par suite de l'accumulation des fractions de l'année solaire, et du restant de la différence entre cette année et l'année lunaire à laquelle cette différence était ajoutée, ils faisaient une seconde intercalation. » Ce passage n'est compatible qu'avec une intercalation régulière d'un mois chaque trois années.

On voit par là que tous les historiens ont puisé leurs idées sur l'embolisme et leur mode d'intercalations dans Albirouny ou dans Abou-Mâchar. L'autorité de l'admission d'une année luni-solaire parmi les Arabes païens se trouve donc réduite à celle d'Abou-Mâchar et d'Albirouny. Or, en lisant avec un peu d'attention les passages de ces deux écrivains, l'on voit que ni l'un ni l'autre n'était sûr de ce qu'il avançait ; les paragraphes qui touchent de près au sujet principal sont empreints du cachet de l'incertitude. Abou-Mâchar prétend d'abord, sans dire sur quoi cette prétention est basée, que les Arabes païens intercalaient un mois chaque deux ans, et plus loin,

---

[1] Voir *Mouroudj-el-Dhahab*, n° 715, fol. 154, Supplément arabe.

il dit : « Selon quelques narrateurs, les Arabes païens intercalaient 9 mois dans chaque période de 24 années...... etc. » Albirouny, à son tour, admet d'abord une intercalation de 9 mois chaque 24 ans. Plus loin, il donne deux paragraphes (que j'ai annotés), dont le premier exige une intercalation identique à celle des juifs, savoir : 7 mois dans chaque 19 ans; le second, l'admission d'une intercalation régulière d'un mois dans chaque période de 3 ans.

L'embarras de ces deux écrivains pour le choix du mode d'intercalation doit affaiblir, pour ne pas dire annuler, leur autorité quant à l'attribution aux Arabes païens, de l'usage d'une année embolismique.

Quoi qu'il en soit, voyons quelles sont les traditions sur lesquelles ces deux anciens écrivains basèrent ce système de calendrier embolismique. Ces traditions se trouvent renfermées dans le premier passage d'Albirouny. Elles sont au nombre de trois, savoir :

١° ما بين دور الشمس والهلال يجمعه جمعا لدى
الاجمال حتى يتم الشهر بالكمال

« Quand la différence entre l'année solaire et l'année lunaire s'accumulait, il l'additionnait pour en faire un mois complet. »

٢° ان الزمان قد استدار كهيئته يوم خلق الله
السموات والأرض

« Le temps est redevenu tel qu'il était le jour où Dieu créa les cieux et la terre. »

3° ......انما النسئ زيادة فى الكفر .

« Le nâci est un surcroît d'infidélité... »

On a, à l'appui de ces trois traditions, les rap-. ports existant entre les mois et les saisons.

Or, par ces rapports, les Arabes pourraient bien n'avoir eu en vue que l'année de la dénomination, sans regarder plus loin, comme cela eut lieu à l'é-gard des mois anciens.

Le troisième point : «Le nâci est un surcroît d'in-fidélité......» n'est pas non plus une preuve de l'emploi d'une année embolismique parmi les païens; car le mot nacî signifie la remise de l'observance d'un mois sacré à un mois profane, de l'aveu de tous les commentateurs du Coran et des lexicographes qui sont les plus compétents [1].

Pour le second point : « Le temps est redevenu tel qu'il était le jour où Dieu créa les cieux et la terre, » je ferai deux observations. La première est que le discours ou harangue que le législateur prononça le dixième jour de dhoul-hedja de l'an 10 de l'hégire, à l'occasion du pèlerinage d'adieu, se trouve rapporté dans Boukhari par cinq voies différentes [2]

---

[1] Le mot nacî, d'après les démonstrations que j'ai données de l'usage du calendrier purement lunaire chez les Arabes païens, ne peut, en effet, signifier autre chose que la remise de l'observance d'un mois sacré à un autre.

[2] Voir Boukhari, *Livre du pèlerinage*, au chapitre de la harangue, كتاب الحج باب الخطبة ايام منى, manuscrit de la Biblioth. impér. Suppl. n° 301, fol. 96 v°. Voir aussi le même ouvrage, chap. du pèlerinage d'adieu, باب حجة الوداع, même manuscrit, n° 301, fol. 265.

et par des personnages différents; mais le passage en question n'est reproduit que par une seule des cinq voies; il est complétement omis dans les quatre autres. Dans la chaîne des personnages rapporteurs de la tradition où se trouve ce passage, on en distingue même un que Boukhari cite ailleurs avec une certaine réserve; ce personnage est Abdoul-Rahman, fils d'Abou-Bakrah. Boukhari dit de lui, en nommant les personnages d'une des quatre traditions dont nous venons de parler : ورجـل الفضـل « Et un autre homme dont l'autorité vaut mieux que celle d'Abdoul-Rahman, fils d'Abou-Bakrah. » Cette espèce de méfiance envers l'un des personnages qui rapportent la tradition avec le passage dont il s'agit, jointe à l'omission du même passage dans les quatre autres, ne jette-t-elle pas quelque doute sur l'authenticité du même passage? Il me semble que oui.

Deuxième observation : Dans le cas où ce passage serait réellement authentique, il faut chercher s'il n'y avait pas, à l'époque du pèlerinage d'adieu, une certaine circonstance chronologique qui puisse nous être utile pour bien saisir le sens que le Prophète aurait voulu attacher au passage susdit.

Le calcul nous fait connaître la particularité suivante, qui a une intime liaison avec la tradition en question. En effet, le dernier mois de l'an 10 de l'hégire, le mois de dhoul-hedja, coïncida, à cette époque, avec le dernier mois de l'année religieuse chez les juifs, de sorte que le mois de moharram,

qui allait ouvrir l'an II de l'hégire, a été le même
que le mois de nisan; par lequel a dû commencer
l'année religieuse juive.

Les pères des Israélites et des Arabes, Isaak et
Ismaïl, fils du patriarche Abraham, se servaient,
ainsi que leur père, selon toute probabilité, de l'année lunaire vague. Le cours des mois de cette année
fut interrompu par l'intercalation produite par le
peuple de Dieu; mais il n'a pas cessé d'être religieusement suivi par les descendants d'Abraham, par
Ismaïl. Le nombre total des mois intercalés, dès le
commencement des choses, aurait fait, à l'époque
du pèlerinage d'adieu, un nombre entier de périodes
de douze mois chacune, pour que le commencement de l'an II de l'hégire coïncidât avec celui de
l'an juif, tel que le démontre le calcul; de sorte que
l'année d'Isaak, Ismaïl et Abraham, redevenait, à
l'époque du pèlerinage d'adieu, telle qu'elle était
primitivement, et comme si elle n'avait jamais été
interrompue par aucune espèce d'intercalation apportée par les enfants d'Isaak. Cela étant, si l'on
réfléchit attentivement, on verra que tel est le sens
voulu par les mots : « Le temps est redevenu tel qu'il
était, etc..... »

Enfin le premier point : « Quand la différence
entre l'année solaire et l'année lunaire s'accumulait,
il l'additionnait pour en faire un mois complet, »
ne peut pas indiquer non plus, d'une manière positive, l'usage de l'embolisme parmi les Arabes païens;
car, outre l'obscurité de l'origine de cette tradition,

le nom de celui dont on parlait (Fokaïm) n'y étant pas mentionné, elle pourrait bien avoir été dite d'un juif arabe, qui calculait et réglait pour les juifs leur année luni-solaire.

On voit par ce rapide examen que nos premiers écrivains n'ont émis que des conjectures sur l'usage de l'année luni-solaire parmi les Arabes païens; et qu'il est excessivement difficile de donner son dernier mot en se basant exclusivement sur les témoignages des historiens. Aussi ne suis-je arrivé, dans ce mémoire, à une solution définitive, qu'en me guidant par plusieurs phénomènes célestes et en me basant sur les calculs astronomiques.

Disons deux mots, en terminant, sur la semaine chez les Arabes.

Les Arabes païens se servaient anciennement des noms suivants, pour indiquer les sept jours de la semaine, savoir : اول awal, dimanche; اهون ahwan, lundi; جبار djabar, mardi; دبار dabar, mercredi; مونس mounis, jeudi; عروبه aroubak, vendredi; شبار chabar, samedi.

Masoudi et Birouny donnent à l'appui de cela la tradition suivante :

اومل ان اعيش وان يـوى   باول او باهرون او جـبار
او المـردى دبار فان افتـه   مونس او عروبة او شبار

J'espère vivre, que mon dernier jour soit, ou *awal*, ou *ahwan*, ou *djabar*.

Enfin, si je ne meurs pas dans le fatal *dabar*, ce sera dans *mounis*, *aroubak* ou *chabar*.

Pour la division du jour en vingt-quatre heures,
je remarque, avec M. Caussin de Perceval, que les
Arabes du paganisme l'ignoraient complétement.

LES MONGOLS

D'APRÈS LES HISTORIENS ARMÉNIENS;

FRAGMENTS TRADUITS SUR LES TEXTES ORIGINAUX

PAR M. ÉD. DULAURIER.

NOTE PRÉLIMINAIRE.

Quoique la période pendant laquelle les Tartares figurèrent
sur la scène du monde et y promenèrent leurs dévastations
soit de peu de durée, puisqu'elle n'embrasse guère plus de
deux siècles, cependant leurs conquêtes furent si étendues,
leur domination si vaste, et ils ont exercé une telle influence
sur les destinées de l'Asie et d'une partie de l'Europe, qu'il
n'est point d'histoire qui présente, comme la leur, une masse
de faits accumulés dans un aussi court espace de temps, et
des points de contact aussi multipliés avec celle des peuples
les plus divers. Les sources où l'on peut puiser les éléments
de cette histoire sont certes très-abondantes; et elles ont été
mises à profit par trois érudits de regrettable mémoire,
MM. d'Ohsson, de Hammer et Quatremère. Mais parmi les
écrivains orientaux, ceux qu'a produits la littérature arménienne n'ont point encore été consultés, ou ne l'ont été
que d'une manière partielle et très-imparfaite. Dans son remarquable travail sur les Mongols, M. d'Ohsson, qui a tiré
un parti si savant et si ingénieux des chroniques orientales

et des documents occidentaux, a été réduit uniquement, pour
les renseignements de provénance arménienne, à l'Histoire
des Orbélians, dont Saint-Martin a publié une traduction sur
un texte incorrect, qui a paru à Madras en 1775, et à l'insuffisant abrégé de l'Histoire d'Arménie de Tchamitch, traduit en anglais par M. John Avdall. Et cependant, par un
contraste assez singulier, M. d'Ohsson était Arménien d'origine. Les *Additions et éclaircissements à l'Histoire de la Géorgie*,
de M. Brosset, membre de l'Académie impériale des sciences
de Saint-Pétersbourg, renferment la version d'un précis de
l'Histoire des Mongols par Malachie le Moine. Mais Malachie ayant employé dans son style un assez grand nombre
de formes de la langue arménienne vulgaire, dialecte à la
connaissance duquel le traducteur paraît être peu initié, il
en est résulté que sa version laisse encore à désirer.

Les ressources qu'offre la littérature arménienne pour de
nouvelles études sur les Mongols ont pu être déjà pressenties
par le fragment donné par Saint-Martin, et dont je parlais tout
à l'heure. Ce fragment, comme on le sait aujourd'hui, est un
chapitre détaché du livre qu'Étienne Orbélian, métropolite
de la province de Siounik' au XIIIᵉ siècle, a consacré à retra-
cer les origines de sa famille, et qu'il a intitulé *Histoire de
la maison de Siçagan,* Պատմութիւն Սիսական տոհմի. Les
éditeurs, qui étaient trois Arméniens de Madras, Éléazar
Schamirian, Moïse Pagh'ramian et Garabed Mëguërdoumian,
n'ont point dépassé la mesure de la critique que l'on est en
droit d'attendre des Orientaux; s'ils se sont attachés à reproduire, même avec ses incorrections, le manuscrit unique qu'ils
ont eu sous les yeux, en revanche ils se sont crus autorisés à
y introduire des divisions qui n'existent point dans l'original, avec des intitulés de chapitres d'un style à leur façon,
et à substituer partout, par un calcul approximatif et gros-
sier, les dates de l'ère chrétienne aux dates de l'ère arménienne.

En ce qui touche aux invasions des Tartares dans l'Arménie et la Géorgie, les auteurs arméniens peuvent fournir

un utile complément aux historiens arabes et persans, et être
acceptés comme de fidèles et exacts narratéurs. Ils ont été,
en effet, contemporains ou témoins oculaires des événements
qu'ils rapportent, et quelquefois même ils y ont été mêlés. Une
fois les violences de l'invasion passées, la nation à laquelle ils
se rattachent, douée de cette flexibilité de caractère qui lui
permet de s'accommoder à toutes les formes de gouvernement, et façonnée déjà par l'habitude du joug arabe et turk,
cette nation ne tarda point à se plier à la domination mongole. Ses chefs prirent du service dans les rangs des Tartares, devinrent leurs auxiliaires, et jouirent souvent auprès
d'eux d'une grande faveur; le crédit qu'ils avaient acquis,
grâces aux services qu'ils leur rendirent, arracha bien des
fois les populations chrétiennes à la mort ou à l'esclavage.
Ces rapports devinrent encore plus étroits lorsque les Mongols sentirent le besoin de se faire un appui des chrétiens
contre les musulmans. Les princes roupéniens de la Cilicie, qui comptaient parmi les feudataires du grand Caan,
prirent part aux expéditions des Tartares dans la Syrie; et
l'on sait que ce fut cette alliance, non moins que les appels
incessants adressés par ces princes aux souverains de l'Occident, qui provoquèrent le ressentiment des sulthans d'Égypte,
et qui amenèrent la ruine des Roupéniens et l'extinction de
la nationalité arménienne, dans la seconde moitié du xive
siècle (1375). Parmi les renseignements que nous ont con-
servés les historiens arméniens, une grande partie est due à
ceux de leurs compatriotes qui servaient dans les armées
tartares.

Lorsque les Mongols, maîtres de la Perse, voulurent or-
ganiser politiquement leur conquête, et imposer un régime
administratif régulier aux populations diverses que la force
des armes avait courbées sous leurs lois, lorsqu'ils voulurent
se fortifier contre les musulmans, ils adoptèrent, à l'égard
des Arméniens, une ligne de conduite toute bienveillante,
et leur témoignèrent une protection marquée. C'est dans ces
vues que Houlagou, au faîte de la puissance, fit mander au-

près de lui un Arménien, simple moine, mais écrivain remarquable, par sa vaste érudition, l'historien Vartan. Il le reçut avec une haute distinction, et l'entretint avec une familiarité qui aurait lieu de surprendre, si on ne l'expliquait par la supposition que Vartan s'était acquis une très-grande influence sur ses compatriotes. Le récit de cette entrevue et de la conversation du conquérant mongol avec le moine arménien forme un des épisodes les plus piquants du livre qu'il nous a laissé.

Les écrivains arméniens que l'on peut mettre à contribution pour l'histoire des Tartares depuis Tchinguiz-khan jusqu'à Timour, sont Guiragos (Cyriaque), Vartan, Malachie le Moine, Étienne Orbélian, Sëmpad, connétable de Cilicie, et Thomas de Medzoph'. Les trois premiers ont emprunté une partie de leurs récits au vartabed (docteur) Jean Vanagan, abbé du couvent de Khoranaschad, lequel avait composé une Histoire des invasions des Tartares dans l'Arménie, la Géorgie et l'Agh'ouanie, pendant une période de vingt-neuf ans (1236-1265). Les ouvrages de Guiragos, Malachie et Vartan, qui avaient fait leurs études sous la direction de Vanagan, représentent pour nous, quoique en abrégé, la composition originale de leur maître, aujourd'hui perdue. Je me suis proposé d'extraire de ces divers auteurs ce qui s'y trouve d'intéressant et de neuf pour le sujet qui nous occupe ici. Afin de ne point grossir mon travail, et de le réduire aux limites que ce recueil comporte, je n'ajouterai à ma traduction que des notes courtes, relatives seulement à l'histoire et à la géographie arméniennes. Quant aux personnages et aux faits connus par les écrivains musulmans qui ont servi de guides aux orientalistes auxquels nous devons des travaux récents sur les Mongols, je ne saurais mieux faire que de m'en référer à ces travaux, déjà en possession d'une autorité incontestée.

Le premier des historiens arméniens dont je reproduis la relation est Guiragos, surnommé *Kantzaguetsi*, c'est-à-dire de Kantzag ou Guendjeh, parce qu'il était originaire de cette ville, ou bien encore *Kedguetsi*, c'est-à-dire de Kédig, parce

qu'il avait fait profession de la vie religieuse dans ce monastère.
Cette relation est tirée de son histoire d'Arménie, qui embrasse les temps écoulés depuis l'apostolat de saint Grégoire
l'Illuminateur; premier catholicos (patriarche universel) de ce
pays, et depuis le règne de Tiridate II, qui en fut le premier
souverain chrétien, vers le commencement du ive siècle de
notre ère, jusqu'à l'année 718 de l'ère arménienne (13 janvier
1269-12 janvier 1270). Le livre de Guiragos se divise en
deux parties : la première est une compilation des ouvrages
de ses devanciers; la seconde, beaucoup plus étendue, commence au règne de Léon II, le premier des barons de la Cilicie
qui ait porté la couronne et le titre de roi; elle embrasse le
récit des faits accomplis du vivant de l'auteur. Son style est
simple ordinairement, mais inégal et quelquefois vulgaire. Il
vaut beaucoup mieux cependant que celui de Malachie le
Moine, quoique M. Brosset (*Additions et éclaircissements à
l'Histoire de la Géorgie*, p. 438) affirme que « le style de Malachie est certainement meilleur que celui de Ciracos. » Ce
jugement n'est qu'une simple répétition de celui qu'a porté
sur ces deux auteurs feu Mgr Soukias Somal, dans son *Quadro
della storia letteraria di Armenia*, p. 112-113, lequel s'exprime
de manière à prouver qu'il ne les connaissait que très-super-
ficiellement.

Guiragos nous apprend lui-même (chap. xvii) qu'en l'année 690 de l'ère arménienne (20 janvier 1241-19 janvier
1242) il était âgé d'environ quarante ans; par conséquent
il était né au commencement du xiiie siècle.

Ma traduction a été faite sur trois manuscrits : le premier,
que je désignerai par la lettre A, est la reproduction d'un exemplaire que possède la bibliothèque des RR. PP. Mékhitharistes
de Vienne, reproduction que je dois à leur obligeance ; le second, marqué B, est une copie que j'ai exécutée moi-même
sur un exemplaire appartenant à M. Emin, inspecteur et professeur à l'institut Lazareff des langues orientales, à Moscou ;
et le troisième, coté C, une copie faite pour moi sur un manuscrit défectueux par M. Jean de Brousse Tchamourdji-Oglou,

ancien professeur au collége arménien de Sainte-Jérusalem à Scutari, et aujourd'hui directeur d'une revue mensuelle qui paraît à Constantinople sous le titre de *Zôhal*, Ձօհալ, en langue turke, écrite avec des caractères arméniens.

Je dois ajouter que, pour l'orthographe des noms propres et des mots mongols, j'ai suivi le mode de transcription que l'usage général a fait prévaloir, et qui est emprunté aux écrivains musulmans. J'ai placé à côté et en sous-ordre la forme arménienne, quoique celle-ci me paraisse, philologiquement parlant, plus exacte; car il est certain que l'alphabet arménien, par la nature et la richesse des éléments qui le composent, est beaucoup plus propre que l'alphabet arabe à rendre les effets phoniques des idiomes de souche tartare.

EXTRAIT DE L'HISTORIEN GUIRAGOS.

IRRUPTION DES TARTARES. ILS METTENT EN FUITE LE ROI DE GÉORGIE.

I. En l'année 669 de l'ère arménienne (26 janvier 1220-24 janvier 1221), tandis que les Géorgiens étaient fiers de la victoire qu'ils avaient remportée sur les Dadjigs[1], auxquels ils avaient enlevé nombre de provinces arméniennes, voilà que tout

---

[1] J'ai expliqué (*Récit de la première croisade*, ch. 1, note 9) le sens que les Arméniens attachent au mot *Dadjig*, տաճիկ, تاجك, par lequel ils désignaient anciennement tous les peuples nomades en général, et qu'ils ont appliqué depuis à toutes les nations musulmanes, Arabes, Persans et Turcs. — L'auteur fait ici allusion aux courses et aux dévastations que les Géorgiens, profitant de la négligence d'Euzbeg, atabek de l'Azerbéidjan, avait faites précédemment dans cette contrée, dans l'Aran, le Schirwan et le territoire d'Erzeroum.

à coup, à l'improviste, un corps considérable d'une
nombreuse armée, parfaitement équipé, se précipita
comme un torrent par la porte de Derbend, Դարբանդ,
dans le pays des Agh'ouans, pour arriver de là
dans l'Arménie et la Géorgie. Tout ce que ces hordes
rencontraient sur leur passage, hommes, animaux,
et jusqu'aux chiens, elles le massacraient. Elles ne
faisaient aucun cas des riches vêtements et autres
objets précieux, si ce n'est des chevaux. Elles parvinrent rapidement jusqu'à Dëph'khis, Տփղիս (Tiflis); puis elles retournèrent dans la contrée des
Agh'ouans, sur le territoire de la ville de Schamk'or.
Un bruit qui était sans fondement représentait ces
peuples comme professant le magisme ainsi que la
religion chrétienne, et comme opérant des prodiges.
On disait qu'ils étaient venus pour venger les chrétiens
de la tyrannie que les Dadjigs faisaient peser sur eux;
qu'ils avaient une église en forme de tente, et une
croix miraculeuse; qu'ils prenaient de l'orge la quantité d'un *gabidj* [1] et la répandaient devant la croix,
puis que toute l'armée amenait là les chevaux et leur
donnait de cette orge sans qu'elle diminuât; que
lorsque tous ces animaux avaient été repus, la me-

---

[1] Le mot *gabidj*, կապիճ, est un nom de mesure pour les grains
ainsi que pour les substances liquides. Le *gabidj* répondait au χοῦς
et au χοῖνιξ des Grecs, ainsi qu'au *congius* et au *sextarius* des Romains.
Anania de Schirag, mathématicien et compatiste arménien, qui vivait au VI° siècle, assimile, dans son Traité des poids et mesures, le
gabidj au χοῦς, « qui était, dit-il, de 11 ξέστης, ou de la moitié
d'un boisseau. » (Cf. Pascal Aucher, *Explication des poids et mesures
des anciens*, en arménien; Venise, 1821, in-4°.)

sure était comble comme auparavant; qu'il en était de même pour la nourriture des hommes. D'aussi absurdes propos se répandirent partout; aussi les habitants ne songèrent nullement à se mettre en sûreté. Il arriva même qu'un prêtre séculier alla au-devant des Tartares avec ses paroissiens, les croix déployées. Les ennemis, mettant l'épée à la main, les exterminèrent tous. Ayant trouvé aussi sur leurs pas nombre de populations, ils les massacrèrent, et dévastèrent une foule de localités. La contrée fortifiée qui s'étend entre les deux villes de Bardav, Վարդավ, et de Pélougan, Պեղուկան[1], et que l'on nomme *Pégamédch*, Պեկամէջ, fut envahie par eux avec une irrésistible impétuosité, et livrée à leurs ravages dans une foule de districts.

Le roi de Géorgie, Lascha, et le général en chef, Ivanê[2], ayant réuni leurs troupes, se portèrent dans la plaine de Khounan, Խունան, où campait un corps d'ennemis. Au premier choc, il les mirent en déroute; mais comme les Tartares avaient disposé une embuscade, ils fondirent par derrière sur les

---

[1] C'est la leçon que donnent les manuscrits A et C; le manuscrit B lit *Pélougoun*, Պեղուկուն, et Tchamitch (*Hist. d'Arménie*, t. III, p. 201), *Pélougoum*, Պեղուկում. C'était une localité de l'Agh'ouanie arménienne, au sud de Bardav.

[2] Ivanê, qui portait le titre d'atabek du royaume de Géorgie, avait succédé, vers 1212, à son frère Zak'aré, dans le commandement des armées géorgiennes. Il était de l'illustre famille des Mékharguérdzel, d'origine kurde, d'après notre auteur et Vartan. Cette famille s'attacha au service des rois de Géorgie, et remplit un rôle considérable après la ruine des Orbélians. (Cf. M. Brosset, *Hist. de la Géorgie*, Additions, p. 415-417.)

Géorgiens, et les taillèrent en pièces. Les fuyards, dispersés de côté et d'autre, ayant essayé de résister, furent cernés, et éprouvèrent de grandes pertes. Le roi prit la fuite, ainsi que ses officiers. Les Tartares, ayant rassemblé le butin laissé par les Géorgiens, l'emportèrent dans leur camp.

Cependant le roi de Géorgie réunit de nouvelles forces et en plus grand nombre que la première fois, et voulut leur livrer bataille. Les Tartares, emmenant leurs femmes et leurs enfants, et toute leur suite, les acheminèrent vers la porte de Derbénd. Mais les Dadjigs, qui occupaient ce défilé, leur refusèrent le passage. Alors les Tartares franchirent la chaîne du Caucase par des endroits impraticables, comblant les précipices en y jetant des pièces de bois, des pierres, leurs bagages, leurs chevaux et leurs machines de guerre; de cette manière, ils regagnèrent leur pays. Leur chef se nommait *Sabada-Bahadour*, Սաբադա Բահատուր[1].

DÉFAITE DES GÉORGIENS DANS LES ENVIRONS DE LA VILLE DE KANTZAG.

II. Quelque temps s'écoula après les événements qui viennent d'être racontés. D'autres hordes sortirent de chez les Huns, que l'on appelait *Khoutchakh*, Խուցախ (Kiptchak), et arrivèrent en Géor-

---

[1] La forme mongole de ce nom est *Soubégudtai-Baghatour*, يصوريتسىن فينيتقسى. C'était un des plus anciens généraux de Tchinguiz-khan, et il appartenait à la tribu Ourianguite.

gie auprès du roi Lascha et du grand général Ivanê:
Elles leur demandèrent un lieu pour s'établir, promettant de les servir fidèlement; mais le roi et Ivanê
ne voulurent pas consentir à leur donner asile. Sur ce
refus, se mettant en marche, elles se dirigèrent vers
Kantzag, dont les habitants les accueillirent avec empressement; ils étaient extrêmement tourmentés par
les Géorgiens, qui saccageaient leur territoire et s'emparaient tout à la fois des populations et des bestiaux. Ils leur donnèrent pour résidence un endroit
dans les environs, et leur fournirent en outre des
vivres, afin de s'en faire un appui contre le roi de
Géorgie. Ces Huns se fixèrent donc en ce lieu. Cependant Ivanê, à la tête de ses troupes, et plein de
présomption, marcha contre eux. Dans son orgueil,
il se flattait de les exterminer, ainsi que les habitants de Kantzag. Il mettait sa confiance en la multitude de ses soldats, et non en Dieu, qui donne la
victoire à qui il veut. Dès que l'on en fut venu aux
mains, les barbares sortirent de leur retraite et passèrent au fil de l'épée les Géorgiens, fatigués et dé-
couragés. Ils firent quantité de prisonniers et mirent
le reste en fuite. Ce jour-là les chrétiens subirent
un rude échec; ils furent tellement abandonnés de
Dieu, qu'ils n'eurent que le temps de faire entendre un
seul cri de détresse. Les barbares poussaient devant
eux une foule de guerriers d'une bravoure éprouvée,
et qui s'étaient illustrés dans les combats, comme un
berger chasse son troupeau; car Dieu avait retiré à
leurs glaives son assistance et les avait abandonnés

dans cette occasion. Ces nobles guerriers furent vendus à vil prix en échange de vêtements ou de vivres. Devenus la propriété des Perses, ils furent accablés de mauvais traitements; on leur demandait pour leur rançon une quantité si considérable d'or et d'argent, qu'il n'y avait aucun moyen de se la procurer. Nombre d'entre eux moururent dans les fers. Parmi ceux qui furent pris, se trouvaient Grégoire, Դրիգոր, fils de Hagh'pag, Հաղբակ, et frère de Vaçag le Brave, Վասակ Քաջ, et Babak', Պապաք, fils de ce dernier. Vaçag avait, en effet, trois fils, Babak', Mégtem, Մեգտէմ, et Haçan, Հասան, surnommé Br'ôsch, Պռօշ, tous trois pleins de courage, et la terreur des armées Dadjigs. Babak' périt les armes à la main. Grégoire, resté prisonnier, fut soumis à de longues tortures; pour qu'il abjurât le Christ; mais il tint ferme, et ne fit au contraire que maudire leur faux législateur Mahomet, Մաշմէտ, et leur abominable religion. Les infidèles, furieux, le traînèrent tout nu sur la terre et lui déchirèrent le corps avec des épines. Ils le maltraitèrent tellement qu'il succomba, et reçut du Christ la couronne du martyre. Ces guerriers étaient du district de Khatchên[1], d'une famille illustre, chrétiens orthodoxes et Arméniens d'origine. Ces infâmes Perses firent aussi souffrir des tourments à bien d'autres captifs, la faim, la soif, la nudité. Mais les chrétiens de Kantzag se montrèrent pleins de charité

---

[1] District de la province d'Artsakh, dans l'Arménie septentrionale, sur les confins de la Géorgie.

pour ces malheureux; rachetant les uns et leur rendant la liberté, fournissant des aliments aux autres,
à ceux-ci des vêtements, et ensevelissant les morts.
C'est ainsi qu'ils firent éclater par toutes sortes de
bonnes œuvres leur pieux dévouement. Au bout de
quelques jours, le général en chef Ivanê réunit des
troupes pour aller tirer vengeance de ceux qui avaient
exterminé ses soldats. Il fondit à l'improviste sur les
barbares, les tailla en pièces, et leur ayant enlevé leur
butin et leurs enfants, s'en revint chez lui, chargé
de ces dépouilles. Au Christ, notre Dieu, gloire éternelle! Amen.

DU SULTHAN DJELÂL-EDDIN, Զ ՍՈՒԼՃԱՆԷՆ, ET DE LA DÉ-
FAITE QU'IL FIT ÉPROUVER AUX GÉORGIENS, EN 674
DE L'ÈRE ARMÉNIENNE (24 JANVIER 1225-23 JAN-
VIER 1226).

III. Cette nation dont nous avons déjà parlé, venue
du nord-est, et que l'on nomme *Tartare*, Թ ՍՈՒԵ,
réduisit au plus fâcheux état le sulthan du Khoraçan Djelâl-eddin, le défit et dévasta son royaume.
Forcé de se sauver dans la contrée des Agh'ouans,
il marcha sur Kantzag, s'empara de cette ville, et
versa des torrents de sang, exterminant les Perses,
les Arabes et les Turks[1]. De là il passa en Arménie.

[1] M. Brosset, dans son *Histoire de la Géorgie*, Additions, p. 423,
a traduit ainsi ce passage : « Il (Ivanê) rassembla une armée nombreuse pour marcher contre le sultan, armée composée de Persans, de Tadjics et de Turcs. » Il ajoute en note qu'il ne s'explique
point la composition d'une pareille armée. Je le crois bien; mais la

Ivanê, témoin de ces désastres, les fit connaître au
roi de Géorgie et réunit des forces considérables pour
résister au sulthan. Lui et Lascha, pleins de jactance,
s'étaient promis, s'ils étaient vainqueurs, de forcer
à embrasser la communion des Géorgiens tous les
Arméniens vivant sous leur domination, et de mettre
à mort ceux qui s'y refuseraient. Cette résolution ne
leur avait pas été inspirée par Dieu; ils avaient con-
certé ce projet sans l'assistance de l'Esprit-Saint; ils
avaient conçu cette pensée sans interroger le Seigneur, qui dispose de la victoire à son gré. Le sulthan étant entré dans le district de Godaïk [1], Ivanê
accourut avec ses Géorgiens, et prit position au-dessus de l'ennemi. A la vue des infidèles, il eut des ap-
préhensions, parce qu'il avait établi son camp en cet
endroit. Cependant le sulthan, faisant avancer son
armée, vint se poster en face. En le voyant arriver,
un des principaux d'entre les Géorgiens, nommé
Schaloué, Շալուէ, ainsi qu'Ivanê, son frère, tous
deux guerriers intrépides et renommés, habitués à
vaincre, dirent aux leurs : « Faites halte et tenez-vous
en repos quelques instants, tandis que nous nous
précipiterons dans les rangs ennemis. Si nous par-
venons à en faire reculer une partie, la victoire est
à nous. Alors, en avant! et vous serez sauvés. » Schaloué et Ivanê, ayant fondu sur les soldats du sul-
than, commençaient déjà à les exterminer. Cependant les Géorgiens, sans faire attention à ce qui se

faute n'en est pas à l'auteur arménien, qui est ici parfaitement
clair. — [1] Dans l'est de la province d'Ararad.

passait, se mirent à fuir avec tant de hâte, que dans leur course ils ne se reconnaissaient pas l'un l'autre. Sans que personne les poursuivît, ils se précipitèrent de la hauteur où ils campaient dans la vallée qui est au-dessous, et qui fut comblée. C'était à l'extrémité du bourg de Kar'ni, Գառնի. A ce spectacle, ceux du sulthan, s'élançant, en massacrèrent un grand nombre et culbutèrent les autres jusqu'à l'extrémité de la vallée. Témoin de cet épouvantable désastre, le sulthan, en contemplant cette multitude de Géorgiens, hommes et chevaux, entassés comme des monceaux de pierres, branla la tête et dit : «Ceci n'est pas l'œuvre de l'homme, mais de Dieu, qui est tout-puissant. » Il revint sur ses pas pour faire dépouiller les morts; puis, après avoir saccagé plusieurs districts, il arriva devant Dëph'khis; aidé par les Perses qui étaient dans cette ville, il s'en rendit maître. Il massacra quantité d'habitants, et en força un plus grand nombre à abjurer le christianisme. Acceptant la fausse doctrine des Dadjigs, bien des gens que la mort effrayait échangèrent la vérité contre l'erreur. Les autres, préférant courageusement le trépas à une vie de remords, reçurent la couronne du martyre et quittèrent ce monde par une mort glorieuse. Après quoi le sulthan donna l'ordre que, sans s'enquérir de ceux qui acceptaient ou repoussaient l'islamisme, on les circoncît tous indistinctement. Des hommes les prenaient de force par les deux mains et les conduisaient sur la place publique, où un des infidèles, armé d'une épée, leur coupait la peau, sans

entamer le membre viril. Ils violaient ignominieusement les femmes. Partout où ils trouvaient une croix
ou une église, ils l'abattaient et la détruisaient. Ce
n'est pas seulement à Dĕph'khis. qu'ils commirent
oes excès, mais encore à Kantzag, à Nakhdjĕvan,
ՙՆախշաւան, et autres lieux. Un des principaux
d'entre les infidèles, nommé *Ourkhan*, Որղան, qui
avait épousé la mère du sulthan, persécuta cruellement les habitants de Kantzag, chrétiens et Perses,
et les accabla d'exactions. Il fut tué dans cette même
ville par les Melahidé, Մելհիդք (Ismaéliens), qui
étaient dans l'usage de faire de semblables exécu-
tions. Pendant qu'il passait dans une rue, des hommes
se présentèrent à lui en faisant semblant d'avoir
quelque sujet de plainte; ils s'approchèrent comme
pour en appeler à lui, en montrant un écrit qu'ils
tenaient à la main, et en criant : « Justice, justice ! »
Ourkhan, s'étant arrêté pour s'informer de leurs
griefs, fut assailli des deux côtés, et frappé avec
des épées que les assassins avaient cachées sur eux.
C'est ainsi que périt le méchant avec sa malice. Les
meurtriers expirèrent sous les coups de flèches qu'on
dirigea contre eux, mais qui ne les atteignirent que
difficilement, parce que, après avoir blessé quantité de monde, ils s'étaient sauvés à travers la ville.
Telle est la manière d'agir de ces sectaires. Retranchés dans des lieux fortifiés qu'on appelle *Thounithan
dchah*, Թունիթան ջահ[1], et dans les forêts du Li-

---

[1] Les manuscrits A et C portent cette leçon; le manuscrit B,
Թոան իեն թան ջահ, *Thoan ien than dchah.*

ban, ils reçoivent de leur chef, qu'ils adorent comme un Dieu, le prix de leur sang, et le donnent à leurs fils pour leur assurer l'existence. Courant où ce chef leur commande d'aller, ils y séjournent long-temps, prenant les déguisements les plus variés, jusqu'à ce que s'offre l'occasion de commettre le meurtre prémédité; alors ils immolent la victime dé-signée à leurs coups. C'est pourquoi tous les princes et les rois les redoutent et leur payent tribut. Les Melahidé accomplissent aveuglément les ordres de leur chef, quels qu'ils soient, sacrifiant même leur vie. C'est ainsi qu'ils se défont des plus grands per-sonnages qui leur refusent le tribut, comme cela arriva à cet impie dont il vient d'être question.

DÉFAITE ET MORT DU SULTHAN DJELÂL-EDDIN.

IV. Après s'être livré à ces dévastations, le sulthan marcha contre la ville de Khëlath, qui est dans la con-trée de Pëznounik', et qui reconnaissait à cette époque pour maître le sulthan Aschraf. Djelâl-eddin, ayant at-taqué cette ville, la prit. Là se trouvait l'épouse d'Asch-raf, fille d'Ivanê, nommée *Thamtha*, Թամթայ; il en fit sa femme. Puis il alla saccager plusieurs des provinces appartenant au sulthan de Roum, appelé 'Ala-eddin, Լյաղին. Cependant le sulthan Aschraf et le sulthan Kamel, Գմէլ, son frère, qui régnait en Égypte; ainsi que 'Ala-eddin, s'étant ligués ensemble, appelèrent à leur aide les troupes arméniennes de la Cilicie et les Franks du littoral de la Syrie, et s'a-

14.

vancèrent pour combattre les Khorazmiens de Djelâl-
eddin. Dès que les deux armées arrivèrent en présence, elles furent effrayées l'une de l'autre et n'osèrent point en venir aux mains. Mais les chrétiens,
Arméniens et Franks, pleins de confiance en Dieu,
fondirent sur les ennemis, quoiqu'ils fussent eux-
mêmes en petit nombre, moins d'un millier. Sou-
tenus par le puissant secours du Christ, ils battirent
les Khorazmiens et les mirent en déroute. A cette
vue, les Dadjigs, se précipitant à leur tour, ne cessèrent de les tailler en pièces jusqu'au coucher du
soleil. Mais les sulthans donnèrent l'ordre de ne pas
s'acharner à la poursuite des fuyards, comme étant
des coreligionnaires, et leurs soldats s'arrêtèrent.
Ces princes, qui étaient hommes de bien, ne se montrèrent pas ingrats envers les troupes chrétiennes,
sachant bien que c'était grâce à elles que Dieu leur
avait accordé la victoire. Chacun d'eux s'en retourna
tout joyeux dans son pays. Partout où ils passaient,
villes ou districts, les populations accouraient au-
devant d'eux en formant des chœurs de danse et au
son des instruments de musique[1], et les accueillaient
avec des félicitations. Le sulthan 'Ala-eddin étant
arrivé non loin de Césarée de Cappadoce, les habi-

---

[1] Il y a dans le texte ᲑᲜᲛᲝᲓᲠᲣᲚᲘᲠ. L'auteur se sert de cette expression pour désigner un instrument de musique usité chez les anciens
Arméniens, et qui était une sorte de lyre dont on tirait des sons
avec une baguette ou un archet. Mais nous en ignorons aujourd'hui
la véritable forme; on peut voir ce que j'ai dit à ce sujet dans mes
*Études sur les chants historiques et les traditions populaires de l'an-
cienne Arménie,* cahier de janvier 1852 p. 33, note 2

tants musulmans, ainsi que les chrétiens, avec leurs
prêtres, leurs croix et leurs crécelles, se portèrent
à sa rencontre jusqu'à une distance d'une journée
de marche. Il approchait déjà, lorsque la foule des
musulmans, au lieu de permettre aux chrétiens de
se joindre à eux pour rendre hommage au sulthan,
les repoussa par derrière. Mais ceux-ci montèrent
sur une colline en face du camp. Le sulthan ayant
demandé qui étaient ces hommes, et ayant su que
c'étaient des chrétiens, sortit seul du camp et vint
se mêler parmi eux. Il leur ordonna de faire retentir les crécelles, et de chanter des cantiques à haute
voix. C'est ainsi qu'il fit son entrée dans la ville,
escorté par eux; après leur avoir donné des présents, il les congédia. Cependant le sulthan Djelâl-
eddin, couvert de honte, était parvenu chez les
Agh'ouans, dans la fertile et belle plaine de Mough'an, Ս'ուզան[1]; s'étant arrêté là, il voulut réunir
ses troupes; mais les Tàrtares qui l'avaient vaincu
et chassé de ses États le surprirent et, l'ayant pour-
suivi jusqu'à la ville d'Amid, lui infligèrent une défaite
complète. Il périt dans la mêlée; d'autres prétendent
que, s'enfuyant à pied, il rencontra un homme qui,
l'ayant reconnu, le tua, pour venger la mort d'un
de ses parents, que le sulthan avait fait périr précédemment. Telle fut la fin de ce méchant prince.

---

[1] Cette plaine, où se trouvait le campement d'hiver des Mongols,
était aussi appelée Ꞇարան գաշտ et Ꞇառին գաշտ, plaine de Ta-
ran ou Tar'in, ou bien encore, գաշտ Հեմական, plaine de Hé-
mian. Elle occupe le vaste delta formé par l'Araxe après sa jonction
avec le Gour ou Cyrus.

CAUSES DE L'IRRUPTION DES TARTARES.

V. Tous les récits de notre histoire et les préliminaires qui s'étendent jusqu'ici ont été consacrés à
parler de notre nation. Ce que nous devons, avec
la grâce de Dieu, raconter par la suite, nous pen-
sons que bien d'autres le diront aussi, mais que tous
resteront inférieurs à cette tâche; car bien au delà
de tout ce que la parole humaine peut exprimer se
sont accrues les calamités qui ont frappé toutes les
contrées. En effet, la fin des temps approche, et les
précurseurs de l'Antéchrist annoncent la venue du
Fils de la perdition. Nous sommes effrayés des révé-
lations faites par de saints hommes inspirés de Dieu,
et que leur a suggérées l'Esprit-Saint en prévision
de l'avenir, et surtout par ces paroles à jamais véri-
tables de notre Sauveur et Dieu : « Une nation se lè-
vera contre une autre nation, un royaume contre un
autre royaume, et ce sera le commencement des afflic-
tions. » Il en est de même de la prophétie que saint
Nersès, notre patriarche, a faite au sujet de la ruine
de l'Arménie par la nation des Archers [1], et dont
nous avons vu l'accomplissement de nos propres
yeux, témoins de la ruine et des malheurs que cette
nation a causés. Dans une contrée lointaine, située
au nord-est, pays que, dans leur langue inculte,
ils appellent *Karakorum*, Ս̓ արսագաւրուս̔, sur les

---

[1] C'est le nom par lequel les historiens arméniens désignent habituellement les Mongols.

limites du Khataï, Ꮗ ⴳⴰⴼⴰⴰ, parmi une multitude
de nations barbares, que la plupart ne connaissent
pas et ne sauraient nombrer, était celle des Tartares, gouvernée par un chef suprême appelé *Tchinguiz-khan*, Ꮋⴰⴼⴰⴳⴳ ⴳⴰⴼⴰ, qui vint à mourir. Avant
de rendre le dernier soupir, il manda ses trois fils [1]
et ses troupes, et tint à celles-ci ce langage : « Me
voici près de ma fin. Choisissez pour roi celui de mes
trois fils que vous préférez, afin qu'il ait l'autorité à
ma place. » Ses soldats lui répondirent : « Celui qu'il
te plaira de désigner sera notre souverain, et nous le
servirons avec fidélité. » Il leur dit : « Je vais vous faire
connaître le caractère et les habitudes de mes trois
fils. L'aîné, Tchagataï, Ꮋⴰⴳⴰⴰⴰⴰⴰⴰⴰ, a des inclinations belliqueuses et aime la guerre ; mais il est naturellement hautain et affecte de se montrer supérieur
aux chances de la fortune. Mon second fils est pareillement enclin à la guerre, mais avare. Le plus
jeune a toujours été gracieux dès son enfance, gé-
néreux, libéral, et, depuis qu'il est né, ma gloire et
ma puissance n'ont fait chaque jour que s'accroître.
Maintenant je vous ai tout révélé avec sincérité ;
prosternez-vous devant celui que vous voudrez. »
Les soldats, s'avançant, s'inclinèrent devant le plus
jeune, qui se nommait *Ogotaï-khan*, ⴼⴰⴳⴼⴰⴰⴳⴰ
ⴳⴰⴼⴰ. Son père, lui ayant placé la couronne sur la
tête, expira. Dès que ce prince eut été investi du
commandement, il rassembla des troupes innom-

---

[1] Des quatre fils qu'avait eus Tchinguiz-khan, Djoutchi, Tchagataï, Ogotaï et Touloui, le premier était mort avant son père.

brables comme le sable de la mer, qui échappe à tout
calcul. Il y avait là sa propre tribu, nommée *Mon-
gol-Tartare*, ՄՈՆՂԱԼ ԹԱԹԱՐ, les Khazirs, les
Huns, ceux du Khataï, ՔԱՏՀԱՑԻՔ, les peuples
en dehors du Khataï [1], et beaucoup d'autres barbares,
avec leurs bagages, leur attirail de campement,
leurs femmes et leurs enfants, et leurs tentes. Il les
partagea en trois corps, qu'il envoya, l'un vers le
sud, sous le commandement de l'un de ses fidèles
serviteurs et amis; l'autre vers l'occident et le nord,
sous les ordres de son fils; le troisième vers le
nord-est, sous la direction d'un chef nommé *Tcharmagh'an*, ՉԱՐՄԱՂԱՆ, homme heureux dans les
combats, d'une habileté et d'une prudence con-
sommées. Il leur avait prescrit de saccager et de
ruiner toutes les contrées, de renverser tous les
trônes, et de ne revenir auprès de lui qu'après avoir
achevé la conquête du monde, et l'avoir soumis à
son autorité. Quant à lui, il resta dans ses États,
occupé à manger et à boire, à se divertir, et à vivre
dans l'abondance, sans souci d'aucune espèce. Ses
troupes, étant parties dans ces différentes directions,
ravagèrent toutes les contrées qu'elles envahirent,
renversant les souverainetés, enlevant les richesses
et tout ce que possédaient les populations, s'empa-
rant des jeunes femmes et des jeunes garçons pour

---

[1] Il y a dans le texte ՄՆԿՀԱՆՔ, nom que je suppose composé
de la préfixe négative ԱՆ et du mot ԿՀԱՆ, dont la forme se rapproche de celle de *Khitan*. Ce nom peut être traduit : *les non-Khi-
tans*, c'est-à-dire les peuples étrangers par leur origine à ceux du
Khataï.

en faire leurs esclaves. Les Tartares envoyaient les uns au loin dans leur pays, au khâkhan, *խախան*, leur souverain; d'autres étaient gardés auprès d'eux en servitude, pour avoir soin des bagages. Le corps qui marcha vers l'orient, et qui avait pour chef Tchar-magh'an-nouïn [1], fut celui qui attaqua le sulthan Djelâl-eddin, souverain du Khoraçan et des provinces limitrophes. Il le battit et le força de prendre la fuite, comme nous l'avons raconté plus haut. Les Tartares ravagèrent successivement toutes les parties de la Perse, l'Adĕrbadagan, le Deïlem, de manière à ce qu'il ne resta plus d'obstacle devant eux. Ils prirent Reï et Ispahan, ces grandes et magnifiques cités regorgeant de richesses, et puis les rebâtirent en les plaçant sous leur domination. Ils agirent de même dans tous les pays qu'ils traversaient. Arrivés chez les Agh'ouans avec leurs bagages et la multitude qu'ils traînaient avec eux, ils plantèrent leurs tentes dans la fertile et belle plaine de Mough'an, où abondent tous les biens de la terre, l'eau, le bois, les fruits et le gibier. C'est là qu'était leur campement d'hiver. Au retour du printemps, ils se répandaient de tous côtés pour piller et faire des incursions, et puis de nouveau ils rentraient dans leurs quartiers pour passer la mauvaise saison.

SAC DE KANTZAG.

VI. Cette ville, qui renfermait une nombreuse po-

[1] *Չարմաղ* est la transcription du mongol *noulan*, *نولان*, seigneur, prince.

pulation de Perses, mais très-peu de chrétiens, était l'ennemie du Christ et de ses adorateurs, la contemptrice et la blasphématrice de la Croix et de l'Église; prodiguant le mépris et l'insulte aux prêtres et aux ministres des autels. Aussi, dès que la mesure de ses iniquités fut comble, la voix de sa malice s'éleva jusqu'au Seigneur, et d'abord apparurent des présages de sa ruine, comme autrefois à Jérusalem avant la destruction de cette cité. Il en fut de même à Kantzag. La terre, s'entrouvrant tout à coup, vomit une eau noire. Un cyprès, que l'on appelait *djastarin*, Ճանտարին [1], et qui s'élevait très-haut, aux environs de la ville, fut vu, au moment où on s'y attendait le moins, se courbant spontanément. A cet aspect la population fut en émoi; après quoi on vit l'arbre se redresser dans l'attitude où il était auparavant. Ce phénomène se renouvela une seconde et une troisième fois; puis l'arbre tomba et ne se releva plus. Les sages parmi les habitants ayant cherché l'explication de ce prodige, comprirent que c'était l'annonce de leur ruine. Ils s'empressèrent de retirer et de soustraire aux outrages les croix qu'ils avaient clouées au seuil des portes de la ville, et qui avaient été placées là par mépris, afin qu'on les foulât aux pieds. Les Tartares survinrent, et ayant investi Kantzag, en entreprirent l'attaque avec de nombreuses machines; ils détruisirent les vignobles des alentours. Ils firent ensuite écrouler le rempart sur toute son

---

[1] Ce mot, où se trouve la suffixe déterminative arménienne ն, me paraît être le persan جهانداری, *impérial*.

étendue, à coups de balistes; mais aucun d'eux ne pé-.
nétra dans l'intérieur. Pendant une semaine, ils restèrent l'arme au bras, faisant bonne garde. Cependant les habitants, voyant la ville prise, rentrèrent
dans leurs maisons, et y mirent le feu afin qu'elles
ne devinssent pas la proie de l'ennemi, tandis que
d'autres brûlaient tout ce qui était de nature à être
consumé par le feu; puis ils demeurèrent seuls sur ces
débris. Ce spectacle acheva d'exaspérer les Tartares;
et dans leur rage, s'élançant l'épée à la main, ils massacrèrent toute la population, hommes, femmes et
enfants. Aucun n'échappa, à l'exception d'un corps
de troupes, qui, tout armé et équipé, se fit jour le fer
à la main par un des côtés de la ville, pendant la
nuit, et s'enfuit. Il y eut encore de sauvés un petit
nombre de gens du peuple, que les Tartares mirent
à la torture pour leur faire avouer où étaient enfouis
les trésors. Après quoi ils en tuèrent quelques-uns,
et emmenèrent les autres captifs. Ayant creusé sous
les maisons incendiées, ils en retirèrent ce qu'il y
avait de caché. Après avoir été occupés à ce travail
pendant plusieurs jours, ils partirent. Aussitôt les
populations accoururent de tous les districts voisins
à la recherche des effets et des meubles enfouis.
On trouva beaucoup d'objets en or, en argent, en
bronze ou en fer, et divers meubles qui avaient été
recélés dans des cachettes ou dans des maisons creu-
sées sous terre. Par suite de cette catastrophe, Kantzag resta dépeuplée pendant quatre ans. Puis les Tartares ordonnèrent de la rebâtir, et il y revint peu à

peu des habitants, qui·en recommencèrent la cons-·
truction, à l'exception du·rempart.

LES TARTARES RAVAGENT L'ARMÉNIE ET LA GÉORGIE.

VII. Quelques années après le sac de Kantzag,
cette nation, enragée et rusée à la fois, se partagea
comme par lots toutes les contrées de l'Arménie, de
la Géorgie et de l'Agh'ouanie, qui étaient attribuées
à chaque chef suivant son rang. Ces chefs avaient
mission de prendre et de ruiner les villes, les provinces et les forteresses. Chacun de ces corps arriva dans la contrée qui lui était assignée avec les
femmes, les enfants et les bagages de campement;
ils firent dévorer sans aucun souci tout ce qu'il y
avait de verdure dans les champs par leurs chameaux et leurs bestiaux. A cette époque, le royaume
de Géorgie était affaibli; car il était gouverné par
une reine, nommée *R'ouçoudan*, Ռուսուդան, fille
de Thamar, Թամար, sœur de Lascha, et petite-fille
de Kêork, Գէորգ (Giorgi III), femme amoureuse
et impudique comme Sémiramis. Cette princesse,
refusant tous les maris qui lui étaient présentés, se
laissait dominer par une foule de courtisans. Demeu-
rée veuve, elle administrait le royaume avec l'aide
de ses généraux Ivanê et Avak, Աւագ, fils de ce
dernier; de Schahënschah, Շահնշահ, fils de Za-
k'arê, Զաքարէ; de Vahram, Վահրամ, et autres.

---

[1] Vahram, fils de Plou-Zak'ar, de la famille des princes arméniens de Khatchên, possédait tout ce district, et la ville de Scham-
k'or, qu'il avait enlevée aux Turcs.

Ivanê, étant mort prématurément, fut enseveli à Bëgh'ëntzahank', Պղնձահանք (Mines de cuivre), couvent qu'il avait restauré en faveur des Géorgiens, après l'avoir enlevé aux Arméniens. Son fils était à la tête de la principauté qu'il lui avait laissée. Comme la Géorgie était dans l'impossibilité de résister à la tempête près d'éclater, chacun, songeant à son propre salut, avait cherché un asile précaire dans les endroits fortifiés, partout où il avait pu. Les Tartares, répandus en tous lieux sur la surface des plaines, sur les montagnes, dans les vallées, étaient semblables, par leur multitude innombrable, à des sauterelles, ou à la pluie qui tombe à torrents sur les campagnes. Quel spectacle que celui de ces affligeantes calamités, de ces catastrophes bien propres à arracher des larmes! La terre ne cachait pas ceux qui cherchaient un abri dans son sein; les rochers ni les forêts, ceux qui leur demandaient un asile; les murailles les plus solides des forteresses les profondeurs des vallées, ne servaient à rien. Les Tartares en arrachaient tous ceux qui s'y dérobaient à leurs coups. Les plus intrépides étaient dans le découragement, et les bras des meilleurs archers, sans force. Quiconque possédait une épée la cachait, de peur que la découverte d'une arme chez soi ne le fît massacrer impitoyablement. La voix des ennemis les jetait tous dans la stupeur, le retentissement de leurs carquois les plongeait dans la consternation. Chacun voyait apparaître son dernier jour et se sentait le cœur paralysé. Les enfants, effrayés, se

réfugiaient dans les bras de leurs parents, et les
parents se précipitaient avec eux, avant même que
les ennemis leur fissent subir ce supplice. Il fallait voir comment un glaive inexorable immolait
hommes, femmes, jeunes gens, enfants, vieillards,
évêques, prêtres, diacres et clercs. Les enfants à la
mamelle étaient écrasés contre la pierre ; les jeunes
filles, parées de leur beauté, étaient violées et traî-
nées en esclavage. Les Tartares avaient un aspect
hideux, des entrailles sans miséricorde ; ils restaient
insensibles aux pleurs des mères, sans respect pour
les cheveux blancs de la vieillesse. Ils couraient avec
joie au carnage, comme à une noce ou à une orgie.
Partout des cadavres, auxquels personne ne donnait
la sépulture. L'ami n'avait plus de larmes pour celui
qui lui était cher ; nul n'osait en verser sur ceux qui
avaient péri, retenu par la crainte de ces scélérats.
L'Église se voila de deuil, sa beauté et sa splendeur
disparurent ; ses cérémonies furent empêchées, le
saint sacrifice cessa d'être offert sur les autels, la voix
des chantres ne se fit plus entendre, et les cantiques
ne retentirent plus. La contrée était comme couverte
d'un brouillard épais. Les populations préféraient la
nuit au jour, et la terre resta privée de ses habitants.
Les fils de l'étranger la parcouraient, enlevant tout
ce qu'il y avait de meubles et d'objets précieux. Leur
sordide rapacité était insatiable. Toutes les maisons
et les chambres furent fouillées ; rien ne leur échappa.
Ce qu'ils n'emportaient pas, ils le traînaient çà et là,
avec une rapidité égale à celle des daims, le déchi-

raient et le mettaient en pièces, semblables à des loups. Leurs chevaux étaient infatigables, et eux-mêmes ne se lassaient jamais d'entasser du butin. C'est ainsi qu'ils accablèrent de maux maintes et maintes nations; car le Seigneur avait versé sur nous le calice de sa colère, afin de nous faire expier les crimes dont nous nous étions rendus coupables devant lui, et parce que nous avions excité son juste courroux. Aussi envahirent-ils facilement tous les pays. Lorsqu'ils eurent pris et rassemblé tous les bestiaux, tant ceux qu'on avait éloignés que ceux qui étaient restés, ainsi que les objets de prix et les captifs qu'ils avaient enlevés en masse dans les lieux ouverts, ils entreprirent d'attaquer les forteresses et les villes. Grâces à leur esprit plein d'artifices et fécond en expédients, ils réussirent à s'emparer d'une foule de places. On était alors dans l'été, et comme la chaleur était extrême, et qu'aucune provision n'était faite au moment où ils survinrent à l'improviste, tous, gens et animaux, épuisés de soif, et cédant aux tourments qu'ils enduraient, tombaient entre leurs mains, de gré ou de force. Ils massacraient les uns, et gardaient les autres pour les servir comme esclaves. Ils firent éprouver le même sort aux villes les plus populeuses, dont leurs assauts les rendirent maîtres.

PRISE DE SCHAMK'OR.

VIII. Un des chefs tartares nommé *Molar-nouin*, Ս'ոլար նուին, auquel cette contrée était échue,

lorsque, se mettant en campagne, ils quittaient leurs
quartiers d'hiver, dans la plaine de Mough'an, fit
partir un détachement d'une centaine d'hommes environ, lesquels, étant arrivés à la porte de Scham-
k'or, empêchèrent d'y entrer et d'en sortir. Cette
ville était alors en la possession de Vahram et de
son fils Ak-bóuga, Ա՟զրու զայ, qui l'avaient enlevée
aux Perses. Les habitants envoyèrent dire à Vahram
et à son fils de venir à leur secours; en leur faisant
connaître en même temps que les Tartares étaient
en très-petit nombre. Mais Vahram s'y refusa, et retint même son fils, qui était disposé à répondre à
cet appel, en lui suggérant l'idée de déclarer aux
messagers que les ennemis étaient trop forts. Il ne
prescrivit pas même aux habitants de combattre.
Cependant les rangs des infidèles s'accroissaient de
jour en jour, jusqu'à ce qu'enfin arrivât leur chef
Molar-nouïn, qui commença l'attaque. Avec du bois
et des fascines, il fit combler le fossé qui entourait
le rempart, afin de monter à l'escalade; mais les habitants mirent le feu par-dessous pendant la nuit,
et brûlèrent cet amas de bois. Le lendemain, Molar-
nouïn commanda à ses soldats de prendre chacun
une charge de terre et de la jeter dans le fossé.
Après que cet ordre eut été exécuté, le fossé se trouva
comblé jusqu'à la hauteur du rempart, et les Tartares et les assiégés combattirent face à face dans la
ville; elle fut prise, toute la population massacrée et
les édifices furent incendiés. Les Tartares firent main
basse sur tout ce qu'ils y trouvèrent. Après cette vic-

toire, ils investirent les forteresses qui appartenaient à Vahram, Dêrounagan, Ձերունական, Ërkêvank', Արգեվանք, ainsi que Madznapert, Մածնաբերդ[1], que possédait Guriguê[2], Կիւրիկէ, le Bagratide, fils d'Agh'sarthan, Աղսարթան, et Kartman, Գարդ֊ ման[3]; mais ailleurs, à Tcharek', Ջարեք[4], à Kédapags, Գեստապակս[5], ce fut un autre chef tartare, nommé Gh'adagh'an-nouïn, Ղատաղան նույն, qui vint faire le siége de ces places. Vahram, qui se trouvait alors à Kartman, se sauva à la dérobée pendant la nuit et s'enfuit où il put trouver un abri. Les barbares ayant attaqué ces forteresses, les garnisons furent forcées de leur livrer les chevaux, les bestiaux et tout ce qu'ils exigèrent. Puis, après les avoir assu-

[1] Ces trois forteresses étaient situées non loin de Schamk'or, dans le district de Kartman, qui faisait partie de l'Agh'ouanie arménienne. Tchamitch (*Hist. d'Arménie*, t. III, Index, p. 148) place Ërkêvank' dans le voisinage et à l'ouest de Kartman. Indjidji (*Arménie ancienne*, p. 538) range Dêrounagan dans le nombre des localités dont la position ne nous est point exactement connue aujourd'hui. Il fixe Ërkêvank' (p. 316) dans la province d'Artsakh, et Madznapert (p. 381) dans la province d'Oudi.

[2] Guriguê IV appartenait à la dynastie des princes Bagratides de Daschir, qui avait pour capitale la ville de Lôr'ê. Cette dynastie remontait à Kourkên, fils d'Aschod III, dit *le Miséricordieux*, roi Bagratide d'Ani, et son commencement datait de la fin du xe siècle.

[3] Forteresse et district du pays d'Oudi.

[4] Forteresse du territoire de Kartman, près du district de Khatchên, suivant Tchamitch; placée par Indjidji dans sa liste des localités dont la position est incertaine. C'est aujourd'hui Mamr'od, à ce que l'on suppose. (Cf. *Topographie de la grande Arménie*, par le R. P. Léonce Alischan, Venise, 1853, in-4° (en arménien), § 154.)

[5] Forteresse du même district de Kartman, aujourd'hui en ruines. (Léonce Alischan, *ibid.*)

jetties à un tribut, ils les laissèrent, en leur imposant / leur domination. Les troupes qui avaient pris Schamk'or marchèrent, avec la multitude qu'elles traînaient à leur suite, sur Davousch, Ս֊֊֊֊֊ , Gadzarêth, Կ֊֊֊֊֊թ , Nor-Pert, 'Ն֊֊ ֊֊֊ (Forteresse nouvelle), Kak, Գ֊֊֊[1], et les forteresses circonvoisines, et les réduisirent toutes.

LE VARTABED (DOCTEUR) VANAGAN[2] ET SES COMPAGNONS SONT FAITS PRISONNIERS PAR LES TARTARES.

IX. A cette époque, le grand vartabed Vanagan s'était creusé de ses mains une grotte au sommet d'un rocher élevé, en face du village d'Ôloroud, Ո֊֊֊֊ ֊֊֊֊ , au sud de la forteresse de Davousch, et s'y était construit une petite église. C'était là qu'il avait trouvé un asile, lorsque son ancien couvent, situé vis-à-vis de la forteresse d'Ërkêvank', eut été ruiné dans les incursions du sulthan Djelâl-eddin. Il vivait

---

[1] Ces quatre forteresses, qui faisaient partie du domaine des princes de Khatchên, sont énumérées par Indjidji dans le nombre des localités dont le site n'est point aujourd'hui parfaitement déterminé; les circonscriptions provinciales dans lesquelles elles étaient comprises, Artsakh, Oudi et Koukark', ayant sans doute varié dans leurs limites à différentes époques.

[2] Jean Vanagan, un des plus célèbres docteurs de l'Église arménienne, étudia dans le monastère de Kédig, sous la direction de Mêkhithar Kosch, l'auteur des Fables arméniennes. Il fonda le monastère de Khoranaschad, dans la province d'Artsakh, où il compta de nombreux disciples. Il mourut en 1251, suivant l'historien Vartan. Feu Mgr Soukias Somal, dans la notice qu'il a donnée de cet écrivain (*Quadro della storia letteraria di Armenia*, p. 107-109), a brouillé les principaux événements de sa vie.

dans cette retraite, où il avait réuni beaucoup de
livres; car c'était un homme avide de science, et
surtout plein de piété. Une foule de disciples accouraient pour faire auprès de lui leurs études théologiques. Ces disciples s'étant multipliés, il lui fallut
descendre de sa grotte, et il construisit au pied du
rocher une église et des cellules. C'est là qu'il habitait lorsque les Tartares arrivèrent en dévastateurs.
A l'approche de Molar-nouin, les habitants des villages voisins se réfugièrent dans la grotte, qui se
trouva remplie d'hommes, de femmes et d'enfants.
Les Tartares l'ayant investie, les vivres et l'eau finirent par manquer. On était alors dans l'été, et la
température était très-ardente. Les assiégés commencèrent à être étouffés par la chaleur comme dans
une prison; les enfants mouraient de soif, et deux
étaient près d'expirer. Les Tartares criaient du dehors: «Pourquoi vous laissez-vous mourir? Sortez,
venez à nous. Nous vous donnerons des chefs pour
vous gouverner et nous vous laisserons chez vous. »
Ils répétèrent ces paroles une seconde et une troisième fois, en les accompagnant de serments. Alors
les assiégés, se jetant aux pieds du vartabed, le sup-
plièrent de venir à leur aide. « Sauve-nous, lui disaient-ils, descends vers eux et fais la paix. » Il leur
répondit : «Je n'épargnerai pas ma vie pour vous,
s'il y a quelque chance de salut; car le Christ s'est
dévoué pour nous jusqu'à la mort, et nous a délivrés
de la tyrannie de Satan. Nous devons montrer à nos
frères le même amour. » Le vartabed, ayant pris avec

lui deux prêtres des nôtres, Marc et Sosthène, lesquels reçurent plus tard de lui l'honneur du doctorat (car nous nous trouvions là, dans ce temps, afin de nous instruire dans la science de l'Écriture sainte), descendit vers les Tartares. Leur chef se tenait vis-à-vis de la grotte, sur une éminence, un parasol sur la tête, pour se défendre contre les rayons du soleil; car c'était à l'époque de la fête de la Transfiguration que les Tartares nous avaient ainsi renfermés. Dès que le vartabed et ses compagnons furent près du chef, les gardes leur ordonnèrent de fléchir trois fois le genou, comme font les chameaux lorsqu'ils s'accroupissent; car telle est la coutume de ces peuples. Puis, lorsqu'ils furent admis en sa présence, il leur ordonna de se prosterner vers l'orient, à l'intention du khakhan, souverain des Tartares. En même temps il dit au vartabed, en manière de reproche : « J'ai appris que tu es un homme sage et distingué, ton extérieur en fait foi. » En effet le vartabed avait un air de bonté et une contenance calme; sa barbe et ses cheveux blancs le rendaient vénérable. « Lorsque tu as su, ajouta le chef, notre arrivée dans les environs, pourquoi n'es-tu pas venu au-devant de nous, en paix et avec amitié? J'ai ordonné que tous ceux qui sont à toi, depuis le plus grand jusqu'au plus petit, seraient épargnés. » Le vartabed lui répondit : « Ne connaissant pas vos dispositions bienveillantes, nous tremblions de la frayeur que vous nous inspiriez; nous ignorions votre langue, et personne n'est venu nous mander de votre part;

c'est là ce qui nous faisait hésiter. Mais dès que vous nous avez appelés, nous sommes accourus. Nous ne sommes pas des militaires, ni des gens riches, mais des émigrés, des étrangers, rassemblés de divers lieux pour nous livrer à l'étude de la religion. Nous voici devant vous; faites de nous ce qu'il vous plaira, soit pour la vie, soit pour la mort. » Le chef leur dit, « Ne craignez rien », et il les fit asseoir devant lui. Il fit beaucoup de questions sur les forteresses qui appartenaient au prince Vahram, et sur le lieu où il devait se trouver alors, parce qu'il pensait qu'il était seigneur de cette contrée. Lorsque le vartabed lui eut dit ce qu'il savait, et l'eut assuré qu'il n'avait aucun maître temporel, il lui ordonna de faire descendre nos gens de leur retraite, sans qu'ils eussent rien à craindre, et promit qu'il laisserait chacun vivre chez soi, sous des chefs qu'il leur donnerait, et que les villages et les campagnes seraient administrés en son nom. Alors les prêtres qui avaient accompagné le vartabed nous crièrent : « Descendez à l'instant, et apportez tout ce qui est à vous. » Nous descendîmes donc en tremblant, comme des brebis au milieu des loups. Chacun de nous, ayant la mort en perspective, répétait notre profession de foi en la sainte Trinité; car avant de sortir de la grotte nous avions reçu la communion du corps et du sang sacrés du Fils de Dieu. Les Tartares nous conduisirent à une source qui jaillissait au milieu du couvent, et nous donnèrent de l'eau pour étancher la soif dont nous avions souffert pendant trois jours. Ensuite ils nous empênèrent dans un endroit destiné à nous servir de prison, et établirent les laïques dans les cours de l'église; ils formèrent un cordon autour de nous, faisant la garde pendant la nuit; car nous étions alors au soir. Le lendemain ils nous conduisirent en avant du couvent, sur un lieu élevé. Nous ayant soumis à une perquisition, ils prirent ce que possédait chacun de nous, et qui leur était utile, tout ce qu'il y avait dans la grotte et les objets qui appartenaient à l'église, chapes, vases, croix d'argent, ainsi que deux évangiles incrustés d'argent, qu'ils remirent au vartabed et qu'ensuite ils nous enlevèrent. Après avoir choisi parmi nous les hommes qui pouvaient aller avec eux, ils donnèrent l'ordre de ramener les autres au couvent et dans le village, où ils les laissèrent sous la garde d'un des leurs, afin que d'autres ne vinssent pas les tourmenter. Le général commanda au vartabed de se tenir dans le couvent. Celui-ci avait un neveu (fils de frère) nommé *Paul*, qui était prêtre, et auquel le général dit de se joindre à nous pour l'accompagner. Le saint vartabed eut pitié de son neveu, encore tout jeune; il le suivit, espérant qu'il lui serait possible de le délivrer et nous aussi. Mais le général nous fit marcher à sa suite pendant longtemps, sans nous épargner la contrainte et les mauvais traitements, à pied, sans chaussures. Les hommes chargés de nous surveiller étaient des Perses, altérés du sang chrétien, et acharnés à nous accabler en route de toutes sortes de vexations. Ils nous conduisaient aussi rapidement que des chevaux dans une incursion, et

s'il arrivait à l'un de nous, à cause de sa faiblesse, ou
par quèlque infirmité, de s'arrêter un instant en chemin, ils lui brisaient le crâne et l'assommaient à coups
de bâton, au point qu'il était impossible même de s'arracher une épine du pied, si elle venait à s'y enfon-
cer; impossible aussi de nous procurer de l'eau, tant
nous étions forcés de nous hâter. Lorsqu'on faisait
halte, ils nous renfermaient et nous entassaient dans
des maisons étroites, autour desquelles ils se plaçaient
en sentinelles, sans nous permettre d'en sortir pour
vaquer à nos besoins. Les prisonniers étaient obligés d'y pourvoir dans ces maisons mêmes, et d'y sé-
journer plusieurs jours. Je ne pourrais consigner ici
par écrit toutes les misères que nous éprouvâmes. Ils
ne nous laissèrent pas le vartabed; ils l'éloignèrent
de nous, et le confièrent à d'autres gardiens. Ils me
prirent moi-même et quelques-uns de mes compagnons pour leur servir de secrétaires, pour écrire ou
lire leurs lettres. Pendant le jour, ils nous tenaient
auprès d'eux, et la nuit, ils nous réunissaient au vartabed, sous sa responsabilité; puis ils nous emme-
naient de nouveau, nous faisant marcher à pied, ou
tout nus sur des chevaux indomptés. C'est ainsi qu'ils
nous conduisirent durant plusieurs jours. Lorsque la
saison de l'été eut fait place à l'automne, et qu'ils
furent sur le point de quitter le pays, qui était le
nôtre, et qui nous était familier, pour passer dans des
contrées étrangères, tous les prisonniers, au risque
de leur vie, commencèrent peu à peu à se sauver
pendant la nuit, chaque fois que l'occasion se pré-

sentait. Par la grâce du Christ, tous parvinrent à fuir, excepté deux prêtres, qui, ayant tenté de se dérober pendant le jour, furent repris. Les Tartares les conduisirent au camp, et les mirent à mort devant nous, afin de nous intimider : car c'est le sort qu'ils réservaient à ceux qui tentaient de s'évader. Un jour notre admirable vartabed me dit : « Guiragos? — Que veux-tu, maître? lui répondis-je. — Mon cher fils, ajouta-t-il, il est écrit : « Lorsque les tri- « bulations tomberont sur vous, supportez-les avec « patience. » Il faut nous faire l'application de ces paroles de l'Écriture ; car nous ne sommes pas au-dessus des saints de l'ancien temps, Daniel, Ananie et leurs compagnons Ézéchiel, Jérémie, qui, pendant la captivité, se sont montrés fermes dans la foi, jusqu'à ce que Dieu les visitât et les glorifiât dans la servitude. Restons ici à espérer le secours de la divine Providence, et attendons qu'elle daigne nous l'envoyer suivant sa volonté. — Eh! bien, lui répondis-je, faisons comme tu le dis, ô saint père. » Il arriva cependant un jour que le chef qui nous avait faits captifs vint dans le lieu où nous étions renfermés. En nous apercevant, il se détourna vers nous, et nous, de notre côté, nous nous avançâmes vers lui. « Avez-vous besoin de quelque chose? nous dit-il. Avez-vous faim? je vous ferai servir de la chair de cheval. » Ces peuples, en effet, se nourrissent indistinctement de tous les animaux purs et impurs, et même de rats et de serpents. Le vartabed lui répondit : « Nous n'aimons pas la chair de

cheval, ni aucun de vos aliments. Si tu veux nous
faire une grâce, laisse-nous revenir chez nous,
comme tu l'as promis; car je suis vieux et malade,
et je ne puis vous être d'aucune utilité pour la guerre
ou pour la garde des troupeaux, ou pour quoi que
ce soit dont vous ayez besoin. » Le général lui dit :
« Lorsque Tchoutchouka, 𝕼nιɔnιկɯι, arrivera, je
m'occuperai de cela. » Ce Tchoutchouka était l'intendant de sa maison, et il était parti avec les troupes
du général pour aller piller. Nous insistâmes auprès
de lui trois fois, et il nous fit la même réponse. Enfin
cet homme revint de son expédition, et nous fûmes
mandés à la Porte du général, qui nous envoya
Tchoutchouka avec un interprète. « N'avez-vous pas
affirmé, nous dit-il, que donner ce qui a appartenu
à un mort, c'est faire du bien à son âme? Si ces dons
sont utiles aux morts, pourquoi ne rachèteraient-ils
pas les vivants? Livre donc ce que tu as, et paye ta
rançon; puis va-t'en chez toi et restes-y. » Le vartabed repartit : « Ce que nous possédions, vous nous
l'avez pris, les croix et les évangiles; nous n'avions
pas autre chose. » Cet homme ajouta : « Si tu es sans
ressources, il n'est pas possible que tu t'en ailles. »
Le vartabed reprit : « Je t'assure, en toute vérité, que
je n'ai rien à moi, pas même de quoi acheter la
nourriture d'un jour; mais si vous y consentez, con-
duisez-nous à une des forteresses des environs, et
les chrétiens payeront notre rançon. » Ils l'avaient d'a-
bord taxé à une somme énorme; mais ensuite ils la
réduisirent et envoyèrent le vartabed vers la forte-

resse de Kak. Celui-ci demanda aussi notre liberté
en payant notre rançon avec la sienne; mais ils n'y
consentirent pas, prétendant que je leur étais nécessaire pour écrire et lire leurs lettres. « Quand vous
nous donneriez beaucoup d'argent, ajoutèrent-ils,
nous ne le rendrions pas. » Nous nous séparâmes
donc, le vartabed et moi, en fondant en larmes.
« Mon cher fils, me dit-il, je vais me prosterner devant la croix qui est sous l'invocation de saint Sarkis
(Serge), et prier le Seigneur que par elle, toi et nos
autres frères qui sont au pouvoir des mécréants,
vous soyez délivrés par la miséricorde divine. » Il y
avait, en effet, à Kak, une croix qui faisait des miracles en faveur des pauvres affligés, et principalement des captifs; et ceux qui l'invoquaient de tout
cœur, voyaient le martyr Sarkis ouvrir lui-même la
porte de leur prison ou de leur cachot, briser leurs
fers, et les guider, sous une forme corporelle, jusque
chez eux. La renommée de ces miracles s'était ré-
pandue chez toutes les nations. On disait que c'était
saint Mesrob qui avait planté cette croix. Il arriva ce
qu'avait annoncé le vartabed. Il fut racheté pour une
somme de 80 tahégans. Lorsqu'on l'eut reconduit,
le même jour, Molar-nouïn me dit : « N'aie pas de
chagrin du départ de ton vieux maître. Nous ne t'a-
vons pas laissé partir avec lui, parce que tu nous es
utile. Je t'élèverai au-dessus de mes plus grands officiers. Si tu as une femme, je te la ferai venir; si tu
n'en as pas, tu en choisiras une des nôtres. » Et à
l'instant, il me fit donner une tente et deux jeunes

garçons pour me servir. Il ajouta : «·Demain tu auras
un cheval, et je te rendrai content; mais sois-nous
fidèle. » A ces mots, il me quitta. Cependant la Providence voulut que cette nuit même je parvinsse à
leur échapper. Nous nous trouvions dans le lieu
même où j'avais été élevé, au couvent de Kédig [1].
Ce monastère avait été saccagé par les Tartares, et
brûlé. C'est là que je m'arrêtai.

RUINE DE LA VILLE DE LÔR'É, **Լօռէ** [2]. DÉTAILS A CE SUJET.

X. Le général de l'armée des païens, nommé *Djagataï*, **Չաղատայ**, ayant entendu dire que Lor'é
était une place forte renfermant des trésors considérables, car là se trouvait la maison du prince Schahënschah avec ses richesses, prit avec lui ses meilleurs soldats armés de toutes pièces, quantité de machines de guerre, et, muni d'approvisionnements,

---

[1] Couvent de l'Arménie orientale, renommé au moyen âge comme
centre d'études religieuses et littéraires, situé auprès des deux monastères non moins célèbres de Sanahin et de Hagh'pad; il était
dans la vallée de Dantzoud, district de Tzoro'phor, province de
Koukark'. Ce monastère était connu sous le nom de *Nor Kédig*,
Նոր Գեդիկ, ou Nouveau Kédig, et avait été bâti par Mékhithar
Kosch, non loin de l'ancien couvent de Kédig, *Hin Kédig*, **Հին
Գեդիկ**, lorsque ce dernier, qui avoisinait la forteresse de Gaïan,
eut été détruit.

[2] Capitale du district de Daschir, dans la province de Koukark'.
Elle fut fondée dans le xi⁰ siècle, ou peut-être restaurée seulement,
par David Anhogh'in (sans terre), fils de Kourkèn, et le second des
princes de la dynastie des Goriguians.

marcha contre cette cité, qu'il investit et attaqua.
Cependant Schahënschah en sortit à la dérobée avec
sa femme et ses enfants, et se retira dans la vallée
voisine, où il se retrancha dans des cavernes. Il
avait remis le commandement de Lôr'ê à ses beaux-
frères. Ceux-ci, qui étaient des efféminés, passant
leur temps à manger, à boire et à faire des orgies,
mirent toute leur confiance en la solidité de leurs
murailles et non point en Dieu. Les ennemis, à
leur arrivée, minèrent le rempart, et l'ayant fait
crouler, s'établirent en surveillance tout autour pour
empêcher que personne ne s'enfuît. Les habitants
voyant la ville prise, et effrayés, commencèrent à
se précipiter et à s'entasser dans la vallée. Alors les
Tartares, pénétrant dans Lôr'ê, massacrèrent impitoyablement tout ce qu'ils rencontrèrent, hommes,
femmes et enfants, et la livrèrent au pillage. Ils découvrirent les trésors appartenant à Schahënschah
et qu'il avait enlevés à ses sujets à force d'exactions.
Il les avait entassés dans une fosse solidement cons-
truite et impénétrable; car il avait pratiqué à cette
fosse une ouverture étroite, de manière que, si l'on
pouvait y jeter des trésors, il était impossible de
les en retirer. Les Tartares tuèrent les beaux-frères
de Schahënschah; puis, s'étant mis en quête de
toutes les forteresses du district, ils en prirent un
grand nombre, soit par ruse, soit de force. En effet le Seigneur les livrait entre leurs mains. Ils
traitèrent de la même manière les autres cités,
Toumanis, Ղուշանիս, Schamschouïldê, Շամշ

Զորավար[1], et Dĕph'khis, la métropole, les mirent à
sac, massacrèrent les habitants ou les réduisirent
en esclavage. Ils étendaient partout leurs excur-
sions, que signalaient la violence, le pillage et l'effusion du sang. Nul ne leur résistait, nul ne les
combattait. Aussi étaient-ils sans crainte d'aucun côté.
La reine de Géorgie, R'ouçoùdan, cherchant son
salut dans la fuite, se réfugia où elle put ; tous les
chefs songèrent pareillement à se mettre en sûreté.

LE PRINCE AVAK TOMBE ENTRE LES MAINS DES TARTARES.

XI. Le prince Avak, fils aîné d'Ivanê, voyant ce
déluge d'ennemis inonder tous les pays, se renferma
dans un château très-fort nommé *Gaïan*, Կայեան[2].
Les habitants de ce district accoururent et se canton-
nèrent autour de la place. Les infidèles ayant appris que le prince s'était retiré là, un de leurs chefs,
nommé *Itoukata*, Իտուղաթա, prit avec lui des
forces considérables et vint l'assiéger ; toute la contrée se remplit de troupes tartares. Comme les populations étaient accourues de tous côtés pour trouver un refuge dans ces lieux fortifiés, les Tartares
ceignirent d'une muraille le pied de la forteresse.
En même temps ils envoyèrent un message à Avak
pour l'inviter à reconnaître leur autorité, l'assurant

[1] Ou *Tĕmanis* et *Schamfchouldé*, villes de la province de Koukark',
sur les confins de la Géorgie.

[2] Forteresse du district de Tzoro'ph'or, dans la province de Koukark', mentionnée déjà au xi⁰ siècle par Jean Catholicos.

qu'il pouvait venir à eux sans crainte. Plusieurs fois ils renouvelèrent la même invitation. Mais Avak, pensant les gagner, leur livra sa fille et beaucoup de richesses, dans l'espoir que peut-être ils abandonneraient le siège. Les Tartares, ayant accepté ce qui leur était offert, insistèrent encore plus vivement pour que le prince vînt lui-même. Cependant ceux des habitants qui se tenaient autour de la forteresse et ceux qui étaient dans l'intérieur commencèrent à souffrir cruellement de la soif. Ils remirent leurs chevaux et leurs bestiaux aux Tartares, afin qu'ils laissassent quelques-uns d'entre eux aller chercher de l'eau. Ceux-ci le leur ayant permis, une foule de gens coururent se désaltérer; mais ils les empêchèrent de revenir sur leurs pas; cependant ils n'en tuèrent aucun; ils leur disaient de faire sortir leurs familles de la forteresse. Se trouvant ainsi au milieu des Tartares, dans une situation périlleuse, ils appelèrent les leurs, quoique bien à regret, et les nouveaux venus allèrent étancher leur soif. De cette manière, les ennemis les tinrent cernés au milieu d'eux. Ils s'emparèrent des femmes qui leur plaisaient, mettant à mort leurs maris, et laissèrent les autres à leurs époux. Avak, voyant qu'ils continuaient toujours le siège, et qu'ils ne cessaient de verser le sang, résolut de se livrer, espérant que peut-être les populations éprouveraient un meilleur traitement. Il députa donc Grégoire, surnommé familièrement *Dëgh'a'*, Տղայ (enfant), intendant de sa maison, vers le général tartare Tcharmagh'an, alors

campé sur le bord de la mer de Kegh'ark'ounik'[1].
En apprenant cette nouvelle, ce grand nouin fut
dans la joie, et il manda à Itoukata, qui condui-
sait le siége, de lui envoyer immédiatement le prince,
et de laisser en repos les gens de la forteresse et des
districts environnants. Itoukata se rendit aussitôt
avec Avak auprès du général en chef, qui, en voyant
ce dernier, lui dit : « Es-tu Avak? — Oui, répondit
le prince, c'est moi-même. — Pourquoi, reprit le
général, n'es-tu pas venu, dès mon arrivée sur les
confins de ton pays? — Lorsque tu étais éloigné, dit
Avak, et que mon père vivait encore, il t'a fait sa
soumission en t'envoyant de riches présents. Après
sa mort, je t'ai servi suivant mon pouvoir; et maintenant, dès que tu es arrivé, je suis venu à toi avec
empressement. Fais de moi ce qu'il te plaira. » Le général reprit : « Il y a un proverbe qui dit : Je me suis
mis à la fenêtre, tu n'es pas arrivé; je suis venu à
la porte, et alors tu es accouru. » En même temps il
lui ordonna de s'asseoir au-dessous de ses principaux
officiers, qui siégeaient en sa présence. Il fit servir
un grand festin en son honneur; on apporta quantité
de viandes d'animaux purs ou impurs, découpés par
quartiers et rôtis, et du koumis, *խմոր*, fait avec
du lait de jument, suivant la coutume tartare, et
contenu dans des outres. Ces mets ayant été servis,

---

[1] Appelée aussi autrefois par les Arméniens *mer de Kegh'am* ou
lac de Sévan, aujourd'hui گوکچه دکز, *mer Bleue*, par les Turcs, et
دریای شیرین, *Belle-Mer*, par les Persans.

les Tartares se mirent à manger et à boire. Comme
Avak et ceux qui l'avaient accompagné s'en absté-
naient, le général leur dit: «Pourquoi ne mangez-
vous pas, vous aussi?» Avak lui répondit : «Ce n'est
point la coutume des chrétiens d'user d'aliménts et
de boissons de ce genre. Nous nous nourrissons seulement de la viande des animaux purs que nous avons
égorgés, et notre boisson est le vin. Le général ordonna de leur fournir ce qu'Avak demanderait. Le
lendemain il le fit asseoir au-dessus de nombre
de chefs les plus considérables. C'est ainsi qu'Avak .
voyait chaque jour croître son crédit, au point que
le général mongol lui donna rang parmi ses principaux officiers. En même temps il ordonna à son armée d'attaquer les forteresses et les villes qui n'avaient
point encore reconnu l'autorité des Tartares. Les habitants du pays d'Avak commencèrent à respirer librement, et une foule de captifs recouvrèrent leur
liberté par considération pour lui. Toharmagh'an,
non-seulement lui rendit les possessions qui lui appartenaient, mais encore y en ajouta d'autres, et
contracta avec lui une indissoluble amitié; puis,
l'ayant emmené ainsi que ses troupes, il marcha
contre la ville d'Ani.

TOUCHANT ANI, ET COMMENT LE SEIGNEUR LIVRA CETTE
VILLE ENTRE LES MAINS DU GÉNÉRAL MONGOL.

XII. Cette cité était remplie de population et d'animaux. Elle était protégée par de solides remparts;

dans ses murs s'élevaient un si grand nombre d'églises, que, dans les serments que l'on proférait, on jurait par les mille et une églises d'Ani. Elle regorgeait de richesses. Cette prospérité l'entraîna à l'orgueil, et l'orgueil à sa ruine, comme cela a toujours eu lieu depuis l'origine des choses. Tcharmagh'an ayant envoyé des parlementaires aux habitants pour les inviter à se soumettre, les principaux n'osèrent point donner de réponse sans avoir consulté auparavant Schahĕnschah, sous la domination duquel était Ani; mais la multitude et la populace massacrèrent les parlementaires. Les infidèles, furieux, investirent la ville de toutes parts; ils dressèrent des balistes avec un art parfait; puis, l'ayant attaquée avec vigueur, ils l'emportèrent d'assaut. Plusieurs des principaux parmi les assiégés favorisèrent les ennemis, et obtinrent ainsi la vie sauve. Cependant les Tartares invitèrent les habitants à sortir des murs, leur promettant de ne leur faire aucun mal.

Lorsque tous furent accourus, ils se les partagèrent entre eux, et, mettant l'épée à la main, les égorgèrent impitoyablement. Un petit nombre de femmes, d'enfants et d'artisans furent épargnés et emmenés en esclavage. Après quoi, ayant pénétré dans Ani, ils s'emparèrent de tout ce qu'elle contenait de richesses, pillèrent les églises, saccagèrent la ville entière, détruisant et mutilant ses plus beaux monuments. Quel déchirant spectacle! Les parents massacrés et gisant avec leurs enfants, entassés les uns sur les autres comme des monceaux de pierres; les prêtres et les

ministres des saints autels étendus çà et là sur la
surface de la plaine, la terre trempée du sang et
de la graisse des blessés; des corps délicats et habitués à être lavés au savon, devenus livides et tumé-
fiés. Ceux qui n'avaient jamais franchi la porte de la
ville étaient traînés en servitude, sans chaussures
et à pied; des fidèles qui participaient au corps et au
sang sacrés du Fils de Dieu se repaissaient d'animaux
impurs et étouffés, et buvaient le lait d'immondes
juments: des femmes modestes et vertueuses étaient
livrées aux outrages d'hommes impudiques et lascifs;
des vierges saintes, consacrées à Dieu, et qui avaient
fait vœu de conserver leur corps dans la chasteté et
leur âme sans tache, étaient la proie du premier venu
et violées. Telle fut l'issue de ce siége.

RUINE DE LA VILLE DE GARS.

XIII. Les habitants de Gars, ayant vu ce que les
Tartares avaient fait à Ani, s'empressèrent d'aller
leur offrir les clefs de leur ville, espérant obtenir
merci; mais, comme ces mécréants étaient affamés
de butin, et qu'ils ne redoutaient rien, ils ne déro-
gèrent point à leur usage en leur faisant éprouver
le même traitement qu'aux autres, en les pillant,
en les massacrant, en ruinant leur cité, qu'ils dépouillèrent de ses richesses, et dont ils emmenèrent la population en captivité. Après y avoir laissé
un petit nombre de gens de basse classe, ils s'éloignèrent; mais plus tard les troupes du sulthan de

Roum prirent ceux qui avaient échappé aux Tartares ou les passèrent au fil de l'épée. Ainsi s'accomplit ce qui est écrit: « L'épouvante, la fosse et le piége vous menacent, ô habitants de la terre! Celui qui fuira par crainte tombera dans la fosse, celui qui sortira de la fosse n'évitera point le piége, et celui qui échappera au piége, un serpent le piquera. » C'est ce qui arriva aux malheureux habitants de Gars. Ces mêmes troupes prirent la ville de Sourp-Mari, Սուրբ Մարի [1], que quelques années auparavant Schahënschah et Avak avaient enlevée aux Dadjigs, et qu'ils avaient depuis peu restaurée. Tout à coup survint un des principaux chefs tartares, nommé *Kara-Bahadour*, Քարա Բահատուր, avec des forces considérables; il se rendit maître de la ville et s'empara de tout ce qu'il y trouva.

Lorsque les Mongols eurent accompli ces dévastations, ils donnèrent l'ordre à ceux qui avaient échappé au tranchant du glaive et à la captivité de rentrer chacun chez soi, dans les villes et les villages, de les rebâtir au nom de leurs nouveaux maîtres et de leur rester soumis. Le pays commença peu à peu à refleurir; car Dieu se souvient toujours de sa miséricorde dans les moments de sa colère; et c'est ce qu'il fit en cette occasion; car il ne nous traita pas suivant nos péchés, il ne nous punit pas suivant la mesure de notre impiété. C'était pendant l'été que les Tartares firent cette incursion chez nous,

---

[1] Place forte, բերդաքաղաք, de la province d'Ararad, située dans le district de Djagadk', suivant Thomas de Medzoph'.

et la moisson n'était pas encore recueillie et renfer-
mée dans les greniers. Avec leurs chevaux et leurs
animaux, ils détruisirent et foulèrent tout aux pieds.
Aux approches de l'hiver, lorsqu'ils partirent pour
rentrer dans la plaine de Mough'an, en Agh'ouanie (car c'était là qu'ils établissaient leurs campements d'hiver, pour se répandre au printemps de
côté et d'autre), les populations qui avaient évité la
mort restèrent nues et sans provisions pour leur
subsistance. Elles se nourrirent des épis qui étaient
tombés et qui avaient été foulés aux pieds. Cet hiver
ne fut pas aussi rude que dans les temps ordinaires,
mais tempéré et à souhait. Comme on n'avait point
de bœufs pour labourer, ni de semence pour la con-
fier aux sillons des champs au retour du printemps,
Dieu voulut que la terre produisît d'elle-même ce
qui était nécessaire pour alimenter les populations;
l'abondance régna partout. Les fugitifs qui s'étaient
retirés en divers lieux furent sauvés. L'impitoyable
nation géorgienne elle-même nous manifesta une
grande sympathie, et prodigua des secours à ceux
qui avaient émigré chez elle. C'est ainsi que Dieu,
dans sa miséricorde, consola ces pauvres affligés.

LE PRINCE AVAK EST ENVOYÉ AU KHAKHÁN, EN ORIENT.

XIV. Peu de temps après les événements que
nous venons de raconter, ils envoyèrent Avak à leur
souverain, qu'ils appellent *Caan*, ղաան, bien loin vers
le nord-est; car c'est ainsi qu'ils traitaient les grands

personnages qu'ils voulaient honorer : ils les faisaient
partir pour la cour de ce prince. C'est par ses ordres
qu'ils agissajent en tout; ils étaient en effet de rigides
exécuteurs de ses volontés. Avak lui-même y mit
de l'empressement, pensant que peut-être sa bonne
volonté serait comptée pour quelque chose en sa
faveur et en faveur de son pays. Tous offraient leurs
prières à Dieu pour obtenir un bon voyage à ce
prince bienveillant par caractère, et surtout dans
l'espoir que ce voyage leur serait avantageux. Avak,
s'étant mis en route, arriva auprès du grand roi,
et lui montra les lettres des généraux tartares, en
lui exposant les motifs de son arrivée, qui étaient
de lui témoigner son obéissance. Le monarque, après
avoir entendu Avak, l'accueillit avec amitié. Il lui
donna pour femme une Tartare, et le renvoya chez
lui. Il écrivit en même temps à ses généraux de
lui rendre ses États, et avec son aide de réduire
tous ceux qui résistaient encore, comme cela eut
lieu en effet; car lorsque Avak fut revenu, les généraux tartares exécutèrent les ordres de leur souverain. Ils reçurent aussi la soumission de Schahĕnschah, fils de Zak'arê, du prince Vahram et de son
fils Ak-bouga, de Haçan, ﺡﺎﺳﺎﻥ, surnommé *Dje-*
lâl, ﺟ ﺍﻻﻝ [1], prince du district de Khatchên, et
celle d'un grand nombre d'autres. Ils les laissèrent

---

[1] Dans le chapitre suivant, Guiragos écrit tout au long le nom de
ce prince Djelâl-eddin, ﺟ ﺍﻻﺍﺩﯾﻦ, *Dchalalatïn,* « l'illustration de
la religion, » et Vartan, Djelâl-eddaula, ﺟ ﺍﻻﺍﺩﻭﻟﮫ, *Dchalaladôlé,*
« l'illustration de l'empire. »

en jouissance de leurs possessions et en repos pendant quelque temps; mais ensuite ils se mirent à
les tourmenter par leurs exactions, par leurs al-
lées et venues, et par le service militaire qu'ils leur
imposaient. Cependant, tout en leur faisant subir ces
vexations, et de plus fortes encore, ils n'ôtaient fa
vie à personne. Au bout de quelques années, Avak
fut aussi en butte à des tracasseries; car les Tartares
étaient extrêmement avides, et il ne pouvait jamais
rassasier tous leurs désirs. Ils ne se contentaient pas
de manger et de boire; ils exigeaient aussi des chevaux et des vêtements de grand prix. Ils étaient, en
effet, très-amateurs de chevaux; aussi prirent-ils tous
ceux du pays, et personne ne pouvait en liberté conserver un cheval ou un mulet, si ce n'est par hasard
et en cachette. Partout où ils rencontraient un de ces
animaux, ils s'en emparaient, surtout lorsqu'il portait leur marque imprimée; car tous ceux qu'ils
prenaient recevaient, par l'ordre de chacun de leurs
généraux, son empreinte particulière, avec un fer
chaud, sur un de leurs membres. Quoique ensuite on
les leur rachetât, si quelque Tartare survenait appartenant à un corps d'armée différent, il le reprenait et pu-
nissait le possesseur comme un voleur. Ce n'étaient
pas seulement les plus considérables d'entre eux qui
agissaient de la sorte, mais les inférieurs aussi. Ces
déprédations se reproduisirent encore plus fréquemment lorsque périt le général Djagataï, tué pendant
la nuit par les Melahidé. Cet événement fut cause
du massacre des captifs qui étaient dans l'armée. Ce

Djagataï était l'ami d'Avak, et lorsqu'il mourut, un grand nombre d'ennemis se déclarèrent contre ce dernier. Un jour, dans la maison d'Avak, un des chefs mongols, qui n'était pas des plus qualifiés, entra dans le pavillon où était assis ce prince; et comme celui-ci ne se leva pas immédiatement pour s'avancer vers lui, il le frappa à la tête avec le fouet de son cheval, qu'il tenait à la main. A cette vue, les serviteurs d'Avak, indignés de l'outrage fait à leur maître, se précipitèrent pour frapper l'agresseur; mais le prince les retint, quoiqu'il fût lui-même très-irrité. Ce chef, qui se nommait *Dchodch-Bouga*, ֹ֍ܝ ܔ݆ܝܡ, s'étant retiré, s'adjoignit quelques compagnons, et voulut pendant la nuit tuer Avak. Celui-ci, ayant connu ses intentions, s'enfuit auprès de la reine de Géorgie, pensant qu'elle était en état d'hostilité avec les Tartares, puisqu'elle s'était réfugiée dans les parties inaccessibles de son royaume. La raison pour laquelle ils multipliaient leurs déprédations, c'est que leur généralissime, Tcharmagh'an, avait perdu l'usage de la parole sous l'influence d'un démon et des douleurs qu'il éprouvait[1]. Cependant on n'avait pas retiré le pouvoir à sa famille, et sa femme et ses fils, secondés par des officiers de sa maison, dirigeaient les affaires; car le khakhan le voulait ainsi. De plus, il avait ordonné que, si Tchamagh'an venait à mourir, le corps accompagnerait partout l'armée, parce que c'était un homme heureux dans ses entreprises et d'un très-grand mérite.

---

[1] Sans doute par suite d'une attaque de paralysie.

Lorsqu'Avak eut pris la fuite, les principaux d'entre les Tartares en eurent du regret, et ils inculpèrent celui qui en était la cause. Ils envoyèrent un message à Avak pour lui dire de ne pas se séparer d'eux, promettant, par serment, de ne lui faire aucun mal. Ils donnèrent sa principauté à Schahěnschah, comme à un frère, et parce qu'il leur témoignait un grand dévouement. Sur ces entrefaites Avak écrivit au khakhan pour lui dire qu'il n'avait pas renoncé à son obéissance, mais qu'il s'était sauvé pour éviter la mort, et qu'il était toujours à ses ordres. Tandis qu'il tardait de revenir et qu'il attendait la réponse du grand roi, les Tartares, s'étant mis à la recherche de ses trésors, les découvrirent cachés dans ses forteresses. Ils lui députèrent de nouveau message sur message, l'invitant à retourner; car ils redoutaient leur souverain. A peine était-il rentré au camp, qu'arriva un ordre du khakhan à ses troupes, qui portait que personne n'osât rien entreprendre contre Avak; il y avait aussi pour lui une lettre et des présents, avec l'assurance qu'il pouvait aller partout en liberté et sans rien craindre. Après que les Tartares lui eurent témoigné leur déférence, ils chassèrent du camp ceux qui en voulaient à sa vie et l'envoyèrent, en compagnie d'un officier appelé *Tongouz-aga*, ꞨⱷⱶꞑⱷⱵⱷ ⱳⱶⱳ, venu pour une levée générale des impôts de la part du khakhan, auprès de la reine de Géorgie, R'ouçoudan, afin de l'inviter à venir reconnaître l'autorité du grand roi. Avak et cet officier s'acquittèrent de leur mission et assurèrent R'ouçoudan .qu'elle ne devait avoir aucune appréhension. Ayant pris un corps de troupes qu'elle leur confia, ils retournèrent vers ceux qui les avaient envoyés, après avoir conclu un traité dans lequel il fut stipulé que la reine serait soumise aux Tartares, entretiendrait paix et amitié avec eux, ainsi que son fils David, encore enfant, qu'elle venait de faire couronner, et, de plus, que les Tartares seraient fidèles à ce traité.

MASSACRES QUI EURENT LIEU DANS LE PAYS DE KHATCHÊN. TOUCHANT LE PIEUX PRINCE DJELÂL-EDDIN.

XV. Nous avons exposé très-sommairement les excès que commit chez nous l'armée forcenée des Tartares. Nous parlerons maintenant du district de Khatchên et de ce qu'ils y firent; car ils avaient étendu sur tous les points leurs incursions, et s'étaient partagé au sort les divers pays. Quelques-uns de leurs chefs arrivèrent dans ce district avec des forces et des armements considérables, et avec tout leur attirail de campement. Ils firent prisonniers ou tuèrent quantité de gens dans les lieux ouverts; ensuite ils attaquèrent ceux qui avaient émigré dans des endroits fortifiés. Ils en tirèrent les uns par ruse, les autres par force; plusieurs furent faits captifs ou tués. Un grand nombre s'étaient retranchés dans des lieux sûrs et dont l'accès difficile les avait fait nommer *Havakhagh'ats*, Հաւախաղաց (hantés par les oiseaux). Cantonnés là, ils y vivaient tranquilles; mais comme

nos malheurs nous étaient infligés par le Seigneur,
les Tartares, arrivant tout à coup à la dérobée, pénétrèrent dans ces retraites; ils livrèrent au tranchant du glaive cette multitude, et en précipitèrent
une partie du haut des rochers escarpés. La terre
disparut sous l'accumulation des cadavres de ceux qui
avaient été précipités, et le sang coula en ruisseaux
comme de l'eau. Nul ne fut épargné; longtemps après,
les ossements de ces victimes apparaissaient entassés
là comme des monceaux de pierres. Les Tartares
marchèrent aussi contre le prince Haçan, surnommé
Djelâl, lequel était fils de la sœur des grands princes
Zak'arê et Ivanê; c'était un homme pieux, aimant
Dieu, doux et affable, plein de charité et ami des
pauvres, persévérant dans la prière et dans les vœux
qu'il adressait au Seigneur, comme les solitaires
du désert. Il accomplissait, sans y manquer, les offices du jour et de la nuit, partout où il se trouvait,
avec la même exactitude que les moines. Il célébrait la mémoire de la Résurrection du Sauveur en
veillant debout le dimanche, sans prendre un instant de sommeil. Il était l'ami zélé des prêtres, dévoué à l'étude, assidu à la lecture de l'Écriture sainte.
Sa pieuse mère, nommée *Dougaig*, Ｓｎ̃ｕ̀ｌ̀ｐｌ̀ [1], après
la mort de son mari Vakhthang, Ｕ ｗ̀ｌｕｐ-ｗ̀ｌ̀ｕ, avait
élevé ses trois fils Djelâl, Zak'arê et Ivanê. Elle se
rendit dans la sainte cité de Jérusalem, et y de-
meura plusieurs années, se livrant à de rudes austé-

---

[1] Manuscrit B, Ｓｗ̃ｕ̀ｌ̀ｐｌ̀. C'est un surnom familier, sous la forme
d'un diminutif. Vartan dit que cette princesse s'appelait *Khorischah*.

rités, qui remplissaient d'admiration ceux qui en étaient témoins; elle distribua tout ce qu'elle possédait aux pauvres et aux malheureux, à l'exemple d'Hélène, femme d'Abgar, et les nourrissait elle-même du travail de ses mains. Elle mourut dans cette ville, et Dieu glorifia celle qui le glorifiait : une clarté en forme de coupole apparut sur son tombeau, afin d'exciter à imiter ses bonnes œuvres. Ce sage prince (Djelâl), voyant accourir les Tartares, rassembla les habitants de sa contrée dans la forteresse appelée en langue perse *Khôkhanapert*, Խոխանա֊ բերդ [1]. Les Tartares l'ayant invité à venir à eux avec amitié et en paix, il sut d'abord très-prudemment se les concilier; après quoi il se rendit à leur appel, en leur apportant de riches présents. Ils le traitèrent avec honneur et lui rendirent sa principauté, en y joignant même d'autres possessions. Ils lui prescrivirent en même temps de se réunir à eux chaque année pour aller faire la guerre, et de leur garder obéissance et fidélité. Il administra sa principauté avec beaucoup d'habileté. Il recueillait tout ce qui était possible pour les besoins des Tartares qui allaient et venaient chez lui, soit provisions de bouche, soit autres choses, en y ajoutant ce qui lui appartenait en propre; il pourvoyait ainsi à ce qui leur manquait quand ils arrivaient. Aussi le pays était res-

---

[1] Ou Khôïakhanapert, Խոյախանաբերդ. La forteresse de Khôïakhan ou Khôkhan, dans la province d'Artsakh, était située en face de celle de Kantzaçar, qui appartenait aussi à Haçan, et où se trouvait un couvent du même nom, qui était le lieu de la sépulture des princes de cette famille.

pecté par eux; mais c'était le seul où il en fût ainsi;
partout ailleurs ils maltraitaient les populations.

PORTRAIT DES TARTARES. DESCRIPTION ABRÉGÉE.

XVI. Aspirant à laisser aux générations futures un
souvenir, nous qui, par l'espoir de notre salut, attendons d'être délivrés des misères qui nous acca-
blent, nous ferons connaître en peu de mots aux
esprits curieux les traits et le langage des Tartares.
Leur aspect était horrible et repoussant; point de
barbe, si ce n'est à peine chez quelques-uns; seulement, à la lèvre et au menton, des poils si rares que
l'on aurait pu les compter; l'œil étroit et vif, la voix
grêle et perçante; vivant et résistant longtemps.
Lorsqu'ils avaient des provisions en abondance, ils
mangeaient et buvaient avec une avidité insatiable,
et lorsqu'ils étaient dans le dénûment, ils suppor-
taient facilement la faim. Ils se nourrissaient de la
chair de toutes sortes d'animaux purs ou impurs;
mais ils préféraient celle de cheval. Ils dépeçaient les
animaux par quartiers, les faisaient bouillir ou rôtir
sans sel; puis ils les coupaient en petits morceaux,
et, après les avoir trempés dans de l'eau salée, les
mangeaient. Ils prenaient leur nourriture, les uns
accroupis sur les genoux, comme les chameaux, les
autres assis; dans leurs repas, la part était égale
pour les maîtres et pour les serviteurs. En buvant le
koumis ou le vin, l'un d'eux prenait un grand vase
à la main, et y puisant avec une petite coupe, lan-

çait le liquide vers le ciel, puis vers l'orient, l'occident, le nord et le sud; après ces libations, ayant bu un peu du contenu de la coupe, il la présentait aux chefs principaux. Si on leur apportait des mets ou de quoi boire, ils en faisaient d'abord goûter à celui qui les leur servait, voulant ainsi s'assurer qu'il n'y avait pas de poison. Ils prenaient autant de femmes qu'ils voulaient; mais chez eux ils punissaient impitoyablement de mort l'adultère, tandis qu'eux-mêmes, partout ailleurs, avaient commerce indistinctement avec les femmes étrangères. Ils ne pouvaient souffrir le vol, à tel point qu'ils faisaient subir, à ceux qui s'en rendaient coupables, une mort cruelle. Ils ne professaient aucun culte, ne connaissaient aucune cérémonie religieuse; cependant ils avaient le nom de Dieu à la bouche dans toutes les occasions. Invoquaient-ils ainsi Dieu, l'Être existant par lui-même, ou quelque autre divinité? C'est ce que nous ignorons, et ce qu'ils ne savaient pas sans doute eux-mêmes. Ils répétaient souvent que leur souverain était l'égal de Dieu, que Dieu avait pris le ciel en partage, et qu'il avait donné la terre au khakhan. Pour le prouver, ils affirmaient que Tchinguiz-khan, père du khakhan actuel, n'avait point été engendré de la semence d'un homme, mais qu'une lumière, partant de lieux invisibles, était entrée par le toit de la maison de sa mère, et lui avait dit : « Conçois, et tu auras un fils qui sera le souverain du monde. » Telle était, suivant eux, la manière dont ce monarque était né. Ceci nous a été raconté par le prince Grégoire, fils de Marzban, Մարզպան, et frère d'Arslan-beg, Արսլանբեկ, de Sarkis et d'Amira', Ամիրայ, de la famille des Mamigoniens; il avait entendu ce récit de la bouche de l'un des premiers personnages parmi les Tartares, nommé *Gh'outhoun-nouïn*, Ղութուն նուին, un jour que celui-ci instruisait de jeunes enfants. Lorsque l'un des Tartares venait à mourir, ou qu'eux-mêmes le mettaient à mort, ils le transportaient avec eux pendant plusieurs jours, car ils croyaient qu'un démon, entrant dans le corps du défunt, faisait entendre une foule de billevesées, ou bien ils le brûlaient; quelquefois aussi ils l'enterraient dans une fosse profonde, avec ses armes et ses vêtements, l'or et l'argent qui formaient son patrimoine. Si c'était un de leurs chefs, on enterrait aussi avec lui plusieurs de ses esclaves, hommes et femmes, afin de le servir, disaient-ils, et des chevaux, parce qu'ils prétendaient que dans l'autre monde il se livrait de grands combats. Pour perpétuer la mémoire du défunt, ils fendaient le ventre de son cheval et retiraient par cette ouverture toute la chair sans aucun os; ensuite ils brûlaient les intestins et les os; puis ils cousaient la peau de l'animal comme si son corps eût été entier, et lui passant par le ventre un bâton pointu qu'ils faisaient sortir par la bouche, ils suspendaient cette peau à un arbre ou à un endroit élevé. Leurs femmes étaient magiciennes, et jetaient des charmes sur tout. Ce n'est que d'après la décision de leurs sorciers et de leurs magiciens qu'ils se mettaient en marche, et après qu'ils avaient rendu leurs oracles.

Leur langage était barbare et inintelligible. Voici une liste de quelques-uns de leurs mots [1] :

Dieu, Թանկրի, *Thangri*, ou .

Homme, էրէ, *éré*, [2].

Femme, իմէ, *imé*, [3].

Père, էզգա, *ēzga*, .

Mère, ակա, *ak'a*, .

Frère, աղա, *agh'a*, .

Sœur, ակաջի, *ak'adji*, .

Tête, թիռոն, *thirón*, .

Yeux, նիդուն, *nidoun*, .

Oreilles, չիքին, *tchik'in*, .

Barbe, սախալ, *sakhal*, .

Figure, *'iauz-niour* [4], .

Bouche, աման, *aman*, .

Dent, սիտուն, *sitoun*, .

Pain, *óthmank'* [5], اوتمانك (*turk*).

Huile, ակար, *ak'ar*.

Vache, ունէն, *ounén*, .

Brebis, ղուինու, *gh'ouínu*, .

Agneau, ղուրղան, *gh'ourgh'an*, .

Chèvre, իման, *iman*, .

Cheval, մóri, *móri*, .

Mulet, լուça, *louça*, (*mantchou*).

Chameau, թաման, *thaman*, .

Chien, նաukha, *naukha*, .

Loup, զինա, *zina*, .

Ours, *aïthk'ou*, .

---

[1] Cette liste étant le plus ancien spécimen de la langue mongole que nous possédions, je la reproduis ici; les noms en regard desquels manque le mot mongol sont ceux que je n'ai pu retrouver dans les dictionnaires de MM. Schmidt et Kowaleski. Quelques-uns appartiennent au turk, à l'arabe, et un a été retrouvé en mantchou par M. Stanislas Julien. Je dois aussi à l'obligeance de ce savant sinologue l'identification de cinq mots mongols.

[2] Ms. B. , *harérian*.

[3] Ms. B. , *aph'dchi*.

[4] Ms. B. , *'iógh'*.

[5] Ms. B. , *aurmag*.

Renard, *Հաանքան*, haank'an, ܚܢܩܢ.

Lièvre, *Թափըլղա*, thapĕlgh'a' [1].

Oiseau, *Թախիա*, thakhia.

Colombe, *քաւքաչիա*, k'au-k'atchia, ܟܘܟܐܟܝܐ [2].

Aigle, *ղուշ*, gh'ousch [3].

Eau, *ուցուն*, ouçoun, ܐܘܨܘܢ.

Vin, *դարացու*, dara-çou, ܕܪܨܘ.

Mer, *դանքըզ*, dankĕz, دكز (turk) [4].

Fleuve, *oulan-çou*, oulan-çou, ܐܘܠܢܨܘ [5].

Épée, *khôldou*, khôldou.

Arc, *nĕmou*, nĕmou, ܢܡܘ.

Flèche, *sĕmou*, sĕmou, ܣܡܘ.

Roi, *mélik'*, mélik', ملك (ar.).

Prince, *nouïn*, nouïn, ܢܘܝܢ.

Grand prince, *ĕk'anouïn*, ĕk'anouïn, ܪܒ ܢܘܝܢ.

Terre, *ĕl*, ĕl [6].

Ciel, *k'ouk'o'*, k'ouk'o', ܟܘܟܐ (ce qui est bleu).

Soleil, *naran*, naran, ܢܪܢ.

Lune, *sara*, sara, ܣܪܐ.

Astres, *sargh'a*, sargh'a [7].

Lumière, *audour*, audour.

Nuit, *souïni*, souïni, ܣܘܝܢܝ.

Écrivain, *pithik'tchi*, pithik'-tchi, ܦܝܬܟܟܝ.

Satan, *par'ahour'*, par'a-hour' [8].

et autres noms aussi barbares, qui nous ont été inconnus pendant longtemps, et que maintenant nous avons appris malgré nous.

Leurs chefs les plus considérables, placés au-dessus de tous les autres, sont les suivants : le commandant suprême de l'armée, Tcharmagh'an-nouïn, chargé en outre de rendre la justice, et ses assesseurs,

[1] Ms. B. *thoula*, thoula, ܬܘܠܐ.

[2] Ms. B. *h'outcha*, h'outcha.

[3] Ms. B. *pourk'oaï*, pourk'oaï, ܦܘܪܟܘ.

[4] Ms. B. *naour*, naour, ܢܐܘܪ.

[5] Ms. B. *môran*, môran, ܡܘܪܢ.

[6] Ms. B. *irgan*, irgan, ܐܪܓܢ (monde).

[7] Ms. B. *houdoud*, houdoud.

[8] Ms. B. *ĕléb*, ĕléb.

Israr-nouïn, [խարար նույն] [1], Gh'outhoun - nouïn [2],
Douthoun - nouïn, [Չութուն նույն] [3], et Djagataï,
qui dirigeait l'armée et qui fut tué par les Mehalidé.
Ils avaient aussi beaucoup d'autres généraux, et leurs
troupes étaient innombrables.

LE DOCTEUR SYRIEN.

XVII. La divine Providence, qui veut que toutes
ses créatures conservent la vie, suscita par sa bonté,
au milieu des Tartares, un homme craignant Dieu et
pieux, Syrien de nation, nommé *Siméon*. Il portait
le titre de *père de leur souverain*, c'est-à-dire du khakhan, comme ils appellent ce prince, ou *rabban-atha*,
[ռաբանաթայ] : en syriaque *rabban* signifie « docteur; » et *atha* en tartare veut dire « père. » Cet homme
ayant appris que les chrétiens étaient impitoyablement massacrés, se présenta devant le khakhan, et
lui demanda un rescrit adressé aux troupes et leur
enjoignant de ne point exterminer indistinctement
des populations innocentes, désarmées, qui n'oppo-
saient aucune résistance, et de leur laisser la vie pour
qu'ils devinssent des sujets obéissants. Le khakhan le
congédia avec une pompe magnifique, et en le char-
geant pour le général en chef d'un ordre écrit, dans
lequel il intimait à tous de se conformer aux volontés du docteur syrien. Siméon étant parti pour rem-

---

[1] Ms. B. *Khsrar-nouïn,* [խսրար նույն].
[2] Ms. B. *Tchor'thoun-nouïn,* [Չորթուն նույն].
[3] Le manuscrit B omet ce nom.

plir sa mission., devint d'un grand secours aux chrétiens, en les arrachant à la mort et à l'esclavage.
Il bâtit des églises dans des villes musulmanes, où
l'on n'osait point auparavant prononcer le nom du
Christ, principalement à Tauris, *[arménien]*, et à
Nakhdjavan, où les infidèles nous étaient, plus que
partout ailleurs, hostiles. Dans ces villes, les chrétiens n'osaient ni se montrer, ni circuler publiquement, encore moins élever des églises ou des croix;
Siméon éleva des croix et des églises; il voulut que
le *jamahar*, *[arménien]* [1], retentît de nuit comme
de jour, que l'on conduisît ostensiblement les morts
à la sépulture, avec la croix et l'Évangile, et l'ap-
pareil de la liturgie, suivant le rite des chrétiens.
Tous ceux qui s'y opposeraient devaient être mis à
mort. Aussi personne n'osait enfreindre cet ordre;
bien plus, les troupes tartares avaient pour lui la
même déférence que pour leur souverain, et ne prenaient ou n'exécutaient aucune résolution sans le consulter. Tous ses compatriotes livrés au commerce,
et pourvus de son *tamga*, *[arménien]*, c'est-à-dire d'un
écrit revêtu de sa signature, circulaient partout
librement. Personne n'osait toucher à ceux qui invoquaient son nom. Les généraux tartares lui offraient des présents pris sur le butin qu'ils avaient
fait. C'était un homme modeste de caractère, tempérant dans le boire et le manger; il ne prenait qu'un

---

[1] Crécelle ou instrument de bois qui, par le bruit qu'il produit
lorsqu'il est agité ou frappé avec un autre morceau de bois, sert en
Orient à appeler les fidèles à la prière.

peu de nourriture vers le soir. C'est ainsi que Dieu,
par le ministère de Siméon, consola son peuple er-
rant dans l'exil. Il baptisa nombre de Tartares. Sa
vie admirable inspirait à chacun le plus profond
respect et la crainte. Lorsque je traçais ces lignes,
nous étions en 690 de l'ère arménienne (20 janvier 1241-19 janvier 1242). Le roi des Arméniens
était le pieux Héthoum[1]; le brave Sĕmpad, son frère,
était généralissime; le prince des princes était Constantin, leur père; le catholicos qui occupait le siége
de saint Grégoire était Constantin, vertueux vieil-
lard, qui résidait à Hr'om-Gla'; le seigneur Basile,
frère du roi Héthoum, était archevêque et successeur
désigné du catholicos; le catholicos des Agh'ouans
était le seigneur Nersès, homme doux et bon, lequel,
à cette époque, habitait le couvent de Khamisch,
dans le district de Miaph'or[2]; Jean, son neveu (fils
de frère), était archevêque, nouvellement consacré;
les Tartares avaient la domination universelle, et
moi je comptais quarante ans d'âge, un peu plus ou
un peu moins.

[1] Le roi Héthoum Ier régna, d'après la Chronique de Sĕmpad de
Cilicie, de 1226 à 1270.

[2] Ce district était compris, suivant Tchamitch, dans la province
de Koukark'; Indjidji (*Arm. anc.* p. 527-528) le place, d'après l'autorité d'Étienne Orbélian, entre la province d'Artsakh, le district
de Kartman, qui faisait partie de cette province, et les bords du lac
de Kegh'am.

(La suite dans le prochain cahier.)

REMARQUES

SUR

QUELQUES DICTIONNAIRES JAPONAIS-CHINOIS,

ET SUR LA NATURE DES EXPLICATIONS QU'ILS RENFERMENT,

PAR L. LÉON DE ROSNY.

Le but que je me propose est de présenter ici quelques observations sur la nature et la disposition des lexiques publiés par les Japonais, dans l'intention d'en faciliter l'usage à ceux qui s'intéressent à la langue et à la littérature de ces insulaires de l'Asie orientale.

Les dictionnaires japonais, du moins ceux qui sont parvenus jusqu'à nous, sont bilingues, c'est-à-dire japonais et chinois. Ils se divisent en deux classes : la première renferme les vocabulaires, rangés selon l'ordre des mots japonais, et disposés d'après leur syllabe initiale; ils sont destinés à indiquer aux lettrés du Nippon, qui ont souvent l'habitude d'écrire en chinois, les différents signes de l'écriture idéographique qui répondent aux mots de leur langue maternelle. La seconde classe comprend les lexiques chinois-japonais, c'est-à-dire ceux qui présentent l'ex-

plication des caractères figuratifs par leurs équivalents dans l'idióme particulier du Japon.

Nous allons examiner successivement quelques
ouvrages de la nature de l'une et de l'autre des deux
classes mentionnées ci-dessus.

Le 書 言 字 考 *Syo-gen-zi kô*, ou *Cho
gen-ji kô*, « Examen des mots et des caractères [qui
se rencontrent] dans les livres », forme dix volumes
in-8°, dont la rédaction est due à un lettré japonais
du nom de *Makino-sima Teroutake*. La préface de
l'auteur est datée de Yédo, la onzième année du *nengo*
ou ère impériale *Gen-rok* (1698 de notre ère).

Cet important lexique est disposé en quarante-cinq
sections principales, répondant aux lettres de l'*irofa* ou
syllabaire japonais; mais, après cette première division, l'ordre alphabétique est abandonné, et les mots
sont placés le plus souvent pêle-mêle sous plusieurs
rubriques dont l'usage est assez fréquent dans les
vocabulaires des Japonais. et dont il ne nous paraît
pas inutile de dire quelques mots.

Si nous voulons recourir à l'explication d'un mot
japonais quelconque dans le *Syo-gen-zi-kô*, nous devons commencer par nous reporter, comme nous
l'avons dit, à la section de ce dictionnaire qui répond
à la syllabe initiale du mot cherché, comme, par
exemple, aux lettres ソ *so* et ム *mou* pour les mots
ソラ *sora*, ムマ *mouma*; arrivés à ces grandes sections primordiales coordonnées alphabétiquement,
nous les trouvons subdivisées en plusieurs sous-sec-

tions, relatives chacune à une espèce de mots particuliers, comme par exemple: mots relatifs au ciel
et à la terre, mots relatifs au temps, mots relatifs aux génies, à l'homme, etc. » En conséquence,
pour trouver la valeur de ソ ラ sora et de ム マ
mouma, sous leurs initiales respectives ソ so et ム
mou, il nous faut, en second lieu, chercher le premier dans la section du ciel et de la terre (ken-kon
mon), et le second dans celle des êtres animés (ki-
gyo mon), dans lesquelles on n'aura plus désormais
de difficulté pour les rencontrer, l'un avec le sens
de « ciel », l'autre avec celui de « cheval ».

Dans le Syo gen-zi kô, ces sections, désignées par
le mot 門 mon, litt. « porte », sont au nombre de
treize. En voici l'énumération.

I. 乾 坤 門 Ken-kon mon, litt. « porte (qui conduit) au ciel et à la terre ». Elle renferme d'abord
les mots qui désignent le ciel, puis les noms des
corps célestes et de tout ce qui a rapport au ciel.
Viennent ensuite ceux qui ont trait à la terre et aux
choses terrestres. Les définitions de géographie physique commencent ce qui concerne la terre; on
trouve ensuite les noms géographiques, et jusqu'aux
termes d'agriculture, d'architecture, etc.

II. 時 候 門 Si-ko mon « porte ou section du
temps et de ses divisions », comprenant tout ce qui
a rapport au calendrier.

III. 神 祇 門 Sin-ci mon. Section des génies

célestes et terrestres. Elle renferme les mots relatifs à la religion des Japonais, c'est-à-dire au culte des esprits (*sin-tô*[1]), et au bouddhisme (*but-tô*[2]):

IV. 官位門 *Kwan-i mon*. Section des charges et, en général, de toutes les fonctions et dignités japonaises et chinoises.

V. 人倫門 *Zin-li mon*. Section de l'homme et des diverses classes de la famille. On y trouve énumérés les noms des princes, des grands et des hommes les plus illustres, tant prêtres que guerriers, savants ou artisans, accompagnés d'une courte notice biographique. Les différents noms de classes d'hommes complètent cette cinquième classe, qui est terminée, lorsqu'il y a lieu, par les pronoms japonais.

VI. 肢體門 *Si-taï mon*. Section du corps humain, comprenant les termes anatomiques et les

---

[1] Le culte appelé par les Japonais *sin-tô* (神道), littéralement « via geniorum », est leur ancienne religion, et celle dont le Mikado ou Empereur spirituel est réellement ou est censé être le représentant ou le pontife. Elle consiste dans la vénération des génies qui ont donné naissance à l'archipel du Japon, et aux demi-dieux ou héros qui en sont descendus.

[2] Par *but-tô* (佛道), littéralement « via Buddhæ* », on entend les institutions religieuses du Bouddha, dont l'introduction au Japon remonte à l'an 572 de notre ère. (Voy. notre *Mémoire sur la Chronologie japonaise*, p. 10, et dans les *Annales de philosophie chrétienne*, 1857, t. XVI.

* Le mot *via* doit être considéré ici comme synonyme du sanscrit *bôddhi* « intelligence », et par suite « religion ».

noms des facultés de l'esprit. Elle renferme en outre les noms des maladies.

VII. 氣形門 *Ki-gyo mon*. Section des êtres animés, dans laquelle est inclus tout le système zoologique, à peu près dans l'ordre généralement adopté parmi nous.

VIII. 生植門 *Syô-syok mon*. Section des plantes et des arbres. Les plantes ligneuses prennent la première place, puis viennent tous les noms de végétaux herbacés avec des notes explicatives extraites, en grande partie, du *Pèn-tsào* de Li Chi-tchin [1].

IX. 服食門 *Fan-syok mon*. Section des vêtements et des aliments.

X. 器財門 *Ki-saï mon*. Section des ustensiles et des choses précieuses : tels sont les ustensiles de ménage, les instruments ou les armes.

IX. 言辭門 *Gon-zi mon*. Section des mots. Elle renferme les expressions composées, les locutions, proverbes et idiotismes ; puis les verbes, les adjectifs, les adverbes et les particules.

XII. 數量門 *Syou-ryo mon*. Section des nombres et des mesures. Nous nous occuperons plus loin de cette curieuse partie du *Syo gen-zi kô*.

---

[1] Sous le titre de *Pèn-tsào* (本 艸 , japonais *Hon-zo*), on désigne aujourd'hui, en Chine et au Japon, une foule de traités de botanique, d'histoire naturelle et de pharmacologie, la plupart disposés suivant l'ordre adopté par Li Chi-tching, dans le célèbre *Pèn-tsào* qu'il publia vers la fin du xvie siècle.

XIII. 姓 氏 門 *Zyô-si mon*. Section des noms propres japonais.

Cet ordre lexicographique, il faut l'avouer, est fort médiocre et cause le plus souvent des pertes de temps très-regrettables. Cependant il est bon de remarquer que, lorsqu'on est habitué à se servir du *Syo gen-zi kô* et des autres dictionnaires disposés suivant la même méthode, on parvient généralement à trouver la plupart des mots avec une promptitude relativement assez considérable, et de beaucoup supérieure à celle d'une personne inaccoutumée à se servir de lexiques ainsi organisés.

Quelques observations à cet égard ne seront pas inutiles pour la pratique.

Il est facile de reconnaître, par exemple, qu'il faut se reporter à la première section, celle du ciel et de la terre, lorsqu'on rencontre des noms géographiques auxquels sont assez souvent attachés des mots tels que ヤ マ *yama* « montagne », カ ハ *kava* « rivière », テ ラ *tera* « temple », バ シ *basi* « pont », et autres du même genre. Les mots カ ミ *kami*, ou シ ン *sin* « génie », ミ コ ト *mikoto* « auguste », ヤ シ ロ *yasiro* « temple », rappellent la section des génies célestes et terrestres, la présence des noms génériques ト リ *tori* « oiseau », ヲ イ *iwo* ou ウ ヲ *ouwo* « poisson », ム シ *moasi* « ver », etc. suffit pour que l'on dirige ses recherches dans la section des êtres animés, aussi bien qu'en voyant キ *ki* « arbre », ク サ *kousa* « plante », ハ ナ *fana* « fleur », dans la section des végétaux.

Mais, de toutes les sections, il en est une à laquelle
on a souvent occasion de recourir; elle est désignée
par la dénomination vague de 言 語 « mots »: on y
trouve tous les verbes japonais, qu'il est du reste facile
de reconnaître au premier aspect, par leurs formes
grammaticales, c'est-à-dire par leurs désinences,
pour peu que l'on connaisse les éléments de la grammaire japonaise; les adjectifs et les adverbes sont
encore faciles à distinguer par leur forme écrite et
parlée.

L'écriture japonaise usitée dans le *Syo gen-zi kô*
est celle que l'on désigne habituellement sous le nom
de *kata-kana*, et qui, comme l'on sait, se compose
de quarante-sept syllabes différentes. Cependant il
faut remarquer qu'il n'y a que quarante-quatre sections de lettres initiales dans le dictionnaire qui nous
occupe : cela vient de ce que plusieurs voyelles se
confondent ou se permutent entre elles sans changer la valeur des mots qui les renferment. Ce sont :
イ *i* et 井 *yi* ou *wi*, ヲ *wo* et オ *o*, エ *ye* et ヱ *ye*.
Quant aux règles de la prononciation des lettres, de
leurs permutations, de leurs élisions et autres altérations euphoniques, il ne me paraît pas nécessaire
d'y revenir ici[1].

Les mots expliqués dans le *Syo gen-zi kô* sont, ou
purement japonais, ou sinico-japonais, c'est-à-dire
chinois d'origine et introduits avec le temps dans

---

[1] Voyez notre *Introduction à l'étude de la langue japonaise*, p. 14,
18 et suiv.

le domaine de la langue japonaise. Lorsqu'il s'agit
d'un mot sinico-japonais, nous trouvons le plus souvent, joint à l'explication de l'auteur, un avis qui nous
renvoie au mot purement japonais correspondant au
mot d'origine étrangère; par exemple, à l'expression
天地 テン チ *ten-tsi* « le ciel et la terre[1] » (*Syogzk.* pag. 140,
col. 13[2]), après une suite de synonymes chinois de
cette expression, nous trouvons l'avis de nous reporter à la section de l'*a*, ainsi exprimé : 出 安 . En effet, à cette nouvelle lettre et toujours dans la même
section, nous retrouvons nos deux signes chinois
avec leur valeur purement japonaise *ame-tsoutsi*
天地 ア メ ツ チ . Je ne parlerai pas de la manière de noter
les ouvrages cités, par cela même qu'elle est identique à celle des Chinois. Elle consiste à renfermer
les titres dans une espèce de cartouche formé d'un
simple filet, ou même d'un simple trait de sépara-

---

[1] Ces deux mots n'en forment, en quelque sorte, qu'un seul dans
l'esprit des Chinois, qui les considèrent comme signifiant « l'univers
宇宙 ». (Cf. *Syogzk.* loc. citat.)

[2] Comme nous n'avons pas à notre disposition l'édition originale
du *Syo gen-zi ko*, nos citations se rapportent toujours à l'édition lithographiée par le calligraphe chinois Ko Tching-tchang, sous la direction de M. Ph. Fr. von Siebold (Leyde, 1835), in-fol.

tion ⌐— ⌐—, du reste des explications ou des passages mentionnés.

Les différents sens des mots japonais sont ordinairement indiqués par des synonymes ou équivalents
chinois, employés, comme dans les dictionnaires de
la Chine, avec le secours des particules propres aux
explications, et surtout avec 也 . Mais outre ces interprétations, l'auteur du *Syo gen-zi kô* donne les
différents caractères chinois usités pour représenter
chaque mot japonais ; et, de ces mêmes caractères
chinois, on peut déduire les diverses acceptions du
mot japonais. Une application fera mieux comprendre
ce dont je veux parler. Prenons, par exemple, le mot
fazime; voici ce que nous trouvons dans le *Syo gen-
zi kô* (p. 22, c. II):

TRADUCTION ET EXPLICATION. — FAZIME signifie un 一, c'est-à-dire le principe, comme un est le principe des nombres; origine 初; commencement 始; la cause première, principale 元; commencement 甫; commencement 肇; suivant le *Choŭĕ-wen*, 肇 signifie 始 « commencement »; tête 首; commencement 權輿; principe, commencement 濫觴[1]; ébauche 草創; véritablement 果; fin 終; commencement 畢.

On aurait tort cependant de prendre les mots chinois pour synonymes les uns des autres; ils sont autant d'acceptions du mot ハジメ *fazime*, mais rien de plus. Si l'on ne prenait garde à cette observation, on serait porté à faire du chinois 終 *tchoŭng* « fin », un synonyme de 始 *chi* « commencement ». Ces deux extrêmes peuvent se comprendre en japonais, comme le mot anglais *end*, par exemple, qui signifie aussi bien le commencement que la fin dans cette expression : *the end of a string.*

Le *Syo gen-zi kŏ* renferme un certain nombre d'expressions d'origine indienne, introduites au Japon avec le bouddhisme. Parmi celles-ci, quelques-unes ont conservé leur forme indienne primitive, sauf de

---

[1] Littéralement : « Faire flotter une coupe. » Se dit d'une source qui commence à couler, et où l'on ne peut encore faire flotter qu'une coupe. De là vient l'idée de commencement. (Cf. le dictionnaire *P'in-tse-tsien*, S XXVI.)

légères altérations provenant de la transcription d'une écriture dans une autre, tels sont :

薄 バ ク *Baggavon.* 菩 ボ *Bosats.* 伊 イ *Ibosok.*

伽 ガ भगवान् . ｜ बोधिसत्त्व 蒲 ホ उपासक

梵 ホ ン *Bhagavân* [1]. 薩 サ ウ *Bôdhisattva.* 塞 ン ク *Oupâsaka.*

D'autres ne sont que la traduction du mot original indien, ainsi qu'on le fait le plus souvent au Tibet. En voici quelques exemples :

如 ニ ョ *Nyo-rai* 善 ゼ ン *Zen-sei.* 梵 ホ ン *Fon-teh-wô.*

｜ तथागत ｜ सुगत 天 テ ン ब्रह्मकायिकराजन्

來 ラ イ *Tathâgata.* 逝 セ イ *Sougata.* 王 ヲ ウ *Brahmakâyika-râdjan.*

Nous devons remarquer ici que ces derniers mots indiens ne sont point rendus par leur traduction en japonais, mais bien par leur correspondant sinico-japonais, ce qui rappelle et témoigne que les doctrines du Bouddha ont passé de l'Inde par la Chine, pour arriver aux îles du Japon.

La section 人 倫 *zin-rin*, comme nous l'avons dit,

---

[1] La transcription japonaise *bagguvon* paraît répondre à la forme du nominatif sanscrit भगवान् *bhagavân*. Le *Syo gen-zi kô* fournit également la transcription 婆 伽 婆, qui rappelle la forme absolue भगवत् *bhagavat*.

renferme les noms des hommes célèbres avec des notes biographiques.

L'histoire naturelle tient une place assez importante dans le *Syo gen-zi kô;* elle comprend deux grandes sections 門 *mon* sous chaque syllabe. Dans la première, celle des animaux, on trouve d'abord les mammifères, du moins ceux que l'on désigne communément sous le nom de bêtes (quadrupèdes, y compris les singes, etc.); puis les oiseaux, les poissons et les cétacés, les amphibies, les insectes et les vers. La seconde section, celle de la botanique, est encore plus riche que la précédente, mais elle n'est pas coordonnée plus logiquement. On commence par les arbres, comme les plus grands produits du règne végétal; les fruits leur succèdent, et sont suivis des fleurs 花 *fana*, des plantes herbacées 草 *kousa*, etc. La plupart de ces noms de végétaux sont accompagnés de petites notes explicatives, dans lesquelles on fait connaître leurs dimensions, la couleur de leurs fleurs, la forme de leur feuillage et divers renseignements utiles tant sous le rapport descriptif que sous le point de vue pratique. C'est ainsi qu'on indique parfois les usages auxquels ces plantes sont adaptées en Chine et au Japon. Seulement on regrettera de trouver aussi fréquemment, dans ces explications, des extraits des 本 艸 *Pèn-tsào* chinois, lorsqu'on saura que les Japonais possèdent aujourd'hui de nombreux traités d'histoire naturelle, et surtout de botanique, émi-

nemment supérieurs aux herbiers chinois que nous
venons de citer.

La plupart de ces noms techniques sont accompagnés de plusieurs traductions chinoises équiva-
lentes, ce qui facilite considérablement la fixation
des synonymies latines généralement adoptées dans
la science occidentale. A cette occasion, il est bon
d'ajouter que les noms techniques chinois, chez les
Japonais, jouent le même rôle que les noms latins
chez les diverses nations européennes, c'est-à-dire
qu'ils constituent la nomenclature scientifique, tandis que les noms purement japonais ne sont considérés que comme des termes vulgaires, analogues
à ceux que l'on emploie dans chaque pays, voire
même dans chaque province de notre vieille Europe.

Nous arrivons à la section des mots 言辭門,
qui est généralement la plus considérable de celles
que fournit chacune des lettres de l'*irofa* ou syllabaire japonais. Elle est d'autant plus curieuse et utile
pour l'étude de la littérature et des mœurs japonaises qu'elle renferme, non-seulement la plupart
des expressions qui forment le matériel de la langue,
mais encore des idiotismes, des proverbes et des
dictons. Les verbes, qui y tiennent une place assez
considérable, sont donnés dans la forme absolue,
c'est-à-dire pour nous à l'infinitif; leurs radicaux n'y
paraissent généralement point, si ce n'est en combinaison avec d'autres mots pour former des locutions composées. — Les adjectifs susceptibles de

prendre la valeur verbale s'y trouvent ordinairement avec la forme 乚 *si* pour désinence. Enfin
l'on trouve la série des particules proprement dites,
qui correspond à celle des 虛字 *hiu-tze* « mots
vides » des grammairiens chinois, à cela près que les
pronoms japonais sont placés, comme nous l'avons
dit, dans la section de l'homme, au lieu d'être mêlés
à la série des particules en général.

La section des nombres 數量門 *Syou-ryo mon*,
rejetée à la fin du *Syo gen-zi kô*, mérite une attention toute particulière. Elle contient un vocabulaire des principales expressions à la nomenclature
desquelles se rattache un nom de nombre, comme
« les DEUX proches parents » (le père et la mère),
les QUATRE saisons, les CINQ éléments, les SIX arts
libéraux, les SEPT passions, les NEUF ciels, etc. toutes
locutions en quelque sorte stéréotypées dans un
moule indigène, et dont l'usage dans la littérature
en rend l'intelligence indispensable ; aussi serait-on
souvent fort embarrassé si l'on était dépourvu des
explications précises du *Syo gen-zi kô*. Il suffit, pour
juger des difficultés que présenterait l'interprétation de telles locutions numériques, si l'on manquait d'un bon lexique pour les expliquer, d'en citer
quelques-unes prises à peu près au hasard dans une
des séries de la section qui nous occupe.

二 = 尊 *Ni-son* « les deux honorables », pour
Sâkya-mouni (le dernier Bouddha) et Mâitrêya Bôdhisattva (le Bouddha à venir).

二 = 藏 ゙ ッ . *Ni-zô* « les deux recueils », pour le recueil des Srâvakas (auditeurs) et celui des Bôdhi-sattvas (être parvenus à l'intelligence).

二 = 諦 テ イ *Ni-tei* « les deux vérités », pour la vé-rité parfaite et la vérité vulgaire.

二 = 道 タ ッ *Ni-tô* « les deux carrières », c'est-à-dire la littérature et l'art militaire.

二 = 帝 テ イ *Ni-tei* « les deux empereurs » (par ex-cellence), pour Yao et Chun.

二 = 紀 キ *Ni-ki* « les deux astres lumineux », pour le soleil et la lune.

二 = 氣 キ *Ni-ki* « les deux principes », c'est-à-dire le principe femelle (*yin*) et le principe mâle (*yang*).

二 = 周 シ ュ *Ni-syou* « les deux (dynasties impé-riales chinoises des) Tcheou », c'est-à-dire celle des Tcheou occidentaux et celle des Tcheou orien-taux.

Ces exemples, dont il serait facile d'étendre con-sidérablement la quantité, suffisent pour montrer l'importance et l'utilité de la section qui nous oc-cupe en ce moment. Elle forme un appendice au *Syo gen-zi kô*, une sorte de vocabulaire qui, bien que d'une étendue relativement fort restreinte, si on le compare au *San-thsang-fa-soa*, grand diction-naire des mots bouddhiques commençant par un nombre, n'en conserve pas moins son intérêt et son originalité, parce que son cadre s'étend au delà de l'Inde et de la doctrine de Bouddha, et surtout parce qu'il renferme les locutions numériques propres au Japon, comme :

Ni-tó « les deux îles », pour 壹岐 *Iki* et 對馬 *Tsoa-sima.*

Ni-syo sô-beó, pour le temple de 伊勢 *Ise* et celui de 石清水 d'*Ivasi-midzoa.*

San-kok « les trois royaumes », pour l'Inde 天竺 *ten-syok*, la Chine 支那 *tchina*, et le Japon 日本 *nippon.*

Ten-zin sitsi-daï « les sept générations de génies célestes, » qui sont : 國常立尊 *Kouni-toko-tatsi Mikoto*, 國狹槌尊 *Kouni-sa-tsoutsi Mikoto*, 豐斟渟尊 *Toyo-koumou-sou-no Mikoto*, 沙土泥尊 *Ou-fitsi-ni Mikoto*, 大戸道尊 *Oho-to-tsi-no Mikoto*, 面足尊 *Omo-taroa-no Mikoto*, 伊奘諾尊 *Iza-nagi-no Mikoto*[1].

Cette table des expressions rattachées à des nombres se poursuit jusqu'au chiffre dix ; mais

---

[1] J'omets ici les noms des épouses des génies célestes, donnés par l'auteur du *Syo gen-zi kó*, afin de ne pas trop allonger cette simple nomenclature. Les personnes qui pourraient s'y intéresser la trouveront dans notre *Mémoire sur la Chronologie japonaise* (p. 7 du tirage à part).

comme les *vingt* empereurs de la dynastie des Thang ;
ou même à des multiples accompagnés d'unités,
comme les *vingt-deux* temples, les *vingt-cinq* Bo-sats
(Bôdhisattva), etc.

Le second vocabulaire que je me propose de men-
tionner ici est le 手 引 節 用 集 大 全 *Te-fiki-sets-yô-si̇̓ou-daï-zen*. Il forme un
gros volume in-1 2, format oblong de 11 ＋ 358 doubles
pages, comprenant approximativement vingt-cinq
mille mots ou locutions différentes. La préface est
datée de la cinquième année de l'ère impériale *Boun-
kwa* (1808 de J.C.); elle est suivie d'une table explicative des treize portes ou sections qui servent à clas-
ser les mots sous chaque syllabe initiale, de la même
manière que dans le *Syo gen-zi kô*. On a placé, immé- .
diatement après, la liste des quarante-sept signes de
l'*irofa* ou syllabaire japonais en écriture *fira-kana* et
en *kata-kana*, avec les numéros des pages où il faut
se reporter pour trouver le commencement de ces
diverses sections dans le corps du volume.

Nous arrivons à la partie purement lexicographique
du *Te-fiki-sets-yô-si̇̓ou*. Voici comment elle est disposée. La ligne imprimée en caractère *fira-kana* de
chaque colonne renferme les mots qui composent le
matériel de ce dictionnaire japonais. La seconde
ligne fournit les signes de l'écriture idéographique
dans la forme cursive (*thsào*), telle qu'on l'emploie au
Japon. Les deux autres lignes sont en caractères

plus carrés : la dernière renferme les groupes idéographiques chinois qui expliquent les mots japonais
disposés suivant leur ordre respectif dans la première colonne en *fira-kana*, tandis que la ligne pé-
nultième contient la prononciation chinoise de ces
mêmes groupes. Je me hâte cependant d'ajouter
que, lorsque les mots reproduits en *fira-kana* dans
la première colonne sont sinico-japonais, ou, en
d'autres termes, de provenance chinoise, il en est tout
différemment. Dans ce dernier cas, la troisième colonne en *kata-kana* ne renferme plus la prononcia-
ciation chinoise des mots chinois qui expliquent la
partie japonaise *fira-kana*, mais bien l'équivalent japonais de ces mêmes mots chinois, dont la prononcia-
ciation dialectique japonaise se trouve dès lors dans
la première ligne en *fira-kana*, parce que l'ordre alphabétique les y appelle.

L'ouvrage est suivi de plusieurs appendices, et notamment du 四㇚體こ千ㇷ字ㇳ文ㇸ *Si-teï*
sen-zi mon, ou Livre des mille caractères chinois dans
quatre formes graphiques différentes (*kiaï-chou* ou écriture moderne, *tchouan-chou* ou écriture antique, *li-*
chou ou écriture des bureaux, *tsao-chou* ou écriture
cursive) avec la prononciation japonaise des signes
idéographiques et une traduction dans l'idiome national du Japon. Je ne parlerai pas de plusieurs tables
géographiques, chronologiques et historiques qui ter-
minent le *Te-fiki-sets-yó-si ou*, parce qu'on les trouve
également dans d'autres ouvrages de la collection de

notre grande bibliothèque et avec des détails qui manquent dans le livre que nous venons de décrire.

Un autre dictionnaire, qui se rapproche assez du précédent par son mode d'impression et par sa disposition lexicographique, porte le titre de 文 翰 節 用 通 寶 藏 *Boun-kan sets-yô-tsoû-bô-zô*, et forme un volume in-4° de 137 doubles pages, y compris les préliminaires (31 p.) et trois feuillets d'appendice. Le nombre des expressions renfermées dans ce lexique s'élève à quinze mille environ. Quant à sa disposition, elle est la même que celle du *Te-fiki-sets-yô-si'ou*, dont nous avons parlé ci-dessus, si ce n'est que l'on rencontre assez souvent, après la nomenclature des mots, quelques définitions ou notes explicatives en japonais *fira-kana* ou *thsâo*. Sous ce rapport et sous celui du nombre des synonymes chinois de la plupart des mots japonais y inclus, le *Boun-kan-sets-yô-tsoû-bô-zô* est supérieur au vocabulaire précédent, qui, au contraire, a sur ce dernier l'avantage de renfermer un nombre d'expressions beaucoup plus considérable. Ce que nous avons appelé préliminaires de cet ouvrage est, à proprement parler, un petit recueil encyclopédique de documents sur le Japon, orné de dessins. —L'appendice renferme une table des caractères chinois (dans les formes modernes et antiques) qui entrent dans la composition des 名 乘 *nanori*, c'est-à-dire des noms propres des Japonais; et comme les caractères chinois, et notámment ceux en écriture antique ou 篆 *tchouan*, sont usités par les Japonais pour inscrire leurs noms dans leurs sceaux et à la fin des préfaces, on a reproduit quelques spécimens de ce genre de sceaux à la fin du livre dont nous venons de donner sommairement l'analyse.

Il nous reste à parler des dictionnaires chinois-japonais qui, bien que disposés dans le sens inverse de ceux qui servent ordinairement à interpréter les textes japonais, ne sont cependant pas moins très-précieux pour le genre d'études qui nous intéresse.

Le premier d'entre eux est intitulé 會玉篇大全 *Kwaï Gyok-ben daï-zen*, et forme quatre volumes petit in-4°. L'édition que nous avons entre les mains a été publiée par l'interprète 毛利貞齋 *Mori Teï-saï*; elle porte la date de la neuvième année de l'ère impériale ou *nengo* An-yei (1780 de notre ère). C'est une réimpression du célèbre dictionnaire chinois connu sous le nom de *Yu-pièn* et auquel on a ajouté la traduction japonaise des signes idéographiques, ainsi que des notes juxtalinéaires, pour faciliter aux Japonais l'intelligence des explications données par l'auteur chinois. Notre édition est précédée d'une table des abréviations usitées dans l'ouvrage pour indiquer les titres des dictionnaires auxquels on a emprunté des exemples ou l'élucidation de certaines difficultés. On trouve également, dans les préliminaires de ce lexique, une table des caractères

idéographiques dont le radical est difficile à reconnaître, rangés d'après le nombre de leurs traits cons-
titutifs.

Pour donner une idée de la disposition du *Gyko-
ben dai-zen*, nous allons en extraire, à titre d'exemple, l'interprétation du premier mot.

C'est le caractère ——, qui se prononce en chinois
yih; nous trouvons, de chaque côté du signe, deux
caractères japonais *kata-kana* disposés de cette manière : ᛁ —— ᛁ, et destinés à indiquer la prononciation japonaise des signes chinois, qui est ici *its*[*ou*]
ou *its* [*i*] [1]. Il est d'autant plus nécessaire de connaître cette prononciation sinico-japonaise des caractères idéographiques de la Chine, que l'on·ne
pourrait, sans cela, trouver dans les dictionnaires
la valeur qu'ils ont dans les textes japonais où ils
sont introduits et où ils forment des composées chinois, parfois peu intelligibles aux sinologues eux·

---

[1] La prononciation du signe —— *yî* diffère peu au Japon (*its*)
si l'on se rappelle que le *ts* final caractérisait, dans l'antiquité, toutes
les syllabes aujourd'hui affectées de l'accent bref. Mais il est d'autres
caractères dont on devinerait difficilement la prononciation japonaise, sans le secours de dictionnaires tels que le *Gyok-ben*, et quand
bien même on aurait établi des règles de permutations entre les
deux prononciations, il ne serait pas inutile de contrôler des résultats dont une longue pratique seule pourrait assurer l'exactitude
constante. Comparez, par exemple, les sons chinois et japonais des
signes 女 chin. *niu;* jap. *dzyo, nigo;* — 力 chin. *lîk;* jap. ㇩ ㇶ ㇰ
ryok ou ㇼ ㇰ *rik;* — 作 chin. *tsŏk,* jap. ㇵ ㇰ *sak;* — 万 chin. *waa,*
jap. ㇷ ㇴ *ban* ou ㇏ ㇻ .*man*, etc.

mêmes. — La figure du signe idéographique est suivie d'une ou de deux colonnes d'interprétations japonaises. Sous — *its*, nous trouvons ヒ ト ツ *fitots* « un »; ハ ジ メ *fazime* « commencement »; ヲ ナ ジ *wonazi* « le même »; ス ク ナ シ *soukounasi* « peu nombreux »; モ ツ ハ ラ *moppara* « principalement »; ヒ ト ヘ *fitoye* « simple, unique », etc.

Le supplément du corps du *Gyok-bęn*, placé dans la partie supérieure et latérale de chaque double page, renferme en outre d'assez fréquentes explications japonaises.

Le second dictionnaire chinois-japonais que je compte citer ici est intitulé 新增字林玉篇 *Sin-sō Zi-rin gyok-ben*, et forme un fort volume in-8° oblong, de 36 + 359 double-pages. Il porte la date de la troisième année du *nengo* ou ère impériale *Boun-seï* (1828 de J. C.) et contient près de vingt mille caractères avec leur explication en japonais (caractère *kata-kana*). Il diffère du précédent en ce que les traductions chinoises y sont presque partout omises; mais, s'il est moins riche sous ce rapport, il vaut souvent davantage sous celui du nombre des explications japonaises, et son impression, plus nette que celle du *Gyok-ben dai-zen*, jointe à son format commode, rend ce livre extrêmement précieux pour les voyageurs et pour tous ceux qui étudient la langue japonaise.

NOUVELLES ET MÉLANGES.

SOCIÉTÉ ASIATIQUE.

PROCÈS-VERBAL DE LA SÉANCE DU 8 JANVIER 1858.

Le bibliothécaire adjoint donne lecture du procès-verbal de la séance précédente ; le rédaction en est adoptée.

Le président soumet au Conseil le tableau des caractères chinois gravés à Changhaï ; le Conseil charge le secrétaire de remercier la Société des missions de Londres de cet envoi.

Est présenté et admis comme membre de la Société :

M. l'abbé LEGUEST, prêtre du diocèse d'Alger.

M. le président prévient que l'ordre du jour appelle la discussion sur l'organisation du legs Ariel.

M. Lancereau répète sommairement le rapport qu'il avait fait, il y a trois mois, à la Société, et sur lequel le conseil est appelé à se prononcer.

Il est décidé que les papiers de la seconde section, celle qui comprend un choix d'extraits d'ouvrages publiés, seront divisés en deux sous-sections : la première, contenant des fragments curieux des journaux périodiques, sera conservée ; les autres pièces, comprenant les copies d'ouvrages imprimés non périodiques, seront détruites lorsque la place manquera dans la bibliothèque de la Société.

Quant à la troisième catégorie des pièces manuscrites de la collection Ariel, catégorie qui renferme des documents inédits politiques et diplomatiques relatifs à l'Inde, une décision sera prise dans la prochaine séance.

M. Rodet donne lecture d'une lettre de M. F. N. Tessier, qui annonce à la Société l'intention qu'il a de traduire, du siamois, le *Boudcha Visatchana*. Il demande à la Société de vouloir bien encourager cette entreprise.

M. Rodet donne ensuite lecture d'un mémoire contenant l'analyse du poëme javanais *Vivŏhŏ*, en kavi, *Ardjdjouna Vivâha*.

OUVRAGES OFFERTS À LA SOCIÉTÉ.

Par la Société des Missions de Londres. *Specimen of the chinese Classics*; with a translation, prolegomena, and a critical and exegetical commentary, by James Legge, DD: Hong-kong; in-8°.

Par l'auteur. *Mœurs des Aïno, insulaires de Yéso et des Kouriles*. Extrait des ouvrages japonais et des relations des voyageurs européens, par Léon de Rosny. Paris, 1857, in-8°.

PROCÈS-VERBAL DE LA SÉANCE DU 12 FÉVRIER 1858.

Il est donné lecture du procès-verbal de la dernière séance; la rédaction en est adoptée.

On lit une lettre de M. Pauthier, qui désire rentrer dans la Société, dont il a fait partie autrefois. Cette réadmission est prononcée par le Conseil.

Il est donné lecture d'une lettre de M. Manuel de Molina, à Madrid, qui offre un ouvrage sur le Cid, composé à l'aide de chroniques arabes et espagnoles.

Sont présentés pour être nommés membres de la Société :

MM. René BRIAU, M. D.

Alexandre CHODZKO, chargé du cours de langue et de littérature slaves au Collége de France.

Ces deux nominations sont prononcées par le Conseil.

Le secrétaire fait, au nom du bureau de la Société, un rapport sur la continuation de l'impression commencée de

Masoudi. Il expose que, l'édition d'Ibn-Batoutah étant terminée, il importait d'activer la publication de Masoudi. M. Derenbourg, qui en est chargé, a demandé que la Société lui
adjoignît un collaborateur, puisque le manque de temps lui
rendrait difficile de suffire seul à une entreprise aussi vo-
lumineuse. Le bureau propose d'adjoindre M. Barbier de
Meynard à M. Derenbourg : ces deux savants s'entendront
entre eux sur leur travail commun. Cette proposition est
adoptée par le Conseil.

M. Thonnelier donne lecture d'une note dans laquelle il
expose le plan de son édition lithographiée du *Vendidad-Sadé*,
en pehlewi, et fait connaître les matériaux qu'il a à sa disposition. Cette note est renvoyée à la commission du Journal.

M. Reinaud donne lecture d'une note sur le plan de l'ouvrage que M. Muntzinger, de Soleure, désire élaborer et publier sur les peuples de la côte d'Abyssinie. Renvoyé au
Journal.

M. Dugat lit l'introduction de la traduction qu'il va pu
blier de l'ouvrage manuscrit qu'Abd el-Kader a adressé à la
Société, il y a deux ans.

OUVRAGES OFFERTS À LA SOCIÉTÉ.

Par l'Académie des sciences de Lisbonne. *Annaes das sciencias e lettras,* publicadas debaixo dos auspicios da Academia
real das Sciencias moraes e politicas e Bellas-Lettras. Tome I,
primero anno (mars, avril, mai, juin, juillet). Lisbonne,
1857, in-4°.

— *Memorias da Academia das Sciencias de Lisboa,* classe
das Sciencias moraes e politicas e Bellas-Lettras, nova serie,
tome II, partie 1. Lisbonne, 1857, in-4°.

— *Portugaiiœ Monumenta historica* a sæculo octavo post
Christum usque ad quintum decimum, jussu Academiæ scientiarum Olisiponensis edita. Scriptores. Vol. 1, fasc. 1. Lisbonne, 1856, in-fol.

Par là même' académie. *Portugaliæ Monumenta historica* a
sæculo octavo post Christum usque ad quintum decimum,
jussu Academiæ scientiarum Olisiponensis edita. Leges et
consuetudines. Vol. I, fasc. 1. Lisbonne, 1856, in-fol.

— *Collecçaõ de noticias para a historia e geografia das na-
çoês ultramarinas* que vivem nos dominios portuguezes ou
lhes saõ Visinhas, publicada pela Academia real das sciencias. Tome VI. Lisbonne, 1856, in-4°.

Par l'auteur. *Études sur la formation des racines sémitiques*,
suivies de considérations générales sur l'origine et le développement du langage, par M. l'abbé LEGUEST. Paris, 1858,
in-8°.

Par l'auteur. *The Journal of the Indian Archipelago and
Eastern Asia*, edited by J. R. LOGAN. Vol. II, n. 2. Singapore,
1857, in-8°.

Par la Société. *The transactions of the Bombay geographical
Society*, from march 1856 to march 1857, vol. XIII. Bombay,
1857, in-8°.

Par la Société. *Proceedings of the Royal geographical Society of London* (juin 1857).

Par l'auteur. *Revue critique des livres nouveaux*, Bulletin
littéraire et scientifique, publié par Joel CHERBULIEZ. Nouvelle série, 1re année (janvier 1858).

Par l'auteur. *Vendidad-Sadé*, traduit en langue huzvaresch
ou pehlewie, texte autographié d'après les manuscrits zend-
pehlewis de la Bibliothèque impériale de Paris, et publié
pour la première fois par les soins de M. Jules THONNELIER.
Paris, 1857, in-fol. (3° livraison).

Par l'auteur. *De l'authenticité de l'inscription nestorienne de
Si-ngan-fou*, relative à l'introduction de la religion chrétienne
en Chine dès le VII° siècle de notre ère, par M. G. PAUTHIER.
Paris, 1857, in-8°.

Par l'auteur. *Nouveau système de traduction des hiéroglyphes
égyptiens au moyen de la langue chaldéenne, avec l'application
des signes*, par H. S. F. PARRAT. Porentruy, 1857, in-fol.

Par l'auteur. *Rapport sur un essai de grammaire de la langue des Kabyles*, par M. REINAUD, sans lieu ni date, in-8°.

Par l'auteur. *Hir et Ranjhun*, légende, du Pendjab, traduite de l'hindoustani, par M. GARCIN DE TASSY, Septembre 1857, in-8°.

Par la Société. *L'Europe*, journal familier, publié par les RR. PP. Mékhitaristes, de Vienne, tous les quinze jours. 1858, n° 1. (En arménien.)

Vendidad-Sadé traduit en Langue huzvaresch ou pehlewie. Texte autographié d'après les manuscrits zend-pehlewis de la Bibliothèque impériale de Paris, et publié par les soins de M. Jules THONNE-LIER [1]. Paris, imprimerie lithographique orientale de M. P. Callet.

Les livres de Zoroastre qui ont servi de codes à l'une des plus grandes civilisations et des plus grandes religions de l'antique Asie, ou du moins les parties qui sont parvenues jusqu'à nous de ces derniers, ont été récemment l'objet d'études particulières, qui ont amené la découverte de la langue zende, dans laquelle ces mêmes livres paraissent avoir été originairement écrits. De là on n'a pas tardé à être conduit aussi à vouloir explorer, à l'aide de renseignements plus ou moins exacts, l'idiome alors inconnu dans lequel les livres zoroastriens ont été traduits ou plutôt commentés : c'est assez dire qu'ici commence la connaissance de la langue dite *huzvaresch* ou *pehlewie*, dont nous devons la première révélation en Europe aux savants travaux d'Anquetil-Duperron; mais depuis lui, l'étude en était restée négligée, et en quelque sorte ou-

---

[1] Un volume grand in-folio, publié par livraisons, dans le même format et dans le même caractère que le *Vendidad* zend lithographié de feu M. Eugène Burnouf, auquel j'ai voulu que ma présente œuvre pût faire une suite qui, j'aime à l'espérer, ne sera pas moins favorablement accueillie du monde savant et des amateurs de la littérature orientale.

bliée quand, dans ces derniers jours, le déchiffrement tenté
des légendes de la numismatique sassanide et des inscriptions cunéiformes est venu de nouveau la réveiller et faire
sentir la nécessité de publier un texte complet et suivi, qui
du moins pût faciliter l'intelligence et donner la clef de cette
langue intéressante de l'ancienne Asie, à laquelle la littérature
arabe est même redevable de plusieurs ouvrages importants,
notamment du Livre de Kalilah et Dimnah. C'est alors que
l'on s'est attaqué, en fait de textes pehlewis, à celui que donne
la traduction des livres attribués à Zoroastre, et les premiers
efforts tentés jusqu'ici se sont portés sur le *Vendidad-Sadé*,
qui est la réunion de trois compilations distinctes connues
sous les noms de *Yaçna*, ou le Sacrifice; de *Vispered*, ou le
Recueil des prières adressées à tous les génies, et de *Vendidad* proprement dit, ou fragment d'un des livres originaux
contenant les préceptes religieux et civils, toutes compilations
enfin dont la traduction pehlewie est aujourd'hui en cours
d'entière publication.

Comme de livrer à la publicité des textes originaux dans
une langue non encore connue, mais dont l'exploration et l'é-
tude sont commencées, c'est rendre toujours un service utile
à la science philologique, c'est dans ce seul but que j'ai
entrepris l'ouvrage qui fait le sujet de cette rapide notice.
Je m'attache donc dans cette publication à mettre au jour,
aussi complétement que cela m'est possible, tout ce que nous
possédons en France de textes pehlewis donnant la traduction des trois parties formant le livre du *Vendidad-Sadé*, pendant que l'Allemagne à son tour publie un travail semblable,
mais d'après les manuscrits de Londres, d'Oxford et de Copenhague, lesquels, sous le rapport de l'ensemble des textes,
paraissent être plus complets que les nôtres de Paris. Car, en
effet, si nous nous en rapportons aux deux catalogues publiés dans le Nouveau Journal asiatique (numéros de février
1828 et de décembre 1830), nous y trouvons, d'une part,
que la bibliothèque de la Compagnie des Indes à Londres,
et, d'autre part, que celle de l'Université à Copenhague ont

l'avantage sur nous de posséder une traduction pehlewie entière du *Yaçna*, tandis que les manuscrits rapportés de l'Inde
par Anquetil-Duperron et donnés par lui à la Bibliothèque impériale ne nous offrent de ce même livre que trois chapitres
entiers, la moitié d'un quatrième et quelques fragments épars
dans les œuvres liturgiques des Parses. Mais si le *Yaçna* pehlewi, d'ailleurs si rare à rencontrer chez les Zoroastriens modernes de l'Inde, au témoignage d'Anquetil-Duperron, nous
fait défaut en France ; en revanche nous possédons en double
sa traduction, ou mieux sa glose en langue sanscrite, faite,
il y a plus de trois cents ans, par un Parse de l'Inde nommé
Nériosengh, et de laquelle nous dirons un mot plus loin. Du
reste, ce sera assez faire l'historique des textes pehlewis que
nous possédons en France, que de faire ici l'énumération
détaillée des manuscrits que j'ai dû mettre à contribution
pour la publication de l'œuvre que j'offre aujourd'hui aux
orientalistes. Or, des trois compilations que nous avons dit
former le *Vendidad-Sadé*, si nous revenons à parler ici de la
première, c'est-à-dire du *Yaçna*, nous dirons d'abord que le
manuscrit n° 7 du supplément d'Anquetil-Duperron, nous
offre, entre autres morceaux, le texte zend, accompagné
phrase par phrase de la traduction pehlewie des 12°, 13° et
14° hâs entiers du même *Yaçna*, lesquels sont immédiatement
suivis d'un fragment également zend et pehlewi du 29° hâ.
C'est de ce précieux recueil manuscrit que j'ai tiré le texte
des trois premiers hâs ci-dessus nommés, qui se trouvent
reproduits déjà dans la 5° et la 7° feuille de ma première
livraison. Maintenant, si nous passons au *Vispered*, nous pouvons nous flatter d'être plus heureux, car deux manuscrits
nous l'offrent entier, texte zend accompagné de sa traduction
pehlewie. Les quatorze premiers kardés de ce livre se trouvent
déjà publiés dans mes deux premières livraisons, d'après la
copie manuscrite, peu correcte, du *Vispered* qui fait suite au
Vendidad n° 5 du supplément d'Anquetil, et d'après le manuscrit, plus correct, n° 5 du fonds d'Anquetil. Enfin, pour
le *Vendidad* proprement dit, cette même collection Anquetil-

Duperron, nous fournit trois *Vendidads* zends-pehlewis dont les textes, aussi beaux que corrects, m'ont servi à publier, dans les livraisons II et III de mon édition, les deux premiers fargards et la moitié du troisième. Ces trois manuscrits sont donc :

1° Le *Vendidad* zend et pehlewi (fonds d'Anquetil, n° 1) copié sur l'exemplaire du Destour Djamasp, dont les cent premières pages sont accompagnées d'une glose néo-persane, et d'une transcription en caractères parsis de tous les mots un peu difficiles à déchiffrer ;

2° Le *Vendidad* zend et pehlewi mêlé de pa-zend (supplément d'Anquetil, n° 2), manuscrit bien complet et d'une belle écriture, en 488 pages in-folio, copié à Surate par le Destour Darab et exactement semblable à tous les *Vendidads* du Guzarate, selon la notice qu'en a donnée Anquetil-Duperron ;

3° Le beau *Vendidad* zend et pehlewi, mêlé de pa-zend (supplement d'Anquetil, n° 5), revu et corrigé par le Destour Darab, gros volume in-4° de 634 pages, d'une belle exécution d'écriture, auquel même j'ai emprunté, mais en plus gros et dans leurs formes originales les plus exactes possibles, le type des caractères du *fac-simile* que je livre aujourd'hui à la publicité ; mais à propos de ce dernier manuscrit, qui à lui seul mériterait une édition particulière, autant pour son texte zend que pour son texte pehlewi, car, en passant, qu'il soit dit aussi que les *Vendidads* avec la traduction pehlewie. diffèrent essentiellement des *Vendidads* purement zends qui font partie des *Vendidads-Sadés* [1], il est juste de faire remarquer, avant tout, que notre manuscrit est un abrégé des autres *Vendidads* zends-pehlewis, fait à une époque tout à fait moderne, au dire d'Anquetil-Duperron ; aussi ne l'ai-je consulté jusqu'ici que d'une manière fort sommaire, pour fixer, par exemple, l'orthographe de certains mots, ou corriger cer-

---

[1] C'est ainsi que, dans plusieurs endroits de sa traduction, Anquetil-Duperron a inséré des passages qui ne se trouvent que dans les *Vendidads* zends-pehlewis seuls.

taines phrases plus ou moins douteuses dans les deux autres
manuscrits.

Voilà donc les ressources qui me sont offertes par les manuscrits que nous possédons en France, pour la rédaction de
mon texte pehlewi, au sujet duquel je dois déclarer qu'il ne
faut pas s'attendre à le trouver une servile copie des originaux
orientaux, mais bien le résultat d'une comparaison faite, avec
la plus sévère critique, des manuscrits dont je collationne le
contenu mot par mot, et, pour mieux dire, lettre par lèttre,
adoptant toujours la meilleure leçon, mais cependant laissant,
dans plus d'un cas, subsister les fautes de l'original, surtout
dans les passages qui ne peuvent être autrement publiés. Du
reste, je me propose d'adjoindre à mon volume une ample table
de variantes, qui mettront le lecteur à même de juger de
l'état plus ou moins pur de la rédaction des textes que nous
offrent les manuscrits originaux, et lui montreront l'usage
qu'il peut faire de ces derniers pour obtenir un sens parfaitement clair et correct.

Maintenant, quant à la valeur littéraire de cette même traduction pehlewie des *Vendidads* zends, bien que, dans tous
les manuscrits qui nous sont connus, phrase par phrase, paragraphe par paragraphe, la phrase pehlewie suive immédiatement la phrase zend, cependant, d'après le peu que j'ai
essayé de déchiffrer et de lire jusqu'à présent, je crois pouvoir tout d'abord assurer, avec quelque certitude, que c'est
moins à une traduction proprement dite que nous avons affaire
qu'à un commentaire, et parfois à une glose dans le genre de
ces paraphrases ou commentaires juifs-rabbiniques nommés
Targums, qui, dans les manuscrits de l'Ancien Testament,
sont intercalés après chaque verset, comme, par exemple;
le *Targum* chaldaïque d'Onkelos. Or, de ce que j'avance je
pourrais, entre beaucoup d'autres, citer ici une preuve fort
intéressante, tirée d'un article du Journal asiatique (mai 1829)
intitulé : *Extrait d'un commentaire et d'une traduction nouvelle
du Vendidad-Sadé, l'un des livres de Zoroastre,* par M. Eug.
Burnouf. Dans cet article, le savant interprète des textes zends

commence par donner le texte zend du paragraphe du 1ᵉʳ hâ du *Yaçna*, paragraphe relatif à Dahman, ou plutôt aux bénédictions célestes ; mais, avant d'essayer l'explication et la traduction de la phrase zende, il nous donne à l'appui le texte suivi de la traduction littérale en latin de la glose sanscrite de Nériosengh, laquelle nous met de suite à même de connaître le véritable sens dans lequel nous devons entendre le texte zend de notre invocation à Dahman. Or comme le même paragraphe se trouve répété mot pour mot dans le 1ᵉʳ kardé du *Vispered*, dont nous possédons la traduction pehlewie, si nous nous reportons au paragraphe en question, qui occupe les lignes 4 et 5 de la page 4ᵉ de mon édition, il sera facile de voir que le texte pehlewi, bien que nous ne possédions point la traduction du *Yaçna* dans cette dernière langue, et, par conséquent, que nous ne puissions point établir de point de comparaison, on verra facilement, dis-je, à la lecture de notre texte pehlewi, que la première phrase de la glose sanscrite, ainsi que l'a traduite feu Eug. Burnouf, le reproduit assez fidèlement, après toutefois avoir analysé et donné à chaque mot sa vraie signification. De ce rapprochement on peut donc induire, avec toute certitude, que la traduction pehlewie des livres zends est tout à la fois une traduction et un commentaire.

A cette occasion je me permettrai d'émettre le vœu qu'il se trouve un indianiste qui veuille bien nous donner une édition et une traduction française du commentaire sanscrit de Nériosengh sur le *Yaçna*. Ce serait une œuvre fort utile, à laquelle ce traducteur attacherait son nom, pendant que moi-même, quand la publication de mon volume de texte sera terminée, je mettrai la main à sa traduction, après avoir vérifié encore si le commentaire sanscrit du peu que nous possédons du *Yaçna* est une traduction ou non faite sur le pehlewi, ainsi que le prétendent MM. Anquetil-Duperron et Burnouf. De cette manière nous pourrons vaincre bien des difficultés, dissiper bien des obscurités qui environnent encore l'interprétation des textes zends, et arriver à une connais-

sance entière du monùment littéraire élevé par la civilisation
et la religion la plus renommée pour sa sagesse dans le monde
de l'antique Asie.

Jules THONNELIER.

UNITÉ ET CONFUSION DES LANGUES, par Félix Michalowski, Saint-
Étienne, 1857, in-8° (202 pages).

L'auteur part de la supposition de l'unité du langage, et
les différentes langues ne proviennent, selon lui, que des
divergences que le temps et l'usage ont fait naître dans ce
langage unique, dont le représentant le mieux conservé, le
moins effacé, lui paraît être la langue polonaise. Je crois avoir
fidèlement exprimé, dans ce peu de mots, le principe fonda-
mental du livre; mais je ne voudrais pas en répondre, car la
méthode d'exposition de l'auteur est des plus irrégulières, et
les applications qu'il fait de son idée à un grand nombre de
mots de toute espèce de langues sont tellement fantastiques,
qu'on a de la peine à suivre ou à prendre au sérieux son
argumentation. Ces rapprochements de sons et d'idées, faits
sans égard pour l'histoire des langues et de leurs grammaires,
paraissent avoir un charme irrésistible pour un grand nombre
de personnes, à en juger par le nombre d'essais de ce genre
qui paraissent tous les ans; mais il est évident que la science
ne pourra pas tirer parti de ces jeux d'esprit.'—J. M.

A GRAMMAR OF THE PANJABI LANGUAGE WITH APPENDIXES. Loo-
diana, American mission press. 1851, in-8° (IV et 112 pages).

JOURNAL ASIATIQUE.

AVRIL-MAI 1858.

ÉTUDES

SUR LA GRAMMAIRE VÉDIQUE.

PRÂTIÇÂKHYA DU RIG-VÉDA.

CHAPITRE XIII. (Lecture III, chap. I.)

NATURE ET QUALITÉS DES LETTRES.—Le souffle et son double effet : expiration et son. — Mode de prononciation. Opinions diverses. —*Anusvâra.* Dans quels cas il est précédé d'une longue.—*Visarga* changé en sifflante devant *p.* — Composés pour lesquels le *pada-pâṭha* ne fait point l'*avagraha.*—Analyse de la quantité des syllabes où figure un *anusvâra.* — Éléments de *ṛi, ṛî, ḷi.* — Les deux prononciations de l'*anusvâra,* selon Vyâḷi. — Analyse des diphthongues. — Les trois tons et les sept *yamas* de chacun d'eux. — Les trois modes ou mouvements, et leur emploi.

Uvaṭa nomme ce chapitre et le suivant *Çikshâpaṭalas,* ou « chapitres de la prononciation » par excellence (voy. la note du *sûtra* 22), et le chapitre XIII est désigné particulièrement par ce nom à la fin de la formule qui le clôt et le sépare du chapitre XIV, dans le manuscrit de Paris et dans le numéro 394 de Berlin : शिक्षापटलं त्रयोदशं. C'est, entre tous peut-être, celui qui a le plus visiblement le caractère d'une compilation. Les fragments dont il se compose y semblent jetés, vers le milieu surtout, pêle-mêle et sans ordre. On n'a pris aucun soin pour déguiser la diversité d'origine des *sûtras* et les concilier entre eux; mais, malgré ce désordre, on pourrait même dire, à certains égards, à cause de ce désordre même, ce chapitre est fort curieux; il expose, comme le second chapitre du *krama*, des opinions diverses, et emprunte des axiomes à plusieurs écoles. Il nous permet de juger, par un exemple caractéristique, de la terminologie des maîtres antérieurs à Çaunaka, et des progrès qu'avaient faits jusqu'à ce dernier, et peut-être grâce à lui, la précision et la netteté.

Par la subtile analyse de la formation de la voix et du mode d'émission ou d'articulation des lettres, ce *paṭala* confirme encore ce que nous avons eu mainte occasion de dire de cette minutieuse pénétration qui, une fois parvenue aux derniers et insaisissables éléments des sons et de la quantité, semble avoir encore peine à s'arrêter. D'autre part, il nous donne quelques indications intéressantes sur la nature et la prononciation de certaines lettres propres à l'alphabet sanscrit, telles que l'*anusvâra* et le *ṛi*.

Le commentaire d'Uvaṭa, qu'on trouvera dans les notes, renferme aussi çà et là, outre la glose presque toujours très-claire et très-judicieuse du texte, des renseignements instructifs.

La collation des manuscrits de Berlin nous fournit deux variantes plus notables, l'une surtout, que ne le sont en général celles qu'ils nous ont données jusqu'ici. Elles sont aux *çlokas* 18 et 20; je les ai citées dans les notes. Celle du *çloka* 18 ne modifie point le sens; l'autre ne porte point sur une règle, mais sur une addition de peu d'intérêt, que le scoliaste ne commente pas, et qui ne paraît pas être de la même époque que la première compilation [1].

---

[1] Pour cette troisième lecture, avant l'impression des trois derniers chapitres et pendant la correction des épreuves des trois premiers, j'ai eu à ma disposition un manuscrit des sûtras qui appartient à M. le docteur Whitney, et qu'il a eu l'obligeance de m'envoyer spontanément de New-Haven, et de plus les numéros 595 et 394 de la collection Chambers, dont le premier renferme également le texte des sûtras, et le second, outre ce texte, le commentaire d'Uvaṭa. Ces deux derniers m'ont été prêtés par M. l'administrateur

वायुः प्राणः कोष्ठ्यमनुप्रदानं कंठस्य खे विवृते संवृते
[वा ।

आपद्यते श्वासतां नादतां वा वक्त्रीलायामुभयं वांतरोभो
[॥ १ ॥

ता वर्णानां प्रकृतयो भवंति श्वासोऽघोषाणामितरेषां तु
[नादः ।

सोष्मोष्मणां घोषिणां श्वासनादौ तेषां स्थानं प्रतिना-
[दात्तदुक्तं ॥ २ ॥

तद्विशेषः करणं स्पृष्टमस्थितं दुःस्पृष्टं तु प्राग्वकारा द्वतु-
[र्णा ।

स्वरानुस्वारोष्मणामस्पृष्टं स्थितं नैके कंठ्यस्य स्थितमादु-
[रूष्मणः ॥ ३ ॥

प्रयोक्तुरीहागुणसंनिपाते वर्णोऽभिवन् गुणविशेषयोगात् ।
एकः श्रुतीः कर्मणाप्नोति बद्धी एके वर्णान् शाश्वतिका-
[न कार्यान् ॥ ४ ॥

आतुर्वर्षं घोषवतामकाल एके ऽनुस्वासमनुनासिकानां ।
सोष्मतां च सोष्मणामूष्मणादुः सस्थानेन घोषिणां घो-
[षिणेव ॥ ५ ॥

de la Bibliothèque royale de Berlin, que je prie d'agréer ici, ainsi que M. le
docteur Whitney, l'assurance de ma sincère gratitude.

अत्रोत्यमावपर ऊष्मघोषौ श्रीघ्रतरं सोष्मसु प्राणमेके ।

रक्तो वचनो मुखनासिकाभ्यामेतद्वर्णलिंगुणशास्त्रमाहु :
[॥ ६ ॥

नपुंसकं यदूष्मांतं तस्य बद्धाभिधानज: ।

अनुस्वारो दीर्घपूर्व: सिध्यंतेषु पठेषु स: ॥ ७ ॥

स: सा सो सं पठांतिभ्य: पूर्वो ऽनाम्बुपधत्तथा ।

यकारो वा वकारो वा पुरुत्ताब्देदसंधिज: ॥ ८ ॥

जिह्वासन्पांसुरे मांसं पुमांसं पौंस्यमित्यपि ।

पठेष्वेवंप्रवोधेषु नामकार उपोत्तमे ॥ ९ ॥

प्रश्लिष्टाद्भिनिहितान्मांस्त्वे ऽयांसमित्यपि ।

एतावानृक्षनुस्वारो दीर्घाद्धितरथेतर: ॥ १० ॥

समापाद्यान्युत्तरे षट् पकारे एधो एथो म्रा द्विवो जा
[ऋतभ्र ।

अंज: पा टु: प्रेति च पूर्वपद्याववनिंगयन्विक्रममेषु कु-
[र्वति ॥ ११ ॥

समापाद्यं नाम वदंति षल्वं तथा एत्वं सामवशांश्च सं-
[धीन् ।

उपाचारं लक्षणएतश्च सिद्धमाचार्या व्याळिशाकल्यगार्या:
[॥ १२ ॥

ह्रस्वामर्धस्वरभक्त्यासमापाप्रामनुस्वारस्योपधामालुके ।

अनुस्वारं तावतैवाधिकं च ह्रस्वोपधं दीर्घपूर्व तत्तूनं ॥ १३ ॥

रेफो ऽस्त्यृकारस्य परस्य चार्धे पूर्वं ह्रसीयांस्तु न वेतर-
[स्मात् ।

मध्ये स तथैव लकाराभावे धातो स्वरः कल्पयता लृकारः
[॥ १४ ॥

अनंतस्थं तमनुस्वारमाहुर्व्याळिर्नासिक्यमनुनासिकं वा ।
संध्यानि संध्यक्षराणायाद्वैके द्विस्थानतितेषु तत्त्रोभयेषु
[॥ १५ ॥

संध्येष्वकारो र्धमिकार उत्तरं युञ्जोत्कार इति शाकठायनः ।
मात्रासंसर्गहिवरे ऽपृथक्श्रुती ह्रस्वानुस्वारव्यतिषंगवत्वरे
[॥ १६ ॥

त्रीणि मंद्रं मध्यममुत्तमं च स्थानान्याहुः सप्रयमानि
[वाचः ।

अनंतराभात्र यमो ऽविशेषः सप्त स्वरा ये यमास्ते पृथव्या
[॥ १७ ॥

तिस्रो वृत्तीरुपदिशंति वाचो विलंबितां मध्यमां च द्रुतां
[च ।

वृत्यंतरे कर्मविशेषमाहुर्मात्राविशेषः प्रतिवृत्स्युपैति ॥ १८ ॥
अभ्यासार्थे द्रुतां वृत्तिं प्रयोगार्थे तु मध्यमां ।
शिष्याणामुपदेशार्थे कुर्याद्वृत्तिं विलंबितां ॥ १९ ॥

वायस्तु वक्ते मात्रां द्विमात्रां वावसो ऽबवीत् ।
त्रिमात्रां तु शिख्री ब्रुते नकुलस्त्वर्धमात्रिकां ॥ २० ॥

TRADUCTION.

1. Le souffle, [qui est] un air en mouvement, produit à sa suite une émission [partant] de la poitrine, [et qui est], selon que la cavité de la gorge s'élargit ou se contracte, l'expiration ou le son, par l'action de celui qui parle; — le milieu entre ces deux états [de la cavité produit] les deux effets [à la fois]. —

2. Ce sont là les natures des lettres : — l'expiration [est la nature] des sourdes; — le son, [celle] des autres; — l'expiration et le son [à la fois, celle] des aspirées sonnantes et de l'*âshma* [sonnant, à savoir du *h*]. — L'organe [ou lieu de formation des lettres est] d'après le son qu'elles rendent; ce [lieu a été] dit. —

3. Le mode de prononciation est le caractère distinctif des lettres. — Le tact [à savoir le mode de formation des *sparças* ou muettes, a lieu, la langue] non posée; — [celle] des quatre [lettres] qui précèdent le *h* [à savoir de *y*, *r*, *l*, *v*, est] un tact léger; — [celle] des voyelles, de l'*anusvâra*, des *âshmas*, [a lieu] sans tact, [la langue] posée. — Quelques maîtres nient [que la formation] du [double] *âshma* guttural [ait lieu, la langue] posée. —

4. Modifié par l'acte de celui qui parle, [le souffle,] devenant lettre, prend [et produit], par le fait, [quoique] unique [de sa nature], des auditions multiples, à cause des qualités distinctives qui le nuancent. — Quelques [maîtres pensent] qu'il ne faut pas donner aux lettres une nature constante [et invariable]. —

5. Quelques-uns disent [que c'est] la, lettre *a* [qui fait la] qualité de sonnante des [consonnes] sonnantes, et l'*anusvâra* [la nasalité sonnante] des nasales; — ils disent que l'aspiration des aspirées [est produite] par un *ûshma* du même organe [qu'elles]; — [celle] des [aspirées] sonnantes par l'[*ûshma*] sonnant seulement [à savoir par le *h*]. —

6. D'autres [pensent que] les qualités d'aspirée et de sonnante [sont] nées là même [, c'est-à-dire dans les aspirées et les sonnantes mêmes, et non dues à une combinaison, à un élément étranger]. — Quelques [maîtres sont d'avis que] pour les aspirées le souffle [est] plus rapide. — La lettre au son nasal [est produite] par la bouche et le nez. — On appelle cette [section qui précède] le *çâstra* des qualités propres des lettres. —

7. Un neutre terminé par un *ûshma* a un *anusvâra*, précédé d'une longue, produit par le pluriel. Cet [*anusvâra*] se trouve aux formes terminées en *si* et en *shi*. —

8. [L'*anusvâra* est] également [précédé d'une longue] quand il est devant les finales *sah*, *sâ*, *sau*, *sam*, sans être précédé d'une voyelle altérante, et

quand [il y a] avant [lui et sa voyelle] un *y* ou un *v*, non produits par le *sandhi*. —

9. Et de même, dans les mots qui ont les thèmes [que nous voyons dans les] suivants : *jighâṁsan*, *pâṁsure*, *mâṁsaṁ*, *pumâṁsaṁ*, *pauṁsyaṁ*; — mais non l'avant-dernier [de ces thèmes], quand il est sans *m*; —

10. Et aussi [parfois] après une contraction de voyelles ou un *abhinidhâna* [retranchement d'a initial];—et [enfin] dans *mâṁçcatve* et dans *ayâṁsaṁ*. — Voilà les cas où l'*anusvâra* [est précédé] d'une longue, dans les stances [du *Rig-Véda*]. — Hors ces cas, il est autre [c'est-à-dire précédé d'une brève].—

11. Les six mots suivants : *râdhaḥ*, *rathaḥ*, *gnâḥ*, *divaḥ*, *jâḥ* et *ṛitaḥ*, sont *samâpâdyas* [c'est-à-dire doivent changer leur *visarga* en sifflante] devant un *p*; et de même les premiers termes de *añjaḥpâḥ* et de *duḥpra*. Qu'il y rétablisse le *visarga* [dans le *padapâṭha*] sans faire l'*avagraha*. —

12. Les maîtres Vyâḷi, Çâkalya et Gârgya donnent le nom [de] *samâpâdya* au changement en *sh*, en *ṇ*, aux *sandhis sâmavaças* [ou allongements], et à l'*upâcâra* [changement du *visarga* en sifflante] connu par la définition [donnée au chapitre IV, 14].—

13. Quelques [maîtres] disent [qu']une voyelle brève qui précède un *anusvâra* [est] incomplète d'une demi-*svarabhakti* [c'est-à-dire perd un quart ou un huitième de sa quantité naturelle], et que l'*anusvâra*

précédé d'une brève est supérieur juste d'autant [à
sa quantité naturelle]; — mais que, précédé d'une
longue, il est inférieur d'autant. —

14. Il y a un *r* dans le *ṛi*; [de même] dans la
première moitié de la voyelle suivante [c'est-à-dire
du *ṛi* long], mais [ce *r* du *ṛi* long] est plus bref que
l'autre [que celui du *ṛi* bref], ou non [c'est-à-dire
ou égal en quantité]. Ce *r* est au milieu de la [voyelle,
et non au commencement ou à la fin]. — Quand
ce [*r*] devient *l*, [alors il se forme] un *li*, voyelle
[qui ne se trouve, dans le *Rig-Véda*, que] dans la racine *klip.* —

15. Ils nomment cet [*anusvâra* dont il vient d'être
parlé, *çl.* 7-10] l'*anusvâra* non final. — Vyâli [pense
que tout *anusvâra* peut être] *nâsikya* [c'est-à-dire
ayant pour organe le nez], ou *anunâsika* [ayant à la
fois pour organe la bouche et le nez]. — Quelques
[maîtres] nomment les lettres de combinaison [les
diphthongues *e, o, ai, au*] *sandhyâni* [à savoir, nées
du *sandhi*]; car les unes et les autres [d'une part *e,
ai*, et de l'autre *o, au*] ont pour nature [d'être le
produit d'] un double organe. —

16. Dans les lettres nées du *sandhi*, la lettre *a*
[forme la première] moitié, et la lettre *i* la seconde
[dans les impaires *e, ai*], la lettre *u* dans les paires
[*o, au*], [c'est ce que] dit Çâkaṭâyana. — Les premières [de chaque espèce, à savoir *e, o*], par la fusion des quantités [égales des lettres *a* et *i, u*] n'ont
pas un son [double et] distinct [c'est-à-dire on n'y
distingue pas *i, u* de *a*]. — Les secondes [*ai* et *au*

sont pour la quantité] comme la combinaison de l'*anusvâra* avec une brève. —

17. [Les maîtres] disent [qu'il y a] trois lieux de la voix [, trois tons], le bas, le moyen, le haut, ayant [chacun] sept [degrés jumeaux nommés] *yamas*. — Le *yama* qui [en] suit immédiatement [un autre] est sans différence [perceptible]. — Les *yamas* [sont] ce que [sont] les sept *svdras* [c'est-à-dire les notes], — ou bien [une chose] à part. —

18. [Les maîtres] enseignent trois modes [ou mouvements] de la voix, le lent, le moyen et le rapide. — C'est dans la diversité des modes qu'est, disent-ils, la distinction des œuvres [c'est-à-dire, les *savanas* se distinguent entre eux par des mouvements divers de récitation]. — La diversité de mesure [des syllabes] se règle sur les divers modes. —

19. Qu'on emploie le mode rapide dans la pratique [de la lecture personnelle du *Véda*]; dans les affaires, le moyen ; dans l'enseignement des disciples, le mode lent.

20. Le cri du martin-pêcheur est d'une *mâtrâ* [c'est-à-dire a la durée d'un temps, de la mesure ordinaire de la brève]; celui du corbeau est de deux *mâtrâs;* celui du paon, de trois *mâtrâs*, et celui de la mangouste, d'une demi-*mâtrâ*.

NOTES.

I. Sûtra ı. वायुः... — Celui des souffles du corps qui réside dans la voix est appelé par les uns मारा: ; par les autres, ऋान:. Uvaṭa entre à ce sujet dans une assez longue discussion préliminaire, qu'il termine en établissant que les termes qu'emploie Çaunaka peuvent convenir aux deux opinions :

या इमे शारीरा इह पंच वायवो नानाकर्माणा : प्राणापानव्यानोदानसमाना-
स्तेषां प्राणो हि नभेरूपरि ष्ठाद्याप्यास्ये व्याचरति । नभेरधस्तात्वायुमेद्वयोर्-
पान: । प्रसृतृणाकुञ्चनोत्क्षेपणावक्षेपणागतिकर्मा व्यान: । कर्मप्रवृत्तिषु ब-
लमातेपयत्युदान: । सर्वक्रियाणामुपरमपा : समान: । एवं वाचि वर्तमाने
प्राणामेके आचार्या मन्यंते । अपरे उदानं मन्यंते ।

अरिष्टान्मुखाद्य ऊर्ध्वं यो वर्तते ऽनिल: ।
ऊर्ध्वकर्मक्रिया: सर्वा: प्राणिनां संप्रवर्तयन् ॥
नाभ्युरो ऽथ शिरोभागं गच्छन्करणसंवृत: ।
कंठताल्वोष्ठदंतानां सप्रयत्न: समीरित: ॥
ह्रस्वदीर्घप्लुतम्वर्णान्स्तिग्धान् रूक्षांश्च नैकधा ।
उदात्ताननुदात्तांश्च स्वरितान्कंपितानपि ॥
समान्विकीर्णांश्च तथा संवृतान्विवृतानपि ।
देहिनामवबोदार्थं तेनोदान: स उच्यते ॥

एवमुभयथा आचार्यविप्रतिपत्तिदर्शनात् प्रौनेकेन भगवता प्रमाणां मन्यमा-
नेनेदं शास्त्रमेवं प्रणीतं । आसु: प्राणा: कोष्णमनुपदानमिति । ये पुनरुदानं
मन्यंते तेषामिदं न सिध्यत्युदानाभावात् । तेषां च सिद्धं । कथं । शारीराणां
पंचानामपि प्राणा इति नामसाधारणी । तस्मात्तेषामपि वायु: प्राणा: कोष्ण-
मनुपदानमित्येवं सिद्धं ।

« Parmi les cinq souffles du corps, aux effets divers, qui sont le *prâṇa*, l'*apâna*, le *vyâna*, l'*adâna*, le *samâna*, [le premier, à savoir] le *prâṇa*, se répandant au-dessus du nombril, s'exerce dans la bouche; l'*apâna*, au-dessous du nombril, *ano et pene*; le *vyâna* produit l'extension, la contraction, l'élévation, l'abaissement, la marche; l'*adâna* élève la force pour l'accomplissement des actions; le *samâna* produit la cessation de tout acte. — De la sorte, quelques maîtres considèrent le *prâṇa* comme résidant dans la voix. D'autres pensent que c'est l'*udâna* : l'air qui se trouve en haut, principalement au-dessus de la bouche, excitant tous les actes d'en haut des êtres animés, et [qui], allant, accompagné d'action, au nombril, à la poitrine et à une partie de la tête, émis avec un effort de la gorge, du palais, des lèvres, des dents, [produit] de diverses façons, les lettres brèves, longues et de trois *mâtrâs*, les aiguës et les rudes, les *udâttas*, les *anudâttas*, les *svaritas* et les *kampitas*, les semblables et les diverses, les fermées et les ouvertes, pour l'intelligence des [hommes] doués de corps, cet air est nommé par ce [maître] *udâna*. — La dissension des maîtres par deux opinions différentes étant ainsi montrée, le *çâstra* est commencé par Çaunaka, dont l'avis doit faire loi, de la façon suivante : *vâyuḥ prâṇaḥ*, etc. Mais, [dira-t-on,] pour ceux qui pensent que c'est l'*udâna*, cela n'est point juste, à cause de l'absence d'*udâna* [de cette définition]. — Pour eux aussi [l'assertion est] juste. — Comment ? — C'est que le mot *prâṇa* [n'est pas seulement le nom d'un souffle en particulier, mais] aussi le nom commun des cinq souffles corporels. Donc, pour ceux-là aussi, les termes *vâyuḥ prâṇaḥ*, etc. sont justes. » — Je n'ai pas besoin de faire remarquer que les préfixes qui commencent les noms des divers souffles s'appliquent bien au rôle de chacun.

Synonymie : कोऽत्र मुदरे । कोष्ठभवं कोष्ठं । कंठस्य ग्रीवायाः से गलस्व विले छिद्रे । विवृते विपुले विशाले महति । संवृते संकुचिते संप्रिलटे ऽ ल्पे वा सति । ईहा चेष्टा । वक्तुरीहा वक्रीहा । तस्यां वक्तिछायां स वायुः कंठविले विवृते श्वासत्वमापद्यते संवृते नादत्वं ।

J'ai suivi, en traduisant ce premier sûtra, la construction du scoliaste. La phrase pourrait aussi se prêter à une autre, où अनुप्रदानं formerait une apposition à वायुः प्राणः. Si l'on adoptait cette tournure, on traduirait : « Le souffle [est] un air en mouvement, une émission suivie, [partant] de la poitrine ; [il] produit, selon que la cavité de la gorge est élargie ou contractée, l'expiration ou le son, par l'action de celui

qui parle. » J'ajoute « suivie », pour faire sentir la valeur du
préfixe अनु, qui, ajouté à प्र, caractérise bien la nature du
phénomène. Uvaṭa explique अनु par le complément वायुं, de
la manière suivante : अनुप्रदानं वायुमनु प्रदीयत इत्यनुप्रदानं. —
Pour se conformer à la glose (उदरं) et à l'idée indienne, il
faudrait remplacer « poitrine » par « entrailles » ou « ventre »;
कोष्ठ désigne les viscères en général; c'est une expression
métaphorique, analogue à l'emploi vulgaire que nous faisons
quelquefois en français du mot « coffre ». — M. Weber a cité
et traduit ce premier *çloka* à l'occasion du sûtra 11 de la
première lecture du *Vâjas. Prâtiçâkhya* : द्वे करणे वायोर्भवंति
संवृतविवृते.

I. Sûtra 2. उभयं... — Ce second sûtra signifie littéralement : « les deux [à savoir, la cavité élargie et la cavité con-
tractée], entre deux [, c'est-à-dire quand c'est le milieu entre
l'élargissement et la contraction, produisent] le double [effet,
expiration et son à la fois]. » C'est ce qu'exprime en peu de
mots la scolie : अथौ विवृतसंवृतौ अंतरा कंठविले समे (« unie, » ni
élargie, ni resserrée) सत्युभयं प्रवासं नादमापयेते.

II. Sûtra 3. ताः... — Commentaire : ताः खलु एता: सर्व-
वर्णानां प्रवासनादोभयात्मिकास्तिस्त्रः प्रकृतयो भवंतीति वेदितव्यं । अथ
स्यास्मिन्नायते केषां वर्णानां का प्रकृतिर्भवतीति । तत्र ब्रूमः । « Ces trois
[natures] consistant dans l'expiration, le son et les deux
choses [à la fois], sont les natures de toutes les lettres ; mais,
même cela dit, on ne sait pas quelle est la nature de chaque
espèce de lettres. A ce sujet, nous disons [ce qui suit]. »

II. Sûtras 4-6. प्रास:... — इतरेषां... — सोष्म०... —
Le génitif इतरेषां = स्वराणां घोषवतां च, « des voyelles et des

sonnantes ». — Le *dvandva* सोष्मोष्मणां est expliqué par la paraphrase suivante : सोष्माणो ये घोषिणो वर्गचतुर्था ऊष्मणां च घोषो (lis. घोषी) हकारस्तेषां वर्णानामेव, « les aspirées qui sont sonnantes, [c'est-à-dire] les quatrièmes de chaque ordre [de *sparças*], et celui des *ûshmas* qui est sonnant, [à savoir] la lettre *h* ».

A la suite de ces sûtras, Uvaṭa résume en ces termes ce qui est relatif à la nature des lettres प्रवासानुप्रदाना अघोषा: ।

हचतुर्था अयानुप्रदाना: । अवशिष्टा: सर्वे नादानुप्रदाना: । « Les sourdes ont pour émission à la suite [du souffle] l'expiration ; le *h* et les quatrièmes, les deux choses à la fois ; toutes les autres, le son. » (Voyez la fin de la note du 1ᵉʳ sûtra.)

II. Sûtra 7. तेषां... — Le manuscrit de Paris a दानात्; mais les n° 394 et 595 de Berlin, ainsi que le ms. de M. Whitney, ont नादात्. J'ai suivi cette leçon, qui me paraît aussi s'accorder mieux avec le commentaire d'Uvaṭa. Au reste, ce sûtra est obscur, et le commentaire ne rend pas raison, d'une manière bien nette, de l'ablatif नादात्. Voici toute la glose : तेषां प्रवासनादोभयानां स्थानं प्रति यद्वक्तव्यं तदेतद्व्याख्यातं । नाद : परो ऽभिनिधानाङ्वं तत्तत्कालस्थानमिति । एवं प्रवासादीनि त्रीण्यनुप्रदानानि

वर्णाकालस्थानानि भवति । नाधिकानि । न न्यूनस्थानानि । « Ce qu'il y a à dire relativement à la place [, c'est-à-dire, d'après la suite du commentaire, « à la durée »] a été énoncé [plus haut. Suit une citation du chapitre VI, 11]. Ainsi les trois émissions, [qui sont] l'expiration, le son et les deux à la fois, ont l'espace de temps de la lettre ; elles ne sont pas supérieures en durée, ni inférieures. »

Le scoliaste, comme l'on voit, donne à स्थानं le sens de कालस्थानं, et pour lui नादात् ne fait que rappeler, ce semble, le passage du chapitre VI (नाद:, etc.) qu'il cite dans son explication. Cette manière de traduire est, si je ne me trompe,

bien peu naturelle. Il vaut mieux, je crois, prendre स्थानं
dans le sens qui lui est ordinaire en parlant des lettres, celui d'organe, de lieu de formation. Le rapprochement de
करणं, que nous trouvons au sûtra suivant et qui très-souvent
accompagne स्थानं pour caractériser les lettres, rend cette
signification très-vraisemblable. Dans ce cas, le sûtra voudrait
dire : « le lieu de formation des diverses lettres (तेषां वर्णानां,
exprimé plus haut) a été dit précédemment (au chapitre I). »
Seulement नादात्, dans ce sens comme dans l'autre, est peu
satisfaisant. On pourrait entendre que ce lieu de formation
se conclut du son de la lettre; mais il n'est guère possible
que ce substantif, qui vient d'être employé plusieurs fois dans
une acception spéciale, prenne tout à coup un sens général fort
différent. Pour la construction de la phrase, le mieux est, je
crois, de réunir प्रतिनादात् en un composé : « le lieu de formation des lettres est d'après le son qu'elles rendent; ce lieu
a été dit; » mais le sens ordinaire de प्रतिनाद: ne se prête pas
parfaitement, je l'avoue, à cette manière de traduire, bien
que la valeur propre du préfixe प्रति soit assez exactement
indiquée par « qu'elles rendent ».

III. Sûtra 8. तद्विशेष:.... — Commentaire : तत्र वर्णात्म-
गुणात्मख्यापने करणं नाम विशेष:, « le caractère distinctif pour la
connaissance de l'essence de la qualité propre des lettres a
nom *karaṇam*, mode d'effection. » करणं, ajoute le scoliaste,
a pour synonyme प्रदानं, « émission. »

III. Sûtras 9 à 12. स्पृष्टं...—टु:स्पृष्टं. (Voy. chap. IV,
sûtra 36).... — स्वार०... — न... —Commentaire : स्पृष्टं
करणं स्पर्शानां । तद्स्थितं वेदितव्यं । प्रस्थितमिति यत्र वर्णात्थानमाश्रित्य
मध्ये जिह्वा न संतिष्ठते तद्स्थितमित्युच्यते । « Le *touché* est le mode
de prononciation des *sparças*. Il faut savoir qu'il est *non posé*.

Non posé signifie que la langue, étant allée au lieu de formation de la lettre, ne demeure pas posée au milieu. » — उ: स्पृष्ट-
मीषत्स्पृष्टं, « mal touché », signifie « peu, légèrement touché. »
प्राघकारात् est le *sandhi* régulier de प्राक् + इकारात्. (Voyez
l'ordre des lettres dans l'alphabet, en tête du chapitre I.) —
स्थितं =·यत्र वर्णास्थानमाश्रित्य जिह्वावतिष्ठते तत् स्थितमित्युच्यते. —
Nous avons vu, au chapitre I, 8, que deux des *ûshmas* sont
gutturaux. Aussi Uvaṭa traduit-il le singulier ऊष्मणा: par
इकारस्य च विसर्जनीयस्य च .Il explique ensuite न स्थितं, par
अस्पृष्टं; puis il ajoute : स्पृष्टं उ: स्पृष्टं वा एकमेकं । अपरे कंप्यस्थिति.
वर्पायंति. N'y aurait-il pas quelque incorrection ou quelque
lacune ·dans l'énoncé de ·la dernière opinion ? Il n'y a aucune différence entre les ·deux manuscrits.

IV. SÛTRA 13. प्रयोत्तु:... — Commentaire : प्रयोकुर्वंकु-
रीहा ईहा एव गुप्त: ईहागुप्तास्तेन संनिपाते योगे कंप्यस्य वायोर्वर्पार्भिव-
त्रिति । वर्पात्वमापद्यमान: कंप्य: स वायुर्गुपाविप्रेषयोगात् । गुपा एव वि-
प्रेषा गुपाविप्रेषास्तैर्योगाद्य: कंप्यवायुर्बह्ली: श्रुतीर्बड्डरूपापिा कर्मपाा क्रियया
प्राप्नोति. Ce commentaire, dégagé des synonymes, des ana-
lyses de composés, forme une proposition qui, pour le sens,
revient exactement à ma traduction. On remarquera que गुपा,
dans les deux composés, est considéré par Uvaṭa comme
étant en apposition avec les substantifs ईहा et विप्रेष, qu'il
précède, et que संनिपाते est l'équivalent de योगे.

A la suite de cette interprétation, le commentateur développe le sens du sûtra : क ऽत्र गुपाविप्रेषा:, « quelles sont ces
distinctions qualifiantes, caractéristiques? » — यै: संयोगाद्-
पार्निं श्रुतितो विप्रेषो भवति, « celles par l'union avec lesquelles
il y a distinction des lettres quant à l'audition. » — अनुमदा-
नसंसर्गस्थानकरणापरिमिाणाख्यास्तै: सह संयोगाद्पार्निं अपभेदो भवति,

« [à savoir, les qualités distinctives,] nommées le mode d'é-
mission (expiration, son, etc.), la combinaison (voy. le *çloka*
suivant), le lieu de formation (qualité de gutturale, dentale, etc.), le mode de prononciation (qualité de *sparça*,
d'*ûshma*, etc.), la quantité; par l'union avec ces [caractères],
il y a [quant à l'audition] différence de forme des lettres. »
— Suit l'application de chacun de ces cinq caractères :

1° Différence d'émission (*anupradâna*) : वर्गे वर्गे तुल्यस्थानानां
तुल्यप्रयत्नानामपि प्रथमतृतीयानामनुप्रदानकृतः श्रुतिविश्रेषः । कचटतपा ग-
ज्ञउदबा इति । तथा हकारविसर्जनीययोः, « dans chaque ordre, il y
a pour les premières et les troisièmes (les fortes et les douces),
bien que semblables pour le lieu et le mode de formation,
une différence d'audition produite par le mode d'émission :
k, *c*, etc. *g*, *j*, etc. il en est de même du *h* et du *visarga*. »
L'*anupradâna* des premières et du *visarga* est *çvâsatâ*; celui
des troisièmes et du *h* est *nâdatâ*, c'est-à-dire les unes sont
sourdes, les autres sonnantes.

2° Différence de combinaison (*samsarga*). Pour faire comprendre ce second caractère, Uvaṭa commence par citer le
çloka suivant : श्राङ्घोषं, etc. où il est parlé d'une certaine
concomitance de son ou d'articulation qui donne aux lettres
leur nature de sonnantes, de nasales, d'aspirées, etc. Puis il
ajoute : द्वितीयचतुर्था ऊष्मणा संसृज्यंते । अनुस्वारेण पंचमः । तत्र तुल्य-
स्थानप्रयत्नानुप्रदानानामपि प्रथमद्वितीयानां तथा तृतीयचतुर्थानां तथा तृती-
यपंचमानां च संसर्गकृतः श्रुतिविश्रेषः । क च ट त प ष ह छ ठ थ फं तथा ग
ज उ द ब. तथा घ झ ढ ध भ तथा उ ञ ण न म इति । « [D'après le
çloka 5,] les secondes et les quatrièmes (les aspirées fortes
et douces) sont combinées avec un *ûshma* (*h*, *ç*, *sh*, etc.); les
cinquièmes (les nasales) avec l'*anusvâra*; ainsi il y a entre les
premières et les secondes, les troisièmes et les quatrièmes,
les troisièmes et les cinquièmes, quoiqu'elles soient semblables pour le lieu et le mode de formation et l'émission,
une différence d'audition produite par la combinaison : *k*,

c, etc. — *kh*, *ch*, etc.; *d*, *j*, etc. — *dh*, *jh*, etc.; *n'*, *ñ*, etc. »
Plus haut, Uvaṭa avait réuni les lettres en mots composés;
ici il les laisse séparées.

3° Différence d'organe ou de lieu de formation (*sthâna*):

तुल्यप्रयत्नानुप्रदानानामपि स्थानकृतः श्रुतिविशेषः । अ ऋ इ उ । क च ट त

प । य र ल व । ह प्र ष स । «Pour les lettres' semblables par le
mode de formation et l'émission, il y a une différence d'audition produite par l'organe : ainsi les voyelles *a*, *ri*, *i*, *u*;
[les *sparças* forts] *k*, *c*, etc. ; [les semi-voyelles] *y*, *r*, *l*, *v*;
[les *ûshmas*] *h*, *ç*, *sh*, *s*. » L'*a* est guttural; le *ri*, lingual; l'*i*,
palatal; l'*u*, labial, etc. (voy. le chap. I).

4° Différence du mode de formation (*karaṇa*): तुल्यस्था-

नानुप्रदानानामपि । इकारयकारयकाराणां करणकृतः श्रुतिविशेषः ।
« Pour les lettres *i*, *j*, *y*, [toutes trois palatales sonnantes, et
par conséquent] semblables pour l'organe et le mode d'é-
mission, il y a une différence d'audition produite par le
mode de formation (l'une est voyelle, l'autre *sparça*, l'autre
antaḥsthâ ou semi-voyelle).

5° Différence de quantité (*parimâṇa*): तुल्यस्थानप्रयत्नानुप्रदा-

नयोरपि समानाक्षरयोः परिमाणकृतः श्रुतिविशेषः । यथा अ आ । ऋ ॠ ।

इ ई । उ ऊ इति । «Pour les lettres [voyelles] semblables, pareilles pour l'organe, le mode de formation et l'émission, il
y a une différence d'audition produite par la quantité. Ainsi
a-â; *ri-rî*; *i-î*; *u-û*. »

L'exposition de cette théorie est résumée par un *çloka*:
श्रपि च प्रलोक:

अनुप्रदानात्संसर्गात्स्थानात्करणविभ्रमात् ।
जायते वर्णवैशेष्यं परिमाणाच्च पंचमात् ॥

M. Weber a traduit le sûtra 13 dans son *Vâjas. Prâtiçâkhya*,
I, 9. D'après la scolie de cet axiome, combinée avec celle de
plusieurs des sûtras suivants (voy. les notes des sûtras 19 et
21), j'ai donné un sens différent du sien au mot *guṇa*, qu'il

rend par « facteur » (« coefficient »). C'est une différence in-
signifiante au fond. Les facteurs sont les qualités diverses
qui constituent la nature de la lettre.

IV. Sûtra 14. एक्... — Dans le manuscrit de Paris,
il y a ब्रकार्यान्, au lieu de न कार्यान्, que donnent tous les
autres manuscrits. — Commentaire : एके ब्राचार्या ब्रकारादीन्व-
र्णान् शाश्वतिकाबित्यात्र कार्यान्र कर्तव्यान्मन्यंते. Ce sûtra n'est vraisemblablement qu'une sorte de résumé du sûtra 13, en même
temps qu'une transition pour passer à ce qui va être dit du
saṁsarga. Nous avons vu, dans les premiers axiomes de ce
paṭala, des caractères généraux et communs attribués aux
diverses catégories de lettres; le sûtra 13 et les sûtras qui
vont suivre établissent des différences dans une même catégorie. — A ne prendre que le sens littéral des mots, on
pourrait encore leur faire signifier qu'aux yeux de certains
maîtres les lettres n'ont pas une prononciation toujours absolument identique, mais qu'elles se nuancent et se modifient,
ce qui est vrai, selon les circonstances, par exemple selon les
lettres avec lesquelles elles se combinent, leur rôle d'initiales
ou de finales, l'accentuation. Enfin l'axiome pourrait aussi
avoir pour objet de constater les différences individuelles de
prononciation qui nécessairement se remarquent même entre
gens qui prononcent correctement. — Voyez dans la note du
sûtra 18 une phrase du commentaire qui paraît confirmer le
sens que nous avons donné comme le plus vraisemblable.

V. Sûtras 15-17. ब्रादु:... — सोष्मतां... — घोषिणां...
— Commentaire : घोषवत्त्वकार: स्वस्थानादागत्य घोषब्रक्वं इनव-
तीति । तथा त ह्याचार्या ब्रनुनासिकानां वर्णानाममुस्वारं नासिवं घीष-
माङ्: । किमुकं भवति । ब्रनुस्वार: स्वस्थानादागत्य घोषब्रक्वं (lis. नासि-
वां घोष) इनघतीति । ङ ञ ण न म इति । « [Certains maîtres disent que,] dans les [consonnes] sonnantes, la lettre a, venant

de sa place, produit la qualité de sonnante. Les mêmes maîtres disent que l'*anusvâra* produit le son nasal des nasales. — Qu'est-ce que cela veut dire?....... » Il répète l'idée dans les termes employés pour la lettre *a*, et cite les nasales. — Pour le sûtra 16, Uvaṭa reprend les termes du texte, en se contentant de remplacer सोष्मतां par सोष्मत्वं; puis, pour expliquer ऊष्मणा सस्थानेन, il ajoute : खकारस्य ष्क इत्येतेन। छकारस्य श्र इत्येतेन। ठकारस्य ष इत्येतेन। [थकारस्य स इत्येतेन]। फकारस्य ष्प इत्येतेन। « L'aspiration de *kh* est produite par *shk*; de *ch*, par *ç*; de *ṭh*, par *sh*; de *th*, par *s* (j'ai ajouté l'aspirée dentale, c'est évidemment une lacune de mon manuscrit[1]); de *ph*, par *shp*. » — La glose du sûtra 17 n'ajoute au texte que हकारेण. Nous avons vu au chapitre I, 2, que le *h* était le seul *ûshma* sonnant. — Au sujet de *shk* et *shp*, représentations des *ûshm* du premier et du cinquième ordre, conf. *Vâjas. Prâtiçâkhya*, I, 51.

Cette théorie du *saṁsarga* est curieuse, et ne manque pas, au moins dans certaines parties, d'un fond de vérité. Les sonnantes, et, parmi elles, les *antaḥsthâs*, sont moins éloignées que les sourdes de la nature de la voyelle: on comprend que ce soit par une combinaison avec la voyelle par excellence *a*, qu'on ait cherché à expliquer cette analogie de nature, quelque faible qu'elle soit pour certaines des sonnantes. — L'*anusvâra*, qui est une nasale commune, tenant le milieu entre la consonne et la voyelle, se prête aisément par cela même à une fusion, et, en la combinant avec l'articulation propre à chaque organe, on rend bien compte de la nature des nasales des divers ordres. — Il est très-naturel de considérer l'aspiration simple *h* comme un des éléments des aspirées, et, surtout en sa qualité de sonnante, dès aspirées sonnantes. Quant aux combinaisons que le texte, tel qu'Uvaṭa l'explique, suppose pour les aspirées sourdes, elles tiennent sans doute à certains modes

---

[1] Cette lacune est en effet comblée dans le numéro 394 de Berlin; mais, au lieu de स, il donne ष्क. qu'une autre main a corrigé en श्र.

de prononciation locale et particulièrement dure. Certaines
façons de prononcer le *th* anglais peuvent servir à faire comprendre le passage de l'aspirée à la sifflante (cf. ch. XIV, 12).

VI. Sûtra 18. ब्रत्र... — Le commentaire reprend les
mots du texte, en ayant soin d'expliquer ब्रत्र par सोष्मसु घोष-
वत्सु च; puis il ajoute l'observation suivante : यत्तत्मकारो घोष-
वता घोषवत्वं ऽनयतीति । ब्रनुस्वारो ऽनुनासिकानामिति । सोष्मणो
चोष्मा सोष्मत्वमिति । तत्र स्पष्टं लच्यते । कस्मात् । एवमुच्यमाने सति
वर्णानामनित्यत्वं प्रसज्येत । नित्याश्च वर्णा : कूटस्था ब्राविचालिन: ।
«Ce qui est dit [plus haut], que l'*a* produit la qualité de
sonnante des sonnantes, etc. n'est point déterminé avec
évidence [c'est-à-dire de manière à paraître vrai].—Pourquoi ?
—C'est que l'on inférerait de ces paroles la nature non
absolue des lettres. Or les lettres sont de nature absolue,
constante, invariable. »

VI. Sûtra 19. श्रीघ्रतरं... — Après la glose, qui n'est
guère que la reprise des mots du texte, le scoliaste explique
ainsi le sûtra : सर्वेषु वर्णेषु स्थानकरणानुप्रदानानि श्रयो गुणा : समानाः ।
सोष्मसूष्मा गुणो ऽधिक: । ब्रत्र गुणाबड्त्वान्मात्राकालेन श्रीघ्याद्तेन न
प्रवक्तमुच्चारयितुमिति । «Pour toutes les lettres, le lieu [de forma-
tion], le mode [de prononciation] et l'émission, sont les
trois qualités communes. Dans les aspirées, il y a une qualité, un élément de plus, l'aspiration. Vu cette multiplicité
d'éléments, il est impossible, sans rapidité [sans accéléra-
tion], de les prononcer avec la durée de mesure, la quantité
[voulue]. »

Suit une citation : पद्कारिणा (à la marge, d'une autre main,
dans le manuscrit de Paris, un र à la place du ड) ब्र्युत्त ।
प्रथमद्वितीया: ' प्रवासानुप्रदाना ब्रघोषा : । एके ब्रल्पप्राणा : । ब्रपरे महाप्रा-

पा: । तृतीयचतुर्था नह्रानुमह्राना घोषवंत: । एके अल्पप्राणा: । अपरे महाप्राणा इति सोष्मसु महाप्राणां विद्धदेतमेवार्थमाह । « Il a été dit aussi par le *Padakâra* (voy. un emploi, sans doute analogue, de ce mot dans les *Vorles.* de M. Weber, p. 88): les premières et les secondes (les fortes et leurs aspirées), émises avec expiration, sont sourdes; les autres ont le souffle petit (plus faible et plus lent); les autres ont le souffle grand (plus fort et plus rapide). Les troisièmes et les quatrièmes (les douces et leurs aspirées), émises avec son, sont sonnantes; les unes ont le souffle petit, les autres ont le souffle grand. En établissant, ajoute Uvaṭa, que pour les aspirées le souffle est grand, il dit exactement la même chose [que notre sûtra.] »

VI. Sûtra 20. रुक्ता:... — Le manuscrit de Paris, ainsi que ceux de Berlin, et celui de M. Whitney, ont रुक्तो वचनो en deux mots. Vu le genre ordinaire de वचन (neutre वचनं), on serait tenté de faire de ces deux termes un composé रुक्तवचनो, en sous-entendant वर्णा: Le scoliaste applique ce sûtra à l'*anunâsika* proprement dit, comme le montrent les exemples qu'il cite à l'appui et que nous avons déjà vus aux chapitres II et IV. On peut objecter, dit-il, que c'est une répétition du sûtra 36 du chapitre I, 7. — Non; car ici il ne s'agit pas de faire connaître le nom de cette lettre, mais d'établir une chose qui n'a pas été dite dans l'autre axiome : à savoir que ce son est produit par la bouche et le nez : न हि संज्ञा क्रियते । किं तर्हि । तत्रानुकं मुखनासिकावचनत्वमिह रुक्तस्य विधीयते ।.

VI. Sûtra 21. एतत्... — Le commentateur nous avertit que cette mention s'applique aux six premiers *çlokas* du chapitre, à partir de वायु: प्राणा:, puis il énumère ainsi toutes les qualités propres des lettres : एतावंतो वर्णात्मगुणा :। प्रवासता ना-

दत्ता अयता । स्पृष्टता तुः स्पृष्टता अस्पृष्टता । कंठविलस्य विवृतता संवृतता । अघोषता घोषता । सोष्मता । अनुनासिकतेति ।।

VII. Sûtra 22. नपुंसक… — Ce sûtra signifie simplement qu'aux cas du pluriel en *si* ou *shi*, les noms neutres dont le thème se termine par un *ûshma* prennent un *anusvâra* et allongent la voyelle devant la désinence. — Le manuscrit de Paris, aussi bien que les nᵒˢ 394 et 595 de Berlin, ont षिष्यन्तेषु, mais dans le commentaire il y a सि, au lieu de षि [1]. Dans le manuscrit de Paris, il y a une autre faute, अनुस्वासि, pour अनुस्वारो : c'est simplement un trait de trop, joignant र à ो. — La glose reproduit les mots du texte avec quelques synonymes, et ajoute que cet *anusvâra* est produit, au milieu du mot, par le *n* propre au neutre : नकारान्त्व : पदमध्ये.

Exemples : भासांसि वस्ते सूर्यो न शुक्र : (*Rig-Véda*, VI, ɪv, 3); वर्षूषीव सूर्य सं चरति (V, ɪ, 4); आ दैव्या वृणीमहे, ऽवांसि (VII, xcvɪɪ, 2); व्य १ र्य इंद्र तनुहि भवांसि (X, cxvɪ, 6); तपूंषि तस्मैं वृत्रिनानि संतु (VI, ʟɪɪ, 2); वर्षूंषि ज्ञाता मिथुना संचेते (III, xxxɪx, 3); आ यस्मिन्न्यना हवींषि (X, vɪ, 3).

A la suite de ces citations, le scoliaste se demande pourquoi l'auteur entre dans ces détails relatifs à l'*anusvâra*, qui semblent étrangers à l'objet du *Prâtiçâkhya* : किमर्षमनुस्वारस्य दीर्घपूर्वस्य पदमध्ये वर्तमानस्य अक्षभि : श्लोकैर्लक्षणां क्रियते । ननु पाठादेव सिद्धं । यथान्येषां वर्णानां पाठात्सिद्धं । « Pourquoi cette détermination de l'*anusvâra*, précédé d'une longue se trouvant au milieu d'un mot, est-elle faite en plusieurs *çlokas* ? Cela est connu par la lecture même, de même que pour les autres lettres. » Cette objection est fondée sur une exacte intelligence de la

---

[1] Le manuscrit de M. Whitney a सिष्यन्तेषु.

nature du *Prâtiçâkhya*, qui, en effet, ne traite ni de la formation des mots, ni de leur flexion, mais, les prenant tout
formés et tout infléchis, ne s'occupe que de leur combinaison
entre eux et de leur lecture. — सत्यं « cela est vrai, » dit Uvaṭa;
mais c'est pour remédier à la difficulté d'apprendre et de retenir de certaines gens (*ou* à la mauvaise tradition, au mauvais enseignement), que la détermination de plusieurs lettres
est faite dans ces deux *paṭalas* relatifs à la prononciation :
किं तु उरामाननिवृत्यर्थमनयोः शिष्टापटलयोर्बहूनां वर्णानां लक्षणां क्रियते.
Il cite, à ce sujet, diverses règles d'orthographe, ou plutôt
de bonne prononciation, contenues dans les deux *paṭalas*.
— « Mais comment, d'où, ajoute-t-il, infère-t-on ce mauvais
usage ? कथं पुनरुरामायप्रसंग: (peut-être faut-il lire, de même
plus haut, शाम्राय, pour शाम्रान्[1]). — C'est qu'il y a des gens qui
n'habitent pas les lieux saints (ou mieux, qui ne sont pas versés
dans la science sacrée), indolents, ne connaissant ni les qualités, ni les défauts [de la lecture], faisant lire une chose pour
une autre (ce sens paraîtrait préférable, pour la suite des idées,
à celui qui s'offre tout d'abord d' « enseignant mutuellement,
se faisant lire les uns, les autres »), et produisant l'altération
de toutes les lettres. C'est pour remédier aux défauts de ceux-
là que ceci est entrepris par le maître, dans l'intérêt des disciples. सन्ति क्रतीर्घोषिता अलसा अगुणादोषज्ञा अन्योन्याध्यापका: सर्व-
वर्णान्यत्वजननिमित्तात्तद्दोषनिवृत्यर्थमाचार्येण शिष्यहितार्थमिदमारब्धं.Sui-
vent des exemples de prononciation vicieuse de l'*anusvâra* :
अनुस्वारस्य तावत्स्थाने उकारं जनयंति । तस्मात् उकारात्परं ककारमंत:
पातं । ककारात्परं षकारमपरे जनयंति । ह्वौषि । सर्पीषि । भासांसि ।
घ्वांसि । इत्येवं । तन्निवृत्यर्थमनुस्वारलक्षणां क्रियते ॥ « Ainsi à la place
de l'*anusvâra*, ils produisent un *n'* [du premier ordre]; à la
suite de ce *n'*, un *k*, comme lettre intercalée (cf. chap. IV,
7); d'autres, après ce *k*, produisent un *sh* (même dans les

mots qui ont un s). Exemples : *havîṁshi* (*kavín'kshi*), *sarpîṁshi*
(*sarpîn'kshi*), *bhâsâṁsi* (*bhâsân'kshi*), *avâṁsi* (*avân'kshi*). C'est
pour mettre un terme à ce vice de prononciation que la règle
de l'*anusvâra* est ici donnée. »

Autre objection : il a été déjà établi au chapitre IV, 5, que
devant le *r* et les *ûshmas*, le *m* se change en *anusvâra*. —
C'est vrai; mais cette règle ne s'appliquait qu'à la fin des
mots, et bien que l'*anusvâra*, au milieu d'un mot, soit sujet à
la même altération qu'à la fin (et il cite deux exemples d'*a-
nusvâra* final, I, LXIII, 6, et X, LIV, 1), ce nouveau sûtra est
nécessaire pour faire connaître cet *anusvâra* intérieur.

Mais enfin pourquoi ne parler que de l'*anusvâra* précédé
d'une longue ? L'*anusvâra* précédé d'une brève est aussi vi-
cieusement changé en *n'* (अयत्रापि हि उकारश्रवणं तुल्यं), par
exemple dans : थर्य सो थग्नि: (VII, 1, 16); आ विंशत्या त्रिंशता
(II, XVIII, 5); वसिषु व: (V, LIV, 11). — On répond à cette
dernière objection que l'altération de l'*anusvâra* en *n'* est
moins manifeste, moins sensible, après une brève qu'après
une longue : तत्र तावदाङ्र्यथा दीर्घपूर्वस्य व्यक्ता उकारश्रुतिर्न तथा ह्-
स्वपूर्वस्य.

Cette espèce de préface à la section de l'*anusvâra* précédé
d'une longue se termine par une dernière raison, qui est
probablement la meilleure de toutes : अपर आङुनुस्वारस्योपधां
ह्स्वां केचिद्राघयंत इव पठंति । लब्धिवृत्त्यर्थ दीर्घपूर्व: परिगृह्यते । एतावानृ-
क्वनुस्वारो दीर्घादित्येवमंत: । « D'autres disent que quelques personnes lisent, comme l'allongeant, la brève qui précède l'*anusvâra*, et que c'est pour corriger ce défaut que tous les cas
où l'*anusvâra* est précédé d'une longue sont ici énumérés,
énumération qui finit à ces mots : *étâvân*, etc. (voy. çl. 10). »

J'ai insisté sur le commentaire de cet axiome, et j'ai cité
et traduit presque en entier le texte d'Uvaṭa, parce que tous
les faits relatifs à la prononciation, bonne ou mauvaise, sont
curieux à connaître, et que ces détails sur l'altération de

l'*anusvâra* sont une sorte de supplément au chapitre XIV,
qui traite des vices de la prononciation.

VIII. Sûtra 23. स:... — अनाम्युपध : = अवपौर्पध : « Ayant
devant lui un *a.* » — तथा signifie दीर्घपूर्व: — Il va sans dire
que le *y* ou le *v* précèdent la voyelle *â* que suit l'*anusvâra* :
वकारो वा वकारो वा यदि तस्माद्वर्णात्पूर्वो भवति.

Exemples : 1°... *saḥ* : साह्वांसो दस्युं (*Rig-Véda,* IX, XLI, 2);

2°... *sâ* : युयुर्वांसां चित् (VII, LXX, 5);

3°... *sau* : विद्वांसाविदुर्:, dans le *pada* विद्वांसौ । इतु । (I,
CXX, 2);

4°... *sam* : श्रेयांसं दक्ष मनसा (X, XXXI, 2); वावृध्वांसं चित्
(VIII, LXXXVII, 8).

Contre-exemple montrant que la règle ne s'applique pas
après *y, v,* substitués à *i, u,* par l'effet du *sandhi :* यो व्यांसं, dans
le *pada* वि sहंसं । (I, CI, 2).

IX. Sûtras 24 et 25. जिघांसन्... — न... — Exemples :
1° *jighâmsan* : दुहे शिघांसन्धुरसं (*Rig-Véda,* IV, XXIII, 7); यत्तनो-
तारे जिघांससि सखायं (VII, LXXXVI, 4);

2° *pâmsure* : समूळहमस्य पांसुरे (I, XXII, 17);

3° *mâmsam* : मांसमेकः पिश्रति सूनयाभृतं (I, CLXI, 10); ये वा-
वितो मांसभिकाायुपासते (I, CLXII, 12);

4° *pumâmsam* : पुमांसं पुत्रमा धेहि;

5° *paumsyam* : स्तुषे तदस्य पौंस्यं (VIII, LII, 3); चकृषे तानि
पौंस्यां (VIII, LII, 7).

Contre-exemple montrant que la règle ne s'applique pas à

l'avant-dernier de ces thèmes, aux formes où il n'a pas de *m* : पुंस: पुत्राँ उत (I, CLXII, 22).

X. Sûtras 26-29. प्रश्लिष्टात्... — मांश्चत्वे... — एतावान्... — इतरथा... — Avant les deux *sandhis* dont parle le sûtra 26, l'*anusvâra* se trouve le plus souvent précédé d'une brève dans le *pada* ; mais, le *sandhi* fait, il a devant lui une longue dans la *samhitâ* : पदे ह्रस्वपूर्वः सन्संहितायां दीर्घपूर्वो भवति. — प्रश्लिष्टात् est traduit par le synonyme ordinaire एकीभावात्.

Exemples, 1° après une contraction : आ भूताँग्रः:, dans le *pada* भूत ऽग्रँश: (*Rig-Véda*, X, CVI, 11) ;

2° Après le retranchement d'un *a* initial : भेरिष्ट्रिंद्रं सुह्वाँ हखान्धेँ ऽहोमुचं (X, LXIII, 9). Le mot *longue*, comme l'on voit, comprend ici les diphthongues, aussi bien que les longues semblables.

3° Dans *mâm̐ccatve* (cf. chap. IV, 35) : मांश्चत्वे वा पुश्चने वा वधंत्रे (IX, XCVII, 54; cf 52) ;

4° Dans *ayâm̐sam* : ब्रयाँसमाने सुक्त्तितिं (II, XXXV, 15).

On critique, nous dit Uvaṭa, la mention de *mâm̐ccatve* et de *ayâm̐sam*. Pour *mâm̐ccatve*, c'est un *anunâsika* proprement dit, et non un *anusvâra* que prescrit la règle du chapitre IV, 35 : मांश्चत्वे इति नायमनुस्वारः । किं तर्हि श्रादिस्वरश्रोन्तरेषां पदे ऽपि (IV, 35) इति श्रनुनासिकस्वरः (ou mieux, comme au ch. IV, श्रनुनासिकः स्वर :?) । — A cela le scoliaste répond que, dans un autre *çâkha*, on lit *mâm̐ccatve* avec l'*anusvâra*, et que c'est là ce que nous montre le présent sûtra : श्राखांतरे किल मांश्चत्वे इति सानुस्वारं पठंति तत्यदर्षयते [1]. — Mais alors, ajoute-t-on, il faudrait

---

[1] Il faut remplacer dans les trois exemples du chapitre IV, 35, l'*anusvâra* par l'*anunâsika*. J'ai eu tort de me conformer, en suivant nos manuscrits du Véda, à l'orthographe mentionnée au chap. XIII. (Cf. ch. XIV, 11.)

également parler ici de *mâṃspacanyâḥ*, qui se trouve de
même au chapitre IV, 35. — Ce serait inutile, parce que ce
mot a le même thème, la même partie initiale que *mâṃsaṃ*,
et se trouve compris par conséquent dans le sûtra 24 : मां-
सप्रवादत्त्वात्सिङ्.

Pour *ayâṃsaṃ*, il est compris dans les mots en *saṃ* dont
parle le sûtra 23. Uvaṭa ne trouve point de réponse à cette
objection, et avoue que la raison de la mention spéciale de
cette exception est à chercher : अर्यांसमित्येतस्य निपातप्रयोजनं
मृग्यं [1].

Dans le sûtra 29, इतरथा est expliqué par आकाद्दीर्घपूर्वादिष्या-
दन्यत्र, « en dehors de cette sphère d'*anusvâras* précédés d'une
longue, « c'est-à-dire des cas mentionnés dans cette section.
Pour achever de préciser la règle, Uvaṭa fait observer qu'il
ne s'agit que de l'*anusvâra* dont il est parlé au chapitre IV,
5, de celui qui est suivi d'un *r* ou d'un *ûshma* : रेफोष्मपर :. —
Il va sans dire que इतर: signifie ह्रस्वपूर्व:, « précédé d'une
brève. » Tout autre *anusvâra* intérieur est précédé d'une
voyelle brève. Ainsi श्रीँः (*Rig-Véda*, I, XLII, 1), विंशत्या (II,
XVIII, 5), अंसेषु (V, LIV, 11). Ce qui a été dit des accents (au
chapitre III, 18), il faut l'appliquer aux *ûshmas* nasaux : on
doit les prononcer de façon à ne pas les confondre les uns
avec les autres.

XI. Sûtra 30. समापद्यानि... — Commentaire : अनि-
गयन् = अप्रग्रहमकुर्वन्. — विक्रमं कुर्यात् = उपाचारमपनीय विसर्जनीयमे-
षु कुर्यात्, « ôtant l'*upâcâra* (voy. chap. IV, 14), qu'il mette
dans ces [formes] le *visarga*. » Nous avons vu विक्रम, dans le

___
[1] A मृग्यं mon manuscrit, ainsi que celui de Berlin, ajoute उदाहरणा.
C'est une addition qu'on s'explique aisément par la liaison habituelle des
deux mots.

sens de *visarga*, au chap. VI, 1, et au chap. XI, 22. — Pour अनिंगवन्, voyez la note du chapitre I, 25. — Nous verrons, au sûtra suivant, l'explication de समापाद्य, qui ne diffère que par le premier préfixe du *vyâpanna-(sandhi)*, défini au ch. IV, 11.

Exemples : 1° *râdhah* : त्वं हि रांधस्पते, dans le *pada*, sans apostrophe, राध: पते (*Rig-Véda*, VIII, 1, 14);

2° *rathah* : एष ते देव नेता रथस्पतिः, dans le *pada* रथ: पति: (V, 1, 5);

3° *gnâh* : नराशांसो ग्नास्पतिर्नो व्रव्या :, dans le *pada* ग्नाः पति: (II, xxxviii, 10);

4° *divah* : दिवस्पृथिव्योरव श्र वृणीमहे, dans le *pada* दिव: पृथि-व्यो: (X, xxxv, 2);

5° *jâh* : से ज्ञास्पत्यं, dans le *pada* ज्ञा: पत्यं (V, xxviii, 3);

6° *ritah* : तव वायवृतस्पते, dans le *pada* ऋत: पते (VIII, xxvi, 21);

7° *añjahpâh* : वार्मबंतस्या इव, dans le *pada* अंज्ञा: पा: सइव, l'apostrophe après *añjahpâh* (X, xciv, 13);

8° *duhpra* : रुग्वाव्यो sअहंतेदवाच :, dans le *pada* रु: प्र sव्व्य: (IV, xxv, 6).

Contre-exemple montrant que la règle ne s'applique à ces deux derniers mots que lorsqu'ils sont premiers termes d'un composé : रुमर्मंतस्यामुभ्यें, dans le *pada* अंज्ञ: सपा (X, xcii, 2).

Le commentateur ajoute : अत्रावगृह्त्वान्मात्राकालो भवति (voy. chap. I, 6).

Dans ces diverses formes, évidemment composées, comme le constate notre sûtra, et que le *pada* traite en mots simples, le changement du *visarga* en sifflante a lieu en vertu du chapitre IV, 14, qui prescrit de faire toujours l'*upâcâra* devant *k* et *p*, dans l'intérieur d'un mot.

XII. Sûtra 31. समापाद्यं... — Le commentaire ne fait

que retourner les mots du texte. Puis, après la glose, il cite
des exemples de ces diverses modifications phoniques, que
nous avons déjà vus ailleurs (*Rig-Véda*, I, cxxxvii, 1 ; X, clv,
3 ; III, xxxi, 20 ; VIII, l, 14). —Pour le *sâmavaça,* voyez
chap. VII, 1, et I, 15.

On peut conclure du seul fait rapporté ici combien la terminologie grammaticale de ces trois anciens maîtres était loin
de la précision qu'a déjà celle du *Prâtiçâkhya* : ils désignaient
par ce seul mot, signifiant : « chose à finir, à parfaire, à faire, »
des modifications très-diverses.

XIII. Sûtras 32 et 33. ह्रस्वां... — दीर्घपूर्वं... — Le
commentaire explique « incomplète d'une *svarabhakti* » par la
glose suivante : पादमात्रया अर्धपादमात्रया वा न्यूनां, « inférieur à sa
quantité normale, soit d'un quart, soit d'un demi-quart de
mesure. » La *svarabhakti* est prise ici simplement comme
mesure ; nous avons vu, au chapitre I, 7, qu'il y en avait deux
espèces, l'une d'un demi-temps, l'autre d'un quart de temps.
— तावता, sous-entendu कालेन. — तूनं = तावता कालेन न्यूनं.

Exemples propres à expliquer cette règle de prononcia-
tion : त्वं राजेंद्र ये चं देवाः (*Rig-Véda,* I, clxxiv, 1); त्वं ह नु
त्यत् (VI, xviii, 3); गवां शता; तां सु ते कीर्तिं (X, liv, 1).

Le scoliaste ajoute qu'ici, c'est-à-dire dans l'école de Çaunaka, on ne distingue pas, en prononçant un *anusvâra* com-
biné avec une voyelle, de quelle quantité s'accroît soit l'*upadhâ* (la voyelle précédente), soit ce qui n'est pas l'*upadhâ*
(c'est-à-dire l'*anusvâra*) : तावता कालेनोपधयानुपधया वा वृद्धिर्म्-
अति तावानिह न विसायते. C'est donc dans un autre *çâkha* que
doit se faire cette addition : तस्माच्छाखांतरे आगमः कर्तव्यः. —
On comprend à la rigueur, par la nature liquide de la nasale, qui se prête au prolongement et à l'abréviation du son,
cette subtile décomposition, en deux éléments, de la quantité des voyelles nasalisées ; mais on comprend encore mieux

que des grammairiens plus sensés n'aient pas voulu pousser l'analyse aussi loin.

XIV. Sûtras 34 et 35. रेफ:... — तस्य... — Dans le manuscrit de Paris, il y a वार्षं; mais d'après la scolie j'ai écrit वार्षं, qui est aussi la leçon des manuscrits de Berlin et de celui de M. Whitney. — Pour le *sandhi* de *au* et de *ḷi*, j'ai suivi mon manuscrit, qui change कल्पयतौ en कल्पयता; les autres manuscrits font le *bhagna-sandhi* (voy. chap. II, 1 1)..,. तावृकार:. — Voici l'interprétation d'Uvaṭa. Je ne la traduis point, parce qu'elle se trouve expliquée par les additions de la traduction même du téxte, sûtra 34 : भ्रकारे रेफो विद्यते । पूर्स्य च भ्रकारस्य (il y a भ्रकारस्य dans mon manuscrit; mais le sens me paraît rendre cette correction tout à fait nécessaire) च पूर्वे ऽर्धे रेफो विद्यते । ह्रसीयांस्तु रेफ: । तस्मादकारेफादल्पतर: । न वा ह्रसीयान् । सम एव । मध्ये स: । से रेफ: तस्य भ्रवर्णास्य मध्ये द्रष्टव्य: ।ना॒ दौ नांति । भ्र ॠ ।. — Sûtra 35: तस्य भ्रवर्णास्थस्य रेफस्य (« de ce r qui se trouve dans le *ṛi* ») लकारभावे । यदा स रेफो लकारमापद्यते । तदा लूकारो भवति स्वर्ससश्च भवति । कल्पयतावेव धातौ नान्यत्र ।. Exem₊ ples: तेनं चाकूप भ्रषयो मनुष्यां: । चाकूप तेनं भ्रषयो मनुष्यां: (*Rig-Véda*,

X, cxxx, 5 et 6).

Le scoliaste a déjà dit que ce *ḷi* a nom voyelle. Pour en mieux déterminer encore la nature, il ajoute que le *k* qui le précède ne se redouble pas en vertu du *varṇakrama* (ch. VI, 1), parce que, n'étant pas suivi d'une consonne, mais d'une voyelle, il n'est pas l'initiale d'un groupe; le *p* au contraire suivi d'un *r* consonne, se redouble : अत्र स्वरात्ककारस्य द्विर्वचनं न भवति । भ्रसंयोगादित्वात् । पकारस्य च भवति ।.

Ces sûtras sont curieux. Ils nous montrent qu'aux yeux des Indiens eux-mêmes, bien qu'ils traitent le *ṛi* et le *ḷi* comme des voyelles, ces deux lettres renferment une articu-

lation, très-rapide il est vrai, puisqu'elle est au milieu de la
lettre et par conséquent précédée et suivie d'un élément
voyelle, mais qui toutefois fait participer ces sons de la nature des consonnes.

Le second sûtra nous fait voir que les grammairiens avaient
dès lors le sentiment de l'étroite affinité des deux liquides *r*
et *l*, et, par suite, des deux voyelles *ri* et *li*. — L'articulation
plus rapide que doit avoir, selon certains maîtres, le *r* contenu dans le *rî* long, est un fait analogue à celui qui est indiqué dans le *çloka* précédent, au sujet de l'*anusvâra*. Dans
l'un et dans l'autre cas, ceux qui établissent cette théorie
sont d'avis que la partie voyelle, quand elle est longue, em-
piète, dans la prononciation de ces sortes de combinaisons,
sur la durée de l'articulation, c'est-à-dire de la partie consonne.

XV. Sûtra 36. अनंतस्थं.... — Commentaire : यो ऽसौ
पुरस्ताद्विशेषपानुक्रांतो ऽनुस्वार : । एतावानृक्त्वनुस्वारो दीर्घादिति
(*çloka* 10) । तमनुस्वारमनंतस्थं पदमध्ये वर्तमानमाङ्गाचार्या: । « Mais
pourquoi cette addition?» se demande Uvaṭa. «C'est qu'on
pourrait inférer de ce qui a été dit de l'*anusvâra* précédé
d'une longue au milieu d'un mot que c'est un *niyama* [une
règle qui exclut tout autre *anusvâra* précédé d'une longue que
cet *anusvâra* intérieur]. C'est pour empêcher cela qu'on a
ajouté ce sûtra [qui montre que cet *anusvâra* intérieur n'est
qu'une espèce]; car il y a aussi des *anusvâras* après des longues à la fin des mots. » एतावानृक्त्वनुस्वारो दीर्घादित्युक्ति नियमविधि :
प्रसज्यते । तन्निवृत्यर्थमुच्यते । संति क्वान्ये ऽपि दोर्घात्पदांता: । Exemples
d'*anusvâra* final : त्वां हि (*Rig-Véda*, VI, ɪᴠ, 7); त्वां राज्ञानं;
तां सु तं कीर्तिं (X, ʟɪᴠ, 1).

XV. Sûtra 37. व्याळि:... — Commentaire : व्याकिरा-
चार्य: सर्वमनुस्वारं नासिकास्थानं मुखनासिकास्थानं वा मन्यते । Cette

glose, que j'ai insérée dans ma traduction, revient à dire que, selon Vyâli, tout *anusvâra* pouvait se prononcer du nez, comme l'*anusvâra* proprement dit, ou à la fois de la bouche et du nez, comme l'*anunâsika*. Exemples : त्वं राजेंद्र (*Rig-Véda*, I, CLXXIV, 1); त्वां राजानं; प्रसेषु व: (V, LIV, 11); हवींषि (X, VI, 3); ou त्वैं राजेंद्र; त्वाँ राजानं; प्रसेषु व:; हवींषि. (L'*anunâsika* paraît avoir été marqué par une autre main sur la répétition des exemples.) Pour plus de clarté, Uvaṭa ajoute : पूर्वाणि नासिक्यपक्षे । उत्तराणि त्वानुनासिक्यपक्षे, « les premiers [exemples], dans le cas [où l'on donnerait à l'*anusvâra* la valeur] de nasale [, à savoir de simple *anusvâra* ordinaire] ; les suivants, dans le cas [où on lui donnerait celle] d'*anunâsika*. » « Mais la nature nasale de l'*anusvâra* a déjà été dite (chap. I, 10). — Elle est redite ici, parce qu'on veut nous dire, [d'après Vyâli,] sa nature d'*anunâsika* (ayant pour organes la bouche et le nez). » अनुस्वारस्य पूर्वोक्तमपि नासिका-स्थानं मुखनासिकास्थानविवक्षया पुनरुच्यते.

XV. Sûtra 38. संध्यर्णं... — Commentaire : संधानि = संधितव्यानि (« à combiner par le *sandhi* ») संधिज्ञानि वा (nous avons déjà vu plusieurs fois l'adjectif संध्य dans ce dernier sens, et c'est celui que nous avons adopté). — Pour संध्यक्षराणि, voyez chapitre I, 1. — « Ces lettres, ajoute le scoliaste, ne sont pas, comme les autres, nées d'elles-mêmes (et par suite simples) » यथान्याक्षराणि स्वयमुत्पन्नानि न तथेमानि. — Appliqué à *e, ai,* द्विस्थानता signifie कंठतालुस्थानता ; et à *o, au,* कंठो-ष्ठस्थानता (voy. chap. I, 8, 9 et 10).

XVI. Sûtra 39. संध्येषु... — Le commentaire supplée les ellipses : संध्येषु संध्यक्षरेषु सर्वेषु प्रकार: पूर्वमर्ध भवति । इकार अत-

र्मर्ध प्रथमतृतीयवोर्भवति । युग्मोर्द्वितीयचतुर्थयोरूकार उत्तरार्ध भवति । ब्र इ
ए । ब्र उ ओ । ब्रा ई ऐ । ब्रा उ ओ ।. Pour la division des diphthongues en impaires (1ᵐᵉ et 3ᵐᵉ) et paires (2ᵐᵉ et 4ᵐᵉ), voyez
l'alphabet qui précède le chapitre I. — Les mots इकार: et
उकार: désigneraient, d'après l'analyse des diphthongues,
telles que la donnent le manuscrit de Paris et celui de Berlin, les deux voyelles semblables : *i* et *í*, *u* et *ú*, de même
que ब्रकार: désigne *a* et *á*; mais les sûtras 40 et 41, et les
raisonnements qu'y applique Uvata, nous obligent, ce me
semble, à substituer dans la décomposition d'*ai* et d'*au*, les
brèves *i* et *u* aux longues *í* et *ú* (ब्रा इ ऐ । ब्रा उ ओ).

« S'il en est ainsi, ajoute le scoliaste, quelle différence
d'audition y aura-t-il entre *e* et *ai*, *o* et *au*? » C'est ce que
vont nous apprendre les deux sûtras suivants.

XVI. Sûtra 40. मात्रा०... — Commentaire : ब्वरे =पूर्वे ।
ए ओ । — मात्रयो: समयो: क्षीरोदकवत्संसर्गात् न्नायते क्ब्राचर्णामात्रा कु ब्वा
इवर्णोवर्णयोरिति । « par le contact, la fusion des deux quantités
égales, comme dans le cas de mélange de lait et d'eau, on
ne distingue pas où est la quantité d'*a*, où celle d'*i* et d'*u*. »
Pour mieux expliquer encore le duel ब्रपृथक्श्रुती, il ajoute :

ए ओ इत्येतयोर्विर्णोवर्णयो : पृथक्श्रवणी न विद्यते, « dans les lettres
e, *o*, l'audition à part de la lettre *i* et de la lettre *u* n'a point
lieu. » — Il dit ensuite qu'il y a une autre manière de construire et de comprendre ceci, ब्रस्त्येवापरायोज्ञना ; c'est de lire
पृथक् pour ब्रपृथक्, et d'entendre, en ne changeant que le sens
du dernier mot. « *e*, *o*, ont une audition distincte, un son différent de celui d'*ai* et *au*, » ऐश्रौकाराभ्यामेकाराौकारौ पृथक् श्रूयेते.

Mon manuscrit donne ब्रपृथक् श्रूयेते ; mais c'est sans doute une
faute[1]; au commencement de l'exposition de cette seconde
opinion, il y a bien पृथक्श्रुती.

----

[1] Le manuscrit de Berlin a, en effet, पृथक् श्रूयेते.

XVI. Sûtra 41. ह्रस्वानुस्वार॰.... — Nous avons vu plus
haut (*çloka* 13) que, selon certains maîtres, quand l'*anusvâra* est précédé d'une brève, cette brève perd un quart ou
un huitième de sa quantité naturelle, et que l'*anusvâra* allonge la sienne d'autant. Si nous appliquons ceci aux diphthongues *ai, au*, le sûtra signifie que le premier élément, *a*
(*â*), abrége sa quantité naturelle, tandis que le second *i, u*,
allonge la sienne, dans la proportion qui vient d'être dite.
C'est en effet là le sens du commentaire d'Uvaṭa : ह्रस्वानुस्वा-
रयोर्यो व्यतिषंगो ऽनुज्ञात: (suit la citation du sûtra 32) । तद्
द्यतिषक्ते वेदितव्ये ऐ औ । किमुक्तं भवति । यथानुस्वार: पादमात्राधिक
उपधा च तावता (dans le manuscrit तावती [1]) न्यूना । एवमिहापि द्र-
ष्ट्यं । इ्वर्णोर्वर्णयोर्भूयसी मात्रा । बल्पीयसी अवर्णस्य ।. Il reprend la
comparaison déjà employée au sûtra précédent : तस्य तयोर्वैष-
म्यात्र क्षीरोद्कवत्संसर्गो भवति, «par suite de l'inégalité de mesure de cet [*a*] avec les deux [autres lettres, *i, u*], il n'y a
point fusion parfaite, comme celle du lait et de l'eau. » तस्मा-
त्रयोर्वर्णस्य चेवर्णोवर्णयोश्च पृथक्श्रवणां भवति «donc il y a audition distincte de ces deux [éléments], d'une part d'*a*, et de
l'autre d'*i* ou *u*. »

XVII. Sûtra 42. त्रीणि... — Le mot स्थानं a ici une
autre application qu'au chapitre I et dans les sûtras et les
gloses que nous venons de traduire. Il ne désigne pas tous
les organes de la prononciation, mais seulement trois lieux
d'où part le souffle, et qui sont, pour le ton bas, la poitrine ;
pour le moyen, la gorge; pour le haut, la tête (sans doute
dans le sens où nous disons nous-mêmes en français « la voix
de tête ») : तेषु मंद्रमुरसि वर्तते । मध्यमं कंठे वर्तते । उत्तमं श्रिरसि वर्तते ।.
Ces *sthânas* sont aussi trois espèces de sons ou tons स्वरात्रिप्रो-
षणानि. C'est sur le premier, le ton bas, de poitrine, qu'on

[1] Le mot manque dans le manuscrit de Berlin.

récite les prières au *savana* du matin मंद्रया बाचा प्रात: सवने
श्रंसेत् । उरसाधीयत इति । ; sur le moyen, celles du milieu du
jour; sur le haut, celles du soir. Voyez le *Vâjas.-Prâtiçâkhya*,
I, 10 et 30, et le *Çrauta sûtra* de Kâtyâyana (III, 1, 3-5;
IX, 6, 16 suiv.), cité par M. Weber dans la note de I, 30. —
M. Weber nous apprend, dans son introduction, page 79, que
le *Taittirîya-Prâtiçâkhya* donne la même théorie des *yamas*
que celle qui est exposée dans ces sûtras. Je n'ai pas besoin
de faire remarquer que यम: a ici, de même que स्थानं, un
sens tout nouveau, et qui n'a aucun rapport avec celui où le
mot a été pris dans les chapitres I et VI, et que nous lui
verrons encore au chapitre XIV. Le nom de *jumeau* peut s'expliquer par ce fait, que les trois échelles et leurs degrés se
correspondent. Ce sont les mêmes notes sur trois tons divers. — Le mot सयमानि ne peut se construire dans la
phrase qu'avec le sens de composé possessif, et c'est bien
celui que lui donne l'analyse du scoliaste : सप्त यमा येषु स्थानेषु
तानि सप्तयमानि.

                                                    —

XVII. Sûtra 43. श्रनंतर:... — Commentaire : श्रनैषु स्था-
नेषु श्रनंतरो ऽव्यवहितो ("n'étant séparé par aucun degré intermédiaire") यमो ऽविशिष्टो भवति । श्रनंतरे यमे विशेषो न प्राक्यते द्-
र्शयितुमित्वर्थ: । [Il y a nécessairement une différence; mais
elle est si petite qu'] on ne peut la distinguer. Il suit de là que
ces échelles ne sont pas aussi étendues que la gamme, et ce
sûtra ne s'accorderait pas bien, ce semble, avec l'opinion
qui identifie les *yamas* avec les notes (sûtra 44), mais plutôt
avec celle qui les en distingue (sûtra 45).

XVII. Sûtras 44 et 45. सप्रं.... — पृथक्.... — Commentaire : ये ते सप्त स्वरा: । श्रड्जर्षभगांधारमध्यमपंचमधैवतनिषादा:
स्वरा इति गांधर्ववेदे समाम्नाता: । यथा समयुक्ताष्टमप्रथमद्वितीयचतुर्थमंद्रा

इति स्वरेष्विति ते यमा नाम वेदितव्या: । « Dans les notes, comme elles sont énumérées dans le *Gândharva-Véda*, [sous les noms de] shadja, rishabha, gândhâra, madhyama, pañcama, dhaivata, nishâda, il faut connaître les *yamas*, sous les noms de sama, çukra, ashṭama, prathama, dvitîya, caturtha, mandra. »

— अथ वा स्वरेभ्य: पृथग्भूता अन्ये यमा: स्वरेषु वर्तंते । एतेषां मृदुत्वं तीक्ष्णत्वं चेति वेदितव्यं । « Ou bien il y a dans les notes d'autres *yamas*, distincts des notes. Il en faut considérer la douceur et l'acuité. » Ce ne seraient point des degrés divers d'élévation, mais des émissions plus ou moins douces, plus ou moins aiguës des mêmes notes.

Les noms des notes, tels que les cite le commentaire, ne sont pas énumérés suivant l'ordre indiqué dans le Dictionnaire de M. Wilson, qui nous donnerait l'échelle que voici : *nishâda* (la première, c'est-à-dire la plus élevée), *rishabha*, *gândhâra* (le dictionnaire n'en indique pas le rang, mais il se déduit de celui des autres), *shadja, madhyama, pañcama, dhaivata*. Dans l'ordre d'Uvaṭa, *madhyama* et *pañcama* tireraient leur nom de leur rang même; dans celui du dictionnaire, il en faut donner une autre raison : ainsî *pañcama,* « cinquième, » marquerait que le souffle qui forme la septième note vient de cinq places ou organes. Au reste, il faut bien admettre des explications de ce genre pour rendre raison de la plupart des noms de la seconde liste donnée par le scoliaste, et particulièrement de celui d'*ashṭama* ou « huitième », dans une énumération qui ne comprend que sept objets.

XVIII. Sôtra 46. तिस्र:... — Le commentateur, après avoir repris les mots du texte, dit dans quelles circonstances on emploie ces divers modes ou mouvements. विलंबितां बालानामध्यापनादिषु । मध्यमां व्यवहारादिषु । द्रुतामध्ययनस्य बहुरूपाभ्यासे । « le lent, pour faire lire, etc. les enfants, les ignorants; le moyen, pour traiter les affaires (judiciaires), etc. le rapide, pour l'exercice multiforme de la lecture [du Véda]. »

XVIII. Sôtra 47. वृत्त्यंतरे... — Commentaire : वृत्तेरन्या

वृत्तिर्वृत्त्यंतरं । तस्मिन्वृत्त्यंतरे कर्मविशेषमाङ्गाचार्यः । विलंबितायां प्रातः-

सवनं भवति । मध्यमायां मध्यंदिनं । द्रुतायां तृतीयमिति । « c'est dans le

mode lent que se fait le *savana* du matin (et, comme nous

l'avons vu plus haut, sur le ton bas); dans le mode moyen,

celui du milieu du jour (et sur le ton moyen); dans le mode

rapide, le troisième (et sur le ton haut). »

XVIII. Sôtra 48. मात्राविशेष:... — प्रतिवृत्ति est un ad-

verbe distributif : वृत्तिं वृत्तिं प्रति, « selon chaque mode. » —

मात्राविशेष: = मात्राधिक्यं, « la supériorité de mesure ». — उपैति

= उपगच्छति. Dans le manuscrit de Berlin 595, il y a, à la place

des deux derniers mots de notre texte : प्रति वृत्तिमेति[1], ce qui

revient au même pour le sens, « va selon le mode, se règle sur

le mode; » mais le préfixe उप précise encore mieux le sens et

l'adverbe composé au moyen de प्रति est d'un bon et fréquent

usage. — Le sens du sûtra est bien clair : naturellement les

mâtrâs, leurs multiples, leurs fractions, ont plus ou moins

de durée, selon le mode ou mouvement, sans rien changer

pour cela à leurs proportions relatives. Uvaṭa nous apprend

que, pour la prononciation des lettres, l'excédent de durée

d'un mode sur un autre est d'un tiers; selon d'autres maî-

tres, d'un quart : द्रुतायां वृत्तौ ये वर्णा: ते मध्यमायां यदा त्रिभागाधि-

का भवंति । तथा मध्यमायां ये वर्णास्ते विलंबितायां त्रिभागाधिका भवंति ।

चतुर्भागाधिका भवंतीत्येक इति ।

XIX et XX. Ces deux derniers *çlokas* ne sont point com-

mentés. C'est, selon toute apparence, une addition d'un temps

---

[1] Le manuscrit de M. Whitney a également प्रति वृत्तिमेति. Le numéro
394 de Berlin est conforme au manuscrit de Paris; mais la variante que nous
offrent les deux autres manuscrits est écrite, à la marge, d'une autre main.

très-postérieur. L'avant-dernier, qui nous apprend dans quelle circonstance on doit appliquer chacun des trois modes ou mouvements, nous dit en vers ce qu'Uvaṭa enseigne dans sa prose au sujet du çloka 18 (voy. la note du sûtra 46). Le dernier renferme une comparaison qui est bien dans le goût des Indiens; mais peu conforme au sévère laconisme du *Prâtiçâkhya*. — Parmi ces cris qui servent de points de comparaison et déterminent la durée de la *mâtrâ*, il y en a deux bien connus, celui du corbeau et du paon. Ils me paraissent propres à représenter, l'un la *dvimâtrâ* et l'autre la *trimâtrâ*. Pour les deux autres, j'ai consulté des professeurs du Jardin des plantes. Le *câsha* est ou une espèce de rollier (*coracias indica*), ou un martin-pêcheur, et au sujet du martin-pêcheur, Buffon nous dit : « Il crie, en volant, *ki, ki, ki, ki*, d'une voix perçante et qui fait retentir les rivages. » Chacune des notes de ce cri a bien, me dit-on, la durée d'une brève ordinaire. Quant aux mangoustes, dont le *nakula* est une espèce, elles ont un cri très-bref et guttural : *pic, pit-pic*, qu'on a souvent l'occasion d'entendre à la ménagerie; car elles le poussent surtout quand on veut les prendre pour les changer de cage.

Le numéro 595 de Berlin donne, pour le second *ardharca*, une leçon toute différente de celle que j'ai adoptée en me conformant au manuscrit de Paris [1] :

$$\text{श्रिली त्रिमात्रो विज्ञेय एष मात्रापरिग्रहः}$$

On s'explique aisément cette variante. Il a dû paraître étrange (si nous supposons que la leçon du manuscrit de Paris est la plus ancienne) qu'à la suite de trois cris d'oiseaux se trouve placé un cri de quadrupède. Au reste, cette addition subtile, relative à la demi-mesure, a bien le caractère d'un enjolivement moderne.

---

[1] Ici encore le numéro 394 de Berlin a le même texte que le manuscrit de Paris. Celui de M. Whitney est conforme au numéro 595; mais à la marge il nous donne, écrite d'une autre main, la variante des deux autres manuscrits.

CHAPITRE XIV. (Lecture III, chap. II.)

VICES DE PRONONCIATION. — Addition, retranchement, altération.
— Quelles sont les diverses sortes d'altération, et quelle sorte de
lettres chacune d'elles affecte. — Vices relatifs à certaines initiales, aux *sparças*, à *r, l, h*, aux divers *âshmas*, au *visarga*, à
l'*anunâsika*, à *ṛi* et *ṛî*, aux dentales sourdes. — Suppression et
addition de voyelles. — Changement de diphthongues en voyelles
simples, et de voyelles simples en diphthongues. — Voyelles
substituées à d'autres. — Addition de *y*. — Suppression de *y* ou
de *v*. — Voyelle intercalée après *r*. — Suppression ou doublement de semi-voyelles. — Allongement des brèves nasalisées. —
Addition d'une aspiration. — *Yama* superflu. — Addition et altération de nasales. — Vices relatifs à la *svarabhakti*, au *krama*,
aux hiatus. — Règle générale de prononciation des voyelles et
des consonnes. — Critique de cette partie du *Prâtiçâkhya* et
réfutation de la critique.

Ce chapitre sert de complément au précédent, et achève
la *Çikshâ*, ou théorie de prononciation. Le chapitre XIII a surtout pour objet d'établir les principes ; il détermine la nature
des lettres, analyse les articulations, et montre de quels éléments elles se composent. Le chapitre XIV signale les vices contraires à ces principes, vices qui, dès le temps où ces axiomes
furent composés, s'introduisaient dans la récitation des livres
saints. Uvaṭa le désigne par le mot दोषसमुच्चयकरणात्. (Voy. la
note du sûtra 29.) Cette leçon de lecture, cette correction
des fautes est sans doute fort incomplète. « Comment énumérer, dit avec raison l'un des derniers sûtras, tous les vices
de prononciation qui naissent de la combinaison des lettres ? »
Mais évidemment le maître relève et reprend les fautes les
plus habituelles, et, entre ces mauvaises habitudes, les plus
choquantes, et il nous montre comment, à l'époque où il
enseignait, le commun des lecteurs ignorants défigurait le
texte sacré. Il suit de là que, pour l'histoire de la langue,
ce *paṭala* technique et fort peu attrayant par lui-même nous
offre un intérêt tout particulier. Nous pouvons y étudier les

premières transformations de la langue, ou du moins des altérations fort anciennes, et voir, en les étudiant, par quelle pente naturelle et comme nécessaire on descend, du sanscrit au prâcrit, aux idiomes vulgaires. Et ce n'est pas là un chapitre d'histoire qui s'applique uniquement aux langues de l'Inde, au passage du sanscrit aux langues néo-sanscrites. Le langage est sujet partout à des changements analogues; partout la pente est aussi glissante, partout la transition se fait de même, et, dans tout le domaine de la grammaire comparative, je ne sais rien de plus frappant que les identités et les ressemblances de ce lent travail de l'instinct populaire et du long usage, travail qui détruit à la fois et reconstruit, et qu'on voit obéir, surtout quand on l'observe dans une même famille de langues, à des lois capricieuses en apparence, mais constantes et toujours pareilles, comme tout ce qui se fonde sur la nature même de l'esprit humain et de nos organes. Le premier çloka du chapitre XIV ramène à trois principes toutes les modifications qui dénaturent le langage, c'est-à-dire tous ces changements qui, après avoir été des fautes, peuvent, dans certaines circonstances et sous certaines influences, devenir peu à peu les procédés, en quelque sorte réguliers, d'une nouvelle création, d'une transformation instinctive et méthodique à la fois, qui aboutit à un idiome nouveau, à un idiome qui joint aux traits héréditaires de famille son caractère propre et individuel. Ces trois principes sont l'addition, le retranchement, l'altération. C'est une division exacte, et qui renferme tous les genres de corruption : je veux dire tous ceux qui affectent la partie qu'on peut nommer matérielle et extérieure du langage. De ceux-là il en naît d'autres qui concernent les rapports mêmes de la parole à la pensée : la langue, par suite de certaines suppressions, de certaines altérations qui la défigurent et la privent de ses anciennes ressources, de ses moyens de synthèse, par exemple, se trouve forcée de réparer ces pertes par des ressources nouvelles et des procédés différents d'expression et de combinaison.

Il n'est nullement question, dans le *Prâtiçâkhya*, de ces

conséquences lointaines et dernières de la corruption de l'idiome. Il ne s'agit, comme nous l'avons dit, que de fautes de lecture et de prononciation; mais ces fautes sont le point de départ de la transformation, les premiers germes d'où sortiront, par un développement successif, les faits nouveaux, les lois nouvelles. Comparons, en effet, cette leçon de lecture du XIV° *paṭala* avec la phonétique du prâcrit, telle que l'expose, pour le principal dialecte (*Çaurasenî* pour la prose, *Mâhârâshṭrî* pour la poésie), la Grammaire de Vararuci. Nous verrons figurer dans cette grammaire, comme règles et habitudes consacrées, un grand nombre des vices que reprend la leçon, ou, quand la faute et la règle ne seront pas identiques, nous remarquerons que celle-ci souvent découle de celle-là de la façon la plus naturelle, et que l'analogie est frappante.

Un des défauts les plus marqués que relèvent les sûtras qui nous occupent, et qu'ils blâment, soit en lui-même, soit dans les mauvaises articulations qui le causent, c'est la modification de l'organe (*sthânam*) et du mode (*karaṇam*), soit des *sparças*, soit des *ûshmas*, soit même des voyelles (voyez sûtra 11). Quant à l'organe, les lettres sont gutturales, palatales, etc. Quant au mode, elles sont *sparças*, *ûshmas*, etc. Ce genre d'altération, qui peut nous expliquer comment certains ordres de lettres appartenant à tel ou tel organe ont entièrement disparu de quelques alphabets de la famille, a pris en prâcrit une grande extension. Nous y voyons le *n* devenir partout cérébral (*ṇ*), excepté devant les dentales; le *sh* cérébral et le *ç* palatal disparaître, pour faire place au *s* dental (le *ç* parfois au *h*, *ûshma* guttural); les *sparças* aspirés *kh*, *gh*, *th*, *dh*, *bh* se transformer généralement en *h*, c'est-à-dire en *ûshma*; les *ûshmas* sifflants remplacés dans les groupes par une consonne *sparça* du même ordre que celle qui précède ou suit ces *ûshmas* (ainsi *kkh* substitué à *sk*, *shk*, *ksh*); l'*antaḥsthâ* initiale *y* changée en *j*, *sparça* palatal, etc. Nous parlerons plus loin de diverses modifications qui transportent certaines voyelles d'un organe à un autre.

La prononciation atténuée des lettres, le défaut de pureté des dentales, l'articulation mangée, comme l'appelle le *Prâtiçâkhya*, du premier ordre de *sparças*, et d'autres vices du même genre, ne nous amènent-ils pas, dans les idiomes vulgaires, au changement des fortes *t* et *p* en *d* et *v* ou *b*, de *ṭh* en *ḍh*, de *th* en *dh*, de *ṭh* ou *ḍh* en *h*, etc. et à la fréquente suppression d'un grand nombre de fortes et de douces entre deux voyelles ?

Les altérations de quantité signalées au *çl.* 4 peuvent se rapprocher également de faits analogues que nous trouvons en prâcrit. Ainsi l'*e* et l'*o* y figurent à la fois comme brèves et comme longues ; *ai* et *au* descendent d'un degré, pour devenir *e, o* ; quelquefois même de deux, pour se changer en *i, î, u*, sans parler de leur décomposition en *aï, aü* (comparez le sûtra 43, qui blâme l'altération d'*ai* en *ayî*). Devant un groupe de consonnes, *i* et *u* se transforment fréquemment en *e, o*, et des brèves en leurs longues correspondantes (avec suppression de l'une des consonnes du groupe : *jîhâ* pour *jihvâ*.) Une modification contraire est celle de la longue en brève devant deux consonnes ; elle ne paraît être devenue une habitude générale que postérieurement au temps de Vararuci.

Le prâcrit n'a plus de *ṛi* ni de *ḷi*. Le *Prâtiçâkhya* parle déjà du changement en *u*, et d'autres fois en *i*, de la première de ces deux voyelles. Les idiomes vulgaires y substituent *a, i, u*, surtout après une consonne.

Le prâcrit se refuse aux combinaisons de consonnes d'ordre divers ; et généralement, dans ces sortes de rencontres, il supprime l'une des deux consonnes, et, par compensation, double l'autre. Plusieurs de nos sûtras relèvent des fautes qui viennent d'une semblable répugnance pour les groupes de consonnes, par exemple la suppression de *y, v*, après une consonne (comparez l'exemple cité plus haut : *jîhâ* pour *jihvâ*); l'introduction d'une voyelle ou d'une *svarabhakti* superflue ou excessive, particulièrement dans un groupe commençant par *r*. (Comparez le prâcrit *harisa* au sanscrit *harsha*.)

Nous venons de voir que, pour les groupes, le prâcrit
compensait, par le doublement de l'une des consonnes, la
suppression de l'autre. C'est encore là une habitude dont
on peut trouver le germe dans le vice condamné ici, qui consiste à doubler hors de propos et contrairement aux règles.

Aux comparaisons qui précèdent et qui peuvent servir à
éclairer la formation des idiomes néo-sanscrits, on pourrait
en joindre quelques autres propres à expliquer certains procédés de dérivation que nous remarquons, soit dans la sphère
même de la langue des Bráhmanes, soit en passant d'un
idiome de la famille à un autre. Je n'indiquerai ici qu'un
seul fait de ce genre, la défense d'articuler le *h* comme une
sourde. Cette faute, ou la faute inverse, le penchant qu'elle
suppose, nous rend compte d'une espèce très-commune de
modifications, de la différence que nous trouvons entre des
mots comme हन्, et ceux de ses dérivés qui ont un घ initial, ou bien entre le sanscrit हंस, le grec χήν, l'allemand
Gans, etc.

Le chapitre XIV, le second de la *Çikshâ,* se termine,
comme le chapitre XI, le second du *Krama,* par des critiques
que l'auteur réfute, mais qui sont une nouvelle et curieuse
trace de la lutte qui régnait entre les écoles, de ces divisions, signe de vie propre et indépendante, qui ont précédé
l'époque de conciliation et de soumission, où toutes les têtes,
en toute espèce d'enseignement, se sont courbées sous un
même niveau, sous un joug commun d'autorité et de foi.

समुद्दिष्टा वर्णगुणाः पुरस्तान्निर्द्दिष्टाणां सांहितो यश्च धर्मः।
तद्वायापायव्यथनानि दोषास्तान्व्याख्यास्यामो ऽत्र नि-
[दर्शनाय ॥ १ ॥

निरस्तं स्थानकरणापकर्षे विहारसंहारसोव्यासिपीउने ।
ओष्ठाभ्यामंबूह्रतमाह् नदं दुष्टं मुखेन सुषिरेण शूनं ॥ २॥

संदष्टं तु व्रीउन आह ल्वोः प्रकर्षणे तटु विक्लिष्टमाहुः।

जिह्वामूलवियहे मतमेतद् नासिकयोस्त्वनुषंगे ऽनुना-
[सिकं ॥ ३ ॥

अयथामात्रं वचनं स्वराणां संदंशे व्यासः पीउनं नि-
[रासः।

मासः कंठ्ययोरनुनासिकानां संदष्टता विषमरागता वा
[॥ ४ ॥

सांतःस्थानामादिलोपांतलोपाबंधेशे वा वचनं व्यंजन-
[स्य।

अन्योन्येन व्यंजनानां विरागो लेशेन वा वचनं पीउनं
[वा ॥ ५ ॥

घोषवतामनुनादः पुरस्तादादिस्थानां क्रियते धारणं वा।

सोष्मोष्मणामनुनादो ऽप्यनादो लोमश्यं च ह्नेउनमूष्म-
[णां तु ॥ ६ ॥

वर्गेषु जिह्वाप्रथनं चतुर्षु मासो मुख्ये प्रतिलास्त्रतुर्थे।

स्रेफयोर्मध्यमयोर्निरासो विक्लेश स्थाने सकुले चतुर्थे
[॥ ७ ॥

अतिस्पर्शो बर्बरता च रेफे जिह्वांताभ्यां च वचनं लकारे।

ग्रासो ऽघोषनिभता वा ळकारे निरासो ऽन्येषूष्मसु पी-
[उनं वा ॥ ८ ॥

स्वरात्परं पूर्वसस्थानमातुर्दीर्घाभिितं तु विसर्जनीयं ।

कंठ्याद्यथा रेफवतस्तथाद्रू द्धात्तु नासिव्यमपीतस्मात्

[॥ ८ ॥

संयोगादेरूष्मण: पूर्वमातुर्विसर्जनीयमधिकं स्वरोपधात् ।

परं यमं द्धाक्परादद्योषाट्ऱ्स्माणें वा द्घोषिणात्तत्प्रयत्नं ॥ १० ॥

शुनश्श्रेपो निष्कपी शास्सि निष्ठाउविक्रमा ब्रह्म विष्णु:

[स्म पृथ्वि: ।

स्पर्श्शोष्मसंधीन्स्पर्शरिफसंधीनभिप्रायांश्च परिपाठ्यति ।११।

स्वरौ कुर्वत्योछ्वनिभौ सरेफौ तिस्रो मातृत्त्वीन्पितृन्यभृभि-

[र्नृन् ।

दंत्यान्सकारोपनिभानघोषान् ह्य्य: पृथ्वी पृथिवी त्वा

[पृथीति ॥ १२ ॥

ऊष्मांत:स्थाप्रत्ययं रेफपूर्वं द्रुस्वं लुंपत्याऽरूस्थाप्यसंतं ।

पुरूषंतिं पुरूवारार्यमाख्यां ह्रिस्योऽनाय ह्रिंऽपीयायां ।१३।

ऐयेत्रियेकारमकारमातुर्वैयघ्येति च क्रमयंतो यकारं ।

तदेवान्येषु विपरीतमातुस्ते ह्य्या वह्यं च ह्रद्ह्यायेति च

[॥ १४ ॥

अकारस्य स्थान ऐकारमातुर्लुंपंति च सयमीकारमुत्तरं ।

बद्धस्वरं व्यक्षरतां नर्यति यथोनयीर्ध्वनयीत्कोशयीरिति

[॥ १५ ॥

तदेव चान्यत्र विपर्ययेण कार्य्य ऐत्वे सयमीकारमाहुः ।

धातोर्बिभेतेर्ज्यतेर्नियम्राभैष्म चाज्रैष्म नैडिति चैष ॥ १६ ॥

इकारस्य स्थान ऋकारमांङुल्ऌकारं वा चंट्रनिर्षिक् सुशि-
[ल्ये ।

अनंतरे तद्विपरीतमाङुस्तालव्ये शृंगे बिभृयाद्विचृत्ता:
[॥ १७ ॥

तालुस्थानो व्यंजनाडुत्तरखेद्यकारस्तत्र यकारमाङुः ।

शुनःशेपः शास्ति बवर्ज्जुषीणामव्यद्विरप्युशीति निदर्शना-
[नि ॥ १८ ॥

लुंपंति वा संतमेवं व्यकारं ज्यैछ्याय सम्वाद्यापृह्ष्यमृ-
[भ्वा ।

व्यस्यंत्यंतर्मरूतो ऽव्यायतं तं दीर्घायु: सूर्य्यो इशद्दीर्त ऊर्ज
[॥ १९ ॥

लुंपंत्यंत:स्यां क्रमयंति वैता स्वरात्सस्थानाद्वरां परां वा ।

स्वस्तये ऽधायि भुवनेयमूवू एक ह्रस्वं द्राबयंत्युमँ आेक:
[॥ २० ॥

ह्वारूसोष्मोपह्तिायकाराद्वकाराद्वा सर्वसोष्मोष्मपूर्वात् ।

तत्सस्थानं पूर्वमूष्माणामाङुस्तुह्ष्यांद्ध्या आपृह्ष्यमृभ्वा
[द्रुये ऽछ्ष: ॥ २१ ॥

पकारखर्गोपह्तिाच्च रक्ताद्न्यं यमं तृह्तुताप्राानमौभ्रात् ।

अनुस्वारमुपधां वान्यवर्णां स्वरोपधात्सोऽवमोह्ययेत्
[॥ २२ ॥

तदृ घ्रत्यङ्र्मो जऋघ्रत ईऋखर्यती: सञ्ज्ञातरूपो ऽथ स-
[ज्ञानमिंद्र: ।

सात:स्याद्रो धार्यंत: पश्चिमं शर्मन्स्वामास्मिन्सु जना-
[ज्ड्धीयत: ॥ २३ ॥

ऋक्तै राग: समवाये स्वराणां न नूनं नृम्णं नृमणा नृभि-
[नृन् ।

ऋक्तात्तु सोष्मा. क्रियते ऋकारो ऋद्यद् ह देवान् ऋक्ते
[मलान्ति ॥ २४ ॥

संयोगानां स्वभक्त्या व्यवायो विक्रमणं क्रमणं वाय-
[योक्तं ।

विपर्ययो वा व्यत तिल्विले ऽऋअम् ट्रप्सो ऽनुपृन्साऽर्ऽयो
[ऽष्ट्रां प्र नेष्रात् ॥ २५ ॥

विवृत्तिषु प्रत्ययादिर्दर्शनं यथा वा रेक्ष्व य घोऽशिन्नश्च ।
इ उ संधौ संध्यवचनं च कासुचित्स इत्त्ता कस्त उषो
[योऽते ॥ २६ ॥

समानवर्णासु विपर्ययो वा यथा कृती इंद्र क आसत्त्ञ ।
अभिव्याह्रानं च विवृत्तिपूर्वं कण्वे ता आपो ऽवसा एति
[दीर्घे ॥ २७ ॥

न द्रोषाणां स्वसंयोगजानामंतो गम्य: संख्यया नेतरेषां :
शक्यस्तु शास्त्रादधि साधु धर्मो युक्तेन ज्ञत्न: प्रतिपत्तु
[मस्मात् ॥ २८ ॥

अकारस्य कारणावस्थयान्यान्स्वरान्ब्रूयात्तद्दि संपन्नमालु:।
परानकारोद्वयवद्विवक्षेत्सर्वत्रत्रवर्णानिति संप्रदेषा ॥ २८ ॥

शास्त्रापवादात्प्रतिपत्तिभेदामिद्रंत्यज्ञत्सेति च वर्णशिक्षा।
सैतेन शास्त्रेन विशिष्यते ऽन्ये: ज्ञत्तं च बेठ्रंगमनिंद्या-
[मार्ष ॥ ३० ॥

TRADUCTION.

1. Les qualités des lettres énumérées plus haut
ont été complétement enseignées, ainsi que les lois
du *sandhi*. Les vices relatifs à ces [lettres] sont l'addition, le retranchement, l'altération; ces [vices],
nous allons [les] exposer, pour l'exemple. —

2. L'expulsion [*nirastañ*, consiste] dans le retranchement de l'organe et du mode [de prononcia-
tion]; — la dissolution [*vyásaḥ*] et la compression
[*piḍanam*], dans la [trop grande] distinction et la
confusion [de l'organe et du mode]. — [Ce que l'on]
dit en entravant les sons par les deux lèvres [mal
ouvertes est] vicié [comme] bredouillement [*am-
bûkṛitañ*], — [et ce qu'on prononce] la bouche élargie en creux [est] enflé [*çûnañ*]. —

3. [Ce qu'on] dit en baissant les mâchoires [in-
férieure et supérieure] est mordu [*sandashṭañ*];

—en les agitant, incohérent [ ]; — avec
abstraction de la racine de la langue, mangé [*gras-tam*]; — avec adhérence [de la lettre] aux narines,
nasal [*anundsikam*]. —

4. [Un autre défaut est] la prononciation des
voyelles non conforme à la mesure. — [Le vice qui
consiste à] mordre [le son], la distinction [trop
marquée], ou la confusion [de l'organe et du mode],
et leur suppression [affectent aussi les voyelles]. —
Le manger [du son est] pour les deux gutturales [*a*
et *â*]. — Pour les nasales [*anunâsikas*], il y a prononciation mordue ou nasalisation inégale. —

5. [Il y a encore], pour les [consonnes] accompagnées de semi-voyelles, le retranchement de celle
qui précède ou de celle qui suit; — la prononciation d'une consonne hors de place; — l'effacement
des consonnes l'une par l'autre; —la prononciation
atténuée ou pressée [c'est-à-dire trop forte]. —

6. On ajoute un son devant les sonnantes initiales [d'un groupe], ou bien on les retient [c'est-
à-dire on en rend le son imperceptible]. — Pour
les aspirées et les *ûshmas* [initials, il y a] de même
ou addition d'un son, ou prononciation imperceptible; — pour les *ûshmas* [sourds], amollissement
velouté ou [addition d'un] son [semblable]. —

7. Pour les [quatre] premiers ordres [de *sparças*,
il y a une] expansion [vicieuse] de la langue; —
pour le premier, le manger [inarticulé]; — pour le
quatrième, le trop appuyer; — pour les [*sparças*
des deux ordres] du milieu, quand ils sont accom-

pagnés de *r*, l'effacement [de l'organe et du mode];
— le défaut de pureté pour le quatrième [ordre],
quant à l'organe et à tous les éléments [de l'articu-
lation]; —

8. Pour le *r*, le tact trop fort et la dureté; —
pour le *l*, [ces deux défauts] et la prononciation
avec les deux extrémités de la langue [au lieu du
bout seulement]; — pour le *h*, le souffle [excessif]
ou la ressemblance avec une sourde; — pour les
autres *úshmas*, effacement [de l'organe, etc.], ou
compression. —

9. Après une voyelle longue, on dénature le *visarga* [pour l'organe et pour le mode], en l'assimi-
lant, quant à l'organe, à la [voyelle] antécédente.
— Après la gutturale [longue, à savoir *â*], on dit
[le *visarga*] comme après [la lettre] qui a un *r* [c'est-
à-dire le *ri*]; — mais après [la gutturale longue] nasalisée [par l'*anunâsika*], et après l'autre [voyelle, à
savoir *rî*, on le prononce] nasalisé. —

10. Devant l'*úshma* initial d'un groupe [de con-
sonnes], précédé d'une voyelle, on dit un *visarga*
superflu. — [On prononce] un *yama* après [un
úshma] sourd, suivi d'une nasale; — ou bien, après
[un *úshma*] sonnant [suivi d'une nasale], un *úshma*
de même nature. —

11. [Les mots] *çunaççepah*, *nishshapî*, *çássi*, *nish-
shât* [doivent être prononcés] sans *visarga*, [ainsi
que] *brahma*, *vishnuh*, *sma*, *prîçnih*. — On met [par
erreur] un *anusvâra* [au lieu d'un *anunâsika*] dans
les *sandhis* de *sparça* avec *úshma* (ch. IV, 33), de

sparça avec *r* (ch. IV, 30), et dans les *vivrittyabhi-práyas* (ch. IV, 28). —

12. On fait semblables à la labiale [*u*] les deux voyelles qui renferment *r* [c'est-à-dire *ri* et *rí*], [par exemple, dans] *tisro mâtrís trín pitrín* (*Rig-Véda*, I, CLXIV, 10), *yan nribhir nrín* (VI, XXXV, 2). — [On fait] les dentales sourdes semblables à la lettre *s*, [par exemple, dans] *rathyah* (XI, XCI, 1.), *prithvi* (I, CLXXXVI, 7), *prithiví* (I, XCIV, 16); *tvâ* (V, XL, 5), *prithí* (VIII, IX, 10). —

13. On supprime une brève suivie d'un *úshma* ou d'une semi-voyelle, [et] précédée d'un *r*, ou bien on l'ajoute quand elle n'existe pas [dans le mot]. [Exemples donnant lieu à la suppression :] *puru-shantim, paruvára* (*Rig-Véda*, IV, II, 20), *hariyoja-náya* (I, LXII, 13), *hariyáptyáyám* (VI, XXVII, 5); [à l'addition :] *aryamá* (I, CXXVI, 3), *áshtryám* (X, CLXV, 3). —

14. Dans *aiyeh* (*Rig-Véda*, V, II, 8), et dans *vaiyaçva* (VIII, XXVI, 11), on prononce la lettre *ai* comme *a*, en redoublant le *y* [qui suit]. — On applique la prononciation inverse à d'autres mots, tels que *te rayyâ* (X, XIX, 7), *vayyam* (IX, LXVIII, 8), *hridayyayâ* (X, CLI, 4) [c'est-à-dire on y change *a* en *ai* devant le double *y*, et l'on supprime l'un des *y*]. —

15. A la place de la lettre *a*, on dit *ai*, et l'on retranche l'*í* suivant, avec le *y* [qui le précède]. On amène [ainsi] un polysyllabe à l'état de dissyllabe, par exemple : *únayíh* (*Rig-Véda*, I, LIII, 3), *dhvanayít* (I, CLXII, 15), *koçayíh* (VI, XLVII, 22). —

16. Et au contraire, ailleurs, où il faudrait *ai*, on dit [*a* et on ajoute] *i* avec un un *y*, [par exemple, dans les formes] *abhaishma* (*Rig-Véda*, VIII, xlvii, 18), *ajaishma* (VIII, xlvii, 18), *naishṭa*, des racines *bhî, ji, nî.* —

17. A la place d'*i*, on prononce *ṛi* ou *ḷi*, [par exemple, *ṛi* dans] *candranirṇik* (*Rig-Véda*, X, cvi, 8), [et *ḷi*, dans] *suçilpe* (IX, v, 6]. — On dit le contraire [c'est-à-dire *i* pour *ṛi*], immédiatement avant ou après une palatale, [par exemple, dans] *çriñge* (V, ii, 9), *bibhṛiyât* (X, x, 9), *vicṛittâḥ* (II, xxvii, 16). —

18. Lorsqu'il y a, après une consonne, une palatale, non accompagnée de *y*, on dit un *y* [qui n'est pas dans le mot]. Exemples : *çunaççepaḥ* (*Rig-Véda*, I, xxiv, 13), *çâssi* (I, xxxi, 14), *vavarjushîṇâm* (I, cxxxiv, 6), *akhyat* (IV, xiv, 1), *virapçî* (I, viii, 8). —

19. Ou bien on supprime un *y* ou un *v* ainsi placé [c'est-à-dire suivant une consonne; par exemple, dans] *jyaishṭhyâya* (*Rig-Véda*, I, v, 6), *samvâran* (pour *sam-u-âran*, X, cxxxii, 3), *âpṛichyam* (IX, cvii, 5), *ṛibhvâ* (VI, xxxiv, 2). — On coupe, par l'interposition [d'une voyelle], le [*r*] venant après une longue, non détaché [du groupe, qui se trouve dans] *dîrghâyuḥ* (X, lxxxv, 39), *sûryaḥ* (X, clviii, 1), *ruçadir te*, *ûrjam* (IX, lxiii, 2). —

20. On supprime ou l'on double une semi-voyelle qui précède ou suit une voyelle de même organe [qu'elle; ainsi dans] *svastaye* (*Rig-Véda*, V, li, 12), *adhâyi* (I, clxii, 7), *bhuvanâ* (X, lxxxii, 3), *iyam*

(VI, LXI, 2), *ûvah* (I, CLXI, 8). — On allonge une brève nasalisée [par l'*anunâsika*; exemple] *ugra ω okah* (VII, XXV, 4). —

21. Devant un *y*, précédé de *h* ou d'une aspirée, ou devant un *v*, précédé d'une aspirée ou d'un *ûshma* quelconque, on ajoute un *ûshma* [c'est-à-dire une aspiration] de même organe; [ainsi dans] *tachyân* (*Rig-Véda*, V, XLII, 10), *daghyâh* (I, CXXXIII, 5), *âprichyam* (IX, CVII, 5), *ribhvâ* (VI, XXXIV, 2), *hvaye* (I, XIII, 12), *ahyah* (X, CXLIV, 4). —

22. [Devant] une nasale, précédée d'un [*sparça*] de l'ordre qui commence par *p*, [on ajoute] un autre *yama* [superflu; par exemple, dans] *tripnata* (*Rig-Véda*, I, CX, 1), *apnânam* (X, CXIV, 7), *aubhnât* (IV, XIX, 4). — [Devant une nasale] précédée d'une voyelle, [on dit] un *anasvâra* ou une autre lettre antécédente, si [cette nasale] est suivie d'une aspirée ou d'un *yama* [c'est-à-dire d'un *sparça* précédant une nasale]; —

23. [Ainsi dans :] *tan ghnanti* (*Rig-Véda*, II, XXVII, 13), *anjmah* (IX, XLV, 3), *janghnatah* (IX, LXVI, 25), *inkhayantîh* (X, CLIII, 1), *sanjnâtarûpah* (I, LXIX, 5), *sanjnânam* (X, XIX, 4). — Soutenant [le son de la nasale], au commencement d'un [groupe de consonnes] qui a une semi-voyelle, [on fait un] circuit [c'est-à-dire on insiste plus qu'il ne faut; ainsi dans] *çarmantsyâma* (pour *çarman syâma*, VII, XXXIV, 15), *asmintsu* (pour *asmin su*, transformé euphoniquement en *asmintsv*..., X, CXXXII, 5), *janânchrudhîyatah* (pour *janân çrudhi-yatah*, VI, LVII, 3). —

24. Quand il y a assemblage de voyelles par des nasales, on nasalise [ces voyelles; exemples :] *na nânam* (*Rig-Véda*, I, CLXX, 1), *nrimnañ* (VIII, IX, 2), *nrimanâh* (V, L, 4), *nribhir nrín* (VI, XXXV, 2). — Après une nasale, on fait de *h* une aspirée; [exemple :] *dadhyan ha* (I, CXXXIX, 9), *devân havate* (I, CV, 17), *mahán hi* (VIII, XIII, 1). —

25. [Parfois] on dissout un groupe [de consonnes] par une *svarabhakti* [irrégulière, ou même par une insertion de voyelle], ou l'on y supprime un doublement, ou l'on double contrairement aux règles, ou bien on fait le contraire [c'est-à-dire on ne fait pas la *svarabhakti* voulue; ainsi dans] *vyata* (*Rig-Véda*, II, XVII, 2), *tilvile* (V, LXII, 7), *añjman* (I, CLXVI, 5), *drapsah* (X, XVII, 11), *ajushran* (I, LXXI, 1), *sârñjayah* (VI, XLVII, 25), *ashtrâm* (VI, LVIII, 2), *pra* (X, CLXXVI, 2), *neshtrât* (II, XXXVII, 3). —

26. Dans [certains] hiatus, on ne fait pas sentir le commencement du [son] postérieur; ainsi [dans] *yâ aichah* (*Rig-Véda*, X, CVIII, 5), *ya auçijah* (I, XVIII, 1). — Dans quelques-uns, quand il y a *sandhi* d'*i* ou d'*u* [avec une autre voyelle], ou prononce une diphthongue, par exemple, [dans] *sa id astâ* (VI, III, 5), *kas ta ushah* (I, XXX, 20). —

27. Ou bien, dans [certaines rencontres] de voyelles semblables, on renverse l'ordre; ainsi [dans] *ûtî indra* (*Rig-Véda*, IV, XXIX, 1), et *ka âsatah* (V, XII, 4). — Quand la première de l'hiatus est une gutturale longue [c'est-à-dire *â*], il y a absorption

[de la seconde]. Ainsi [dans] *tá ápaḥ* (VII, xlix, 1),
avasá á (pour *avaṣai á*, III, liii, 20). —

28. On ne peut atteindre, par une énumération
[complète], la fin des vices [de prononciation] qui
naissent de la combinaison des voyelles, ni des
autres [c'est-à-dire des vices qui naissent de la combinaison des consonnes]. — Mais, au moyen de ce
livre, toute la règle [la théorie de la prononciation]
peut être acquise par un homme bien doué. —

29. Qu'on dise les autres voyelles de la même
façon qu'on fait la lettre *a;* car [les maîtres] disent
[que cela est] complet [ainsi, c'est-à-dire les voyelles
n'ont pas besoin, comme les consonnes, qu'on y
ajoute un son]. — Les [lettres] suivantes, lettres
[allant] partout [c'est-à-dire les consonnes qui se
combinent avec toutes les voyelles], il faut les dire
[, suivies des diverses voyelles], comme [on fait]
quand *a* les suit. C'est là le total [des règles de pro-
nonciation]. —

30. On blâme cette théorie de prononciation des
lettres, [d'abord] par l'imputation de défauts propres
au *çástra*, qui mettent obstacle à la connaissance
[précise et] déterminée, [puis] en disant : [elle est]
« incomplète ». — Il ne diffère pas, par cette [par-
tie], des autres *çástras*, et c'est un *védânga* complet,
irréprochable, vénérable.

NOTES.

I. Sûtra 1. समुद्दिष्टाः... — Commentaire : समुद्दिष्टः = सम्यगुद्दिष्टाः.... अनुक्रातेषु परलेषु । अथ्यो नामासतो वर्णस्योपतनः । यथा ह्रयामीत्यत्र पुरस्तादनुनाद :, « on nomme *âyah* (accession) la production additionnelle d'une lettre qui n'existe pas [dans le mot] : par exemple dans *hvayâmi* (*Rig-Véda*, I, xxxv, 1), un son ajouté par-devant [pour bien marquer le son du *h* initial ; नाद: est le mot propre, il s'agit d'une sonnante, voyez chapitre XIII, 1]. » — अपायो नाम सतो ऽपकर्षः । यथा ऊनयीस्त्यित्र यीस्त्येतस्य, « on nomme *apâyah* (départ) le retranchement d'une [lettre] existant [dans le mot] : par exemple, celui [du *y*] de *yîh* dans *ûnâyîh* (I, liii, 3). » — व्यथनं नाम सतो अन्यथाश्रवणां । यथा ऋथा इत्यत्र थकारस्य सकारवच्छ्रवणां, « on nomme *vyathanam* (action de faire souffrir, altération) l'audition dénaturée d'une [lettre] existant [dans le mot], par exemple dans *rathyâh*, la prononciation de la lettre *th* avec le son de *s*. » Nous avons déjà fait remarquer cette analogie de l'aspirée dentale sanscrite avec le *th* anglais. Il sera question de ce triple vice de prononciation dans les *çlokas* suivants (6, 12 et 15). — Les derniers mots sont développés ainsi : तान्दोषानुमत्र निर्द्शनार्थं बिस्तरेणासावमुत्रेत्यनुक्रमंतो व्याख्यास्याम: « nous exposerons ces vices plus loin, les énumérant en détail, [l'un sera exposé ici,] l'autre là (littér. *ille illic*, comme locution absolue). »

II. Sûtra 2. निरस्तं... —Commentaire : निरस्तं नाम दोष उत्पद्यते स्थानकरणायोरूपकर्षेणा. Les mots *sthâna*, « lieu, organe, » et *karaṇa*, « mode » de prononciation, ont été définis au chapitre précédent. Le *sthâna* sera, par exemple, la qualité de labiale, de gutturale, etc. le *karaṇa*, celle de *sparça*, d'*âshma*, etc. Parmi les sens que M. Wilson, dans son dictionnaire, donne à *nirasta*, dont le neutre est ici employé substantivement, se trouve celui de « *uttered rapidly, hurried.* » Nous verrons plus bas (*çloka* 4), à la place de cet adjectif neutre, le terme abstrait निरास:.

Au sujet de ce sûtra, le scoliaste se fait une objection singulière. « Le retranchement de l'organe et du mode de prononciation ne peuvent pas, dira-t-on, avoir lieu; car c'est la lettre qu'on enlève de son organe et de son mode d'articulation [et non l'organe et le mode qu'on ôte de la lettre]. » — Cette critique n'est pas fondée, répond-il, car les deux choses sont possibles l'une comme l'autre : ननु स्वानकरणयोर्पकर्षो नोपपत्ति । कर्थ । स्वानकरणाभ्यां हि वर्णो ऽपकृष्यते । नैष दोष: । वथा स्वानकरणाभ्यां वर्णो ऽपकृष्टो भवति । तथा वर्णादपि स्वानकरणे ऽपकृष्टे भवत: । — Il n'y a pas d'exemples cités dans le commentaire pour ce sûtra, ni pour les autres vices très-généraux qui vont suivre.

II. Sûtra 3. विकार्o... — Commentaire : विहार: = विह्-रणं । संहार: = संहरणां । कस्य । स्वानकरणयोर्विहारे व्यासो नाम दोषो ज्ञायते । संहारे पीडनं च । व्यासो विवेक: । पीडनं द्विर्भव: ।. Le premier défaut consiste à séparer l'organe et le mode, à faire en quelque sorte deux efforts trop distincts pour les marquer; le second à les doubler et à les trop confondre.

II. Sûtra 4. श्रोष्ठाभ्यां... — Commentaire : श्रोष्ठाभ्यां नई (अह्नमित्यर्थ:) यदाह वक्ता तदुष्मंबूकृतमित्युच्यते ।. Le composé संबू-कृत signifie proprement « fait eau, liquéfié. »

II. Sûtra 5. मुखेन.... — Commentaire : सुषिरेषा (= विलायितेन, de विलं, « creux », dans le numéro 394 de Berlin विलोम्बितेन) मुखेन यदाह वक्ता तदुष्मं भूनं नाम वेदितव्यं ।. — Le mot

शुषिरं, employé substantivement, signifie, comme बिलं, « creux, a hole. » — Le manuscrit de M. Whitney et le numéro 595 de Berlin ont शूर्त्त pour शूर्नं.

III. Sûtras 6-9. संदृष्टं... — प्रकर्षणो... — ज्रिका०... — नासिकयो:... — Je n'omets, des gloses de ces sûtras, que la reprise des mots du texte : व्रीडनं नाम ह्वो्नो्नैर्भाव । । — ह्वो: प्रकर्षणो । प्रकर्षणा नाम सर्वतःप्रलनं । विक्लिद्धं नामासंयुक्तं । नियग्रहो नाम स्तंभनं । — नासिकयोर्यदा वर्णो ऽनुषज्यते तदानुनासिकत्वमु-त्पद्यते ।. Je ne traduis pas ces synonymies, parce qu'elles sont expliquées par ma traduction du texte. — Nous trouverons plus loin (çloka 4), à la place du neutre संदृष्टं, les termes abstraits संदृष्ट: et संदृष्टतां; et au lieu de ग्रस्तं, ग्रास:. — Dans ce çloka, les manuscrits de Berlin offrent quelques variantes, mais qui sont évidemment des fautes : सदृष्टं (595), pour संदृष्टं; प्रकर्षणा, pour प्रकर्षणो (l'instrumental pourrait s'expli-quer, mais le locatif est préférable, parce que c'est le cas employé partout, à partir du sûtra 2); एतं, pour एतत्. — Le manuscrit de Paris donne dans le texte du sûtra विग्रहे, pour नियग्रहे; mais dans la scholie, il y a deux fois नियग्रहे, qui est aussi la leçon des manuscrits de Berlin [1]. — Le mono-syllabe उ est employé comme particule explétive dans le sû-tra 7.

IV. Sûtras 10 et 11. व्यवधा०... — संदृश:... — Uvaṭa cite le premier de ces sûtras dans la glose du chapitre III, 3, et, dans cette citation aussi bien qu'ici, il ne coupe qu'après स्वराणां. On serait tenté de rattacher ce génitif, bien qu'il appartienne au premier pâda, au sûtra 11, où il est tout à fait nécessaire pour compléter le sens (aussi le scoliaste l'y

---

[1] Le numéro 595 a विग्रहे; mais à la marge वि est corrigé en नि.

sous-entend-il); tandis que dans le sûtra 10 on peut s'en passer. — Cette violation de la quantité est ainsi expliquée dans le commentaire : ह्रस्वदीर्घप्लुतानामयथामात्रोच्चरणां दोषो भवति । प्रायेणा दीर्घेषु ह्रस्वेषु च रक्षेषु [च] मात्राधिकं कुर्वंति । तदाचार्येणा निद्-र्शनार्थमुत्तरत्रोदाहृतं । ऋतां ह्रस्वं द्राघयंत्युर्यं श्लोक इति । « La prononciation non conforme à la mesure des brèves, des longues et des *platas* [de trois *mâtrás*], est un défaut. Ordinairement on fait excès de mesure pour les longues et pour les brèves nasalisées. Le maître, pour montrer [ce défaut], en cite plus loin un exemple (voyez *çloka* 20). » Le च que j'ai mis entre crochets me paraît être de trop pour le sens ; il détruirait le rapport de cette phrase à la citation qui suit. — Dans la note du chapitre III, 3, sûtra 5, j'ai traduit स्वराणां par « des accents ; » cette modification de sens n'était pas nécessaire ; on peut laisser à ce génitif le sens de « voyelles » qu'il a ici, sans rendre par là la citation moins applicable.

Dans la glose du sûtra 11, Uvaṭa se contente d'ajouter au texte, comme je l'ai dit, स्वराणां, puis il cite les sûtras 2, 3 et 6, où les quatre défauts ici mentionnés ont été définis. — Nous verrons par le sûtra 13 que l'axiome ne signifie pas que ces défauts n'affectent que les voyelles.

IV. Sûtra 12. ग्रास:... — Le commentaire explique कंव्ययो: par अकारकारयो: (voy. chap. I, 8), et cite le sûtra 8, où le vice de prononciation dont il s'agit ici est déjà signalé.

IV. Sûtra 13. अनुनासिकानां... — Pour le premier des deux défauts, Uvaṭa cite de nouveau le sûtra 6. Pour le second, il donne l'explication que voici : न हि रागं प्रत्याख्याया-नुनासिक्यं वर्तते । तस्मादिषमरागता द्रोष उच्यते । « car si l'on refuse la *coloration* (voy. chap. I, 7), si on la diminue, il n'y a point qualité d'*anunâsika;* c'est pour cela qu'une *coloration* inégale (inférieure au degré voulu) est dite un défaut. » Suivent deux exemples qui montrent, ce semble, que le scoliaste applique ce sûtra à l'*anunåsika* proprement dit. Dans le premier, il y a une brève, dans le second une longue, affectées de l'*anunåsika* : बक्रतॆ एमि (*Rig-Véda*, X, xxxiv, 5); ग्रभ ग्रॉ ग्रप: (V, xlviii, 1). Ces deux nasalisations ont lieu en vertu du chapitre II, 30 et 31; dans le deuxième exemple, ग्रभ est pour ग्रभॆ.

Malheureusement, dans les exemples, les vices de prononciation ne sont point figurés par l'écriture; bien souvent même ils ne peuvent pas l'être. Ils étaient rendus sensibles par l'enseignement oral.

V. Sûtra 14. सांतःस्थानां... — Commentaire : सहांतः-स्थया वर्तत इति सांतःस्थाः । तेषां सांतःस्थानां वर्णानां क्वचिदादिलोपः क्रियते क्वचिद्दंतलोपः । तौ दोषौ त्रेयौ ।

Exemples : पिबां निषद्यं (*Rig-Véda*, I, clxxvii, 4); ईंद्रवायूं :. Cette forme a déjà été citée ailleurs (chap. XII, 4) par Uvata; mais je ne l'ai pas trouvée dans le *Rig-Véda*. — Je n'ai pas besoin de dire que, dans le premier exemple, la faute consiste à supprimer le *d* qui précède le *y*; dans le second, le *v* qui le suit.

V. Sûtra 15. अद्देशे... — J'ai lu अदिशे dans la copie de M. Pertsch [1]; c'est évidemment une faute. — Commentaire : अत्र वा ऽदेशे (l'apostrophe est dans le manuscrit, pour empêcher toute incertitude) अस्थाने असहंजनं (« une consonne qui n'est pas dans le mot ») उच्यते ।

Uvata cite pour exemples अस्मात् (*Rig-Véda*, I, clxxi, 4); स्तोमैरभुत्स्महि (IV, lii, 4); उन्म्राव्यं (II, xv, 5); विप्रवप्नुर्यस्य (VII,

XLII, 6). Puis il ajoute : इत्यत्र सकारात्परतकार उच्यते, « dans ces formes, on dit un *t* après le *s* » (ainsi *astmát, utsíndya*, etc.) यथा यक्ष्मं (X, cxxxvii, 4), विष्णुः (I, xxii, 16) इत्यत्र षकारादि- कारोकारौ, « comme dans *yakshmam* et *vishṇuḥ* [on insère] *i*, *u* après *sh* » (ainsi *yakshimam, vishuṇuḥ*). Cette seconde espèce de faute n'a d'autre rapport avec la règle que de nous mon- trer des additions de voyelles analogues aux additions de consonnes.

V. Sûtra 16. अन्योन्येन... — La glose reprend les mots du texte, en ajoutant simplement सह à l'instrumental अन्योन्येन.— Le substantif विराग: se trouve ici dans son sens propre, qui est peu usité; au moins n'est-il pas donné dans le dictionnaire de M. Wilson.

Exemple : अयं मा षट् दादां (*Rig-Véda*, VIII, lvii, 14). इत्यत्र उकारात्परस्य दकारस्य विराग: क्रियते अशातातृभि: । « ici, après le *ḍ* (de *shaḍ*), l'effacement du *d* (de *dvá*) est fait par les igno- rants. »

V. Sûtra 17. लेशेन... — Commentaire : लेशेन = प्रयत- शैथिल्येन, « avec relâchement, mollesse d'effort; » पीडने = प्रति- प्रयत:« effort excessif » : c'est un autre emploi du mot que celui que nous avons vu plus haut, au *çloka* 2. — ताबुभौ दोषौ सर्वेषु वर्जयेत्, « qu'il évite ces deux défauts pour toutes [les lettres]. »

VI. Sûtra 18. घोषवतां... —Le numéro 595 de Berlin a वारपां pour धारपां : la leçon du manuscrit de Paris[1] est con- firmée, comme nous allons le voir, par la glose d'Uvaṭa. — Au lieu de पुरस्तात्, le manuscrit 691 donne परस्तात्.

Commentaire : पदादिष्वानां घोषवतां पुरस्तादनुनादो ध्वनि: क्रियते. Uvaṭa, comme l'on voit, ne tient pas compte de अनु; on ne

---

[1] C'est aussi celle du numéro 394 de Berlin et du manuscrit de M. Whit- ney.

peut guère, en effet, à cause de पुरस्तात्, faire consister cette
faute de prononciation dans l'addition d'un son *après* la sonnante; le préfixe doit marquer ici simplement addition (*nais-
sant de* cette initiale). Il s'agit d'un son ajouté par-devant.
— धारण, « action de tenir, de retenir » = अनुपलब्धि:, « action
de rendre imperceptible ». C'est l'idée exprimée au sûtra suivant par प्रनाद:. — यथा ह्मामीत्यत्र पुरस्तादधिक: शब्द: क्रियते (c'est
l'exemple déjà cité dans le commentaire du sûtra 1). — « Ou
bien, ajoute-t-il, pour éviter ce défaut, [on tombe dans le
défaut contraire, et] on rend le *h* imperceptible » : अथ वा तस्य
दोषस्य परिहरणार्थ हकारस्यानुपलब्धि: क्रियते ।.

D'autres donnent à धारण le sens de « répétition, redoublement [de la sonnante initiale] » : अपरे धारणां द्विर्वचनं यन्ति.
Exemples de mots commençant par un groupe de sonnantes,
où l'on peut faire cette faute : ज्योतिष्कृत् (*Rig-Véda*, I, L, 4);
यावां (II, xii, 13); दार्ढ्य (IV, xxxiii, 7). — Dans la traduction, j'ai ajouté « d'un groupe », parce que c'est le sens qui
ressort et du choix des exemples et de la nature même de la
faute.

VI. Sûtra 19. सोष्मोष्मणां... — Uvaṭa ajoute : पदादि-
स्थानां et supplée शब्द: auprès de प्रनाद:, dont il fait un adjectif : « son, bruit, non sonnant. » — Exemples : अभि ऽ क्या
(*Rig-Véda*, X, cxii, 10); हर्यामिव (VI, xvi, 38); श्रोतेति (I,
lxxxvii, 2); स्तौति (je ne trouve pas dans les hymnes ce mot
déjà cité au chapitre XII, 2; mais seulement स्तौत्, VII,
xlii, 6, qui du reste peut tout aussi bien servir d'exemple).
—Si अभि ऽ क्या est bien le premier exemple cité[1], il en résulte
que la règle, comme c'est naturel, s'applique aux *padyas* ou
parties de composés, aussi bien qu'aux *padas* ou mots. Peut-
être Uvaṭa a-t-il fait dans sa scolie mention expresse des *pa-*

_____
[1] Le numéro 394 de Berlin a क्यायातं (तं est à la marge).

dyas; car le mot que j'ai écrit au commencement de la note पदादिस्वानां [1] a dans mon manuscrit la forme suivante : पयहरि-स्वानां (? पयपदादिस्वानां).

VI. SûTRA 20. लोमश्यं... — Au lieu de च, il y a dans le manuscrit de Paris नु (sans doute pour नु que donne le commentaire). — Uvaṭa ajoute अघोषानां à ऊष्मणां, et donne pour synonymes à लोमश्यं (littér. « état de ce qui est couvert de poils, laineux »), सौकुमार्यं (« délicatesse, mollesse »), et à क्वेडं (l'un des sens de क्वेड est « son »), अधिको वर्णास्य [2] सरूपो ध्वनि:, « son de lettre de même nature superflu. » — Il n'y a point d'exemples cités pour ce sûtra, non plus que pour les deux *çlokas* suivants.

VII. SûTRA 21. वर्गेषु... — Le commentaire ajoute झा-येषु à वर्गेषु, c'est une faute qui concerne les quatre premiers ordres de *sparças.* — जिह्वायाः प्रथनं नाम विस्ताराः.

VII. SûTRAS 22-24. ग्रास:... — प्रतिहार:... — सरेफ-यौ:... — मुख्ये = श्रापे. Pour ग्रास :, voyez sûtras 8 et 12. — प्रतिपयनः प्रतिहार :, « *pratihâra* marque un contre-effort excessif, consiste à trop appuyer; » c'est en effet un défaut assez naturel dans la prononciation des dentales. — Le vice de prononciation nommé *nirâsa* (voyez sûtras 2 et 11) affecte à la fois le *sparça* et le *r* qui l'accompagne. En disant les deux ordres du milieu, il ne parle toujours que des quatre premiers; ce sont les palatales et les cérébrales : एतेषामेव चतुर्णां वर्गाणां यौ मध्यमौ वर्गौ तयोश्च रेफस्य च निरासो दोषो भवति.

---

[1] C'est ainsi que le mot est écrit dans le numéro 394 de Berlin, au moyen d'un renvoi qui le complète.

[2] Dans le manuscrit 394 de Berlin क्वेलनं, et वर्णा : । pour वर्णास्य.

On comprend que l'effacement de l'articulation soit surtout une faute propre à ces deux ordres ; elle devait résulter naturellement de leur caractère tout particulier et peut-être de la nuance délicate de leur prononciation. —

VII. Sûtra 25. विक्रेश:... — J'ai ajouté le *visarga* à विंक्रिश:, qui est évidemment le sujet de la proposition; la désinence manque dans mon manuscrit, aussi bien que dans ceux de Berlin (voyez chapitre IV, 12, sûtra 36). Le scoliaste donne ici au terme technique विक्रिश: un sens qui paraît différent de celui qu'il attribuait plus haut (sûtra 7) à विक्रिष्टं ; au fond, ce n'est qu'une légère nuance : विक्रेशो ऽवैषार्यं[1] (« défaut de pureté ») इत्येको ऽर्थ:. — Par सकले, « entier, » et étymologiquement « dans toutes ses parties, dans tous ses éléments, » Uvaṭa entend que ce défaut de pureté s'applique à tous les éléments de l'articulation des dentales. Voici sa scolie : चतुर्थे वर्गे स्थाने सकले । सह कलाभि: = सकलं । काला (lisez कला[2]) = अवयवा: । के ते । करणादय: । तेषु करणादिषु स्थाने च विक्रेशो नाम दोषो भवति । « Pour le quatrième ordre, [il y a *vikleçah*, défaut de pureté], quant à l'organe, avec tous les éléments [*sakala*]. — *Sakala* signifie avec les éléments, les parties. *Kâlâḥ* = *avayavâḥ* (parties). — Quelles [sont] ces [parties]? — Le mode de prononciation, etc. (voyez le chapitre XIII). — C'est quant à ce mode, etc. et à l'organe qu'a lieu le défaut nommé *vikleçaḥ.* »

VIII. Sûtra 26. अतिस्पर्श:... — Commentaire : उ:स्पृष्ट: स रेफो ऽतिस्पृश्यते बर्बरता (? lisez बर्बरतय[3]) चोच्यते । तौ दोषौ

---

[1] Dans le numéro 394 de Berlin वैषार्यं, et en renvoi, au bas de la page, विषर्यं.

[2] C'est en effet la leçon du numéro 394.

[3] Le numéro 394 a également बर्बरता.

रेफस्य वर्जयेत् । «Le r, qui doit être touché faiblement, est touché avec excès (articulé avec un tact trop fort) et dit avec dureté. Qu'on évite ces deux défauts du r. » Je traduis बर्बरता par «dureté,» d'après une glose d'Uvaṭa, qui ajoute : बर्बर-ताप्यसौकुमार्यमेव, « barbaratâ est aussi précisément le défaut de mollesse, de douceur. » M. Kuhn, dans un ingénieux article sur βάρβαρος (*Zschr. f. vgl. Sprachf.* 1, p. 382), parle de cet axiome. Il considère दुःस्पृष्ट comme opposé à ईषत्स्पृष्ट. En comparant ce passage à la scolie du chapitre XIII, 3, il reconnaîtra lui-même que, dans la terminologie d'Uvaṭa, ces deux mots sont synonymes. Le composé दुःस्पृष्ट «mal touché,» appliqué au r, ne marque pas un défaut de langage, mais la prononciation normale de cette liquide, et dans le commentaire (voyez ma note sur les sûtras 9 à 12 du chapitre XIII), il est interprété par ईषत्स्पृष्ट, «faiblement touché.»

VIII. Sûtra 27. जिह्वा॰.... — Commentaire : जिह्वायेषा वक्तव्यः स लकारो यदा जिह्वाया अंताभ्यां (au-dessous est ajoutée, comme correction, la syllabe ग्रा, ce qui fait अंताग्राभ्यां) उच्यते । तदा स दोषो भवति पूर्वोक्तौ चातिस्पर्शबर्बरौ । एते त्रयो दोषा लकारस्य भवंति । तान्वर्जयेन्मेधवी ।. On ne se rend pas très-bien compte tout d'abord de ce défaut de prononciation, qui consiste à articuler le *l* avec un double bout de la langue (अंताग्राभ्यां). Cela veut dire vraisemblablement qu'on tourne rapidement la langue de façon à toucher successivement le palais avec le dessus et le dessous. — Le reste de la glose est rendu dans ma traduction du texte. On voit que, par la force qu'il donne à la copule च, Uvaṭa considère les deux vices relatifs au r comme s'appliquant également au l. L'analogie de nature des deux liquides les rend sujettes, en effet, au même genre d'altération.

VIII. Sûtras 28 et 29. घ्रास:... — निरास:... — Commentaire : प्रवासो वाधिको ऽघोषसट्प्रात्वं वा हकारस्य [तौ] दोषौ लक्षयेत्. J'ajoute le démonstratif; c'est probablement une omission du copiste. Il serait possible aussi qu'il eût écrit लक्षयेत् pour वर्त्तयेत्. — Nous avons vu au chapitre XIII, 2, que la nature du *h* est le souffle ou l'expiration et le son à la fois; mais il ne faut pas que le souffle soit excessif et transforme cet *ûshma* sonnant en lettre sourde.

अन्येषूष्मसु = ये ऽन्ये हकाराउष्मापास्तेषु प्राकारादिषु. — Les deux termes निरास: et पीऊर्नं ont été expliqués.

IX. Sûtra 30. स्वरात्... — La glose n'est que la reprise des mots du texte, avec analyse de पूर्वसस्थानं, remplacé par पूर्वस्य सस्थानं. Exemples : स्वा: (*Rig-Véda*, IV, xxx, 12); वधू: (V, xxxvii, 3): ज्रने: (V, xiv, 2); वायो:.

Pour se bien rendre compte du sens de ce sûtra, il faudrait entendre la prononciation fautive qu'il a pour objet de blâmer. Nous voyons par le commentaire d'Uvata que les Indiens eux-mêmes n'étaient pas d'accord entre eux sur l'interprétation à donner à la règle. D'abord, il en est qui objectent que दीर्घात् est de trop, et que la prononciation ici mentionnée a lieu avec une brève aussi bien qu'avec une longue dans अग्नि:, वायु:, aussi bien que dans les exemples cités plus haut. Quoique l'audition soit la même, quelle que soit la quantité de l'antécédente, comme le maître a employé le terme दीर्घ «longue,» il faut croire que l'assimilation d'organe a lieu par le *visarga* après une longue, et qu'elle n'a pas lieu après une brève. (C'est pousser un peu loin le respect de l'autorité, à moins qu'on ne veuille dire qu'au temps de Çaunaka il y avait certaines délicatesses de prononciation qu'on ne sent plus et ne rend plus.) किमुच्यते दीर्घादिति ।

ननु ह्रस्वादपि विसर्तनीय: पूर्वसस्थान एव श्रूयते । अग्नि: वायु: इति ।

वथापि ध्रवपौ तुल्यं तथाप्यत्राचार्येण दीर्घग्रहणं कृतं । तस्मादीर्घादेव पूर्व-
सस्थानं भवति न ह्रस्वादपि भवतीति मंतव्यं ।.

D'autres expliquent autrement l'axiome, et regardent पूर्व-
सस्थानं comme exprimant, non un défaut, mais une règle de
prononciation. Considérant que les dieux eux-mêmes ne pourraient prononcer le *visarga* après une voyelle longue en le
faisant d'un autre organe que cette longue, ils interprètent
ainsi le sûtra : « les maîtres veulent que le *visarga*, après une
longue, soit du même organe que son antécédente. » अपरे पुन-
र्न्यथा वर्णयंति । अन्यस्थान (lisez अन्यस्थानो ?[1]) दीर्घात्स्वरात्परो विस-
र्जनीयो देवैरपि न शक्य उच्चारयितुमिति विधिं वर्णयंति । दीर्घात्स्वरात्परं
पूर्वसस्थानमाचार्या इच्छंतीत्यर्थः । — Mais dans cette opinion,
comme dans l'autre, le mot « longue » est sans objet; car ils
le veulent aussi de même organe après une brève. Il faut
donc, en adoptant le sens de la seconde construction, considérer दीर्घात् comme ajouté par l'influence du vers (c'est-à-
dire pour compléter la mesure du vers), et entendre la règle
comme s'il y avait simplement : « on altère le *visarga* après
une voyelle en le faisant du même organe que cette voyelle
(toutes les fois que cette voyelle n'est pas une lettre du même
organe que lui, c'est-à-dire l'une des deux gutturales *a*, *â*).
Si l'on construit ainsi (en regardant दीर्घात् comme explétif),
tout sera clair, dans l'une comme dans l'autre opinion, et la
règle s'appliquera à अग्नि:, वायु:, où l'antécédente est brève,
aussi bien qu'à रुची: (I, xxv, 3), वभू:, où elle est longue.
तस्मिन्नपि पक्षे दीर्घग्रह्णामनर्थकं । ह्रस्वादपि ते (sc. आचार्या:) तथैवेच्छंति ।
एवं तर्हि पर्स्य योगस्यार्थे दीर्घग्रहणं वृत्तवशेनेह पठितं द्रष्टव्यं । स्वरात्परं

---

[1] Il y a également अन्यस्थानदीर्घात् dans le manuscrit 394 de Berlin.
Cela peut, à la rigueur, s'entendre dans le même sens : «[Après] une longue
d'autre organe que lui, c'est-à-dire à laquelle on n'assimile pas le *visarga*
quant à l'organe. »

पूर्वस्थानमाङ्निर्हृतं विसर्ज्जनीयमित्यस्मिन्योगे सत्युभयोरपि पक्षयोः अग्निः
वयुः । ऋषीः वधूः इति सर्व सिद्धं भवति.—Nous retrouverons वृक्षवप्रोन,
avec le même sens, dans une scolie du chapitre XIV, 19.

Mais de ces deux opinions (dont l'une regarde l'assimilation du *visarga* à son antécédente quant à l'organe, comme
un défaut, et l'autre comme une règle ou une nécessité),
quelle est la bonne, celle qui convient ici?—L'une et l'autre
[est bonne en partie]. — Comment? — Il est dit dans un
autre *çâstra*, que le *h* et le *visarga* sont des lettres gutturales,
mais que le *visarga* a son commencement de même organe que
les deux sortes de voyelles (à savoir les longues et les brèves
dont il est précédé). Pour ceux qui admettent cette opinion,
le *visarga* est donc de même organe que la voyelle antécédente; donc pour eux cette manière d'entendre la règle est
convenable. Mais vu que ce *sûtra* se trouve dans la section
où sont énumérés les défauts de prononciation, il est certain
qu'il a ici pour objet de signaler un défaut, et il nous fait
voir que Çaunaka contredit cette théorie d'assimilation. किं
पुनरत्र युक्तं । अर्थं । कथं । शास्त्रान्तरे विधिर्दृश्यते । कंयस्थानौ हकारवि-
सर्ज्जनीयौ । अभयस्वर आदिसंस्थानो विसर्जनीय इति । तेषां विसर्जनीयः
पूर्वसंस्थानो भवतीति । तस्मात्तदपि युक्तं । इह दोषसमुच्चयप्रकरणे वचना-
द्दोषः स इति निश्चयः । कथमेतदध्यवसीयते । आचार्यविप्रतिपत्तिर्दृश्यते ।

Il montre ensuite un autre cas (voyez plus loin *çloka* 10) où
le maître contredit de même une opinion admise dans une
autre école.

J'ai donné en entier cette discussion, et j'ai essayé de l'expliquer, parce qu'il y est question d'un fait très-délicat de prononciation, sujet à controverse parmi les Indiens eux-mêmes,
et relatif à une lettre, propre à l'alphabet indien, dont nous
ne pouvons pas apprécier l'articulation par analogie, au moyen
de nos alphabets européens. La fin de la scolie me laisse
quelques doutes, et je crains que le texte n'en soit altéré.
अभयस्वर आदिसंस्थानः forme une construction difficile à admet-

tre; le locatif ne peut guère ici, ce me semble, servir de complément; d'ailleurs श्रादि a été ajouté à la marge par une autre main [1]. Quoi qu'il en soit, et sauf meilleur avis, voici, ce me semble, ce qu'il y a d'essentiel dans cette longue explication du commentateur. Dans le texte du sûtra, पूर्वसत्त्वान् indique-t-il un défaut ou la prononciation régulière et nécessaire du *visarga*? La section même où le sûtra est placé prouve qu'il s'agit d'un défaut, et que l'opinion de Çaunaka est contraire à celle qui voudrait que le *visarga* tout entier, ou du moins le commencement de l'aspiration, appartînt au même organe que la voyelle antécédente. — Pour prendre parti, il faudrait, je le répète, entendre prononcer. D'ailleurs, dans une fusion aussi étroite que doit l'être celle d'une voyelle et d'une aspiration postérieure, il est bien difficile de marquer rigoureusement le point où le premier élément finit et où le second commence. On comprend que, voulant pousser aussi loin l'analyse, les grammairiens aient peine à s'entendre à ce sujet. J'ai dû suivre dans ma traduction du sûtra l'opinion que j'ai cru trouver dans le commentaire. La construction cependant porterait, ce semble, à couper autrement la phrase, si cette coupe pouvait amener à un sens convenable et qui s'accordât bien avec la nature du *visarga :* « On assimile, pour l'organe, le *visarga* à la voyelle qui le précède; après une longue, on en dénature [l'organe et le mode]. » (Voyez au sûtra 2, le sens de निरस्तं.)

IX. Sûtra 31. कंख्यात्... — Commentaire : दोषात्कंख्या-त्यां विसर्जनीयं यथा रेफवत श्हकारात्परं जिह्वामुलीयं तथा निरस्तमाङ्ः ।

[1] Le numéro 394 de Berlin lève, en partie, les difficultés de ce passage. En voici la leçon : कंख्यस्थाने (lis.... स्थानौ ?) हुकारविसर्तनीयौ उभये स्वारा-दिःसंस्थानौ हुकारस्यैकेषां संस्थानो विसर्तनीय इति तेषां, etc. Il y a, comme l'on voit, une lacune dans le manuscrit de Paris, et la manière dont le numéro 394 la remplit, et les variantes qu'il nous offre, peuvent modifier notablement le sens; mais cette partie de la discussion a, au fond, peu d'importance.

स दोष: ι « après la gutturale longue (á), ils disent le *visarga* altéré, comme le *jihvâmûlîya* qui suit la lettre qui a un *r*, c'est-à-dire la lettre *ri* (voy. chap. XIII, 14; nous verrons plus bas, chap. XIV, 12, le *ri* désigné par सरेफ). » Exemples : देवां: (*Rig-Véda*, X, CLXV, 1), सोमां: (IX, CI, 10).

Uvaṭa justifie l'addition de दीर्घात् dans sa glose, en citant les contre-exemples : देव: et सोम:, où le *visarga* est précédé d'une brève, et qui ne peuvent donner lieu au vice de prononciation signalé dans ce sûtra. ह्रस्वात्कंव्यात्परो विसर्तनीय: स-स्थान एव भवति, « Le *visarga* qui suit la gutturale brève (*a*) n'est que du même organe (voyez le sûtra précédent) ; » on le laisse guttural, on ne fait pas la faute de le dénaturer en *jihvâmûlîya*. — Nous avons vu au chapitre I, 8, que le sixième *ûshma*, c'est-à-dire le *jihvâmûlîya*, a pour organe, comme le *ri* et le *li*, la racine de la langue, ainsi que son nom même nous l'apprend.

IX. Sûtra 32. रक्तात्... — L'ablatif रक्तात् est régi par परं विसर्तनीयं sous-entendu, et il s'accorde avec कंव्यादीर्घात्, que le scoliaste supplée également. — इतरस्मात् signifie l'autre longue nasalisée, qui se trouve suivie du *visarga*, c'est-à-dire le *ṛî*, ऋकारात् (voyez au chapitre IV, 34, les exemples qui peuvent donner lieu à ce vice de prononciation. — Ici encore ce n'est que par l'ouïe qu'on pourrait se rendre compte du fait et s'expliquer la possibilité de prononcer (dans *svatavâ꞉ḥ pâyuḥ, nṛꞌ꞉ḥ patibhyaḥ*) un *visarga* après un *anunâsika*, et de faire sentir ce *visarga* de telle manière qu'il ne participe en rien de la nature nasale de l'antécédente.

X. Sûtra 33. संयोगाः:... — Le commentaire n'est que la répétition des mots du texte, rangés dans un autre ordre, et suivis de l'addition ordinaire : स दोषो वर्ज्य:. Exemples où l'on peut faire cette faute : पावक ते स्तोका: श्रोतंति (*Rig-Véda*,

III, xxı, 2; mes deux manuscrits du commentaire ne mettent pas de *visarga* devant श्रोतंति); श्रभि व्यांम (X, cxxxii, 2). Ces deux citations nous offrent trois groupes, commençant par les trois sifflantes, la dentale, la palatale et la cérébrale.

Contre-exemples montrant qu'il n'y a lieu à cette faute 1° que devant l'*ûshma* initial d'un groupe, et non devant un *ûshma* simple : *a*) sifflante palatale simple द्विप्दे श्रं चतुष्पदे (VII, liv, 1); *b*) sifflante cérébrale simple मो षु पां: (I, xxxviii, 6); *c*) sifflante dentale simple परि सोमं: (IX, lvi, 1);

2° Que devant un groupe commençant par un *ûshma* : तव् त्यत् (VIII, xv, 7);

3° Que devant un *ûshma* précédé d'une voyelle : श्प्स्वांने (VIII, xliii, 9); ici le *s* commence bien le groupe *sv*; mais il est précédé d'un *p*.

X. Sûtra 34: परं... — Le scoliaste supplée ऊष्मणः, qui est exprimé au sûtra précédent. —Exemples des trois sifflantes : पृश्निं: (*Rig-Véda*, I, clxviii, 9); विष्णुं: (I, xxii, 16); स्नात्वां (X, lxxi, 7). Nous avons vu, au chapitre VI, 8, qu'il n'y avait production de *yamas* devant les nasales qu'après les *sparças*.

X. Sûtra 35. ऊष्माणां... — Uvaṭa supplée रक्तपरात्; puis il explique तत्प्रयं par तेन घोषिणा तुल्यप्रयं, « ayant même effort, » c'est-à-dire formé par le même mouvement de l'organe, « que cet *ûshma* sonnant. » C'est un vice de prononciation qu'il est facile de s'expliquer. On fait sentir une première aspiration après la voyelle antécédente, une seconde devant la nasale suivante, par exemple dans ब्रह्म (*Rig-Véda*, VIII, xxxv, 16), ब्रह्मं (IV, xvi, 3). — A l'accusatif ऊष्माणां, le commentaire ajoute en apposition यमं : « ils prononcent cet *ûshma* [qu'ils ajoutent, comme un] *yama*. » Il faudrait entendre alors, si *yama* a son sens ordinaire, que cet *ûshma* se rapproche, dans leur prononciation, de la nature des *sparças*; que le *h* superflu dont ils font précéder la nasale a quelque chose de la nature du *k* ou *kh*.

XI. Sûtra 36. शुनश्शेप:... — Le commentaire explique विक्रम: par le synonyme ordinaire विसर्जनीय:, mais, du reste, il n'ajoute rien au texte du sûtra. Il résulte de cet emploi de *vikrama*, comme de celui que nous avons remarqué au chapitre XIII, 11, et au chapitre XI, 22, que, si l'on peut considérer comme fondée l'explication étymologique proposée dans la note du premier sûtra du chapitre VI, ce terme technique a pris ensuite un sens plus étendu et est devenu un simple synonyme de *visarga*.

Exemples où se trouvent les mots énumérés dans le sûtra :
— 1° *Çunaççepaḥ* : शुनश्शेपो ह्वाह्वद्गृभीत: (*Rig-Véda*, I, xxiv, 13);

2° *Nishshapí* : मा नो मघेवं निष्शपी परां दा: (I, civ, 5);

3° *Çássi* : प्र पाक शास्सि प्र दिशो विदुष्टर: (I, xxxi, 14);

4° *Nishshâṭ* : प्र वां शरद्वान्वृषभो न निष्शाट् (I, clxxxi, 6);

5° *Brahma* : ब्रह्म च ते जातवेदो नमश्च (X, iv, 7);

6° *Vishṇuḥ* : इदं विष्णुर्वि चक्रमे (I, xxii, 17);

7° *Sma* : कूटं स्म तृह्वद्भिमातिमेति (X, cii, 4);

8° *Priçniḥ* : आयं गौ: पृश्निरक्रमीत् (X, clxxxix, 1).

Les manuscrits védiques suivent généralement pour ces divers mots, à l'exception du premier, l'orthographe indiquée ici (cf. chap. IV, 10, sûtra 32). Pour शुनश्शेप: seul, ils remplacent ordinairement la première sifflante palatale par un *visarga*, conformément à la règle facultative du chap. IV, 11, sûtra 34 : शुन: शेप:; c'est aussi avec le *visarga* que l'imprime M. Müller.

Relativement aux quatre derniers mots, il faudrait les entendre prononcer pour se bien rendre compte de la faute qu'interdit notre sûtra : consiste-t-elle dans une modification qui substituerait un *visarga* à l'*úshma* que nous voyons en tête des groupes contenus dans ces mots? cette substitution serait possible même pour le *s* initial de *sma*, quand il vient, dans la suite du discours, après un autre mot.

XI. Sûtra 37. स्पर्शोष्मसंधीन्... — Le manuscrit de Paris et le numéro 394 de Berlin ont, dans le texte, aussi bien que dans la glose, परिपातयंति; mais la vraie leçon me paraît être परिपाद्यंति[1], qui est la forme causale de परि — पद्, d'où vient le terme परिपन्न, que nous avons vu au chapitre IV, 5 et 7, au chapitre V, 11, et que nous retrouverons encore au chapitre XV, 7; dans ces divers passages, ce participe indique, comme ici le verbe (qu'Uvaṭa traduit par अनुस्वारं कुर्वंति), le changement en *anusvâra*. J'ai marqué, dans la traduction même, les endroits où il est question des trois espèces de *sandhis* dont parle le sûtra 37. La glose nous apprend que अभिप्राय est une abréviation pour विवृत्यभिप्राय.

Exemples donnant lieu à ces fautes de prononciation :

1° *Sandhi* de *sparça* avec *úshma* : तांस्ते अप्रयाम (*Rig-Véda*, IX, xci, 5) : il résulte de ce sûtra que nous avons eu tort au chapitre IV, 33, d'écrire तांस्त, etc. (avec l'*anusvâra*), comme fait aussi le manuscrit 200 de la Bibliothèque impériale de Paris; le *Prâtiçâkhya* veut que, dans cette sorte de *sandhi*, on se serve de l'*anunâsika*, et c'est conformément à cette dernière orthographe que la citation est écrite ici dans la glose d'Uvaṭa (cf. chap. XIII, 10);

2° *Sandhi* de *sparça* avec *r* : रुश्मेरिरिव (VIII, xxxv, 21);

3° *Vivrittyabhiprâya* : पीवोऽन्नवाँ रयिवृधं: (VII, xci, 3).

---

[1] Dans le numéro 595 de Berlin et dans le manuscrit de M. Whitney, le त de परिपातयंति est corrigé à la marge en द्.

XII. Sûtra 38. स्वरो ... — Commentaire : क्रेंफौ = ऋ ॠ इत्येतौ (voy. chap. XIII, 14, et XIV, 9); ओषनिभौ = ऊष्मीसदृशौ (voy. chap. I, 10).

XII. Sûtra 39. दंत्यान् ... — Commentaire : सकारोपनिभान् = सकारासदृशान्. Je serais tenté de croire que *upa* n'est pas absolument inutile et qu'il diminue la force du mot, de manière que *upanibha* désignerait une analogie (avec *s*), dont la prononciation du *th* anglais peut nous donner l'idée, tandis que *nibha*, employé au sûtra précédent, marque une ressemblance complète.

Uvaṭa nous apprend que les interprètes ne sont pas d'accord sur le rôle de *tvá* à la suite de *prithiví*. Les uns considèrent ce monosyllabe comme un simple déterminatif (fort inutile) de *prithiví* (विशेषणार्थं), c'est-à-dire comme suivant ce mot dans le passage cité pour exemple; les autres, comme figurant à part et pour son compte dans les exemples (पृथग्ग्रहणां), c'est-à-dire comme donnant lieu aussi à la prononciation vicieuse dont il est ici question, et qui consiste à donner aux dentales le son de *s*. Les premiers donnent pour raison que c'est dans la prononciation du *th*, et non du *t*, qu'on remarque ordinairement ce défaut, qui consiste dans la ressemblance avec *s* : प्रायेपा थकारे सकारोपनिभतादोष: संलक्ष्यते न त-कारे; ils pourraient ajouter que *tvá* est là pour le besoin du vers, वृत्तवशेन, comme il est dit dans le commentaire du sûtra 48; seulement il faudrait pour cela que nous eussions un passage védique où *prithiví* fût suivi de *tvá*, et Uvaṭa n'en cite point où ces deux mots soient réunis. Les autres se fondent sur ce raisonnement : « Si ce vice de prononciation n'était relatif qu'à *th*, comment, lorsqu'il est plus court de dire : *la lettre* th *semblable à la lettre* s, se servirait-il des expressions *dentales* et *sourdes ?* » यदि थकारस्यैव दोष: स्यात् कथं थकारे सकारोपनिभमिति लघीयसा सिद्धे दंत्यग्रहणामघोषग्रहणां च कुर्यात्.

XIII. Sûtra 40. ऊष्मांत:स्था०.... — Commentaire : लुंपति = नाभ्रयंति; घसंतं = श्रविषमानं ; रेफपूर्वं (« ayant devant elle un *r* ») = रेफात्पर्रं (« étant après un *r*); श्राङ्ङ: = उत्पादयंति.

A पुहुवार्, le scoliaste ajoute l'exemple suivant, pour nous montrer sans doute que cette faute ne se fait pas uniquement dans les mots que cite le sûtra, mais dans tous ceux qui sont de même nature : पुहुवीरांभिर्वृषभ षितीनां (*Rig-Véda*, VI, xxxii, 4).

J'ai tenu compte, dans ma traduction, pour ranger les exemples, de la remarque qui termine la glose : श्रर्यमा श्रक्रमित्येतयोरुसंतमाङ्रन्येषु लुंपति. — Pour l'addition d'une brève, le *Prâtiçâkhya* ne donne que des exemples où le *r* est suivi d'un *y*; il ne dit pas quelle est la brève qu'on ajoute; mais il est très-vraisemblable que c'est un *i*; c'est une insertion qui se fait en quelque sorte d'elle-même, pour peu qu'on vocalise plus qu'il ne faut la semi-voyelle.

XIV. Sûtra 41. ऐये:... — Commentaire : ऐकारस्य स्थान श्रकारमाङ्ङ:.— वैयप्रव est donné comme thème; dans l'exemple védique, il y a le génitif वैयप्रवस्यं. —́ Le manuscrit de Paris a वैयप्रवेति, les trois autres वैयप्रवे, mais l'*e* est effacé dans le numéro 595 de Berlin.

XIV. Sûtra 42. तत्... — Commentaire : तट्ठोषड्ढयमन्येषु पदेषु विपरीतमाङ्ङ: । कथं । श्रकारस्य स्थान ऐकारमाङ्ङ: परं यकारमक्रामयंत: । J'ai expliqué cette glose dans la traduction. — श्रक्रमयंत: est écrit ici par un *â* long, tandis que, dans le texte et dans le commentaire du sûtra précédent, nous avons la forme क्रमयंत:, par *a* bref (voy. le Dictionnaire de MM. Böhtlingk et Roth).

XV. Sûtra 43. अकारस्य.... — Commentaire : सयं = सह यकारेण. Voyez la note qui précède celle du premier sûtra du chapitre I. — « Cela fait, ajoute Uvaṭa, trois ou quatre vices à la fois » (selon que l'on considère le changement du trissyllabe en dissyllabe comme un vice à part, ou, ce qui est plus exact, comme l'effet des trois autres, qui sont, 1° le changement d'*a* en *ai*, 2° la suppression d'*î*, ૩ૈ la suppression de *y*) : एते त्रयश्चत्वारो वा दोषा भवन्ति. — A la suite des exemples, le commentaire indique par इत्येवमादिषु, que ce vice s'étend à d'autres mots que les trois qui sont cités dans le texte. — Nous avons déjà eu l'occasion de remarquer que l'adjectif बहु signifie, par excellence, « plus de deux », c'est-à-dire « trois » : c'est le sens qu'il a ici.

XVI. Sûtra 44. तत्... — Le commentaire ajoute : धकारं कृत्वा, qui se déduit nécessairement de l'opposition de ce sûtra au précédent. Il substitue les formes monosyllabiques des racines aux formes infléchies qu'elles ont dans le texte : भी [1] त्रि नी इत्येतेषां धातूनां प्रयोगे. — Voici l'exemple cité pour *naishṭa* : दूरं नैष्ट परावतः.

XVII. Sûtra 45. इकारस्य... — La faute consiste dans une sorte de transposition de son : *nṛi* pour *nir*, *çḷi* pour *çil*. — Outre *candranirṇik*, Uvaṭa cite l'exemple suivant : अतः सह्मंनिर्णिज्ञ (*Rig-Vêda*, VIII, VIII, 11).

XVII. Sûtra 46. अनंतरे... — Commentaire : अनंतरे ता- लव्ये सति । श्चकारात्पूर्वो वा परो वा यदि तालव्यो वर्णो भवति । तदा तद्विधानं विपरीतमाङ्ग । यत्क्रमिकारस्य स्थान श्चकारमाङ्स्तदिह श्चकारस्य

---

[1] Le manuscrit de Paris a भे et त्रि, et celui de Berlin ब्री (ccrrigé en भी) et ज्री.

स्वान इकारमाङः स दोषो ऽत्र : । — Nous avons vu, au chapitre I,
9, que la semi-voyelle *y* est palatale, aussi bien que *c* et *ç*.
Dans le premier et dans le troisième exemple, la palatale
précède le *ri*; dans le second, elle le suit.

XVIII. Sûtra 47. तालुस्थान:... — Commentaire : यका-
रोदन्यस्तालुस्थानो वर्णो व्यंजनादुत्तरो यदि भवति । तत्राविद्यमानं यकार-
माङ :. Uvaṭa donne, comme l'on voit, au composé अयकार:
un sens différent de celui que j'ai adopté; mais si, au lieu
de le traduire comme un composé possessif, « une lettre
n'ayant pas de *y* », on le rend, comme le scoliaste, par « autre
que *y* », le sûtra ne pourra point s'appliquer à अस्यत्, que
nous lisons parmi les exemples dans le texte, et qui dans le
commentaire est confirmé par la citation suivante : अस्यंद्रेभ्यो
तोच्यमाना महोभि: (*Rig-Véda*, IV, xiv, 1). Dans le numéro 595
de Berlin, je lis, à la place de अस्यत्, अत्के[1], qui nous offre la
palatale *e*, précédée d'un groupe de consonnes (voyez
Rig-Véda, IX, cvii, 13). Si l'on adoptait cette leçon, on
pourrait donner à l'épithète négative *ayakâraḥ*, et ce serait
préférable, la signification que lui attribue la glose. Pour
rendre « accompagné de *y* », sans négation, nous avons vu au
chapitre XIV, 15 et 16, सय.

Dans *çanuççepaḥ*, *vavarjushînâm*, *virapçî*, nous avons,
comme le veut le sûtra, les palatales *ç* et *j*, précédées de
consonnes; dans *çâssi*, la palatale *i*, à moins que la faute ne
porte sur le *ç* initial, qui, dans le passage du Véda cité par
Uvaṭa, a devant lui un *anusvâra* : प पाकं शास्सि, etc. — A tout
prendre, il pourrait bien se faire qu'il y eût une ou plusieurs
altérations dans le texte de ce sûtra.

XIX. Sûtra 48. लुपंति... — Commentaire : एवं सति =

---

[1] Dans le manuscrit de M. Whitney, अत्के est corrigé, à la marge, en
अस्यत्.

व्यंजनाउत्तरं संतं ; व्याकारं = यकारं वकारं वा (voyez la note qui précède celle du premier sûtra du chapitre I). — Au sujet de
सम्वात्, qui n'est pas un mot unique, mais la combinaison
de trois mots (सं ।उ । बात्), Uvaṭa fait la remarque suivante :

अयं वृत्तवशेन पादेकदेशो द्रष्टव्य: « il faut considérer cette portion
de *pâda* [comme figurant ici], par l'influence du vers », pour
le besoin de la mesure.

XIX. Sûtra 49. व्यस्यंति... — Ce sûtra serait très-diffi-
cile à expliquer sans l'aide du commentaire, qui comble les
lacunes et détermine les mots vagues. Toutefois Uvaṭa admet
lui-même la possibilité d'un double sens pour महत:, et paraît
en outre proposer deux constructions diverses pour अंत्र.
Voici sa glose : महत: = संयोगस्यांतर्भूतं – महतो = दीर्घात्परं वा –अ-
व्यायतमपृथग्भूतं परेण संसक्तमित्यर्थ : । तमंतव्यस्यंति रेफं पृथक्कुर्वंति । केन-

चित्स्वरेण व्यवदधतीत्यर्थ: ⊦ On voit que, selon le scoliaste, महत:,
génitif ou ablatif de महत्, « grand », peut ou bien signifier
« groupe de consonnes », et, dans ce cas, dépendre de अंत्र,
ou bien se rendre par « après une voyelle longue ». C'est ce
second sens que j'ai adopté dans ma traduction[1]. — Il faut
remarquer la signification de अव्यायत, « non détaché, com-
biné [avec la consonne suivante]. » C'est une acception différente de celle où l'on prend ordinairement ce mot ; mais elle
s'explique bien par l'étymologie, si l'on considère le préfixe
वि comme marquant solution, division. — L'accusatif तं
employé seul, sans रेफं, formerait une ellipse bien obscure,
si les exemples cités dans le sûtra même et où les groupes de
consonnes commencent par des r, précédés de voyelles longues, ne déterminaient le sens d'une manière indubitable.

---

[1] Le texte du commentaire offre de notables différences dans le manuscrit de Berlin.

XX. Sûtra 5o. लुपंति... — Le commentaire explique
अवर्ां par पूर्वा, et ajoute à la glose : लोपो द्विर्भविश्यति तौ दोषौ
परिहोत्. — Les voyelles *i, î, e, ai*, sont palatales, c'est-à-
dire de même organe que *y* ('chap. I, 9); les voyelles *u*, *û*,
o, au, labiales, c'est-à-dire de même organe que *v* (chap. I,
10).

XX. Sûtra 51. रक्तं... — Uvaṭa remplace द्राघयंति par
दीर्घ कुर्वंति, et se contente, du reste, de reprendre les mots
du texte. — Pour अौं श्लोकं:, voyez chapitre II, 31. Il y a un
second exemple dans le commentaire : यथा प्रसूता सवितु: स-
वायं एव (*Rig-Véda,* I, cxiii, 1).

XXI. Sûtra 52. ह्रकारो.... — Commentaire : इकारेण
सोष्माभिश्रोपहिताद्यकाराद्वकाराद्वा सर्वैर्व्णम्भि: सोष्माभिश्रोपहितात्पूर्व तेषां
समानस्थानमूष्मापामाङ्: । स दोष: । Le scoliaste ne fait guère encore, comme l'on voit, que répéter les mots du sûtra, en
analysant le composé qui commence le premier hémistiche
et celui qui le termine. Il ne précise pas plus que ne fait le
texte la nature de cet *ûshma* ajouté devant la semi-consonne.
Ce mot est pris sans doute dans le sens général qu'il a dans
le composé सोष्मन्. et la faute consiste à ajouter devant la
semi-voyelle une aspiration qui participe de la nature de la
lettre qui précède. C'est un vice qui rentre dans le genre
आय :, « accession », dont il est parlé dans le premier. sûtra,
et au sujet duquel Uvaṭa a cité, par avance, l'exemple ह्रयामि.
—Nous avons déjà vu, au sûtra 19, les mots आपृक्त्यं et सत्वा,
cités comme donnant lieu à une faute d'une autre espèce.

XXII. Sûtra 53. पकारो... — Le commentaire explique
रकात् par le synonyme अनुनासिकात्; il sous-entend, du sûtra

précédent, पूर्व, et ajoute अधिकं, « superflu », à अन्यं यमं. —
Pour se faire une idée exacte de cette faute, comme en général de tout ce qui concerne les *yamas*, il faudrait entendre
prononcer.

XXII et XXIII. Sûtra 54. अनुस्वां... — Ce sûtra est
fort obscur; aussi le scoliaste propose-t-il une triple opinion.
J'ai adopté celle qu'il donne d'abord et qu'il paraît préférer
aux autres : c'est en effet, ce me semble, la plus naturelle.
Voici en quels termes il l'expose : तत्सस्थानं पूर्वमित्यतः पूर्वमि-
त्यनुवर्तते । पकारवर्गोपहिताच रक्तादित्यतो रक्तादिति वर्तते । स्वरोपधाद्र-
क्तात्पूर्वमनुस्वारमाङ्गः । उपधां वान्यवर्णां । तौ दोषौ परिहरेत् । स रक्तः सो-
ज्मोदयो वा यमोदयो वा यदि भवति । « Du sûtra 52, le mot *pûrvam*
est ici sous-entendu, et du sûtra 53, le mot *raktât*. » Suit la
glose, où cette double ellipse est remplie. — Le dernier mot
du texte इरः est repris par le commentateur dans l'énumération des exemples; mais il ne cite point de passage à l'appui. Pour que la règle s'y appliquât, il faudrait que *yama*,
contrairement à l'usage constant du *Prâtiçâkhya*, pût désigner
un groupe quelconque de consonnes. Il ne paraît pas non plus
considérer इरः comme un *viceshaṇam* ajouté pour le besoin
du vers; au moins le passage cité pour संतानं ne nous montre-
t-il pas ce mot accompagné de इरः.

« Cette construction, ajoute Uvaṭa, est pour ceux qui
font l'*anusvâra* antérieur à la nasale. Pour ceux qui ne font
pas précéder l'*anusvâra*, il faut, faisant cesser l'influence du
terme *pûrvam* (c'est-à-dire ne sous-entendant pas ce mot dans
le présent sûtra), construire de la manière suivante : on dit un
anusvâra, ou on met un antécédent consistant en une autre
lettre, après une nasale précédée d'une voyelle. » एषा योजना
ये रक्तात्पूर्वमनुस्वारं कुर्वति तेषां । ये न कुर्वति ते (lisez तेषां [1] ?) पूर्वग्रहणां

---

[1] Dans le numéro 394 de Berlin, ये न कुर्वति est passé, et पूर्वग्र पां suit
immédiatement le premier तेषां.

निवर्त्य स्वरोपधाद्रात्परमनुस्वारभाङ्गरूपधां वान्यवर्णां कर्तुतीति वोक्ताः कर्तव्या ।. On dirait que le scoliaste veut que la règle s'applique à la fois à deux vices, à une addition faite à la nasale, soit avant, soit après. L'ablatif est habituellement expliqué, comme l'on sait, dans le langage grammatical, par l'ellipse de *para*.

Enfin quelques-uns, c'est la troisième opinion, prononcent la nasale même comme *anusvâra*, c'est-à-dire donnent le son de l'*anusvâra* aux diverses nasales, appartenant à tel ou tel ordre de *sparças*, que nous voyons en tête des groupes dans les exemples cités. Pour ce dernier sens, il faudrait, au lieu de स्वरोपधात्, lire स्वरोपधं (ऋं); mais, dans ce cas, les mots उपधं वान्यवर्णां, dont le sens n'est d'aucune manière facile à préciser, ne deviennent-ils pas plus difficiles encore à expliquer ?— Les mêmes exemples conviennent aux trois opinions : तान्येवोदाहरणानि.

XXIII. Sûtra 55. सांत: स्यादौ... — Ce sûtra est aussi fort elliptique. Le commentaire, quoique fort court, détermine bien le sens de la plupart des mots : सांत: स्यस्य संयोगस्यादौ [1] ऋं धारयंतो विलंबमाना: परिक्रमं कुर्वंति. Cette glose est expliquée par ma traduction du sûtra. Il a été question dans les règles précédentes de nasales et de groupes de consonnes : par là s'expliquent les deux ellipses de ऋं et de संयोगस्य. Quant à परिक्रमं, Uvaṭa ne l'explique point. Le mot signifie « circuit, circulation », et, par conséquent, peut désigner, par métaphore, une sorte de temps d'arrêt sur un son, un vice qui consiste à trop s'étendre, à trop insister sur une articulation.

J'ai suivi, dans mon texte, pour les deux premiers exemples, l'orthographe de trois de mes manuscrits. Le numéro 394 seul, qui n'est pas ici très-lisible, me paraît insérer un *t*

---

[1] Dans le manuscrit de Paris संयोगादौ.

entre le *n* et le *s* (conformément à la règle du chapitre IV, 6); c'est ce que fait aussi, au moins en partie, le manuscrit de Paris dans la citation des exemples, à la suite de la glose, et ce que j'ai fait moi-même en les transcrivant dans ma traduction. — Pour अस्मिन्सु, Uvaṭa cite le passage suivant : अस्मिन्सु ते सर्वने अस्त्वोक्या (*Rig-Véda*, X, XLIV, 6); mais, dans cet exemple, le groupe ne renferme pas de semi-voyelle, comme le veut le sûtra. Je suppose que le *Prâtiçâkhya* avait plutôt en vue la rencontre de mots que voici, ou quelque autre semblable : अस्मिन्स्वेहेतत्, pour अस्मिन् । सु । एतत् । (X, CXXXII, 5)[1].

XXIV. Sûtra 56. रैः:... —C'est encore une règle d'une concision excessive, et le commentaire qui l'interprète n'est guère moins laconique : रैः समवाये स्वराणां राग: क्रियते. Je pense que le vice dont il est ici question consiste à nasaliser la voyelle et à dire *nan-nûn-nam*, pour *na nûnam*; *nrin-mnam*, pour *nrimnam*, etc. Le génitif स्वराणां sert en quelque sorte de régime commun à समवाये et à राग:, ou plutôt il faut le sous-entendre avec l'un de ces mots. — Le verbe क्रियते, que le scoliaste supplée dans ce sûtra, est exprimé dans le suivant. Uvaṭa (*ad* XI, 27) emploie de même समवाय: pour parler d'un assemblage de syllabes : अनुदात्तानामक्षराणां समवाय:.

XXIV. Sûtra 57. रैतात्... — Le commentaire ajoute simplement पर: à हकार:, ellipse indiquée par l'ablatif. —Le mot सोष्मा est vague, parce qu'il signifie une aspirée quelconque. Il désigne sans doute une aspirée du *sthânam* ou organe le plus voisin de celui auquel le *h* appartient (c'est-à-dire ष्, श्, voyez chapitre I, 8, où, comme je l'ai déjà dit, les mots « le premier ordre de *sparças* » ont été oubliés dans la traduction, après « le sixième *ûshma* ».)

[1] C'est, en effet, l'exemple cité dans le numéro 394 de Berlin.

XXV. Sûtra 58. संयोगानां... — Commentaire : संयोगानां कुचिद्विषमानया स्वरभक्त्या व्यवाय: क्रियते । संयोगस्य च मध्ये कुचि- त्स्वरमुत्पादयंतीत्यर्थ: । कुचिद्विक्रमणां । विक्रमणां नाम द्विर्वचनाभाव: । कुचिञ्चायथोक्तं क्रमणां क्रियते । कुचिद्विपर्यय: । विपर्ययो नाम विषमानां स्वरभक्तिं न कुर्वतीत्यर्थ: । इमे चत्वारो दोषा: संयोगस्य भवंति । तान्वर्ज- येत् । —A la suite de cette glose, que ma traduction du sûtra explique, je crois, suffisamment, Uvata cite les exemples védi- ques, et a soin d'indiquer à quelle faute donne lieu chacun des mots énumérés. — Pour *vyata*, on viole la règle donnée au chapitre VI, 1, qui prescrit de doubler la première consonne d'un groupe (अत्र विक्रमणां). Pour que cette loi du *krama* ou doublement s'applique à *vyata*, il ne faut pas prendre ce mot isolément, mais le voir dans le passage du *Véda* où il est employé, et où il a devant lui une voyelle, comme le veut la règle du *krama* : शूरो यो युत्सु तन्वं परिव्यत (II, XVII, 2).

Tilvile et *añjman* sont, d'après le scoliaste, l'occasion d'un double vice de prononciation ; ceux qui ne sont pas versés dans la science sacrée prononcent ces deux mots sans ap- pliquer la règle du *krama* (pour *tilvile*, voyez chapitre VI, 2, sûtra 5), et il se fait comme une dissolution du groupe par la *svarabhakti* (ce qui ne doit avoir lieu dans aucun cas, voyez chapitre VI, 10, sûtra 35) : तिल्विले अक्रमवित्येतयोर्द्विर्वाभिधा- नमकृत्वा प्रतीर्षो षिता उच्चार्यंति । तत्र स्वरभक्त्या व्यवाय इव भवति.

A l'exemple इप्स:, le commentaire ajoute अविक्रमणामेव. Ne faut-il pas lire plutôt विक्रमणां, « non doublement » ? Avec les deux négations, le terme ne me paraît convenir ni à la règle, ni à l'exemple.

Dans *ajushran*, on insère après le *sh* un son de la nature de l'*u*, et l'on fait un *krama* non conforme à la règle (peut- être reprend-on le *sh* après cette espèce d'*u* intercalé) : अत्र षकारात्परमुकारमिव किंचिदुत्पाप्ताययोक्तं क्रमणां कुर्वंति.

Pour *sáṁjayaḥ*, la scolie dit अत्र विपर्यय:. Ce *contraire* signifie, comme il a été expliqué plus haut, que l'on ne fait point la *svarabhakti* voulue. (Voyez chapitre VI, 13, sûtra 46.)

Dans *ashṭrām*, *pra* et *neshṭrát*, on fait un *krama*, एतेषु च क्रमयामेव. Si c'est un redoublement du *r*, c'est une infraction au sûtra 8 du chapitre VI, 2.

XXVI. Sûtra 59. विवृत्तिषु... — Le commentaire décompose प्रत्ययादे : en प्रत्ययस्यादे:; il explique अदर्शनं par लोप: « retranchement », et ajoute le verbe क्रियते. Si l'on retranche, en la confondant avec *â* ou *a* qui précède, la partie initiale des sons *ai*, *au*, il restera un *i* et un *u*, plus ou moins purs. (Voyez chapitre II, 1, la définition de *vivrittiḥ*.)

XXVI. Sûtra 60. इ उ संधौ... — Commentaire : इ उ इत्येतयो: संधौ कासुचिद्विवृत्तिषु (lisez विवृत्तिषु [1]) संध्यक्तरवचनं प्रत्ययाद-र्शनं च क्रियते (par suite de la fusion des deux voyelles en une diphthongue, la seconde voyelle disparaît, comme élément distinct) । तौ दोषौ वर्जयेत् । — Nous avons déjà vu, au chapitre XIII, 15, *sandhyaṁ*, dans le sens de *sandhyaksharaṁ*. (Voyez chapitre I, 1, note du sûtra 2.) — Dans le premier exemple cité : स इदत्तां, la forme अस्ता n'est qu'un *padya*, détaché de अस्तेव (pour अस्ता ऽइव). — Uvaṭa ajoute deux autres exemples : स इंद्र चित्रां अभि तृधि वाजान् (*Rig-Véda*, VI, xvii, 2); त उस्नायं तुविमभि प्र तंस्यु: (II, xv, 5).

XXVII. Sûtra 61. समानवर्णासु (s. e. विवृत्तिषु; ici encore mon manuscrit a वृत्तिषु, et le numéro 394 de Berlin, विवृत्तिषु)... — Le commentaire explique que l'inversion

---

[1] C'est, en effet, la leçon du numéro 394 de Berlin.

consiste à faire de la première voyelle la seconde [et réciproquement] : वर्णायो : पूर्वो वर्णा : पर : क्रियते. Ainsi l'on dit *úti índra*, *kd asatah*. Ou bien, ajoute le scoliaste, se fondant sur वा, on ne fait pas sentir le second élément. — Nous avons vu au chapitre I, 2, le sens de समानाक्षराणि, qui a ici pour synonyme समानवर्णा : , contenu dans le composé possessif समानवर्णासु.

Aux exemples que cite le texte (nous avons vu le second au chapitre II, 41), Uvaṭa en joint deux autres : अच्छा यो गंता ना-धमानमूती इत्यी (*Rig-Véda*, IV, xxix, 4); त आ गर्मंतु त इह (VI, xlix, 1).

XXVII. Sûtra 62. अभिव्याह्वानं... — Uvaṭa ne veut point qu'on considère विवृत्तिपूर्वे कंथे दीर्घे comme des locatifs, mais comme des duels neutres. « Si l'on entend, dit-il, une gutturale longue ayant devant elle un hiatus, » ce sera le cas prévu au sûtra précédent, pour *kd ásátah*, qui donne lieu à l'inversion fautive *kd asatah*. Il faut donc construire autrement. Les mots विवृत्तिपूर्वमक्षरं peuvent avoir un double sens. Ils peuvent signifier, 1° en faisant de l'adjectif un *bahuvrîhi*, « lettre qui a devant elle un hiatus » (विवृत्ति : पूर्वास्मादक्षरादिति वृत्तिपूर्वमक्षरं); 2° en considérant l'adjectif comme un *tatpurusha*, « lettre antérieure de l'hiatus » (विवृत्ते : पूर्वमपि विवृत्तिपूर्वे). Le duel désignera ces deux lettres à la fois, c'est-à-dire la conséquente et l'antécédente. Cela posé, le scoliaste ajoute ते ॲ कंथे दीर्घे यदा भवतस्तदा कासुचिद्विवृत्तिषुभिव्याह्वानं क्रियते का-सुचित्प्रत्ययादेरदर्शनं, « quand ces deux lettres, l'antécédente et la conséquente, sont des gutturales longues (à savoir des *d*), alors, dans certains hiatus [de cette nature], il y a *abhivyâdânam*; dans certains, suppression du commencement du conséquent (voy. sûtra 59). » Ce double rôle d'un même composé est impossible, et quelle que soit la concision du

Prátiçákhya, nous n'y avons rien trouvé de semblable; mais il n'est pas nécessaire, je crois, de pousser si loin la subtilité pour donner au sûtra le sens que veut y trouver Uvaṭa. Ces formes en *e*, considérées comme des locatifs, signifieront « quand la première voyelle de l'hiatus est une gutturale longue. » Rien n'empêche d'étendre la règle à tous les hiatus qui ont pour premier élément une longue; que le second soit une longue ou une brève, la faute qui consiste à absorber ce second élément est, dans les deux cas, fort naturelle. Au reste, on peut considérer le sûtra comme étant borné, par les exemples mêmes qui y sont cités, à la rencontre de deux longues.

Le terme technique अभिव्यादानं est déterminé avec beaucoup de soin dans le commentaire : किमिदमभिव्यादानमिति । यादानमारंभः । विविधं विपुलं विशालं वा आदानमथवा आदानमेव व्यादानं । केनचिदभिव्याप्तमभिभूतं वा व्यादानं यस्य तदिदमभिव्यादानं भवत्यक्षरं । « que signifie ce mot *abhivyádánaṁ?* — *Ádánaṁ* veut dire effort, *acte* » (par exemple, de prononciation). *Vyádánaṁ* signifiera « effort divers, grand, considérable », ou simplement « effort ». Une lettre dont l'effort, la prononciation est absorbée, surmontée par quelque chose, est *abhivyádánaṁ.* » Il n'est pas besoin, je crois, de considérer *abhivyádánaṁ*, avec le scoliaste, comme un composé possessif; il vaut mieux laisser au mot le sens de nom abstrait, qui convient parfaitement à la phrase. Les préfixes rendent bien compte de la valeur de ce terme : *ádánaṁ*, « la prise de la lettre, sa prononciation »; *vi* marque que cette prononciation est (ou doit être) *distincte*, et *abhi* qu'elle s'attache à celle de la voyelle précédente et en est absorbée.

Nous avons vu au chapitre II, 1 (voy. la note du sûtra 4), que l'hiatus a un quart de temps (पादमात्रा), ou un demi-temps (अर्धमात्रा), ou même trois quarts de temps (पादोनमात्रा); mais, dans ces hiatus commençant par une longue, on fait la faute d'allonger cette longue, ou plutôt l'intervalle des

deux voyelles, outre mesure (विवृत्तिरिह समधिका क्रियते). Par
cet allongement, littér. par cette [*vivṛitti* allongée], la prononciation de la voyelle suivante est absorbée (तया परस्यारंभो
व्याप्यत इत्यर्थः).

Outre les deux exemples contenus dans le texte, le commentaire donne les deux suivants : या आपो दिव्याः (*Rig-Véda*,
VII, xlix, 2), ता आ चरंति (IV, li, 8).

XXVIII. Sôtra 63. न... — Dans le ms. 595 de Berlin,
il y a ऽथेतरेषां (pour अथ इतरेषां), au lieu de नेतरेषां. — Le composé स्वरसंयोगत्रानां est, expliqué par la glose suivante : स्वरे-
षूच्यमानेषूत्यर्थंते ये दोषास्तेषां, et इतरेषां par व्यंजनसंयोगत्रानां. — सं-
ख्यया = गणानया. — न गम्यः = पारं गंतुं न शक्यं. — कस्मात्. — « Pourquoi ? » c'est-à-dire d'où vient cette impossibilité d'énumérer
toutes les fautes de prononciation ? — उवावचा : प्रयोक्तारो (cf.
chap. XIII, 4) नानास्थानकरणानुप्रदानस्वरोच्चरणास्तथा नानाप्रकृति-
स्वभावशीलसमाचाराः केषु वर्णेषु कान्दोषान् जनयंतीत्यज्ञानात् ., « [elle
vient] de ce qu'on ne peut savoir quelles fautes produisent
dans quelques lettres les lecteurs divers (étymologiquement :
hauts et bas), ayant des prononciations de voyelles (on pourrait ajouter : et de consonnes) qui diversifient et dénaturent
l'organe, le mode de prononciation et d'émission (voyez le
commencement du chapitre XIII), et ayant des dispositions
propres de nature, des inclinations et des pratiques tradi-
tionnelles diverses. »

XXVIII. Sôtra 64. श्रव्यः... — Uvaṭa interprète d'abord
साधु युक्तेन par साधु धर्मयुक्तेन ; mais ensuite il explique cette locution d'une manière générale et surtout très-compréhensive :
साधु युक्तो नाम मनोवाग्बुद्धियुक्तः । तस्वार्थदर्शी त्रिकालत्त्वापविट्टहापोहवि-
तर्कत्तः शास्त्रानुगमकुशलो ध्यानपरो ऽवितथाध्यवसायी ., « [l'homme]
qu'on appelle bien doué est celui qui est doué de sens, de

paroles et d'intelligence, qui a la vue du sens des axiomes,
qui sait les règles de la *çikshâ* (ou théorie de la prononciation), qui connaît l'induction, la déduction et la discussion,
qui est d'une famille qui [étudie et] suit les *çâstras,* qui s'applique à la méditation, qui tend dans ses actions à la vérité. »

XXIX. Sûtras 65 et 66. अकारस्यं... — परान्... — Il
faut prononcer la voyelle pure et sans mélange; la consonne
en la combinant, sans en modifier l'articulation, avec la voyelle
qui la suit. C'est en effet là le total des règles; mais pour que
cette règle universelle serve à quelque chose, il faut le maître
enseignant au disciple la vraie nature des sons et des articulations. — Le commentateur, pour le premier des deux
sûtras, répète les mots du texte, en ajoutant comme exemples :
ऋ ॠ इ ई उ ऊ, etc. (c'est l'ordre suivi dans l'alphabet qui précède le chapitre I). — Il explique संपन्नं par le synonyme सं-
पूर्णं « complet ». On pourrait aussi entendre : « les maîtres
disent que cela est parfait, que c'est là la perfection » (et
donner un sens analogue à संपत्तौ au vers suivant). — परान्
=कारादीनपि व्यञ्जनसंज्ञकान् वर्णान्. —अकारोदयवत्=अकारोदयानिव.
—विवृणोत्=वकुर्विशित्. —सर्वत्रवर्णानित्याङ्ग्रावार्यः. Exemples : क
का कि की कु कू इति यथा. — Uvaṭa paraît considérer les deux
derniers mots du *çloka* comme une formule indiquant la fin
des deux *paṭalas* de la prononciation : सा संपद्भाभ्यां पटलाभ्यां
व्याख्याता.

XXX. Sûtra 67. शास्त्रापवादात्... — J'ai considéré
प्रतिपत्तिभेदात् comme se rapportant à शास्त्रापवादात्. Uvaṭa en
fait plutôt un substantif détaché et figurant pour son compte
dans la proposition. Voici sa glose: शास्त्रापामपवादा दोषाः सन्ति ।
पुनरुक्तताविस्पष्टार्थता कष्टशब्दताप्रव्याख्यार्थतेत्येवमाद्यस्तेषुप्रव्याख्यार्थता दो-
षो ऽस्मिन् शास्त्रे सन्निहित: । न लोकसंवरं तथोचारयितुं शक्यं । । « Les

défauts des *çâstras* sont la répétition, le défaut de clarté du
sens, l'impénétrable difficulté des mots, l'impossibilité de
l'objet [des règles], etc. Entre ces défauts, celui qui se trouve
dans ce *çâstra* [, dans cette théorie de la prononciation], est
l'impossibilité de l'objet; car on ne peut prononcer une seule
lettre, ainsi [que l'enseigne cette *çikshâ*]. » — अकृत्स्ना est
expliqué par un synonyme qui s'écarte du sens ordinaire du
mot, à savoir par अप्रयोजना, « n'ayant pas d'emploi, d'utilité
pratique; n'atteignant pas son but ». — La fin du commentaire est relative à प्रतिपत्तिभेदात्. La voici : प्रतिपत्तिभेदो नाम भा-
क्ष्योर्षि घोषवतामकारमित्युक्त्वा अत्रोत्पन्नावपर ऊष्मघोषाविन्येवमादीनि वर्णा-
प्रतिपत्तिभेदो विरुद्धविधानानि । « Le défaut ainsi nommé, ce sont
les oppositions inconséquentes qui sont un empêchement à
la détermination précise des lettres, comme, par exemple,
après avoir dit : *âhur aghoshaṁ*, etc. (chap. XIII, 5), ce sûtra
contradictoire : *atrotpannaû*, etc. (chap. XIII, 6). »

XXX. Sûtra 68. सा (s. e. शिक्षा)... — Commentaire :
यदुच्यते । इह यथोक्तं तथा वर्णोच्चारणं कर्त्तुं न शक्यं । तस्मात्कृत्स्नेयं वर्णा-
विधिरिति । तम् । कथं । शिक्षैतेनैव विधानेनान्यैः शास्त्रैर्न विशिष्यते । अन्ये-
ष्वपि हि शास्त्रेषु ग्रस्तनिरस्त इत्येवमाद्यो वर्णानां दोषा विधीयंते । तानि
चाव्यक्तार्थविधानादकृत्स्नानीति नोच्यते । तानि च कृत्स्नान्येव भवंति ।
तस्मादिदमपि शास्त्रं कृत्स्नं भवितुमर्हति । प्रतिपत्तिभेदश्च न । अन्येष्वपि शा-
स्त्रेष्वेविधा विकल्पा संति । तस्मादनिर्षं वेदांगं च षट्सु वेदांगेष्वितदप्येक-
मंगं । कल्पो व्याकरणं निरुक्तं शिक्षा इंदोविचितिश्च्यो तिषामयनमिति ।
« Ce qui est dit, à savoir, qu'il est impossible de faire la prononciation des lettres comme il est enseigné ici, et que par
conséquent cette théorie relative aux lettres est incomplète
(et inutile; voy. la note précédente), cela n'est pas. — Comment ? — Cette *çikshâ*, par ce mode d'exposition, ne diffère
pas des autres *çâstras*. En effet, dans les autres *çâstras* aussi
sont exposés les défauts relatifs aux lettres, tels que le *grasta*,

le *nirasta*, eto. (voyez *çlokas* 1 et 3), et ils ne sont pas dits inutiles par un mode d'exposition ayant un objet impossible; au contraire, ils sont utiles. Donc ce *çâstra* doit l'être aussi. — Il n'y a pas non plus d'obstacle à la connaissance déterminée; car dans les autres *çâstras* se trouvent des options (et différences) du même genre. Donc ce *çâstra* est irréprochable et [il a droit au nom de] *Védânga*, c'est-à-dire il fait partie des six *Védângas*. » (Pour l'énumération qui suit, voyez le Dictionnaire de M. Wilson, à l'article *Védânga;* Uvaṭa désigne les deux derniers par des mots doubles : « l'énumération des mètres » et « la voie des astres ».) — Le commentaire se termine par trois *çlokas* pompeux, consacrés à l'éloge du *çaikshika,* c'est-à-dire de l'homme versé dans la *çikshâ,* et habile à bien prononcer et à bien lire.

RECHERCHES

SUR L'HISTOIRE NATURELLE ET LA PHYSIQUE

CHEZ LES ARABES.

PESANTEUR SPÉCIFIQUE DE DIVERSES SUBSTANCES MINÉRALES; PROCÉDÉ POUR L'OBTENIR, D'APRÈS ABOU'L RIHAN ALBIROUNY.

EXTRAIT DE L'*AYIN-AKBERY,*

PAR J. J. CLÉMENT-MULLET.

Depuis le jour où Archimède[1], après la solution du problème d'hydrostatique qui lui fournissait le

---

[1] Archimède naquit vers l'an 287 avant J. C. et Hiéron mourut deux cent quinze ans avant J. C. âgé de quatre-vingt-quinze ans.

...... Elementa suum regit omnia pondus.
(Prisc. *De pond. et mens.*)

móyen de constater la quantité d'or employée dans la couronne d'Hiéron, s'écriait, dans l'exaltation fébrile de sa joie, *Je l'ai trouvé!* εὕρηκα, le fameux prétérit était resté, en quelque sorte, à l'état de simple interjection, sans qu'aucun fait ni aucun travail scientifique vînt rappeler sa cause et son origine; aucun livre n'apparaît qui fasse l'application de l'hydrostatique à la détermination des substances minérales; ce n'est que dans ces derniers temps que la pesanteur spécifique a été présentée comme un des caractères distinctifs des minéraux. Les anciens minéralogistes n'en disent pas un mot. On chercherait vainement dans Agricola et Boetius de Boot l'application de la belle et magnifique découverte du géomètre syracusain; mais si, dans l'Occident, l'ingénieux procédé fut négligé, il ne le fut point chez les Orientaux. On le retrouve décrit dans l'*Ayin akbeery*, suivi de tableaux d'Abou'l Rihan.

Abou'l-Rihan Mohammed ebn Ahmed Albirouny, ainsi nommé de la ville de Biroun, dont sa famille était originaire, est désigné aussi quelquefois sous le nom de *Khouarezmy*, parce qu'il passa sa jeunesse dans la ville de Khouarezm en Perse. Il vécut au ve siècle de l'hégire, c'est-à-dire au xie de l'ère chrétienne et mourut, suivant Hadji Khalfa, en l'année 430 de l'hégire. C'était un savant très-distingué, qui composa un grand nombre d'ouvrages sur l'astronomie, la cosmographie et la physique. Jusqu'à ces derniers temps, il n'était guère connu que par ce qu'en ont écrit d'Herbelot dans sa Bibliothèque orientale, et M. Wustenfeld dans son petit volume sur les médecins et les naturalistes arabes [1]. M. Reinaud a jeté un nouveau jour sur Albirouny, dans son *Mémoire sur l'Inde*, page 29, et dans son *Introduction à la Géographie d'Aboulféda*, page xcv. Dans le premier de ces ouvrages, il l'a étudié comme historien de l'Inde, et, dans le second, comme géographe. Resterait à l'étudier comme physicien; c'est une lacune dans son histoire qu'il serait important de combler; mais jusqu'ici les matériaux ont manqué. Les ouvrages indiqués sont fort rares et peu connus. Cependant, à en juger par le fragment qui fait la base de cet article, ils doivent être très-curieux et très-importants. Il pourra, du reste, fournir un renseignement utile, une pierre pour l'édifice à construire. Dans l'un de ces ouvrages, très-probablement celui qui a pour titre : كتاب الجماهر فى معرفة الجوهر تاليف ابى الريحان البيرونى « le Livre des meilleures choses pour la connaissance des substances minérales [2], » se trouvent des explications théoriques sur l'origine et la formation de ces substances, d'après les idées alors généralement admises, dont le point de départ se trouve chez les Grecs, notamment dans

---

[1] *Geschichte der arabisch. Aerzte und Naturforsch.* Götting. 1840.

[2] C'est sous ce titre que l'ouvrage est indiqué par Casiri, *Catal. de la bibliothèque de l'Escurial*, CM. Dans Hadji Khalfa, édit. Flüg. 4153, il porte ce titre : كتاب الجماهر فى الجواهر. Cet ouvrage n'est point mentionné dans d'Herbelot. On trouve dans Hadji Khalfa, 10030 : كتاب الجمهرة للخوارزمى, qui est peut-être le même ouvrage indiqué sous un titre différend plus abrégé.

Aristote. Viennent ensuite quelques explications sur
le poids des substances, sur leur pesanteur spécifique,
sur les procédés à employer et sur l'opération à faire
pour la déterminer au moyen de l'hydrostatique;
enfin des tableaux de chiffres indicatifs des résultats
obtenus par l'auteur dans ses expériences.

Je n'ai point eu, à mon grand regret, l'ouvrage
d'Abou'l-Rihan à ma disposition. C'est dans l'*Ayin-
Akbery* que j'ai pris le fragment dont je donne ici
la traduction. Ce fragment contient assez de détails
pour qu'on puisse juger quel développement avaient
pris à cette époque les sciences physiques, et tout
le progrès qu'elles avaient fait. Les résultats se produisent aussi précis et aussi rigoureusement exacts,
ou peu s'en faut, que ceux qu'aujourd'hui l'on obtient
avec les instruments perfectionnés de la physique
actuelle.

L'*Ayin-Akbery* آئین اکبری, ou « Institutions d'Akbar », est connu dans le monde oriental par l'extrait qu'en a donné M. de Sacy, et par une traduction abrégée publiée en Angleterre par Gladwin.
Nous reviendrons un peu plus loin sur ces deux
publications.

On sait que le titre d'*Institutions* que porte cet
ouvrage est impropre : c'est, pour parler plus exactement, la statistique du grand empire fondé dans
l'Inde par les Mongols, contenant l'indication des
produits du sol, des divers objets de commerce, du
chiffre des impôts, de la position géographique, de
la religion et de la population. Le paragraphe qui

fait l'objet de cet article semble une espèce de hors-d'œuvre ; pourtant il peut s'expliquer, parce qu'il a été placé au chapitre qui traite du commerce des bijoux et des matières précieuses. Il paraît donc être présenté au lecteur ou au commerçant comme moyen de vérifier la nature et la qualité de la marchandise offerte ou vendue.

Le spécificatif *Akbery*, appliqué à ces Institutions, est là pour consacrer le souvenir de l'empereur Dje-lal-eddin Mohammed Akbar, l'un des descendants de Timour, qui en ordonna l'exécution. Elle eut lieu par les soins et sous la direction d'Abou'lfazel, ministre du prince, vers la fin du xvi° siècle de l'ère chrétienne[1].

C'est, au dire des hommes compétents, un des livres qui font le mieux connaître l'Inde, même celle d'aujourd'hui ; et cependant jamais il n'a été traduit en totalité. Il n'est connu, comme nous l'avons déjà dit plus haut, que par un fragment qu'en a publié M. de Sacy dans sa *Chrestomathie arabe*, t. III. Ce fragment traite de l'origine et de la formation des métaux ; il est, en quelque sorte, la première partie d'un chapitre dont cet article formera le complément.

Il est encore connu par la traduction abrégée de Gladwin[2]. Ce qu'on lit dans M. de Sacy et ce qu'on

---

[1] Le dernier roi de Delhi, quand éclata l'insurrection dans l'Inde contre les Anglais, au commencement de 1857, était un descendant d'Akbar. Ainsi, dans sa personne et celles de ses enfants, disparaissent les derniers rejetons de la famille de Tamerlan, et avec eux s'éteint la dynastie des Mongols dans l'Inde.

[2] *Ayeen Akbery*, or the Institutes of the emperor Akber, translated

apprend par la traduction de Gladwin donne un vif
regret que l'ouvrage n'ait point été publié intégrale-
ment; il y aurait beaucoup à gagner pour la linguis-
tique, la géographie ét aussi pour l'histoire naturelle.
Un pareil travail serait très-apprécié par les hommes
graves et sérieux; peut-être jouirait-il aujourd'hui
d'un grand succès d'actualité.

Avant de donner la traduction du texte et les
tableaux d'Abou'l-Rihan, il ne sera sans doute pas
inutile de faire connaître de quelle manière il a
procédé, et de parler ensuite du système de poids
qu'il a employé.

Abou'l-Rihan fait d'abord un exposé des théories
admises de son temps sur l'origine et la formation
des métaux, dont la plus grande partie se trouve dans
l'extrait contenu dans la Chrestomathie de M. de Sacy,
mais qui manque entièrement dans la traduction de
Gladwin. Ensuite il répète ce principe, que « si l'on
pèse un certain volume d'une substance dans l'air et
dans l'eau, il se manifeste une différence, le poids
dans l'eau étant moindre, mais que le chiffre de cette
différence est égal à celui du poids du volume de l'eau
déplacée. » De ces deux dernières quantités, on peut
en déduire ce qu'on appelle la *pesanteur spécifique*,
Vient ensuite la description de l'opération. Il ne paraît

from the original persian by Fr. Gladwin, Lond. 1800, 2 vol. in-8°.
— J'ai pris mon texte dans le manuscrit qui est à la Bibliothèque
impériale: c'est une copie faite sur le bel exemplaire qui faisait partie de la bibliothèque de M. Langlès (*Catal.* 3299), et qui, à la vente,
fut acheté par un Anglais, M. J. Scott. (Voir *Catal.* p. 547, notice
sur ce précieux manuscrit.)

point qu'Abou'l-Rihan ait eu à sa disposition un mode de balance spécialement préparée pour cette expérience ; il ne donne aucune description de son instrument, et le vague de ses expressions laisse plutôt croire à l'emploi d'une balance ordinaire. A la suite de cette description toute sommaire, on arrive à des tableaux indiquant, 1° le poids de l'eau déplacée ; 2° le poids dans l'eau ; 3° le poids du corps, le volume égalant celui de 100 mitskals d'or pour les métaux, et 100 mitskals de saphir oriental pour les gemmes.

L'auteur s'est arrêté à ces trois chiffres ; il a laissé à chercher celui des pesanteurs spécifiques. Ce chiffre des pesanteurs, je l'ai cherché, voulant par là compléter le travail. Ce complément est d'autant plus remarquable, qu'il prouve avec quelle sagacité procédaient les physiciens de l'Orient à cette époque. Je le donne, dans un tableau séparé, avec les résultats obtenus par les modernes sur les mêmes substances. Abou'l-Rihan a opéré sur dix-huit substances, neuf métaux et neuf gemmes, formant deux séries, dont l'une a pour son *mètre* l'or, et l'autre, le saphir d'Orient. Mes chiffres, vus et revus par moi, l'ont encore été par M. Rodet, membre de la Société asiatique, ancien élève de l'École polytechnique. M. Rodet a même eu l'obligeance de vérifier, à l'aide des moyens que fournissent les mathématiques, les chiffres indicatifs du poids des volumes des corps, comparé à celui de l'or, c'est-à-dire de la troisième colonne d'Abou'l-Rihan : ainsi toutes les précautions ont été prises pour assurer l'exactitude des calculs. Le tableau des chiffres modernes a été pris dans l'Annuaire du bureau des longitudes, ou dans le Traité de minéralogie de M. Dufrénoy. Déjà James Prinseps, dans le Journal de la société asiatique du Bengale (août 1832, p. 353), avait donné quelques-unes de ces pesanteurs, et j'ai été assez heureux pour me rencontrer avec lui, comme il s'est trouvé d'accord lui-même avec M. Mohs, célèbre minéralogiste allemand.

Ces opérations de chiffres ont eu encore pour résultat de démontrer quelques inexactitudes dans les tableaux de l'*Ayin-Akbery*, non-seulement dans ceux de la traduction, mais encore dans ceux du texte. Déjà M. de Sacy s'était plaint du peu de précision des manuscrits et de la difficulté qu'il avait éprouvée pour rétablir le texte [1].

Quant au système de poids employé par Abou'l-Rihan, nous nous bornerons à prendre, pour l'expliquer, les éléments qui se trouvent dans l'*Ayin-Akbery* lui-même. Loin de nous la pensée de vouloir ici faire concorder les divers systèmes usités parmi les populations arabes ou persanes. Cet examen, qui pourrait avoir son intérêt, serait ici un hors-d'œuvre qui excéderait d'ailleurs les limites permises dans un article de journal. Dès le premier abord, nous aurions à constater une dissidence entre Chardin et l'*Ayin-Akbery*. D'un autre côté, comme il s'agit ici de

---

[1] Je témoignerai ici ma reconnaissance à M. Eastwick, pour l'obligeance qu'il a mise à m'envoyer une copie du texte.

quantités abstraites, nous devons accepter les chiffres présentés par l'auteur lui-même.

D'après ce système, le *mitskal* est le poids principal; il vaut 6 *daneks*, le danek vaut *4 tassoudjs*; or le tassoudj vaut *deux grains* (de carat), et chaque grain (de carat) équivaut à *deux grains* d'orge; ce qui donne au tassoudj un poids égal à quatre grains d'orge, 4 tassoudjs pour 1 danek, ou 16 grains d'orge, et enfin, pour le mitskal, 96 grains d'orge, ou bien 48 grains de carat, comme l'indique Chardin, qui diminue plus loin la valeur du grain d'orge de moitié. L'auteur donne ensuite des subdivisions plus petites; comme elles nous sont inutiles, nous les passons sous silence [1].

مثقال هش دانكست هر دانکی چهر طسوج وطسوج دو حبّه [1]
وحبّه دو جو وجوی (حبة الشعير) شش خردل وخردلی دو ازده
قلس وفلسی هش فنیل ــ فتلی هش نقیر ونقری هش قطمیم
وقطمیری دو ازده زره بس بریس تقدیر هر متقـال نود
وهش جو باهد. Ainsi, d'après ce système, le mitskal est l'équivalent de 96 grains d'orge, tandis que, suivant Ibn-Khaldoun, il équivaut seulement à 72 grains d'orge, c'est-à-dire un quart de moins.
وزن المثقال من الذهب الخالص ثنتان وسبعون حبة من
الشعير الوسط (Chrest. II, p. 284.) La même évaluation est répétée p. 286; mais je dois faire observer que, dans ce dernier passage, le texte porte *dinar* et la traduction *mitskal*, comme on le lit aussi dans l'*Ayin-Akbery*, au même lieu : دینار زرین نقدین بوزن متقال لخ. Constatons, en passant, la différence qui existe dans la valeur du mot حبّة, employé dans l'indication des pesanteurs. Il résulte de ces deux passages combinés que, lorsqu'il n'est pas suivi du mot شعیر, qui en spécifie la valeur à 1 grain d'orge, il en vaudrait 2; ce qui

Maintenant, si nous voulons convertir ces poids divers en poids décimaux, c'est-à-dire les rapporter au *gramme*, et à ses fractions, nous avons le résultat suivant : on sait que le grain de caroube, le *keration*, κεράτιον des Grecs, ou la *siliqua* des Latins, équivaut pour le poids à *quatre grains d'orge* en moyenne. J'ai vérifié le fait à plusieurs reprises, et j'ai toujours constaté l'exactitude du poids. Il a été, de plus, constaté que le grain d'orge حبة الشعير était l'équivalent du *grain*, dernière division de la livre *usuelle* ancienne, c'est-à-dire $0^{\text{gramme}},053$, ou pour le grain de caroube $0^{g},212$, lequel est l'équivalent de l'ancien carat employé pour les matières d'or; ainsi nous aurions : 1° le tassoudj = 4 grains d'orge = $0^{g},212$; 2° le danek, ou, comme l'écrit Chardin, le *dang*, pesant 4 tassoudjs = 16 grains d'orge = $0^{g},848$; 3° et enfin le mitskal = 6 daneks ou 96 grains d'orge, suivant l'*Ayin-Akbery*, = $5^{g},100$, ou bien 48 grains poids de marc. Tel est le résultat des constatations faites pour l'espèce, ici réellement et spécialement applicables, puisqu'elles sont fournies par l'auteur lui-même, et déduites de son ouvrage[1].

----

serait précisément notre ancien grain du poids de marc. On lit aussi dans Castel, *Lex. pers.* حبّة « pondus duorum granorum hordei ».

[1] Si l'on compare ces chiffres à ceux d'Ibn-Khaldoun (*loc. cit.*), on voit que le *dirhem légal,* الدرهم الشرعي, équivaut à 6 daneks, comme le mitskal; mais alors la valeur du danek change, elle est égale à 8 grains d'orge $\frac{1}{3}$, puisque le dirhem est évalué à 50 grains d'orge $\frac{1}{3}$, c'est-à-dire près de moitié du poids du mitskal de l'*Ayin-Akbery*. Ainsi le mitskal d'Ibn Khaldoun serait égal au *gros ancien*,

Il ne nous reste plus qu'à expliquer la théorie de la formation des substances minérales et des métaux.

Cette théorie, comme nous l'avons déjà dit, repose sur les théories grecques. Aristote dit (*Météorol.* IV, 8) : « Tout corps existe évidemment par suite de l'action du chaud et du froid. Tous les corps sont composés de terre et d'eau; de même aussi les métaux, comme l'or et l'argent et autres substances de ce genre qui existent, soit par eux-mêmes, soit par l'effet de l'exhalaison dont nous avons parlé (ch. ix, 5); comme ensuite les trous (cavités) de la terre *où se forment les dépôts* varient et ne se correspondent point, il doit résulter des différences, en raison de la manière dont les éléments se trouvent placés (littéralement : sont reçus). » Au liv. III, ch. vii : « Les choses doivent se passer dans l'intérieur du sol comme

ou 3^{gr} 8₂5^{mgr} ; mais alors le danek n'a point une valeur exacte de *huit grains*, comme le disent les dictionnaires.

Si maintenant nous prenons les données de Chardin, les choses sont renversées; elles passent d'un pôle à l'autre. En effet, on lit, page 275, tome IV (Amsterd. 1711, 10 vol. in-12) : le *mescal* est d'un demi-dirhem, le *dang* est la sixième partie d'un *mescal*, et fait *huit grains poids de carat*, et le *grain d'orge*, qui est la *quatrième* partie d'un *dang*. D'après ces données, on aurait 1 dirhem = 2 mitskals = 12 daneks = 96 grains poids de carat. En évaluant en grains d'orge, on aurait = 12 daneks = 48 grains d'orge, précisément l'inverse des sommes résultant des données prises dans l'*Ayin-Akbery*.

Voir aussi, pour les poids arabes et orientaux, Paukton, *Métrologie,* ou Traité des mesures, poids et monnaies des anciens peuples et des modernes, Paris, Dessaint, 1780, in-4°. Nous espérons reprendre plus tard cette question des poids arabes, surtout en ce qui concerne le carat.

à la surface. L'élément double qui s'y trouve enfermé amène aussi une différence double dans les corps (qui en sont le produit). » § 2 : « Il existe, comme nous l'avons dit, deux sortes d'exhalaisons, l'une *vaporeuse*, et l'autre *fumeuse*. De là résulte, dans les entrailles de la terre, un double état de chose, les fossiles [1] et les métaux. » § 3 : « L'exhalaison sèche ou fumeuse produit les corps fossiles combustibles et les pierres infusibles. » § 4 : « L'exhalaison vaporeuse ou humide produit les corps fossiles, tout ce qui est à l'état fusible ou ductile étant, par un effet de sécheresse, condensé en une masse unique, puis congelé comme la rosée et le givre. »

Alexandre d'Aphrodise nous explique que les métaux sont le produit des deux exhalaisons contenues sous terre. L'exhalaison vaporeuse est consolidée avant de s'être séparée de l'exhalaison fumeuse ; alors, par suite, les métaux sont susceptibles de brûler et de contracter de la rouille.

Théophraste, dans son livre *Sur les pierres*, admet une dissolution opérée par les eaux. Les matières dissoutes se réunissent en un point, se concrètent et se durcissent. Les eaux donnent naissance aux métaux, tels que l'or, etc. surtout quand cette eau a été en quelque sorte clarifiée et filtrée. Suivant Empédocle, la concrétion se fait sous l'influence de

---

[1] *Fossiles* ne doit pas se prendre ici dans le sens restreint qu'on lui donne en géologie, c'est-à-dire appliqué seulement aux restes organiques, mais s'entendre, en général, de toutes les substances minérales et métalliques qu'on n'obtient qu'en *fouillant* le sol, c'est-à-dire qu'on doit restituer au mot son acception primitive.

la chaleur; mais, ajoute Théophraste, un froid violent produit le même phénomène, précisément comme on doit aussi l'inférer des expressions mêmes des météorologistes.

Chez les Latins, nous trouvons de semblables doctrines. Ainsi Pline (l. XXXVII, ix, 2) dit que l'extrême force de la congélation a donné naissance au cristal; du moins on ne le trouve que dans les lieux où la glace condense les neiges de l'hiver, et l'on est certain que c'est de la glace; de là son nom grec κρύσ7αλλος, dérivé de κρύος, *gelée*.

Maintenant, chez les Arabes et les Orientaux, nous voyons professer, sans modification aucune, les doctrines grecques. Les éléments des corps sont emportés par l'*exhalaison sèche*, ἀναθυμίασις καπνώδης دخان, ou la *vapeur humide*, ἀναθυμίασις ἀτμιδώδης بخار.

La terre et l'eau sont les éléments de ces vapeurs. L'*air* intervient pour donner la *légèreté*, en se combinant avec les parties terrestres et aqueuses qui donnent la *pesanteur*. Ces dernières parties aussi, par leur excès, ajoutent au poids. La gravité du poids d'une substance est donc en raison de la quantité de l'air ou de la vapeur aqueuse qu'elle peut contenir. Ces éléments, disent Kazwini (عجايب المخلوقات) et autres, forment, en se combinant, certaines substances minérales, notamment le soufre et le mercure.

Au chapitre de la formation des métaux, nous voyons intervenir dans l'*Ayin-akbery* la combinaison du soufre et du mercure, et ces deux corps ont une si grande part dans leur production, que le soufre

en est dit le *père* أبي, et le mercure la *mère* أم. Il est
dit encore en être l'*âme* روح, comme l'arsenic et le
soufre en sont l'*esprit* نفس [1]. (*Chrest. arab.* Sacy,
III° vol. p. 457 à 460, et ms. f. 21 r°.)

L'action du feu terrestre n'est pas, quand la chaleur agit, la seule cause de la concrétion; celle des
rayons solaires est encore très-influente. Nous ne
suivrons pas les auteurs dans le détail des causes
agissantes qui modifient les éléments, soit pour la
qualité (*qualitas*, *ποιότης*), ou qui font que tel métal
est produit plutôt que tel autre. Nous citerons seulement pour exemple l'argent, qui s'approche de l'or
de très-près, et qui, sans l'influence d'une action
réfrigérante, eût été lui-même de l'or.

Avicenne attribue à la chaleur du soleil une grande
part dans la lapidification; il admet de plus une certaine force qu'il ne définit point, qui est de « former
des pierres avec les animaux et les tiges. » Ce serait
le premier témoignage de la théorie de la *pétrifica-
tion*, comme on a vu dans la théorie d'Aristote le

---

[1] Les anciens chimistes n'appliquaient pas le nom de *soufre* ou
de *mercure* seulement aux deux substances aujourd'hui connues sous
ces deux noms; pour eux ç'étaient encore deux principes différents
qui entraient dans la composition des corps; l'un huileux et igné,
et l'autre subtil, ténu et humide. *Sub sulfure intelligunt chemici
principium viscosum, oleosum, odorum, colorum et ignis. Sub mercurio
intelligunt omne id quod ex particulis tenuissimis et subtilissimis con.
stat; quod est humidum, mobile, leve, volatile, evaporabile.* (Herm-
fred. Teichmeyri, *Institution. chemicæ, dogmaticæ*, etc. cum fig. et
indic. Jenæ, 1724, in-4°. Voir aussi Barlet, *Le vrai et méthodique
cours de la physique résolutive, vulgairement dite chimie*, etc. Paris,
1653, in-4°.)

germe de celle du *gaz* et des *filons*. Les exhalaisons fumeuses ne sont-elles pas réellement les *gaz* produits et se dégageant sous l'action du calorique, et les *filons*, ces endroits, ces cavités qui reçoivent les exhalaisons[1]?

On y a vu, et peut-être avec beaucoup de justesse, la théorie du feu central. Étienne de Clave, docteur en médecine, auteur d'un livre intitulé: *Paradoxes*, ou *Traité philosophique des pierres et des pierreries contre l'opinion vulgaire*, après avoir rappelé les opinions émises avant lui sur la minéralisation, rappelle la théorie du feu central qu'Agricola avait professée avant lui ; il la discute, et il en arrive à reprocher à Aristote d'avoir établi une doctrine basée sur des *exhalaisons sèches ou fumeuses* et sur des *vapeurs humides*, sans qu'il en ait indiqué ou compris l'origine, origine qui ne peut s'expliquer que par le *feu central*, feu nécessaire, même pour la fécondité de la terre.

TRADUCTION DU TEXTE DE L'*AYIN-AKBERY*.

« Règles pour trouver la pesanteur et la légèreté des substances minérales.

« Celui qui en fera l'observation trouvera que ces substances sont composées du mélange des vapeurs

---

[1] Cette doctrine d'Avicenne, citée par Agricola et Étienne de Clave, est très-probablement extraite d'un ouvrage du savant arabe, fort peu connu, *De conglutinatione lapidum*, mentionné par Hœfer, *Hist. de la Chimie*, t. I, p. 327, et qui aurait été traduit en latin par quelque alchimiste du moyen âge.

(humides) et des exhalaisons (sèches); et de deux
principes contraires, la légèreté et la pesanteur.
Ainsi, si, avant le mélange ou après la maturation ou
coction, il arrive une de ces deux conditions : que
les parties aériennes du composé soient prédomi-
nantes sur les parties aqueuses et terrestres, il y a plus
de légèreté que dans les substances minérales, où
les parties aqueuses et terrestres sont en excès. De
même, dans toute substance minérale où la vapeur
humide est en excès sur l'exhalaison sèche, il y a
plus de pesanteur que dans celles où il n'en est point
ainsi. La porosité dans les parties donne à la masse
une disposition aérienne; elle est légère, à cause
de la présence des exhalaisons sèches, qui sont plus
abondantes que les vapeurs humides. De ces deux
conditions différentes d'un minéral, résultant de la
coction de la vapeur ou de l'exhalaison sèche qui le
compose, on peut en déduire un moyen de constater sa pesanteur ou sa légèreté. Un ancien poëte a
donné, dans un distique, les différentes pesanteurs
de quelques-unes des masses minérales.

« Dans un cube en volume égal, le mercure donne en poids
71, l'étain 38.

« Pour l'or 100, le plomb 59, le fer 40, bronze et cuivre
45, argent 54.

« Un autre poëte a exprimé en lettres numérale-
ment prises ces pesanteurs de la manières sivante :

« Les neuf métaux suivants, coupés en cubes égaux, donnent les divers poids qui suivent :

« Or, LKN ; mercure, ALM ; plomb, DEN ; étain, HL, argent, ND ; fer, IKI ; cuivre rouge et jaune (ou cuivre et bronze), MAE [1].

« Quand on prend des masses de ces métaux égales en longueur et en épaisseur, on trouve, en les pesant, des différences dans leurs conditions de pesanteur.

« Quelques savants estiment que ces différences de poids sont la conséquence des différences existantes dans la disposition et dans la forme spécifique. Alors il y a légèreté ou pesanteur, qui se manifeste dans l'eau, parce que le corps s'y enfonce plus ou moins. Il y aura donc deux résultats différents pour la balance placée dans l'eau et pour celle placée dans l'air.

« Les hommes d'intelligence prennent, au moyen de l'eau, la mesure de toutes ces différences. Ils font disposer un vase spécialement dans ce but ; ils

---

[1] Le texte des deux premiers vers étant trop fautif, nous croyons ne devoir citer que les deux derniers, qui sont exacts :

نه فلز مستوى الحمرا چون بركشى

اختلاف وزن دارد هر يكى بى اهتباه

زر لكن زيبق الىٔ اسرب دهن ار زيز حل

فضه ند اهن يكى مس وشبه هروى مآه

Il est à remarquer que la valeur des lettres du mot ماه attribue au cuivre et au bronze un chiffre de 46, au lieu de 45 et d'une fraction indiquée au tableau. Les exigences de la rime auront forcé l'auteur d'en agir ainsi, ou bien il a voulu avoir un nombre rond.

le remplissent d'eau; ils y introduisent 100 mitskals
de chacun de ces métaux. La quantité d'eau rejetée
en dehors par chacun d'eux donne les différences en
volume et en poids. Celui qui déplace un volume
d'eau plus considérable est aussi d'un volume plus
fort; mais il est moindre en poids. Pour celui qui
déplace moins d'eau, le poids est plus lourd.

« Ainsi, l'eau déplacée par l'argent, d'après les données qui précèdent, est de neuf mitskals deux tiers;
celle déplacée par l'or sera de cinq mitskals un quart.
Lorsque la quantité d'eau déplacée par la substance
est déduite de la quantité exprimant le poids dans
l'air, ce qui reste exprime le poids hydrostatique.

« La balance pour peser dans l'air est disposée de
telle façon que les deux bassins sont dans cet élément. Quant à la balance hydrostatique, les deux
plateaux sont placés à la surface de l'eau; celui qui
porte le corps le plus pesant s'immergera plus vite
pour atteindre son centre de *gravité*. Si l'un des deux
plateaux pose sur la surface de l'eau et que l'autre
soit dans l'air, ce dernier, quoique plus léger, ne
manquera point de descendre plus bas, parce que,
comparativement, l'air est plus léger que l'eau, qui
exerce une pression sur la balance. Mais si l'eau qui
sera déplacée est inférieure en poids au corps qui
est immergé, ce dernier tendra à plonger davantage ; si, au contraire, la quantité d'eau déplacée
est plus pesante, le corps, dans ce cas, restera flot-
tant à la surface; s'il y a égalité de poids entre l'eau
et le corps, alors ce dernier se tiendra de façon à

ce que sa surface supérieure soit au niveau de la surface de l'eau. »

Abou'l-Rihan a disposé des tables explicatives qui donneront plus ample explication des faits. Le poids sur lequel il a été expérimenté est de 100 mitskals de métaux ou gemmes pesés dans l'eau en même temps que 100 mitskals des mêmes substances sont pesées dans l'air [1].

Le poids des métaux est comparé à 100 mitskals d'or, et celui des gemmes ou substances minérales à 100 mitskals d'*iakout ismâni* (saphir oriental).

---

[1] Quoiqu'Abou'l-Rihan soit cité ici seulement comme l'auteur des tableaux, cependant, comme ils sont le corollaire de la description du procédé, il y a tout lieu de penser que cette description, aussi bien que les explications théoriques, aura été empruntée au livre d'Abou'l Rihan. Cet auteur, du reste, reproduit les théories alors admises par les savants. .

(Suivent les tableaux.)

CORPS soumis à l'expérience. — Le poids dans l'eau =100.	POIDS de L'EAU déplacée.			POIDS dans L'EAU.			POIDS le vol.=100 minut. d'or pour les métaux et 100 minut. de saphir pour les gemmes.		
	mêts.	dan.	tase.	mêts.	dan.	tase.	mêts.	dan.	tase.
طلا [1] Or.........	5	1	2	94	4	2	100	"	"
سهاب Mercure......	7	2	1	92	"	3	71	1	3
أسرب Plomb......	8	5	"	91	1	"	59	2	2
نقرة Argent.......	9	4	1	90	1	"	53	5	1
سفيدرو Sefidrou.....	11	2	"	88	4	"	46	1	2
نحاس Cuivre.......	11	3	"	88	3	r	45	4	"
نحاس زرد Cuivre jaune..	11	4	"	88	2	".	44	5	1
اهن Fer.........	12	5	2	87	"	2	40	3	3
قلعى Étain........	13	4	"	86	2	"	38	"	3
ياقوت اعلى Saphir.......	25	1	2	74	4	2	100	"	"
ياقوت سرخ Rubis........	26	"	"	74	"	"	97	1	1
لعل Rubis balai...	27	5	2	72	"	2	90	2	2
زمرد Émeraude....	36	2	"	63	4	"	69	2	3
مرواريد Perle........	37	1	"	62	5	"	67	5	2
لاجورد Lapis-lazuli...	38	3	"	61	3	"	65	4	"
عقيق Cornaline.....	39	"	"	61	"	"	64	3	3
كهربا Succin (ambre).	39	3	"	60	3	"	64	"	1
بلور Cristal de roche.	40	"	"	60	"	"	63	"	3

[1] On voit dans ce tableau un mélange de noms persans et arabes,

	PESANTEURS SPÉCIFIQUES d'après	
	ABOU'L-RIHAN.	les OBSERVATEURS modernes.
Or.......................	19 05	19 26
Mercure...................	13 58	13 59
Plomb....................	11 33	11 35
Argent...................	10 35	10 47
Sefidrou	8 82	" "
Cuivre...................	8 70	8 85
Cuivre jaune.............	8 57	" "
Fer.....................	7 74	7 79
Étain...................	7 31	7 29
Saphir..................	3 97	3 99
Rubis oriental...........	3 85	3 90
Rubis balai..............	3 58	3 52 moh.
Émeraude................	2 75	2 73 73
Perle...................	2 69	2 75
Lapis lazuli.............	2 60	2 90
Cornaline...............	2 56	2 61
Succin (ambre)...........	2 53	1 08
Cristal de roche.........	2 50	2 58 mohs.

qui sont, dans le texte, employés les uns pour les autres indifféremment. M. de Sacy en avait déjà fait la remarque.

Le *sefidrou* est, ainsi que nous l'apprend l'*Ayin-Akbery* lui-même,

On voit, par la lecture du texte qui précède et par l'examen des chiffres des tableaux, que si le mode de procéder des Orientaux était moins savant que celui qui est employé de nos jours; que si les expérimentateurs ignoraient la balance hydrostatique de Nicholson et manquaient des instruments

le *cansi* des Indiens كوينى راكانسى آن هنى اهل رو سفبين; il se compose de quatre parties de cuivre et d'une partie d'étain fondues ensemble (*Chrest.* III, 457).

Le sens de قلعى ou القلعى الرصاص se trouve ainsi fixé d'une manière bien précise, et par le synonyme persan ارزيز placé à côté, et par les chiffres des opérations hydrostatiques. C'est incontestablement l'*étain*, le *plumbum album* de Pline, le κασσίτερος des Grecs, le בדיל de la Bible, ou encore الابيض الرصاص et قصدير, chez divers auteurs arabes. Suivant Ainslie (*Mater. medica indica*), قلعى serait le nom de l'étain dans l'Inde, c'est-à-dire qu'ayant été d'abord nom spécificatif tiré du lieu le plus célèbre d'où il est extrait, il en serait devenu le nom subtantif, comme le dit Iacout dans son

القلعة ..... بلد فى اوّل بلاد الهند من: (p. ٣٥٧) *Moschtarik*
القلعى الرصاص ينسب واليه الصين جهة. Ce métal ne serait point le *stannum* de Pline, qui, suivant l'annotateur de l'édition Panckouke, serait le *bismuth*. Le père Hardouin, sans indiquer de synonyme, ne le présente que comme se rapprochant du nôtre, « nostro fere respondere », et non comme identique. (Plin. l. XXXIV, 48.) Pour la vraie situation de قلعة, et son analogie avec كللة et le pays de *Kaliana*, voy. *Relat. des voy. des Arabes et des Persans dans l'Inde*, traduct. de M. Reinaud, t. I, disc. prélim. LXII et LXXXV. Ces deux mots, سرب et رصاص, que nous voyons ici déterminés d'une manière si précise, ont très-souvent été confondus et pris l'un pour l'autre, heureux quand l'adjonction de l'épithète ابيض ou أسود vient les spécifier. Il en a été de même du mot *plumbum* chez les Latins, qui distinguaient l'étain par l'épithète *album*; mais ils l'oublièrent quelquefois, comme il semble résulter de l'indication par Columelle de vases en plomb pour la préparation du vin, ce qui eût été très-dange-

auxquels l'art moderne est venu apporter une si grande précision, cependant les résultats par eux obtenus et comparés aux nôtres sont d'une exactitude qui doit, à bon droit, nous étonner[1]. Que sont, en effet, quelques différences légères de chiffres fractionnaires quand il faut tenir compte, non-seulement

reux. (*De re rust.* XII, 19.) Hœfer, dans son *Histoire de la Chimie*, t. I, p. 126, dit que les Grecs et les Romains connurent le zinc, et l'appelaient, ainsi que l'étain, *χασσίτερος stannum.* Il renvoie à Dioscorides, V, 84,

ياقوت أسمانى, litt. *yacout celeste*, « de la couleur du ciel », c'est-à-dire bleu. Il se rattacherait à la division nommée par Teifaschi أسمانجونى, et serait le الازرق, c'est-à-dire le σάπφειρος des Grecs, et le saphir d'Orient des modernes. C'est aussi l'opinion de M. Prinseps dans l'ouvrage cité.

ياقوت احمر, litt. *yakout rouge*, ياقوت سرخ, de Teifaschi, le *rubis oriental* des modernes. M. Prinseps fait observer que l'obscurité est telle sur cette synonymie, que M. Gladwin a cru devoir traduire ياقوت سرخ par *améthyste.* L'analogie entre le mot grec ὑάκινθος et le mot arabe ياقوت n'est pas douteuse; cependant les deux corps auxquels ils s'appliquent ne sont point les mêmes.

زمرد, c'est ici l'*émeraude* proprement dite, appartenant à la famille du *glucium* des minéralogistes, le *beryl émeraude*, qu'il ne faut point confondre avec l'émeraude orientale, qui est le corindon vert, ياقوت اخضر.

[1] Si les physiciens du moyen âge ne possédaient pas de balance hydrostatique, ils eurent cependant des instruments de précision se rattachant à cette branche de la physique; car nous lisons dans l'Histoire de la chimie d'Hœfer, que Synesius, dans sa quinzième lettre adressée à la savante Hypathie, cite un *hydroscopium*, véritable *pèse-liqueur*, qui paraît avoir été d'un usage assez général au VIe siècle. Il est décrit dans le poëme *De mensuris et ponderibus*, qu'on doit attribuer à Priscien, grammairien, et non à Rhemnius Palémon, comme on l'a fait jusqu'ici, suivant M. Hœfer. Ce poëme a été imprimé dans le vol. IV, *Poetæ latini minores*, de la collection des classiques de Lemaire. Il contient aussi la description de l'opération d'Archimède.

de l'imperfection des instruments, mais encore de
l'influence que doivent exercer un climat et une
température si différents de ceux de notre Europe,
que, ni le baromètre, ni le thermomètre, ne viennent point accuser.

Une seule substance nous présente une différence
grave, c'est le *succin*, le كهربا, qui ne peut être un
corps différent de celui connu aujourd'hui sous ce
nom. C'est évidemment l'ἤλεκτρον des Grecs, le *suc-
cinum* ou *electrum* de Pline, le *lyncurium*, λυγχούριον
de Strabon, sur la nature duquel Avicenne et Kazwini sont parfaitement d'accord. Faut-il alors accuser la pureté des échantillons soumis à l'expérience?
car la synonymie est constante, et les descriptions
ne laissent point de doute sur l'identité des substances [1].

---

[1] On lit dans Avicenne, I, 190 : كهربا هو صمغ شجرة الجوز
الرومى وهو صمغ كالسندروق لمكسرة الى الصفرة والبياض
والاسفاق وربّما كان الى الحمرة يجذب التبن والهشام الى نفسه
« Le *karabé* (succin) فذلك يبقى كاهربا اى سالب التبن مركب الخ
est la résine du *noyer de Roum*; c'est une résine pareille à la *sandaraque*, inclinant au jaune et au blanc, translucide. Souvent il passe
au rouge. Il attire à lui la paille et les menus fragments; de
là lui vient son nom, ربا « enlevant », كا « la paille », etc. On
lit dans Kazwini, à peu près la même chose. Maintenant, pous-
sant plus loin nos recherches sur le succin, nous retrouvons son
origine mythologique. Mais reprenons Avicenne : جوز الرومى يقال
ان شجرة الجوز الرومى ينبت فى النهر الّذى يسمّى ليردانوس له
صمغ يسيل من تلك الشجرة وعند ما يخرج الصمغ يجمد فى

La rigoureuse exactitude que nous avons signalée dans les chiffres nous mène forcément à la rectification des nombres fractionnaires des tableaux publiés par M. Gladwin.

En effet, le mitskal se composant, comme nous l'avons vu, de 6 daneks; et le danek de 4 tassoudjs, toutes les fois que nous avons à la colonne des daneks un chiffre égalant 6 ou qui lui est supérieur, il doit être fait un report à la colonne précédente. Il en sera de même pour la colonne des tassoudjs; quand nous aurons la quantité de 4 ou plus, il faudra nécessairement aussi effectuer un report. Or, nous voyons qu'il n'en est point ainsi dans les tableaux qui font partie de la traduction de M. Gladwin; on y remarque en très-grande abondance le chiffre 8 dans les colonnes des quotités fractionnaires, c'est-

« Le الدهمز وهو الذى يسمّى ايلقطرون وهو الكهربا noyer romain: on dit que cet arbre croît dans le fleuve qu'on nomme l'Éridan. Il distille une résine qui, s'écoulant sous forme de gomme, se concrète dans le fleuve; c'est ce qu'on appelle l'electrum, c'est le karabé (succin). » En combinant ces deux textes, nous trouvons à peu près la théorie de Pline et d'Ovide sur l'origine du succin, moins la mention des sœurs de Phaéton; ainsi les Arabes avaient laissé de côté la théorie de Théophraste et celle de Dioscoride, c'est-à-dire de la consolidation de l'urine du lynx ou du lyncurium. Nous voyons, dans le nom de l'arbre qui le produit, une différence qui est très-probablement le résultat d'une faute de copiste, quoique Avicenne et tous les manuscrits de Kazwini, aussi bien que le texte imprimé de M. Wüstenfeld, portent حوز; il est certain qu'il faut lire حَوَر, nom arabe générique du peuplier. Dans la version arabe de Dioscoride, λευχή, populus alba (I, 160), est rendu par وهو حور أبيض. Le traducteur latin d'Avicenne a senti

à-dire des daneks et des tassoudjs. Si, ensuite, nous portons nos regards sur les tableaux du texte persan, nous y voyons, en réalité, un signe qu'au premier coup d'œil on peut prendre pour une abréviation du ح, dont la valeur numérale est de *huit*. Mais, puisque l'opération, arithmétique vient démontrer l'impossibilité du chiffre 8, il est plus que probable qu'on aura confondu, avec la lettre arabe prise numériquement, un simple signe sans valeur, une espèce de zéro placé dans la colonne, comme on le pratique souvent pour combler un vide. De plus, si l'on vient à rapprocher les nombres énoncés dans le texte de ceux des tableaux, on trouvera identité pour les mitskals, et non pour les poids fractionnaires,

l'erreur, car par deux fois, en marge de sa version, il a mis *hour*. (V° *Karèbe.*)

Dans le الشرح المغنى, que déjà nous avons eu occasion de citer plusieurs fois, il est aussi parlé du karabé comme provenant, par suintement, du الجوز الرومى; mais l'auteur rejette cette opinion pour en admettre une autre, qui n'est guère plus exacte. Le karabé serait une transsudation ou distillation fournie par les feuilles du *doum*. Il a la consistance du miel d'abord, puis il se consolide, ce qui explique la présence des insectes dans son intérieur. رطوبة تقطر من ورق الدوم شبيه بالعسل ثم تجمد وقد يوجد فى داخله الدباب الخ. Cette explication, qui n'est pas plus heureuse que l'autre, tient à une confusion faite très-probablement entre le karabé et quelque résine analogue, comme nous allons le voir.

M. de Sacy, dans le troisième volume, p. 468, de la *Chrestomathie*, a consacré aussi un long article au karabé; il cite un texte dont il a oublié l'auteur, qui a la plus grande analogie avec celui du الشرح المغنى, pour l'indication de la double origine du succin.

... الجوز الرومى est, dans la traduction de Dioscorides, le *peuplier noir*;

qui souvent sont supprimés. Un autre moyen de démontrer l'erreur des tableaux de la traduction anglaise, c'est d'additionner ensemble le chiffre indicatif de la quantité d'eau déplacée, avec le chiffre de la colonne indicative du poids du corps dans l'eau; on doit toujours retrouver 100 en nombre rond, résultat impossible avec les chiffres anglais.

Une faute matérielle également grave, c'est que le chiffre indicatif du saphir d'Orient, qui, suivant le texte même, est pris sous un volume de 100 mitskals, comme point de comparaison avec les gemmes qui suivent, est inférieur dans le tableau; il est réduit à 94.

En présence de raisons qui m'ont semblé aussi

ce serait, en réalité, le *peuplier d'Italie* ou de Lombardie. Ibn Alawam admet aussi cette synonymie, I, p. 402; il sécrète le karabé.

Le terme de comparaison السندروس paraît aussi une altération du mot سندروس; en effet, de quelque manière qu'on envisage ce mot, la comparaison cloche, car ni le σανδαράχη des Grecs, qui est l'*arsenic rouge*, ni la *sandaraque* des modernes ne peuvent être comparés au succin, tandis que سندروس, qui, ainsi que le dit Avicenne lui-même, est une résine produite par un arbre de l'Inde, c'est-à-dire le *copal*, tellement analogue au succin, qu'on la lui substitue par fraude. *Dict. Det.* الحمرة; il faut entendre, par ce mot, la couleur *orange foncée*, qui sert à désigner une des teintes de la soie, le *flavus* des Latins, souvent appliqué aux cheveux, comme dans ce vers de Virgile :

Filia prima manu flavos Lavinia crines.

(Æn. lib. XII, v. 605.)

Nous ne pousserons pas plus loin nos recherches sur cette substance, nous avons voulu seulement, en rappelant le texte et en suivant la série des traditions, établir que le nom de *karabé* ou *succin* ne s'appliquât point à une substance différente de celle encore aujourd'hui connue sous ce nom.

graves, je n'ai point hésité à faire toutes les rectifi-
cations rendues nécessaires. Ce sont ces tableaux
ainsi rectifiés qui ont été reproduits ici.

Nota. — Le journal l'*Institut*, numéro de février 1858, deuxième
section des sciences historiques, p. 29, nous apprend qu'il a été communiqué à l'académie des sciences de Saint-Pétersbourg une lettre
de M. Khanykov sur un manuscrit arabe terminé en l'an 515 de l'hégire (1121 de J. C.), intitulé *Balance de la sagesse*, dont il résulte
que les Arabes appliquèrent la balance à la distinction des métaux
précieux et des pierres précieuses et de leurs imitations; 2° aux
travaux des changeurs et des monnayeurs, etc.

Cet ouvrage nous apprend encore que les Arabes connaissaient
très-bien l'emploi de la balance hydrostatique; que pour déterminer
la pesanteur spécifique des corps ils avaient imaginé une balance à
cinq bassins qu'ils appelaient *balance complète*; qu'ils connaissaient
la méthode des doubles pesées et les pesées par substitution; qu'ils
ont déterminé la pesanteur spécifique de beaucoup de corps solides,
mais sans égard pour la température; que l'emploi de l'*eau distillée*
ne leur était pas inconnu pour ces sortes de recherches, et notre
auteur recommande surtout l'emploi de l'eau de l'Oxus. L'idée de
l'aréomètre ne leur était pas inconnue.

COUP D'ŒIL

SUR

LA VIE ET LES ÉCRITS DE HAFIZ,

PAR M. DEFRÉMERY.

Hâfiz est, sans contredit, un des plus beaux génies dont puisse s'enorgueillir la littérature persane,
si riche en conteurs ingénieux, en moralistes diserts,
en historiens doctes et élégants, et surtout en poëtes
érotiques et mystiques. C'est, avec Sadi et Djâmi,

un des trois plus grands noms de la poésie persane,
et il ne reconnaît pas de rival dans le domaine de
l'ode ou gazel.

Mohammed Chems-eddîn, plus connu sous le
nom de *Hâfiz* (celui qui sait par cœur le Coran),
naquit à Chyrâz, vers le commencement du xiv° siècle
de notre ère, et mourut, selon le chronographe Câ-
tib-Tchéléby et le biographe persan Haddjy-Louthf
Aly-beg, en l'année de l'hégire 791 (de J. C. 1389),
ou, selon d'autres, l'année suivante [1]. Le biographe
des poëtes persans, Daulet Châb, retarde la date de
son trépas jusqu'à l'année 794 (1391-1392 de J. C.)[2].
La vie de Hâfiz, sur laquelle on possède peu de détails, se passa tout entière dans sa ville natale, et,
pour la majeure partie, sous le règne des sultans de
la dynastie mozafféride. On voit, par ses écrits, qu'il
fut adonné à la vie monastique, et peut-être même
placé à la tête de quelque monastère. Il est certain
qu'il étudia la jurisprudence et la théologie dans un
collége fondé par Haddjy-Kiwâm-eddîn, personnage
dont il loue plusieurs fois la munificence [3], et que,
par la suite, il y exerça lui-même les fonctions de
professeur. Le commentateur turc Soudy atteste que

---

[1] Khondémîr, *Habîb-Assiyer, ou l'Ami des biographies,* manuscrit
persan de la Bibliothèque impériale, n° 69 du fonds Gentil, t. III,
fol. 96 v°. Cf. dans l'ouvrage cité à la note suivante les deux chronogrammes rapportés par sir Gore Ouseley ; l'un (transcrit aussi par
Kæmpfer, *Amœnitates exoticæ,* p. 370) donne la date 791, l'autre la
date 792. Voyez encore Djâmi, *Vies des Soufis,* ms. p. 112, fol. 215 r°.

[2] *Notices et Extraits des manuscrits,* t. IV, p. 245 ; sir Gore Ouseley, *Biographical notices of persian poets,* p. 38.

[3] Voyez, entre autres, le vers 10 de la 3° ode, édit. Brockhaus,

Hâfiz lut à ses auditeurs, dans ce collége, une grande portion de ses vers, et que ce fut par leurs soins qu'ils furent recueillis en un divan, après la mort de l'auteur[1].

L'époque où vécut Hâfiz est une des plus remarquables que présente l'histoire de la poésie persane. Les petites souverainetés qui s'étaient élevées, dans diverses provinces de la Perse, sur les ruines de l'empire mongol, fondé par Houlagou, avaient fait de Bagdad, de Tébriz, de Hérât et de Chyrâz, autant de centres littéraires où la culture de la poésie était surtout tenue en grand honneur. Plusieurs des souverains mozafférides et djélaïrides, notamment Châh Choudjâ et Sultan Oweïs, se sont distingués par leur goût et leur talent pour la poésie. Il ne faut donc pas s'étonner si le XIVe siècle vit paraître en Perse des poëtes tels que l'émir Mahmoûd ibn-Yémîn, Camâl Khodjendy, Selmân Sâwédjy, et Hâfiz, leur maître à tous.

Ce dernier, toutefois, ne paraît pas avoir obtenu près de son souverain, Châh Choudjâ, la faveur à laquelle son talent lui donnait des droits. On lit, à ce sujet, dans l'excellent ouvrage de Khondémîr, une anecdote assez curieuse, dont je crois d'autant plus utile de donner le récit, que je ne l'ai vue re-

---

p. 21, et *Specimen poeseos persicæ*, p. 92. D'après Soudy, *apud* Brockhaus, pag. 21, ligne dernière, Haddjy-Kiwâm construisait un collége pour Hâfiz. Voy. encore l'édit. de Calcutta, 1791, fol. 136 r°, ligne avant-dernière.

[1] Cf. là-dessus sir W. Ouseley, *Travels in various countries of the East*, t. II, p. 5, note 3.

produite exactement nulle part ailleurs : « On raconte
qu'un jour Châh Choudjâ, ayant interpellé le khodjah Hâfiz, lui dit, d'un ton de reproche : « Les vers
« d'aucune de vos gazels, depuis le premier jusqu'au
« dernier, ne roulent sur un seul et même sujet [1].
« Bien au contraire, dans chacune, trois ou quatre
« vers sont consacrés à la description du vin, deux
« ou trois à la doctrine des soufis, un ou deux à la
« peinture de l'objet aimé. Or tout ce mélange dans
« une seule gazel est contraire à ce que pratiquent
« les hommes éloquents. » Le khodjah Hâfiz répondit : « Ce que vient de dire la langue bénie de Sa
« Majesté le roi est l'essence même de la vérité ; mais,
« malgré cela, les poésies de Hâfiz ont obtenu une
« complète célébrité dans les diverses régions, tan-
« dis que les compositions en vers des autres poëtes
« ne dépassent pas les portes de Chyrâz. » A cause de
cette répartie peu flatteuse pour son amour-propre
poétique, Châh Choudjâ conçut le désir de se venger de Hâfiz. Par hasard, vers la même époque, celui-ci composa une ode [2] dont le dernier vers était
ainsi conçu :

Hélas, si l'islamisme consiste en ce que croit Hâfiz, et si

[1] On comprendra la portée de cette critique en lisant ce passage
extrait du grand Dictionnaire persan du roi d'Oude : « Le sujet le
plus ordinaire d'une gazel, c'est la beauté de l'objet aimé, la description de ce qu'éprouve l'amant et celle de l'amour. Les conseils
et les avis appartiennent à d'autres genres de poésie. Soit que la gazel ait pour sujet le bonheur de la jouissance ou la douleur de la
séparation, elle doit suivre ce sujet jusqu'à la fin. » (*Journal des
Savants*, janvier 1827, p. 42.)

[2] On peut voir cette ode dans l'édition de Calcutta, 1791, fol. 117 r°,

un lendemain (c'est-à-dire le jour de la résurrection) doit suivre ce jour-ci...

« Châh Choudjâ, ayant entendu ce vers, dit : « Par « le contenu de ce poëme, il est notoire que Hâfiz « ne confesse pas l'arrivée du jour de la résurrection. » Quelques docteurs envieux formèrent le dessein de rédiger un *fetva* (décision juridique) ainsi conçu : « Émettre un doute touchant la venue du jour du « jugement, c'est être infidèle (*câfir*); or cela peut se « déduire du vers dont il s'agit. » Hâfiz, tout troublé sous le coup de cette accusation capitale, se rendit près du cheïkh Zeïn-eddîn Abou-Becr Taïabâdy[1], qui, dans ce temps-là avait entrepris le pèlerinage de la Mecque, et s'était arrêté à Chyrâz. Il lui raconta les mauvais desseins de ses ennemis. Le cheïkh lui dit : « Ce qu'il te convient de faire, c'est d'inter- « caler un vers avant celui-là; dans lequel tu indi- « queras qu'un tel disait telle chose; de la sorte, et « conformément à ce proverbe, « La citation d'une « opinion hérétique ne constitue pas une hérésie, » « tu seras mis à l'abri d'un pareil soupçon. » En con- séquence, le khodjah composa ce vers :

Combien m'a plu ce mot qu'un chrétien prononçait le matin à la porte d'une taverne, aux sons du tambour de basque et de la flûte.

« Il l'inséra dans son ode, avant le dernier vers, et, par ce moyen, il fut délivré de son inquiétude[2]. »

---

[1] Sur ce personnage, mort en 791, cf. Djâmi, fol. 173 r° et v°, 174 r°.

[2] Après avoir écrit ce qui précède, je me suis aperçu que l'édi- teur persan du Hâfiz de Calcutta, 1791, avait eu connaissance de

Khondémîr mentionne, parmi les poëtes contemporains de Hâfiz, un nommé Khodjah 'Imâd, le jurisconsulte du Kermân, qui était supérieur d'un monastère, et pour lequel Châh Choudjâ professait une grande considération[1]. On prétendait que toutes les fois que le khodjah 'Imâd s'acquittait de la prière, son chat l'imitait. Le sultan regardait cela comme un miracle, et recherchait continuellement la société du khodjah. Hâfiz, en étant devenu jaloux, composa cette gazel :

Le soufi a tendu ses rets et ouvert le couvercle de la boîte ; il a commencé à employer la ruse envers le ciel fécond en prestiges ; mais les tours de ce dernier lui rompront ses œufs dans son bonnet, parce qu'il a exhibé ses jongleries devant des gens initiés aux secrets. Approche, ô échanson ! car l'é-

ce passage de Khondémîr ; mais il s'est contenté d'en donner la substance en huit lignes. Sir Gore Ouseley a aussi parlé de ce fait dans ses *Biographical notices of persian poets*, p. 31, 32, mais d'une manière assez peu exacte, et en commettant un anachronisme. Il dit que l'émir Cheïkh Abou Ishâk, dont il est tant question dans les Voyages d'Ibn Batoutah, et qui régna sur Chyrâz avant Mohammed ibn Mozaffer, père de Châh Choudjâ, était un des nobles de la cour de Houlagou, ou, comme il écrit, Halaku. Or, comme Houlagou Khân est mort en l'année 663 de l'hégire (commencement de 1265 de notre ère), et qu'Abou-Ishâk ne s'est emparé de Chyrâz que près de quatre-vingts ans plus tard, il est évident que sir Gore Ouseley a confondu le khan mongol avec l'un de ses derniers successeurs, Abou Saïd Béhâdour Khân.

[1] On peut voir, sur 'Imâd-eddîn et sur ses œuvres, une courte notice de sir Gore Ouseley (*ibid.* p. 195 à 200), et quelques mots de Djâmi (*Béhâristân*, p. 101), où il est dit qu'il récitait ses poésies à tous ceux qui arrivaient dans son monastère, en sollicitant leurs critiques. A cause de cela l'on prétendait que ses vers appartenaient à tous les habitants du Kermân.

légante maîtresse des soufis s'est présentée derechef dans tout
son éclat, et a commencé ses coquetteries. D'où vient ce musicien qui a préludé d'après le mode de l'Irâk, et s'est disposé à passer ensuite au mode du Hidjâz [1]? Viens, ô mon
cœur! que nous cherchions un refuge près de Dieu contre
celui qui a raccourci ses manches et allongé ses mains (c'est-
à-dire contre le soufi hypocrite, qui, sous des dehors austères, se permet des actes injustes). N'emploie pas l'artifice; car quiconque n'aura pas joué sincèrement le jeu de
l'amour, celui-ci fermera devant son cœur la porte de la réalité. Demain (c'est-à-dire au jour de la résurrection), lorsque
l'on apercevra le trône de la doctrine spirituelle, il sera couvert de honte, le contemplatif qui s'est conduit d'après des
motifs purement humains. Ô perdrix à la démarche gracieuse!
où vas-tu? Arrête-toi; ne sois pas séduite, parce que le chat
du religieux a fait sa prière. Et toi, Hâfiz, ne blâme pas les

----

[1] Ce vers présente plusieurs exemples de la figure de rhétorique
que les Arabes et les Persans appellent *ihâm* ou *taouriyah*, et qui
consiste à employer un mot ayant deux sens, l'un naturel, l'autre
éloigné, et à donner à l'expression ce dernier sens. Hâfiz a joué sur
les mots *sâz* et *âheng*, qui signifient à la fois « des préparatifs, des
dispositions pour un voyage, et des accords de musique. » De même
les mots *Irâk* et *Hidjâz* ont désigné d'abord des provinces bien connues, puis des modes musicaux. Voici un exemple de la figure appelée *ihâm*. Il est fourni par un vers du khodjah 'Imâd, dont il a
été question plus haut :

دل عکس رخ خوب تو در آب روان دید

والـه هـد وفریـاد بر آورد کـه مـاهی

Mon cœur a vu réfléchir dans une eau courante tes joues délicieuses; il
en est devenu éperdument amoureux et a poussé ce cri : Tu es la lune (ou
un poisson).

Daulet-châh, ms. 250, fol. 114 r°. Le poëte joue ici sur le mot
mâhy, qui signifie « poisson », et qui peut aussi se décomposer en
mâh « lune », et *y* « tu es », seconde personne de l'indicatif du verbe
substantif *boûden*.

ivrognes; car, de toute éternité, Dieu nous a dispensés de la
dévotion et de l'hypocrisie [1].

Hâfiz fut une preuve vivante de la vérité du proverbe, que *nul n'est prophète dans son pays*. Tandis
que son souverain, non content de le négliger pour
un indigne rival, le menaçait de la persécution, les
princes voisins cherchaient, par les plus brillantes
promesses, à l'attirer à leur cour, ou même lui envoyaient des présents magnifiques. Mais le poëte,
qui paraît avoir aimé par-dessus tout le repos et les
voluptés, ne put se résoudre qu'une seule fois à
s'éloigner de sa patrie, dont il vante avec effusion
les sites délicieux. « Le parfum qu'exhale le sol du
Moçalla et l'eau du Rocn-Abâd, dit-il quelque part,
ne me permettent pas de voyager. — Ô échanson !
s'écrie-t-il dans un autre poëme, verse-moi ce reste
de vin; car tu ne retrouveras pas dans le paradis
les rivages du fleuve Rocn-Abâd, ni les champs de
roses du Moçalla [2]. » Hâfiz, après avoir refusé l'invitation du sultan djélaïride Ahmed ibn-Oweïs, qui
le mandait à Bagdad [3], se rendit à celle du prince

---

[1] Cette pièce de vers se lit dans l'édition de Boûlâk, avec le
commentaire de Soudy, t. I, p. 309 à 313, sauf quelques variantes
de peu d'importance, et deux changements dans l'ordre respectif
des vers. L'édition de Calcutta, déjà citée donne, (fol. 40 r°) les
vers dans un ordre qui s'éloigne également de celui suivi par Soudy
et de celui indiqué par Khondémîr. J'ai adopté le texte de l'édition
de Soudy. Je dois faire observer que ce commentateur ne paraît pas
avoir connu les circonstances qui ont donné naissance à cette ode
de son auteur.

[2] *Specimen poeseos persicæ*, p. 4; Brockhaus, p. 44.

[3] *Notices et Extraits*, t. IV, p. 240.

mozafféride d'Yezd; mais il n'eut pas lieu de s'applaudir de sa condescendance. Dans ses vers, il oppose ainsi l'avarice du prince d'Yezd à la générosité
du roi d'Ormouz :

Le roi d'Ormouz ne m'a pas vu, et, sans avoir pu m'en-
tretenir, il m'a accordé cent bienfaits; le roi d'Yezd m'a vu,
j'ai célébré ses louanges, et il ne m'a rien donné. Telle est
la conduite des rois. Quant à toi, ô Hâfiz! ne t'afflige pas;
que le juge suprême, qui donne à chacun sa portion jour-
nalière, leur accorde son assistance et son secours [1].

Le célèbre historien persan de l'Hindoustan, Mohammed Kâcim Firichtah, raconte que le sultan du
Dekhan, Mahmoûd Châh Behmény, qui monta sur
le trône en l'année 1378, avait du goût pour la
poésie, et qu'il composa des vers élégants. Aussi,
durant son règne, les poëtes de l'Arabie et de la
Perse se rendirent dans le Dekhan, et reçurent leur
part des libéralités du souverain. Mir Feïz-Allah-
Indjou, qui présidait, dans ce pays, à l'administration de la justice, écrivit à Hâfiz, afin de l'engager
à visiter la cour de son maître, et lui envoya une
somme d'argent pour subvenir à ses dépenses. Le

شاه هرموزم ندید وبی سخن صد لطف کرد،

هـاه یـزدم دیـد ومدحش کفتم وهیچم نداد

کار شاهان ایهنین باهد تـوای حـافظ مرنج

داور روزی رسان تـوفـیق ونصرت شان دهاد

Ces vers sont ainsi transcrits dans l'*Anvâri-Soheïly*, édition de
1829, p. 102.

poëte distribua une partie de cet argent aux enfants
de sa sœur et à des femmes non mariées[1], et en employa une autre portion à payer ses dettes; puis il
se mit en route et parvint à la ville de Lâr[2]. Là
il rencontra une de ses connaissances qui avait été
pillée par des voleurs, et à qui il fit présent de tout
ce qu'il possédait. Deux marchands considérables,
Zeïn-Alâbidîn-Hamadâny et Mohammed-Cazéroûny,
qui voulaient se rendre dans l'Hindoustân, s'étant
chargés des dépenses de route de Hâfiz, le menèrent
à Ormouz. Par suite de quelque négligence de leur
part, ils s'aliénèrent l'esprit du poëte, qui cependant
s'embarqua, en leur compagnie, sur un vaisseau appartenant au sultan Mahmoûd, et qui venait d'arriver du Dekhan. Le navire n'avait pas encore mis à
la voile, qu'une tempête s'éleva. Le poëte fut tellement dégoûté de poursuivre son voyage, qu'il se fit
mettre à terre, sous prétexte de faire ses adieux à
des amis dont il avait oublié de prendre congé.
Mais, au lieu de retourner à bord, comme il l'avait
promis, il envoya, en guise d'excuses, une ode à
Feïz-Allah, et reprit le chemin de sa ville natale.
Voici la pièce de vers dont il s'agit :

Le monde entier ne vaut point que l'on passe un seul moment dans la tristesse. Vends notre froc pour du vin, car
il ne vaut pas mieux que cela. Dans le quartier des marchands de vin, on ne l'acceptera pas pour une coupe. Oh! l'é-

---

[1] برخیرا صرف خواهرزادهای خود وزنان بی هوهر نمود Tari-
kki Firishta, édition Briggs, Bombay 1831, in-folio, t. I, p. 577.

[2] Et non Lahor, comme dit sir Gore Ouseley, Biograph. etc. p. 22.

trange tapis à prier, qui ne vaut pas même un verre! Le
gardien m'a fait des reproches, me disant : « Renonce à bai-
ser la poussière de cette porte. » Pourquoi nous est survenu
ce désir, qui ne vaut pas la poussière de la porte? La peine
qu'occasionne la mer a paru d'abord très-peu de chose, à cause
du parfum de l'or; mais j'ai commis une erreur, car un seul
de ses flots ne serait pas compensé par cent livres d'or. La
pompe de la couronne impériale, parce que la crainte de
perdre la vie l'accompagne, est un bonnet ravissant, mais ne
mérite pas qu'on renonce à sa tête. Efface cette peinture d'af-
fliction; car, dans le marché de la sincérité, les bigarrures de
diverses espèces ne valent pas le vin rouge. Comme Hâfiz,
efforce-toi d'être modéré dans tes désirs, et renonce aux richesses méprisables; car le monde entier ne mérite pas qu'on
ait la moindre obligation aux gens vils.

Feïz-Allah, ayant reçu ce poëme, le lut à son
souverain, qui en fut très-satisfait, et observa que,
puisque Hâfiz s'était mis en route avec l'intention
de lui rendre visite, il se trouvait obligé de donner
au poëte des marques de sa générosité. En conséquence, il remit mille pièces d'or à un des savants
de Colbergah, pour acheter, parmi les productions
de l'Inde, celles qui pourraient le plus convenir, et
les envoyer ensuite au poëte de Chyrâz[1].

Hâfiz a célébré les louanges de l'émir Cheïkh Abou-
Ishâk-Indjoû, souverain de Chyrâz, avant que cette
ville tombât au pouvoir des Mozafférides; il a aussi
vanté le sultan Zeïn-Alâbidîn, fils de Chah Choudjâ,
et surtout Chah Mansoûr, qui, après avoir privé ce

---

[1] Firichtah, texte persan, édit. Briggs, p. 577-578; *History of the
rise of the Mahomedan power in India*, t. II, p. 347-349; Ouseley,
Biograph. etc. p. 27-30; préface persane du Hâfiz de Calcutta, fol. 2 v°.

prince du trône et de la vue', succomba, non sans gloire, sous les coups de Tamerlan. Dans une de ses odes, il a tourné en dérision la sévérité excessive du souverain mozafféride Mohammed, que les plaisants de Chyrâz et ses propres enfants avaient surnommé *le lieutenant de police*[1].

A l'époque où le célèbre conquérant tartare Timoûr ou Tamerlan s'empara pour la première fois de Chyrâz, vers la fin de l'année 789 de l'hégire (le 13 décembre 1387)[2], Hâfiz était encore en vie. Tamerlan le manda et lui tint ce discours : « J'ai conquis, par les coups de mon sabre bien trempé, la majeure partie du monde habité, et j'ai ruiné mille localités, afin de rendre plus peuplées Samarkand et Bokhâra, qui sont mes résidences habituelles et mes capitales. Et toi, chétif, pour une seule éphélide noirâtre, tu vends ma Samarkand et ma Bokhâra. » Le

---

[1] Voy. Khondémîr, t. III, fol. 88 r°, et Hâfiz, édition de 1791, fol. 24 r°; Soudy, t. I, p. 160.

[2] Daulet-Châh a commis un double anachronisme en plaçant le récit de ce qui va suivre à l'année 787, et en ajoutant que cet événement se passa après que Timoûr eut fait périr Châh-Mansour, dont la mort n'arriva qu'en 795 (1393). Ms. 250, ancien fonds persan, fol. 113 r°. Le ms. 249, fol. 145 r°, a corrigé en partie cet anachronisme. En effet, il substitue à la date 787 celle de 795; reste toujours la contradiction que présente cette dernière date avec celle assignée, par le biographe persan lui-même, à la mort de Hâfiz. Sir Gore Ouseley (*Biogr.* etc. p. 30) n'a pas remarqué les difficultés chronologiques que renferme le récit de Daulet-Châh. D'Herbelot dit, en propres termes, que « Hâfiz vivait encore au temps que Tamerlan défit Schah Mansour, et qu'il mourut l'an 797. » (*Bibl. orient.* voc. *Hafedh.*)

conquérant avait en vue un vers de la deuxième ode
de Hâfiz, où le poëte s'exprime ainsi :

اگر آن ترك شيرازى بدست آرد دل مارا

بخال هندويش بخشم سمرقند وبخارارا

Si ce beau garçon (littér. ce turc) de Chyrâz accepte
l'hommage de notre cœur, je donnerai pour sa noire éphélide Samarkand et Bokhâra.

Hâfiz ne se déconcerta pas, et répondit : « Ô souverain du monde ! c'est par suite d'une pareille libéralité que je suis tombé dans l'état où me voici. »
Cette plaisanterie plut à Tamerlan, qui cessa d'adresser des reproches au poëte, et le traita même avec
bonté. Hâfiz fut enseveli dans ce *Moçalla* de Chyrâz
qu'il avait si souvent célébré; et, à l'époque où le sultan Aboul'kâcim Baber Bébâdur, petit-fils de Châh-
Rokh, s'empara de la capitale du Fars (855 = 1451
de J. C.), Mohammed Mo'ammâiy, précepteur du
conquérant, éleva sur la tombe du poëte un édifice
qui a été réparé à diverses époques, ainsi que l'atteste Louthf-Aly-beg [1]. D'après Djâmi, les habitants
de Chyrâz vont le visiter le samedi.

در زمانى كه سلطان بابر تخمير هيراز كرده مولانا محمد ¹

معمائى... عمارتى... ساحته كه حال هم موجودست در ازمنه

يافته تعييرات مختلفه *Atech-Kedeh*, ms. de la Bibl. imp. suppl. pers.
n° 166 *bis*, non paginé. Cf. Dœulet-Châh, ms. 250, f° 114 r°, et Djâmi,
fol. 215 r°. C'est à tort, on le voit, que d'Herbelot, et, après lui,
Langlès (*Biographie universelle* de Michaud, t. XIX, p. 298), disent,
le premier, que Baber se rendit maître de Chyrâz, le second, qu'il
était sultan de cette ville à l'époque même de la mort du poëte.

Pour mettre le lecteur à même de se former une idée du talent de Hâfiz, aux deux odes que nous avons traduites ci-dessus, nous allons joindre la traduction de trois autres, choisies parmi celles dont le texte se trouve compris dans la publication de M. Brockhaus :

I [1] Voici derechef, pour le jardin, la splendeur du temps de la jeunesse; l'agréable nouvelle de l'épanouissement de la rose parvient au rossignol, aux accords si doux. Ô vent d'est! si tu arrives de nouveau près des jeunes hôtes du parterre, présente mes salutations au cyprès, à la rose et aux basilics. Si le petit marchand de vin se montre avec un tel éclat, je balayerai de mes cils la porte de la taverne. Ô toi qui laisses tomber sur ton visage des boucles de cheveux aussi noires que le musc le plus pur, ne me rends pas plus misérable, moi qui suis déjà si troublé. Je crains que ces gens qui se moquent des buveurs ne sacrifient la vraie foi par amour et par zèle pour les tavernes. Sois l'ami des hommes de Dieu (les contemplatifs); car, dans le vaisseau de Noé, il y a une terre (c'est-à-dire Noé lui-même) qui ne rachèterait pas le déluge au prix d'une seule goutte d'eau [2]. Dis à quiconque doit avoir pour dernier lit de repos deux poignées de terre : « Quel besoin d'élever au-dessus des cieux un palais? Sors de la demeure du ciel et ne lui demande pas de pain; car cet avare finira par tuer son hôte. » Ô ma lune de Chanaan [3]! le trône de l'Égypte t'appartient. Voici le moment de faire tes adieux à la prison. Je ne sais quel but tu te proposes d'atteindre, à l'aide de tes longues boucles de cheveux; tu as mêlé sens dessus dessous tes anneaux aussi noirs que le

[1] Ode VII, p. 37-43.
[2] Ce vers, assez obscur, a été omis par Rzewiski, quoique donné par Soudy. D'après ce commentateur turc, le verbe *kharíden* « acheter, racheter », signifierait ici « prendre en considération, faire cas de.... considérer. » — [3] L'auteur compare ici sa maîtresse à Joseph.

musc. Ô Hâfiz, bois du vin, livre-toi à la débauche et sois
joyeux; mais, comme les autres, ne fais pas du Coran un
voile (littér. un filet) pour couvrir ton hypocrisie!

II[1] L'aurore paraît, et le nuage a déployé ses voiles (c'est-à-
dire que le soleil est couvert par des nuages); ô camarades,
apportez-nous le vin du matin! La rosée dégoutte sur la joue
de la tulipe; ô mes amis, servez-nous du vin! Le zéphyr
printanier souffle dans la prairie; buvez donc toujours cette
liqueur sans mélange. La rose a dressé dans le parterre son
trône d'émeraude; procure-toi un vin pareil au rubis, aussi
rouge que la flamme. On a de nouveau fermé la porte de la
taverne; ouvre-nous, ô toi qui ouvres les portes! Dans une
telle saison, il est étonnant que l'on ferme précipitamment
la taverne. Tes lèvres de rubis ravivent la blessure des cœurs
consumés d'amour. Ô Hâfiz, ne t'afflige pas; car la fortune,
semblable à une amante, finira par retirer le voile qui couvre
son visage!

III[2] Ô échanson, que la venue de la fête (du beïrâm) soit
bénie pour toi, et que ces promesses que tu as faites ne sortent pas de ta mémoire. Fais parvenir notre hommage au vin,
et dis-lui: Entre, car le souffle de notre sollicitude t'a délivré
de souci. Je m'étonne que, dans ce temps des jours de la séparation, tu aies retiré ton cœur de tes camarades, et que ton
cœur t'ait permis cela. Grâces soient rendues à Dieu, de ce
que ton jardin de jasmins, de cyprès, de roses et de buis,
n'a pas éprouvé de dommage par le fait de ce vent d'automne!
Que le mauvais œil soit éloigné! Ton astre illustre et ton
bonheur inné t'ont ramené bien à propos de cette séparation.
L'allégresse des gens de l'assemblée se manifeste dès ton arrivée. Qu'il soit le séjour du souci, tout cœur qui ne te souhaite
pas joyeux! O Hâfiz, ne renonce pas à la société de ce vaisseau de Noé (c'est-à-dire de cette coupe), sinon, le déluge des
accidents emportera ta personne.

[1] Ode XVII, Brockhaus, p. 76 et suiv.
[2] Ode LXXV, p. 299 et suiv.

L'étude que nous avons pu faire jusqu'ici des écrits de Hâfiz n'est pas encore assez avancée pour nous permettre de porter un jugement complet et raisonné sur le talent et le style de ce poëte; cela, d'ailleurs, nous entraînerait beaucoup au delà des bornes d'un article. Nous aurons, sans doute, une occasion toute naturelle d'y revenir, quand la publication commencée par M. Brockhaus[1] aura pris plus de développement. Nous pourrons, en même temps, donner quelques détails sur l'estime dont jouissent en Perse et aux Indes les poésies de Hâfiz, et sur l'usage qu'on en a fait souvent pour consulter le sort[2], à l'instar de ce qui se passait encore en Occident, au XVIIᵉ siècle (témoin l'aventure de lord-Falkland et de Charles Iᵉʳ), sous le nom de *sortes virgilianæ*, ou, comme dit Rabelais, *sors virgilianes*. Pour aujourd'hui, nous devons nous contenter d'avoir fait connaître, aussi exactement que nous l'avons pu, la vie de l'auteur persan, et indiqué le rang qu'il occupe parmi les poëtes de sa patrie. Nous consacrerons donc l'espace qui nous reste au travail de son éditeur.

Les œuvres de Hâfiz ont exercé le savoir et la

---

[1] *Die Lieder des Hafis, persisch mit dem Commentare des Sudi, herausgegeben von Hermann Brockhaus.* Volume I, cahiers I à IV. Leipzig, F. A. Brockhaus, 1854-1857. Petit in-4° de XII et 320 pages.

[2] Cf. sur ce genre de divination Rzewiski, p. XXXII, XXXIII; Ouseley, *Notices*, p. 33-35; *Éloge historique de feu Jean-François-Xavier Rousseau*, 1810, in-8°, p. 9; Kæmpfer, *Amœnitates exoticæ*, p. 368; Scott Waring, *Voyage de l'Inde à Chyráz*, p. 57; et la préface persane du Hâfiz de Calcutta, 1791.

sagacité d'un grand nombre de scoliastes : on ne connaît pas moins de quatre commentaires turcs, dont le meilleur est celui de Soudy, que le baron de Rzewiski a mis largement à profit dans son excellent opuscule intitulé : *Specimen poeseos persicæ.* Ce qui assure à Soudy une grande supériorité sur ses devanciers, c'est qu'il s'attache le plus souvent à l'explication grammaticale et positive, de préférence à l'interprétation allégorique et mystique. On ne peut donc qu'applaudir à l'idée qu'a eue un savant professeur de Leipzig, le docteur Brockhaus, de reproduire le texte de Hâfiz, avec le commentaire de Soudy, d'après l'édition publiée à Boulak, près du Caire, en trois volumes petit in-4°. Le travail de M. Brockhaus présente beaucoup d'avantages sur l'édition égyptienne; les vers y sont détachés du commentaire; le mètre de chaque ode est indiqué en tête de la pièce, ce que l'éditeur de Boulak n'a pas toujours eu soin de faire; enfin le texte de Hâfiz est pourvu partout des points voyelles, ce qui, à la vérité, n'est pas bien nécessaire dans la plupart des cas, et pouvait même être omis dans les passages douteux, grâce à l'indication du mètre.

Le texte persan donné par M. Brockhaus est, en général, très-correct; les quelques fautes d'impression que nous y avons remarquées peuvent être corrigées facilement à l'aide du commentaire. Nous nous contenterons donc de faire observer qu'à la page 126, ligne 2, il faut lire *bich* بیش « plus, » au lieu de *pích* پیش, qui signifierait « avant. » C'est là

une faute dans laquelle sont souvent tombés les
éditeurs de textes persans, même les plus soigneux.
Il est à désirer que M. Brockhaus ajoute, par la
suite, au commentaire de Soudy, ses propres observations, au moins dans certains cas. En effet, le
scoliaste turc est souvent insuffisant, et quelquefois
même très-fautif, en ce qui concerne les personnages
cités par Hâfiz et les circonstances auxquelles le poëte
fait allusion. Nous avons vu ci-dessus un exemple
remarquable de ce genre de lacune. Quant aux inexactitudes historiques de Soudy, on en trouvera
une très-frappante dans le *Specimen* de Rzewiski
(p. xxv), à propos de Dilchâd Khâtoûn, qui est représentée comme la mère de Châh Choudjâ, roi de
Chyrâz [1], tandis qu'elle était, en réalité, mère du
sultan Oweïs, souverain de Bagdad [2]. La mère de
Châh Choudjâ s'appelait, comme je l'ai dit ailleurs,
Khan Coutlouc Makhdoûm-Châh.

. Une autre bévue tout aussi grave a été commise
par Soudy, au sujet de ce Haddjy Kiwâm-eddîn, dont
il a été question plus haut. D'après le scoliaste turc,
Haddjy Kiwâm-eddîn Haçan était grand visir du sultan Haçan Ilkhâny (*sic*) et de son fils, le sultan
Cheïkh (*sic*) Oweïs [3]. Il avait eu pour prédécesseur

---

[1] Cf. encore Soudy, édit. Brockhaus, p. 3o1, lig. 6 avant la fin.

[2] Ibn Batoutah a mentionné plusieurs fois Dilchâd-Khâtoûn. (Cf.
ses Voyages, publiés et traduits par C. Defrémery et le Dr B. R.
Sanguinetti, t. II, p. 122, 123, et t. IV, p. 314.)

[3] Édit. Brockhaus, p. 21. Cf. Rzewiski, *Specimen*, p. 92. Le
vers de Hâfiz cité en cet endroit par Soudy, tant dans l'édition de
Boulak que dans celle de Leipzig, est incomplet dans les deux hé-

Kiwâm Acbar «le plus grand», que Hâfiz désigne
sous le nom d'A'zham Kiwâm, dans une petite pièce
de vers destinée à rappeler la date de sa mort.
« Après celui-ci, ajoute Soudy, Haddjy Kiwâm-eddîn
Haçan exerça pendant dix ans les fonctions de grand
visir, ainsi qu'on peut l'induire des chronogrammes
mentionnant le trépas de tous deux. » Ce passage de
Soudy présente plusieurs erreurs des plus graves :
1° les deux Kiwâm-eddîn ont été au service, non
des souverains de Bagdad, mais de ceux de Chyrâz;
2° Haddjy Kiwâm-eddîn fut le plus ancien, et sa
mort précéda de dix ans celle de son homonyme,
ainsi que le prouve ce passage de Khondémîr :
« Khodjah Haddjy Kiwâm-eddîn Haçan, qui, à cause
de son zèle extrême, à répandre des bienfaits et des
libéralités, était montré au doigt par les hommes
et les femmes, émigra vers les jardins du paradis le
vendredi 6 du mois de rébi premier (11 avril 1353
de J. C.)[1]. Il jouissait dans Chyrâz d'une telle considération, qu'un jour, pendant la durée du siège de
cette ville (par Mohammed le Mozafféride), l'émir
Cheïkh Abou-Ishâk lui demanda : «Or ça, à quoi
« aboutira notre affaire et celle de Mohammed-ibn-
« Mozaffer? » Le khodjah Haddjy répondit : « Tant

mistiches, ainsi qu'on peut le voir en recourant à l'édition de Calcutta, 1791, fol. 135 r°, ou à la citation de Rzewiski. Il faut y ajouter
جميع djemi avant le dernier mot du premier hémistiche, et صاحب
sâhibi au commencement du second.

[1] Telle est aussi la date indiquée par Hâfiz dans une pièce de
quatre vers, consacrée à rappeler cet événement. (Édit. de Calcutta,
loc. laud.)

« que je serai en vie, la ruine n'atteindra pas les
« fondements du palais de ta puissance et de ta
« gloire [1]. » 3° Le khodjah Kiwâm-eddîn Sâbib iyâr
(essayeur de la monnaie) fut nommé visir par Châh
Choudjâ, en l'année 760 (1359 de J. C.), c'est-à-
dire six ans après le décès de son homonyme, et fut
mis à mort par son souverain vers le milieu du mois
de dhou'lka'deh 764 (fin d'août 1363) [2].

On voit que Soudy ne doit pas être regardé comme
un guide sûr pour ce qui concerne les détails historiques. Heureusement pour nous, ses explications
philologiques sont plus exactes, et la littérature persane ne peut que gagner infiniment à la nouvelle
publication de son Commentaire sur Hâfiz. Nous
finirons donc cet article en exprimant l'espoir que
les prochaines livraisons se succéderont avec plus de
rapidité que les quatre premières, et que nous nous
verrons ainsi, avant peu d'années, en possession d'une
édition correcte du grand lyrique persan.

---

[1] *Habîb-Assiyer,* t. III, fol. 87 v°.
[2] Khondémir, fol. 90 r° et v°. Cette date est indiquée par Hâfiz
dans une pièce de trois vers, dont Soudy n'a cité que le premier.
(Voy. l'édit. de Calcutta, fol. 135 v°.)

LES MONGOLS

D'APRÈS LES HISTORIENS ARMÉNIENS.

FRAGMENTS TRADUITS SUR LES TEXTES ORIGINAUX

PAR M. ÉD. DULAURIER.

SAC DE THÉODOSIOPOLIS (GARIN).

XVIII. Au commencement de l'année 691 de l'ère
arménienne (20 janvier 1241-19 janvier 1242), un
édit du khakhan parvint à ses troupes et au général
d'Orient, pour leur annoncer qu'il remplaçait dans
le commandement suprême Tcharmagh'an, devenu
muet, par un des officiers de son armée, nommé
Batchou Gh'ourtchi, ᒼ ᒼ ᒼ ᒼᒼ [1], auquel le sort
avait dévolu ces hautes fonctions; car ils décidaient
de tout par la magie. Dès que celui-ci fut entré en
fonctions, il rassembla des troupes parmi toutes les
nations qui relevaient de son autorité, et marcha vers
la partie de l'Arménie qui dépendait du sulthan de
Roum. Parvenu dans le district de Garin, il mit le
siége devant Théodosiopolis, aujourd'hui Garin.
Après l'avoir investie, il envoya des parlementaires
aux habitants pour les engager à se rendre. Non-

[1] Il est appelé *Baïdjou* dans d'Ohsson (*Hist. des Mongols,* liv. IV,
ch. 11).

seulement ils s'y refusèrent, mais ils les chassèrent
ignominieusement, et, montant sur leurs murailles,
ils se mirent à injurier les Tartares. Ceux-ci, ayant
vu leurs propositions pacifiques repoussées, reçurent
de leurs généraux l'ordre de se partager le rempart
sur toute son étendue, afin qu'il fût abattu à la fois.
Se mettant aussitôt à l'œuvre, ils dressèrent de nombreuses balistes, et le rempart fut détruit. Pénétrant
alors dans l'intérieur, ils firent un massacre général,
sans accorder de quartier. Après avoir pillé la ville,
ils y mirent le feu. Cette cité était remplie d'une
nombreuse population de chrétiens et de Dadjigs,
auxquels s'étaient joints les habitants du district.
On y trouva une quantité innombrable de Bibles de
grand et de petit format; les ennemis, s'en étant emparés, les vendirent aux chrétiens qui faisaient partie de l'armée [tartare], donnant à vil prix ce qui avait
une grande valeur. Ceux-ci prirent ces volumes avec
joie, et les envoyèrent chacun dans son pays, en cadeau aux églises et aux monastères. Ils rachetèrent
aussi beaucoup de captifs, hommes, femmes et enfants, évêques, prêtres et diacres, autant qu'ils le
purent. Les princes Avak, Schahënschah et Ak-
bouga, fils de Vahram, Grégoire de Khatchên, fils
de Touph', Դուքին որդի [1], qui était un homme
animé de la crainte de Dieu, ainsi que leurs troupes
(que le ciel les récompense!), rendirent la liberté
à tous leurs captifs, les laissant maîtres d'aller où
ils voudraient. Les Tartares saccagèrent non-seule-

---

[1] Dans le manuscrit B, Դովին որդի, fils de Tov.

ment Garin, mais encore une foule de districts appartenant au sulthan de Roum. Ce dernier était impuissant à y porter remède, car il s'était sauvé et se tenait caché par la crainte des Tartares. On prétendait même qu'il était mort. Après cette expédition, l'armée tartare, chargée de butin, et dans l'allégresse, retourna dans l'Agh'ouanie occuper ses campements d'hiver dans la belle et fertile plaine de Mough'an, et elle y passa la mauvaise saison.

GUERRE ENTRE LE SULTHAN DE ROUM ET LES TARTARES.

XIX. Tandis que les Mongols étaient campés tranquillement dans les plaines de l'Arménie et de l'Agh'ouanie, des envoyés vinrent de la part du sulthan Ghiath-eddin [Keï-Khosrou], Ի_ցի̈ʷʊʷʊ̈ʌ̈ʊ̈, et firent entendre des paroles hautaines et menaçantes, comme c'est la coutume des Dadjigs. « Pensez-vous, dirent-ils, que, parce que vous avez ruiné une de nos villes, vous ayez vaincu le sulthan et abattu sa puissance ? Mes cités sont innombrables, et mes soldats ne peuvent se compter. Demeure, attends-moi là où tu es, et j'irai en personne te rendre visite, les armes à la main. » Ils ajoutèrent sur le même ton beaucoup de choses qui montraient leur orgueil. L'ambassadeur assura que le sulthan se proposait de venir passer l'hiver prochain dans la plaine de Mough'an, avec ses femmes et son armée. Ces paroles n'excitèrent aucun mouvement d'impatience chez les Tartares; ils ne répondirent rien. Leur chef Batchou-nouin

se contenta de dire : « Vous avez parlé d'une manière bien fière ; la victoire sera à qui Dieu l'accordera. » C'est ainsi que des envoyés arrivèrent successivement pour les provoquer ; mais les Tartares
ne se pressèrent pas davantage. Ils réunirent lentement leurs troupes, et tous ceux qui relevaient d'eux
et qui étaient venus, accompagnés de leur suite en
Arménie, engraisser leurs chevaux dans des contrées
abondantes en pâturages. Ensuite ils s'acheminèrent
à petites journées vers le lieu où campait le sulthan,
dans la partie de l'Arménie qui appartenait à ce
prince, non loin d'un bourg appelé *Acetchman-Gadoug*, Ա՛ձջմանն կատոկ[1], où il s'était arrêté avec
une multitude immense, avec ses femmes, ses concubines, apportant de l'or et de l'argent, et tous les
insignes du pouvoir. Il avait traîné cet attirail ainsi
que des bêtes sauvages nourries pour les plaisirs de
la chasse, un grand nombre de reptiles, et jusqu'à
des rats et des chats. Il voulait, en effet, témoigner à ses troupes qu'il était sans appréhension. Cependant le général en chef Batchou, avec l'habileté consommée des Tartares, divisa les siens en
plusieurs corps qu'il confia à ses plus vaillants officiers, et distribua dans leurs rangs les auxiliaires
accourus de divers points, afin d'éviter une trahison. Puis il choisit les plus braves et en composa
l'avant-garde. Les Tartares, en étant venus aux mains
avec le sulthan, le mirent en fuite, et ce prince se

[1] Dans la plaine qui s'étend entre la ville de Garin et Ézéñga,
province de la haute Arménie.

sauva à grand'peine, laissant ses bagages sur le lieu même de l'action. S'étant mis à sa poursuite, ils massacrèrent ses troupes et les passèrent impitoyablement au fil de l'épée; après quoi ils revinrent dépouiller les morts. Ayant pénétré dans le camp du sulthan, ils virent que ce prince était déjà parti et que son armée était complétement en déroute. Ils commencèrent à se répandre çà et là, pillant et saccageant une foule de localités. Après avoir rassemblé de l'or, de l'argent, des vêtements de grand prix, des chameaux, des chevaux, des mulets et des bestiaux en quantité immense, ils allèrent investir Césarée de Cappadoce. Les habitants n'ayant pas voulu se rendre, ils prirent la ville d'assaut, les passèrent au fil de l'épée, enlevèrent leurs trésors et laissèrent leurs murs déserts. De là ils se dirigèrent vers Sébaste; mais, comme les habitants vinrent au-devant d'eux avec des présents, ils leur firent grâce de la vie, et se contentèrent d'une partie de leurs richesses. Après y avoir établi leur autorité et des officiers chargés de l'exercer en leur nom, ils se retirèrent. De là ils marchèrent sur la ville d'Ēzĕnga, contre laquelle ils tentèrent des attaques réitérées. Comme la résistance était vigoureuse et meurtrière, ils entreprirent d'attirer par ruse les habitants hors des murs, sous prétexte de faire la paix. Ceux-ci, se voyant dépourvus de secours, y consentirent. Aussitôt les Tartares, se jetant sur eux, les massacrèrent tous, hommes et femmes. Quelques jeunes garçons ou filles seulement furent épargnés et emmenés en esclavage. Après avoir ainsi dévasté une quantité de provinces, ils arrivèrent en vue de la ville de Téphricé, Տփրիկէ. Les habitants, persuadés que toute résistance était impossible, se soumirent volontairement. Les Tartares les dépouillèrent d'une grande partie de leurs richesses, et les laissèrent sans leur faire d'autre mal. Chargés de butin et triomphants, ils reprirent le chemin de leurs campements d'hiver en Arménie et dans le pays des Agh'ouans. Ils étaient en parfait état, et n'avaient éprouvé aucune perte; car c'était le Seigneur qui envoyait cette ruine et ce fléau aux populations. Les chrétiens qui combattaient dans leurs rangs rendirent la liberté, soit publiquement, soit en cachette, à une multitude de captifs, parmi lesquels étaient des prêtres et des moines. Les grands princes Avak, Schahënschah, Vahram et son fils Ak-bouga, Djelâl Haçan de Khatchên et ses troupes, Grégoire, fils de Touph' et de la sœur de la mère de Djelâl, ainsi que d'autres chefs et leurs hommes, en firent autant dans la mesure de leur pouvoir. Ceci se passa en 692 de l'ère arménienne (20 janvier 1243- 19 janvier 1244).

DU ROI D'ARMÉNIE HÉTHOUM, ET DE CE QU'IL FIT.

XX. Lorsque ces événements s'accomplirent, Héthoum, roi de la Cilicie et des contrées qui en dépendent, voyant le sulthan [de Roum] vaincu par les Tartares, leur envoya des ambassadeurs avec des

présents magnifiques, afin de faire avec eux un traité
de paix et leur offrir sa soumission. Les ambassadeurs, étant arrivés à la grande Porte, furent présentés à Batchou-nouïn et à Ēlthina-khathoun,
Ճ*ՐԹֆֆֆֆֆֆֆֆֆֆֆֆֆֆֆֆ*, femme de Tcharmagh'an, et
aux grands officiers, par le prince Djelâl. Après les
avoir écoutés sur le but de leur mission et avoir vu
les dons du roi, ils demandèrent que ce prince leur
remît la mère du sulthan, sa femme et sa fille, qui
avaient cherché un asile auprès de lui. Cette exigence
causa un vif chagrin au roi Héthoum. « J'aurais pré-
féré, dit-il, qu'ils m'eussent demandé mon fils Léon,
֏ *Ֆֆֆֆ*. » Mais comme il les redoutait, et qu'il craignait qu'un refus ne lui attirât de grands malheurs,
il remit, bon gré, mal gré, ces princesses entre leurs
mains. En même temps il se montra très-libéral envers ceux qui étaient venus les chercher, et qui, à leur
retour, les présentèrent à Batchou et aux autres généraux. Ceux-ci, en les voyant en leur possession,
furent dans la joie; ils comblèrent d'honneurs les
envoyés du roi, et leur assignèrent des rations, pour
eux et leurs chevaux, pendant la saison de l'hiver;
ils se proposaient, en effet, au printemps, de les
accompagner à leur retour en Cilicie. Ils conclurent
donc un traité d'amitié avec le roi, et remirent à ses
envoyés un écrit conçu d'après leur religion, et appelé par eux *al-tamga* [1]. Ils attendirent ainsi jusqu'au

---

[1] C'est-à-dire un diplôme portant l'empreinte en or, سمقو, du
sceau du grand khan.

printemps, pour entreprendre une nouvelle campagne contre le sulthan et son royaume.

CONSTANTIN, PRINCE DE LAMPRÔN, EN CILICIE,
SE RÉVOLTE.

XXI. Lorsque le roi Léon II vivait, il y avait dans ses États une forteresse imprenable, appelée *Lamprôn*, ⵏ ⵏⵏⵎⵏ [1]. Le prince qui en était possesseur, et qui se nommait *Héthoum*, se révolta contre Léon. Celui-ci, malgré ses efforts réitérés, n'avait pu le faire rentrer dans le devoir; mais ayant fini par réussir à le tromper, sous prétexte d'une alliance avec lui, et comme s'il voulait donner en mariage la fille de son frère (R'oupên III) au fils de Héthoum, nommé *Ôschin*, ⵏⵏⵏ, il se saisit de lui et de ses fils, et, à force de tortures, leur arracha la cession de leur forteresse. Léon, en ayant pris possession, y plaça sa mère, la Reine des reines [2], et consigna par écrit des anathèmes, sous la menace desquels il s'engageait à ne céder jamais cette place à qui que ce soit et à la conserver comme un apa-

---

[1] Lamprôn, aujourd'hui *Nimroun-Kalessi*, à deux journées de marche au nord-ouest de Tarse, dans une des gorges du Taurus. Elle appartenait à une famille de princes appelés *Héthoumiens*, ⵏⵏⵏⵏⵏⵏ ⵏⵏⵏⵏⵏ, qui étaient vassaux de l'empire grec, et sur l'origine et la généalogie desquels on trouvera des détails dans mes *Recherches sur la Chronologie arménienne*, t. I, II° partie (*Anthologie chronologique*, n° LXXXV.)

[2] Ritha (Marguerite), fille de Sěmpad, seigneur de Babar'on, de la famille des princes Héthoumiens. Elle avait épousé Sdéph'ané, père de Léon II.

nage royal; « car, disait-il, ses maîtres se sont toujours révoltés, se fiant à la solidité de leurs murailles. » Léon étant mort, et sa fille Isabelle (Zabêl)
lui ayant succédé, Constantin, prince des princes,
s'entendit avec le catholicos Jean ('Ohannès) et autres
grands personnages, et mit sur le trône son fils Héthoum, encore tout jeune, en le mariant à la fille de
Léon, à la place de [Philippe,] fils du prince d'Antioche, qui avait été jeté en prison. Constantin ayant
voulu s'assurer le concours du fils de Héthoum, lequel s'appelait comme lui-même Constantin, et était
son beau-frère (frère de sa femme)[1], lui rendit Lam-

---

[1] M. Brosset, dans ses Rapports sur un voyage archéologique exécuté en Géorgie et en Arménie en 1847-1848, 1re livraison, p. 28-
29, a transcrit un mémorial métrique, œuvre du copiste de la
Bible conservée, sous le numéro 3, parmi les manuscrits de la Bibliothèque du couvent patriarcal d'Édchmiadzîn. Dans ce mémorial, il est
question de Constantin et du baron Geoffroy (Djoufrê), tous deux
fils de Héthoum, seigneur de Lamprôn, et beaux-frères de Constantin, prince des princes, père du roi Héthoum Ier, roi de Cilicie.
Mais, par une singulière confusion, ce savant a attribué au roi Héthoum, comme fils, ses deux oncles maternels, Constantin et Geoffroy.
Il est à regretter que nous ne possédions pas une copie plus exacte
de ce texte, précieux comme spécimen du dialecte arménien vulgaire usité en Cilicie au moyen âge, et par les renseignements historiques qu'il fournit. M. Brosset a lu la date de la mort du baron
Geoffroy բաց, 807 de l'ère arménienne, ou 1358 de J. C. et cette
date est reproduite dans le tableau généalogique construit par lui
(ibid. p. 29), avec celle de la mort du roi Héthoum, prétendu père
de Geoffroy, le mardi 28 octobre 1270. Or, comme il est dit formellement dans notre Mémorial que Geoffroy vécut dans le monde
l'espace de trente-quatre ans, il en résulte qu'en admettant la leçon բաց, il serait né cinquante-quatre ans après que son père avait
terminé ses jours. La copie précitée nous offre ce qui suit:

prôn comme un apanage de famille, et lui conféra
la charge de thakatir, *Թագադիր* [1], de son fils.
Mais Constantin, au bout de quelque temps, fidèle
aux habitudes paternelles, se révolta contre le fils
de sa sœur, le roi Héthoum, et, malgré tous leurs
efforts, Constantin, père du roi, et le roi lui-même,
ne purent parvenir à le réduire. Le rebelle, fort de
l'appui du sulthan de Roum, persistait dans sa dé-
sobéissance. Celui-ci ayant été mis en fuite par les
Tartares, le roi soumit les villages et les campa-

Որ էր որդի տեառն Հեթմի
Հայոց մեծաց վամբլայի.

«Il était fils du seigneur Héthoum, vambla de la Grande Arménie.»

Il y a là une double faute; d'abord il ne saurait être question de
la Grande Arménie, depuis longtemps et tout entière au pouvoir des
infidèles, et où les rois et les chefs de la Cilicie n'avaient alors rien à
prétendre; ensuite, le mot *վամբլայի*, vambla, n'est point arménien et
ne signifie rien. En évitant de confondre, comme l'a fait M. Brosset,
un *Ջ* avec un *Չ*, on doit lire au génitif, *Ջամբլայի*, chambellan, expression que les Arméniens avaient empruntée aux Franks de la Syrie,
avec la dignité qu'elle désigne, et l'on doit transcrire et traduire
ainsi : *Հայոց մեծաց Ջամբլայի*, grand chambellan d'Arménie.

[1] Littéralement *poseur de couronne*. Ce titre appartenait à l'un
des grands officiers du palais, qui avait pour attribution de placer
le diadème sur le front des souverains d'Arménie lors de leur
avénement. Cette charge et le titre qui la désigne remontent à une
haute antiquité, puisque nous voyons, dans le IIe siècle avant Jésus-Christ, Valarsace, premier roi arsacide d'Arménie, en investir
le prince bagratide Pakarad, dans la famille duquel ces fonctions
se perpétuèrent jusqu'à l'extinction des Arsacides arméniens, en
428 de notre ère. (Moyse de Khoren, II, II et VII.) Ces fonctions
avaient été introduites à la cour des rois d'Arménie, à l'imitation
du cérémonial suivi chez les Arsacides de Perse. (*Ibid.* ch. VII et
VIII.)

gnes aux environs de Lampròn, à l'exception de cette
place, où se maintenait Constantin. Ce prince envoya des ambassadeurs au roi pour lui demander la
paix, promettant de lui remettre ses fils en otage et
pour être à son service, à condition qu'il conserve-
rait la forteresse. Héthoum ne voulut point y consentir. Constantin renouvela son message deux et
trois fois, et le roi et son père lui opposèrent les
mêmes refus. Alors Constantin s'étant rendu à Iconium, et s'étant adjoint les troupes du sulthan de
Roum, ennemi déclaré du roi, parcè que ce dernier
avait livré la mère du sulthan aux Tartares, il arriva
tout à coup, au moment où l'armée royale était
dispersée dans ses cantonnements, pénétra dans
l'intérieur de la Cilicie, dévasta nombre de bourgs
et de campagnes par l'incendie, le massacre et l'esclavage; il tua et dépouilla quantité de chrétiens,
et fit beaucoup de mal, par esprit de vengeance.
Témoin de ces désastres, le roi réunit ses forces,
et, fondant vaillamment sur cette multitude, l'exter-
mina entièrement. Le rebelle seul parvint à s'échapper et s'enfuit avec une poignée d'hommes. Le roi
le battit ainsi sept fois, et Constantin, vaincu, se renferma dans sa forteresse et n'osa plus en sortir ni s'en
écarter d'un pas.

DAVID EST FAIT ROI.

XXII. La nation des archers (les Tartares), à
l'esprit fertile en inventions et en ruses, envoya

maintes fois à la reine de Géorgie, R'ouçoudan,
pour la presser de venir les trouver, ou de leur remettre son jeune fils David avec un corps auxiliaire;
mais la reine n'en fit rien, et se contenta de leur
envoyer un faible détachement. Par l'intermédiaire
d'Avak, fils d'Ivané, qui servait dans l'armée tartare,
elle leur fit dire que, l'ambassadeur qu'elle avait
fait partir vers le khakhan leur souverain n'étant
point encore de retour, elle ne pouvait se rendre
auprès d'eux. Les Tartares ayant défait le sulthan de
Roum, gendre de la reine [1], et lui ayant enlevé quantité de villes, députèrent vers ce dernier le prince
Vahram pour l'inviter à venir faire sa soumission En
revenant, Vahram se fit accompagner du fils de Giorgi
Lascha, frère de la reine, envoyé jadis par elle traî-
treusement, en compagnie de sa fille, au sulthan de
Roum, pour que celui-ci le fît périr; car elle craignait
que ce prince n'ourdît un complot pour lui enlever le
trône. Il était en ce moment chez le sulthan, qui le re-
tenait en prison. Vahram, l'ayant ramené, déclara aux
Tartares que c'était le fils de son roi, et qu'il avait été
privé de ses États. Ceux-ci, par esprit d'opposition
contre la sœur du père de ce prince, le reconnurent
comme souverain, et ordonnèrent que, suivant l'u-
sage des chrétiens, il serait sacré, que tous les chefs
qui relevaient autrefois de son père lui obéiraient,
et, de plus, qu'il tiendrait sa cour à Děph'khis. Les
chefs les plus considérables au service des Tartares,

---

[1] La princesse géorgienne qu'avait épousée Ghiath-eddin, et qui
était fille de R'ouçoudan, se nommait *Thamar*.

Avak, qui avait le rang de général; Schahënschah,
fils de Zak'arê; Vahram, et son fils Ak-bouga, ayant
conduit le prince à Mědzkhitha, **Մծխիթայ**, appelèrent le catholicos de Géorgie et le firent sacrer.
Son nom était *David*. Sa tante R'ouçoudan, apprenant ce qui venait de se passer, s'enfuit dans l'Aph'-
khazêth et le Souanêth, **Սունէթ**, avec son fils,
qui se nommait aussi *David*; de là, elle envoya des
ambassadeurs à un autre général tartare, Bathou,
Բաթու, parent du khan [1] et chef de l'armée, qui
occupait le pays des Russes, l'Ôssêth et Derbend, et
le second par le rang après le khan, pour lui offrir
de reconnaître son autorité. Bathou décida qu'elle
résiderait à Dëph'khis; les Tartares n'y mirent aucun obstacle, parce qu'à cette époque le khan venait de mourir.

LE SEIGNEUR NERSÈS, CATHOLICOS DES AGH'OUANS [2], EST MANDÉ À LA GRANDE PORTE.

XXIII. Tandis que l'armée tartare hivernait dans

---

[1] Guiragos transcrit le titre des empereurs mongols, tantôt sous
la forme *khan*, **խան**, ou *gh'an*, **ղան**, خان, et tantôt sous celle de
khakhan, **խախան**, خاقان.

[2] Nersès III, 63e catholicos des Agh'ouans, siégea depuis 684 de
l'ère arménienne (22 janvier 1235-21 janvier 1236) jusqu'en 710
(15 janvier 1261-14 janvier 1262), suivant Guiragos, ou jusqu'en
711 (15 janvier 1262-14 janvier 1263), époque de sa mort, suivant
Vartan. (Cf. Schahkhathouni, *Description de la cathédrale d'Édchmiadzin et des cinq districts de l'Ararad*, t. II, p. 341-342, imprimerie du couvent patriarcal d'Édchmiadzin, 1842.)

les plaines de l'Arménie et des Agh'ouans, le docteur syrien dont il a été question plus haut entendit parler du catholicos des Agh'ouans, et le fit connaître à Ëlthina-khathoun, femme de Tcharmagh'an,
laquelle avait la direction des affaires depuis que
son mari était devenu muet; il lui représenta que
le chef des chrétiens de ces contrées vivait éloigné
de son siége et ne venait pas rendre visite aux Tartares. Alors ils lui transmirent ce message : « Pourquoi toi seul entre tous ne viens-tu pas nous voir?
Arrive immédiatement, et si ce n'est pas de bon
gré, nous te ferons venir de force, et d'une manière ignominieuse pour toi. » Comme le catholicos
résidait dans le district de Miaph'or, au couvent de
Khamisch, et se trouvait sous la juridiction d'Avak,
il n'osa pas partir sans lui en avoir demandé l'agrément, dans la crainte qu'on n'attachât une grande
importance à ce voyage. Il se cacha donc des envoyés, et dit à ses serviteurs de prétexter qu'il n'était
pas chez lui, et qu'il était allé trouver Avak. Les
Tartares envoyèrent une seconde et une troisième
fois, en faisant entendre des menaces pour le contraindre à se mettre en route. Cependant le catholicos, ayant pris les ordres d'Avak, partit pour le
camp tartare dans la plaine de Mough'an, apportant des présents dans la proportion de ses facultés.
Le docteur syrien était alors absent; car il était allé
à Tauris. Arrivé à la grande Porte, le catholicos se
présenta à Ëlthina-khathoun, qui l'accueillit avec
bienveillance, le combla d'honneurs et le fit asseoir

au-dessus des officiers les plus considérables réunis auprès d'elle à l'occasion des noces de son fils Bôra-nouïn, ⟨ armenian ⟩[1] ; elle le mariait avec la fille d'un chef d'un haut rang *Gh'outhoun-nouïn*, et en même temps elle donnait sa fille à un autre chef des plus qualifiés, appelé *Ouçour'-nouïn*, ⟨ armenian ⟩. Il y avait grande fête chez les Tartares dans ce moment témoin des réjouissances d'une noce. La princesse s'adressant au catholicos : « Tu es arrivé, lui dit-elle, dans un moment propice. — Effectivement, répondit celui-ci avec un à-propos parfait, j'ai choisi l'instant où vous êtes dans la joie pour venir. » Elle le confia, lui et ses serviteurs, à ses frères Içategh'-agh'a, ⟨ armenian ⟩, et Ikorkoz, ⟨ armenian ⟩, qui étaient chrétiens, et nouvellement arrivés de leur pays, pendant qu'elle-même vaquerait aux soins qu'exigeaient les fêtes nuptiales. Ceux-ci traitèrent le catholicos avec les plus grands égards. Une fois qu'elle-même fut un peu dégagée de ses occupations, elle lui fit remettre des présents et des *al-tamga*, portant défense absolue de le molester. On lui donna en même temps, pour lui servir d'escorte, un Tartare-Mongol, qui le ramena dans le pays des Agh'ouans, et sous la protection duquel il parcourut son diocèse ; car il y avait longtemps que lui et ses prédécesseurs n'osaient s'y montrer, par la crainte que leur inspirait la cruelle et féroce race des Dadjigs. Le catholicos, après avoir visité ses ouailles,

---

· [1] Manuscrit B, ⟨ armenian ⟩, *Basra-nouïn*.

rentra tranquillement chez lui au couvent de Khamisch.

XXIV. Au commencement de la seconde année,
après qu'ils eurent mis en fuite le sulthan Ghiath-
eddin, les Tartares s'avancèrent vers le district de
Pĕznounik' contre Khĕlath ; s'étant emparés de cette
ville, ils la donnèrent à Thamta, sœur d'Avak, à
laquelle elle appartenait auparavant, lorsque cette
princesse était la femme de Mélik-Aschraf. Faite cap-
tive par le sulthan du Khorazm, Djelâl-eddin, elle
était passée des mains de ce souverain dans celles
des Tartares, qui l'avaient envoyée au khan, chez
lequel elle resta plusieurs années. La reine de Géorgie, R'ouçoudan, ayant députe le prince 'Emad-
eddaula, $\mathcal{L}$ *ամադուլայ*, vers le khan, ce prince,
sur le point de s'en retourner, demanda Thamta
au monarque. Il la ramena avec lui, muni d'un ordre
écrit de la part du khan, enjoignant que l'on rendît à
cette princesse les possessions qu'elle avait lorsqu'elle
était la femme de Mélik-Aschraf. Les Tartares, se
conformant à cet ordre, remirent à Thamta Khĕlath
et les districts environnants. Après quoi ils pous-
sèrent de divers côtés dans la Mésopotamie syrienne,
à Amid, Édesse. *Ուռհայ*, Nisibe, *Մծբին*, et dans
le pays de Schampin, *Շամբին*, ainsi que dans
beaucoup d'autres contrées. Mais cette expédition

fut pour eux sans résultat ; car, quoiqu'ils n'eussent rencontré aucune résistance, cependant les chaleurs de l'été leur furent fatales, en faisant périr nombre d'hommes et de chevaux. Alors ils rentrèrent dans leurs campements d'hiver habituels. D'après l'ordre qu'ils donnèrent de rebâtir Garin, c'est-à-dire Théodosiopolis, les habitans dispersés ou cachés, et ceux qui avaient échappé à la servitude, furent réunis. Ils rappelèrent aussi l'évêque de cette ville, le seigneur Sarkis, que ramena le prince Schahënschah, fils de Zak'arê ; dès qu'il fut venu, on se mit à relever cette cité détruite et en ruines.

CANONS ÉTABLIS PAR LE CATHOLICOS D'ARMÉNIE CONSTANTIN.

XXV. Ce pontife, voyant l'Arménie désolée et les tribulations qu'infligeaient aux populations les exacteurs et les troupes tartares, comprit, par ses réflexions, que les péchés des hommes étaient la cause de ces désastres ; car chacun n'avait d'autre souci que de vivre à sa guise. Les saintes lois du mariage n'étaient plus respectées ; comme les païens, des gens issus du même sang, des parents, contractaient union ; ils quittaient leurs femmes par caprice et prenaient celles qui leur plaisaient. Ils ne s'inquiétaient en rien de l'observance des jeûnes. Ils avaient commerce indistinctement avec les païens ; et, ce qui est pire que tout cela, les évêques donnaient la consécration à prix d'argent, vendant les dons de Dieu à des indignes ; des enfants, des ignorants qui ne savaient pas même parler correctement en public, étaient choisis par eux pour être les intermédiaires entre Dieu et l'homme; des prêtres indignes, des adultères, des entreteneurs avérés de femmes perdues remplissaient les fonctions sacrées; sans compter les autres iniquités que tous commettaient, grands et petits, au point que les prêtres et le peuple à la fois vivaient dans la démence, sans qu'il y eût personne pour le leur reprocher. Le catholicos mit toute sa diligence à composer une lettre encyclique et des canons généraux, dont il chargea le savant et habile vartabed Vartan [1]. Celui-ci était allé en pèlerinage à Jérusalem, pour faire ses adorations dans ces lieux vénérés où se sont accomplis les mystères de la vie du Sauveur, et pour visiter la terre consacrée par la mémoire des saints. Vartan étant venu en Cilicie, auprès du roi Héthoum, couronné par Jésus-Christ, et de ses frères, se rendit chez le saint catholicos, qui fut enchanté de le voir et de le garder longtemps auprès de lui. Ils se lièrent ensemble d'une étroite amitié, et le catholicos ne voulut jamais se séparer de lui. Il l'employa dans cette circonstance en l'envoyant, avec plusieurs de ses serviteurs, dans les villes, les bourgs et les principaux monastères, ainsi qu'auprès des chefs les plus considérables, auxquels il écrivit d'observer fidèlement les canons qu'il

---

[1] L'historien Vartan, de Partzĕrpert, dit le Grand, qui avait fait ses études au couvent de Kédig avec Guiragos, sous la direction de Jean Vanagan.

avait établis pour le salut des âmes, et d'accueillir, comme son représentant, ce vartabed qu'il leur députait, parce que lui-même était déjà vieux. Vartan et ceux que le catholicos lui avait adjoints, étant arrivés dans l'Arménie orientale, en parcoururent les différents districts, visitant les évêques, les monastères et les chefs; ils communiquèrent à tous les prescriptions du patriarche, et exigèrent de chacun une adhésion écrite. Mais comme ils étaient tous détournés de la bonne voie, et gangrenés par la passion de l'avarice et l'amour de l'argent, ces prescriptions leur parurent très-dures. Cependant ils n'osèrent point les repousser; ils firent semblant, au contraire, de les recevoir avec respect, et donnèrent leur signature et leur serment, s'obligeant, sous peine d'anathème, à les exécuter. Ceux qui souscrivirent sont : Sarkis, évêque de Garin; un autre Sarkis, évêque d'Ani; Jacques, évêque de Gars; les évêques de Pĕdchni, Ո՛Չֆի, Vanagan et Grégoire; Jean-Baptiste, Ս՛կրոֆչ, évêque d'Anpert, Ա՛նֆֆրֳ [1]; Hamazasb, évêque de Hagh'pad, et autres prélats de divers lieux; les principaux monastères, Sanahin, Kédig, Havardzin, Հաւարֈ ծֆն; Guetchar'ous, Ոֆչւռոււ [2]; Havouts-Thar,

---

[1] Tchamitch place Anpert dans l'Arakadz-ŏdĕn, district de la province d'Ararad, et Indjidji (*Arménie ancienne*, p. 5o3-5o4), parmi les localités de cette province dont la position est aujourd'hui incertaine.

[2] Célèbre monastère qui existait, à ce qu'il paraît, dans le voisinage de la ville de Guétchror, province d'Ararad.

Հայոց Օրար [1]; Aïrivank' [2], 'Ohannou-vank' [3], Sagh'mosa-vank' [4], Hor'omoci-vank' [5] et les autres couvents des environs ; le seigneur Nersès, catholicos des Agh'ouans, surnommé *Donetsi*, Դունեցի; l'illustre et célèbre docteur Vanagan ; Avak, prince des princes, et autres chefs. Le docte vartabed Vartan ayant recueilli toutes ces adhésions, les fit parvenir au catholicos Constantin, à Hr'omgla'. Après cette tournée, il passa dans la vallée de Gaïan, et rentra dans son couvent, placé sous l'invocation de saint André, et qui s'élève en face de la forteresse de Gaïan ; il termina là ses courses, se consacrant à instruire les nombreux disciples qui accouraient pour entendre ses savantes leçons.

L'année suivante, 696 de l'ère arménienne (19

[1] Autre couvent situé en face de la ville de Kar'ni, dans le district de Kegh'ark'ouni, province de Siounik', sous le vocable d'*Aménaphërguitch* (le Rédempteur du monde).

[2] Le monastère d'Aïrivank' s'élevait au nord-est de Kar'ni, suivant l'historien Jean Catholicos, tandis que Guiragos (*apud* Indjidji, *Arm. anc.* p. 268) semble le placer dans cette ville même. Il était connu aussi sous le nom de *Couvent de la Sainte-Lance*, comme nous l'apprenons par le continuateur anonyme des Tables de Samuel d'Ani.

[3] L'ordre dans lequel se succèdent les noms des monastères dans cette énumération semble indiquer qu'il s'agit ici du couvent de Saint-Jean, appelé aussi *Agsikums*, Ակսիկումս, que l'historien Étienne Açogh'ig (III, ix) place dans le district de Pacén, province d'Ararad.

[4] Dans l'Ararad, district d'Arakadz-ödën, suivant Tchamitch, ou dans un district aujourd'hui inconnu de cette province, d'après Indjidji (*Arm. anc.* p. 503).

[5] Dans l'Ararad, district de Schirag. Ce couvent fut bâti sous le règne du roi bagratide Apas (928-952).

janvier 1247-18 janvier 1248), le vertueux catholicos Constantin envoya en présent aux églises de
l'Orient des ornements de soie de couleurs variées,
des dalmatiques de grand prix, pour la célébration
de la sainte messe. Il avait confié à Théodose, l'un
de ses serviteurs, ces objets destinés aux couvents
les plus vénérés. Il y joignit une encyclique relative au tombeau de l'apôtre saint Thaddée, pour
qu'on y rattachât en donation les districts et les
villes d'alentour, et que l'on consacrât de fortes
sommes à la reconstruction du portique qu'avait entrepris de restaurer le vartabed Joseph, et qui, après
avoir été ruiné par les Turks, et dans les incursions des Géorgiens, était resté inhabité et désert
depuis longtemps. Joseph s'étant rendu auprès d'un
général tartare nommé *Ankourag-nouïn*, Անգուրաղ
նուին, qui pendant l'été résidait non loin du tombeau de saint Thaddée, obtint la permission de
purifier l'église et d'en faire la dédicace. Il rebâtit
le couvent et y réunit nombre de religieux [1]. Ce Tartare laissa à ceux qui voulaient aller en dévotion à
ce monastère le passage libre de toutes parts au milieu de ses troupes. Il défendit par un ordre très-
sévère d'empêcher ou de molester aucun d'eux;
lui-même était plein de déférence pour les moines.
Une foule d'entre les siens y allaient et faisaient
baptiser leurs fils et leurs filles. Nombre de passé

---

[1] C'est le célèbre couvent de Saint-Thaddée, situé dans le district d'Ardaz, province de Vasbouragan, dans le voisinage et au
sud du mont Macis ou Ararad.

dés du démon et de malades étaient guéris, et le
nom de Notre-Seigneur Jésus - Christ était glorifié.
Toutes les troupes tartares, loin de se montrer hostiles à la Croix et à l'Église, les vénéraient au contraire, et apportaient des présents. En effet, elles
n'étaient point animées du zèle d'une religion contraire.

DES EXACTEURS QUI VINRENT DE LA PART DU KHAN.

XXVI. Lorsque le khan Koyouk, ᴘᵘᵞⁿᵘᵧ, fut investi de la suprême autorité sur les Tartares, dans
la région qui est le centre de leur empire, aussitôt il
fit partir des collecteurs de deniers ·publics, pour
se rendre auprès de ses armées disséminées dans
les contrées soumises à sa domination, afin de pré-
lever le dixième de ce que les troupes possédaient,
et d'exiger le tribut des populations et des souverains qui avaient été vaincus, la Perse, les Dadjigs,
les Turks, les Arméniens, les Géorgiens et les
Agh'ouans. Ces officiers étaient les plus impitoyables,
les plus rapaces des exacteurs. L'un d'eux, qui était
au-dessus de tous, s'appelait *Argh'oun;* le second,
nommé *Bouga,* était pire encore que ce Bouga qui,
sous le règne du khalife [Motéwakkel] Dja'far,
ᴊᵘᵘᴛʰ, l'Ismaélite, envahit l'Arménie et saccagea
une foule de provinces[1]. Ce second Bouga, étant arrivé
au camp des Tartares, entrait dans les habitations

---

[1] Ce premier Bouga, qui nous est parfaitement connu par les récits de Jean Catholicos, Étienne Açogh'ig et Thomas Ardzrouni,

des principaux d'entre eux, et y enlevait sans miséricorde ce qui lui convenait, sans que personne
osât dire un mot; car il avait réuni autour de lui
une bande de brigands, Perses et Dadjigs, qui
remplissaient leur ministère de spoliation avec une
rigueur inouïe. Mais c'est surtout aux chrétiens qu'ils
en voulaient; aussi irritèrent-ils Bouga contre le
pieux prince Haçan, surnommé *Djelâl*. Il se saisit
de lui à la grande Porte, en présence de tous les
chefs, et lui fit subir des tortures multipliées. Il dé-
molit ses imprenables forteresses, celle qui porte en
langue perse le nom de *Khôïakhan*, Խոյախան., ainsi
que Têt, 'Դէդ, Dzirana'-k'ar, Ծիրանայ քար [1], et
ses autres places fortes. Il les ruina tellement, qu'aucun vestige n'aurait pu indiquer qu'il y avait eu là
des constructions. C'est à peine si Haçan, après avoir
été forcé de lui livrer une masse d'or et d'argent,
échappa à la mort. Les plus puissants ne purent lui
venir en aide en rien, tant Bouga inspirait de terreur
à ceux qui étaient témoins de ses cruautés. Il tenta
pareillement de se saisir du prince des princes,
Avak, et de le soumettre aux tortures et à la flagella-

était un des officiers de la milice turque attachée au service des
khalifes de Bagdad, sous Motéwakkel, dans le ix° siècle. C'est le
même qui était gouverneur d'Arménie *pour les Persans*, à ce que
nous assure M. Brosset, dans son *Précis de l'histoire des invasions
des Mongols,* à la fin du tome XVII de l'Histoire du Bas-Empire,
de Lebeau, p. 459.

[1] Les forteresses de Têt et de Dzirana'-k'ar étaient dans le voisinage de Khoïakhanapert. (Cf. le cahier précédent, page 247,
note 1.)

tion; mais les chefs les plus considérables le prévinrent et lui dirent: « Ne crains rien, réunis toutes
tes troupes, et avec elles va lui rendre visite, et, s'il
tente de s'emparer de toi, saisis-le toi-même. » Avak
suivit ce conseil et alla trouver Bouga avec des forces
imposantes. Celui-ci, à cette vue, eut peur, et dit à
Avak : « Quelle est cette multitude de soldats? Es-tu
en révolte contre le khan, et es-tu venu pour me
tuer? » Avak lui répondit : « Toi-même, pourquoi
as-tu rassemblé cette bande de malfaiteurs perses?
Tu es venu en traître pour mettre la main sur
nous. » Bouga, voyant que sa perfidie était connue d'Avak, lui parla d'un ton pacifique; mais il
conservait toujours dans son esprit des desseins hostiles, et nourrissait l'espoir de trouver l'occasion de
les exécuter. Tandis qu'il était dans ces mauvaises
dispositions, le juste jugement de Dieu le frappa.
Un ulcère se déclara tout à coup à son gosier, et il
mourut étouffé. Le méchant périt ainsi avec sa malice; l'impie fut enlevé de ce monde, et il ne con-
templera pas la gloire de Dieu.

LES ROIS DE GÉORGIE SE RENDENT AUPRÈS DU KHAN.

XXVII. A cette époque, la Géorgie avait été réduite en servitude. Ce royaume, qui un peu auparavant était dans l'éclat de la puissance, se courbait
maintenant sous le joug des Tartares d'Orient [1],

---

[1] Dans le langage des Arméniens, cette expression l'*Orient* ou la
Nation orientale, signifie la Grande Arménie. Elle leur a été suggé-

commandés par Batchou-nouïn depuis la mort de
Tcharmagh'an. Les Géorgiens étaient en ce moment
gouvernés par une femme, la reine R'ouçoudan,
qui s'était réfugiée et cachée dans les parties inaccessibles du Souanêth. Des ambassadeurs tartares
vinrent de deux côtés, de la part du grand général
qui occupait la région du nord, Bathou, proche
parent du khan, le monarque suprême, et dont le
consentement était nécessaire pour que celui-ci pût
monter sur le trône; et de la part du général qui
commandait en Arménie, Batchou. Ces messages
invitaient la reine à se rendre auprès de ces deux
généraux, et de ne régner que sous leur autorité.
Comme elle était jolie, elle n'osa aller trouver aucun des Tartares, dans la crainte de n'être pas res-
pectée. Elle se contenta d'envoyer à Bathou son fils
David, encore tout jeune, à qui elle avait cédé la
couronne. Les chefs qui étaient avec Batchou-nouïn
dans les pays d'Orient, et qui s'étaient emparés de
tous les États de la reine, ainsi que ceux qui dépen-
daient autrefois de cette princesse, et qui vivaient
auprès des Tartares, voyant qu'elle refusait de venir,
et qu'elle avait fait partir seulement son fils vers
Bathou, envoyèrent dans leur mécontentement à
Ghiath-eddin, sulthan de Roum, et firent venir de
chez lui le fils de Giorgi Lascha, roi de Géorgie, frère

rée par la situation du pays qu'ils habitent par opposition à l'empire
grec, qui est à l'ouest pour eux. Elle ne paraît pas remonter plus
haut que le xii⁰ siècle, au temps de la domination des princes r'oupéniens de la Petite Arménie.

de R'ouçoudan, cè même David qu'elle avait envoyé
avec sa fille, femme du sulthan Ghiath-eddin, et que
celui-ci avait mis en prison, afin qu'il ne conspirât
pas pour détrôner la reine de Géorgie, belle-mère
du sulthan. Les Tartares, l'ayant ainsi mandé, lui
rendirent les États de son père et l'envoyèrent vers
leur souverain pour être confirmé dans sa royauté;
puis ils expédièrent en toute hâte à R'ouçoudan message sur message, pour lui enjoindre d'arriver bon gré,
mal gré. De son côté, Bathou fit partir le fils de R'ouçoudan pour la cour du khan, tandis qu'il invitait
la reine à venir elle-même auprès de lui. Celle-ci,
tourmentée des deux côtés, prit du poison et se dé-
livra de la vie. Elle avait fait un testament dont elle
confia l'exécution à Avak, en lui laissant le soin de
veiller sur son fils, s'il revenait de chez le khan.

Les deux princes étant arrivés à la cour de Koyouk,
furent accueillis avec bienveillance; le khan décida
qu'ils occuperaient le trône l'un après l'autre, c'est-
à-dire que le plus âgé, David, fils de Giorgi Lascha,
régnerait le premier, et qu'il aurait pour successeur
l'autre David, fils de R'ouçoudan, et son cousin (fils
de la sœur de son père), si celui-ci lui survivait. Le
khan fit trois parts du trésor royal de Géorgie : il
voulut qu'on lui envoyât un trône magnifique et
d'une valeur inestimable, et une couronne merveilleuse dont aucun souverain ne possédait la pareille. Cette couronne avait appartenu à Khosrov
[le Grand], père de Tiridate, Տրդատ[1], le puissant

---

[1] Tiridate II, premier roi chrétien de l'Arménie, monta sur le

30.

roi d'Arménie, et avait été apportée en Géorgie, où elle s'était conservée à cause de la sûreté du lieu où on l'avait déposée. Elle était échue aux souverains géorgiens, qui l'avaient possédée jusqu'alors. Il y avait d'autres objets précieux dans ce trésor, que le khan réclama; il voulut que le reste fût partagé entre les deux princes. A leur retour, ils exécutèrent cette décision, sous la médiation d'Avak, fils d'Ivanê. David, fils de Lascha, résida à Dĕph'khis, et l'autre David, dans le Souanêth.

SĔMPAD, CONNÉTABLE (GÉNÉRALISSIME) D'ARMÉNIE, ET LE FILS DU SULTHAN GHIATH-EDDIN, SE RENDENT À LA COUR DU KHAN.

XXVIII. Le roi d'Arménie Héthoum, qui régnait en Cilicie, envoya son frère, le généralissime Sĕmpad, au khan, avec des présents magnifiques[1]. Sĕmpad arriva à sa destination tranquillement après un long voyage, et fut reçu et traité avec de grands honneurs. Il en rapporta des lettres patentes et bien en règle qui lui concédaient nombre de districts et de forteresses ayant autrefois appartenu au roi Léon,

trône en 287, la troisième année de Dioclétien. (Voir mes *Recherches sur la Chronologie arménienne*, t. I, Ire partie, p. 45.)

[1] En route, et avant d'être rendu auprès de Koyouk, le connétable Sĕmpad écrivit la relation de la première partie de son voyage dans une lettre qu'il adressa, en date de 1248, à Henri Ier, roi de Chypre, et que nous a conservée Guillaume de Nangis, p. 360, dans le Recueil des historiens de France, publié par l'Académie des inscriptions, t. XX.

et que 'Ala-eddin, sulthan de Roum, avait enlevés
aux Arméniens après la mort de ce prince. Le sulthan Ghiath-eddin mourut, laissant deux fils tout
jeunes [1] et en rivalité l'un contre l'autre. L'un d'eux
alla trouver le khan et reçut l'investiture des États
de son père; il retourna avec le généralissime des
Arméniens, Sĕmpad, et ils se rendirent tous deux
auprès de Batchou-nouin et des autres chefs tartares, qui, pour assurer l'exécution des ordres de
leur souverain, fournirent aux deux princes des
troupes chargées de les conduire dans les contrées
qui leur avaient été attribuées. Parvenus à Ĕzĕnga,
ils apprirent que le frère du sulthan Ghiath-eddin
avait épousé la fille de Lascaris,]*եղքամրի*, empereur des Romains [2], qui régnait à Éphèse, et qu'avec
l'aide de ce dernier il était devenu sulthan d'Iconium, tandis que le second des deux frères occupait
Alaïa [3], son apanage particulier. Le nouvel arrivé,
craignant d'aller plus avant, s'arrêta à Ĕzĕnga, afin
de voir quelle serait l'issue de ces événements.

[1] L'auteur aurait dû dire trois : 'Ala-eddin Keï-Kobad II, qui
avait pour mère la princesse géorgienne Thamar; Azz-eddin Keï-
Kaous et Rokn-eddin Kilidj-Arslan, nés d'un autre mariage.

[2] Ce frère du sulthan Ghiath-eddin, dont Guiragos ne nous fournit pas le nom, n'est mentionné, que je sache, par aucun autre historien. Les empereurs grecs qui régnèrent à Nicée de 1206 à 1260,
pendant l'occupation de Constantinople par les Francs, sont Théodore Lascaris et les trois Vatatzes, Jean III, Théodore II et Jean IV,
appelés, d'une manière générique, par les auteurs orientaux du nom
de Lascaris. En tenant compte des dates, on doit croire que c'est
la fille de Jean III (1222-1255) qu'épousa le frère de Ghiath-
eddin.

[3] Sur la côte sud de l'Asie Mineure, dans la Karamanie.

XXIX. Tandis que notre pays se relevait un peu des maux que lui avaient causés ces incursions et des ravages de l'incendie qui avait dévoré le monde; tandis que les hommes se fiaient plus aux Tartares qu'à Dieu, que les grands se livraient à leurs instincts de pillage et spoliaient les pauvres pour acheter avec ces dépouilles les vêtements précieux dont ils se paraient, qu'ils mangeaient et buvaient, et se montraient enflés d'orgueil, comme c'est la coutume de Géorgiens présomptueux, Dieu permit qu'ils fussent humiliés et abaissés, et qu'ils connussent la mesure de leur faiblesse. Ceux qui n'avaient pas été corrigés par les calamités précédentes virent Satan soulever contre eux les hommes en qui ils espéraient. Par suite d'une résolution qui fut prise subitement par les principaux de l'armée tartare, toutes les troupes s'armèrent et se préparèrent à la guerre. Leur but était d'exterminer les populations de l'Arménie et de la Géorgie, quoiqu'elles leur fussent fidèles. Leur prétexte était que le roi de Géorgie, et ses grands voulaient se révolter, et qu'ils se réunissaient pour marcher contre eux. Cette intention semblait en effet résulter de ce qui se passa. Les chefs géorgiens étaient accourus avec leurs troupes auprès de leur roi David, à Dëph'khis, et tandis qu'ils étaient à boire, et que le vin avait échauffé et exalté leurs têtes, quelques-uns, dépourvus de jugement, tinrent ce propos : « Pourquoi subissons-nous le joug de ces gens-là, nous qui avons des forces si considérables? Allons, tombons sur eux à l'improviste; nous les anéantirons et nous reprendrons nos possessions. » Le grand prince Avak arrêta cette proposition. Des soldats tartares qui se trouvaient sur les lieux en prévinrent leurs chefs. Dès que les troupes des princes géorgiens se furent séparées pour rentrer dans leurs provinces respectives, les Tartares firent, comme nous l'avons dit, des préparatifs pour un massacre général. Ceux des chefs géorgiens qu'ils avaient auprès d'eux furent mis en prison, et ceux qui étaient éloignés furent sommés de rentrer immédiatement. Mais Dieu, dans sa miséricorde, ne permit pas que ces projets d'extermination s'accomplissent; il les empêcha, et voici comment. L'un des principaux Tartares, Djagataï, commandant de toute l'armée, était l'ami d'Avak. Se plaçant au milieu des troupes en armes, il leur dit : « Nous n'avons pas l'ordre du khan de massacrer des gens qui nous sont obéissants, qui vivent sous notre autorité, et qui payent tribut à notre souverain. Si vous les exterminez sans son ordre, c'est vous qui lui en répondrez. » Cette observation suspendit les informations qu'ils prenaient au sujet de cette affaire. Khotchak', Ivazuip [1], mère d'Avak, s'étant rendue auprès des Tartares, se porta garante de son fils, et promit qu'il reviendrait sous peu, comme cela

---

[1] Manuscrit B, Ivazuip, Khoschak'.

eut lieu en effet. Ce prince, étant arrivé aussitôt,
leur prouva sa fidélité par maints témoignages. Le
roi David vint pareillement, ainsi que les chefs de
son royaume. Les Tartares leur ayant lié à tous les
pieds et les mains, avec des cordes minces, très-
fortement, suivant leur usage, les laissèrent trois
jours dans cet état, leur prodiguant la raillerie et
l'insulte, pour leur faire expier leur orgueil et leurs
idées d'indépendance. Ensuite, ayant exigé qu'ils
leur remissent leurs chevaux et une rançon pour
leur vie, ils les laissèrent libres. Néanmoins ils fondirent sur le territoire géorgien et envahirent une
foule de districts, sans distinguer s'ils s'étaient révoltés ou non. Ils tuèrent quantité de monde, et en
firent prisonniers encore davantage, hommes et
femmes. Ils précipitèrent dans les rivières une multitude innombrable d'enfants. Ces événements eurent lieu en 698 de l'ère arménienne (18 janvier
1249-17 janvier 1250). Ils furent suivis de la mort
du prince des princes, Avak. On l'ensevelit à Bëgh'en-
tzahank', dans le tombeau de son père Ivanê. Sa principauté fut donnée à Zak'arê, fils de Schahënschah,
fils du frère du père d'Avak; car Avak n'avait pas
de fils, mais une fille en bas-âge, et, de plus, un fils
issu d'une union illégitime, qui était aussi encore
tout jeune, et qu'après la mort d'Avak on dit lui
appartenir. La sœur d'Avak s'était chargée de l'é-
lever; mais ensuite Zak'arê, le lui ayant retiré, le
confia à la femme d'Avak, qui se nommait *Kontsa'*,
Գունցայ.

SARTHAKH, FILS DE BATHOU.

XXX. Le grand général Bathou avait fixé sa résidence dans les contrées du nord, sur les bords de la mer Caspienne et du fleuve Athĕl (Volga), qui n'a pas de rival sur toute la terre; car il s'épanche comme une mer à travers les steppes qu'il sillonne. Bathou occupait la vaste plaine des Kiptchaks (Khutchakh, *խփչախք*), avec une armée immense. Ils campaient là, sous des tentes, que dans leurs migrations ils emportent sur des chariots traînés par de longues files de bœufs et de chevaux. Bathou devint très-puissant, et supérieur à tous; il soumit toutes les contrées et les contraignit à lui payer tribut. Les princes de sa famille reconnaissaient sa suprématie, et celui d'entre eux qui montait sur le trône et qui prenait le titre de khan avait besoin de son assentiment. En effet, Koyouk-khan étant mort, et la famille impériale ayant discuté dans son sein la question de savoir lequel de ses membres lui succéderait, tous déférèrent cet honneur à Bathou, ou le choix de celui qu'il lui plairait de désigner. Ils lui envoyèrent dire de venir des contrées du nord dans leur pays prendre le pouvoir suprême. Il partit donc dans l'intention de donner un successeur à Koyouk, après avoir remis à son fils Sarthakh le commandement de son armée. Arrivé au terme de son voyage, il ne monta pas sur le trône; il y plaça un membre de sa famille, nommé *Man-*

goa, Ս*աֆֆու* [1], et s'en retourna vers ses troupes.
Quelques-uns de ses parents virent ce choix avec dé-
plaisir; car ils espéraient, ou que lui-même régnerait, ou qu'il donnerait la couronne au fils de Koyouk,
qui se nommait *Khodja-khan*, Խոմայազոմին. D'abord
ils n'osèrent pas manifester leur mécontentement;
mais dès qu'il fut de retour chez lui, ils se mirent
en révolte ouverte contre Mangou-khan. A cette nouvelle, Bathou ordonna de mettre à mort nombre
de ses parents et de chefs, parmi lesquels s'en trouvait un d'un très-haut rang, nommé *Eltchikata*,
Էլչիկատա [2], qui avait été nommé par Koyouk-
khan général de l'armée tartare d'Orient et d'Arménie, en remplacement de Batchou-nouin. Au moment où ce général traversait la Perse, il reçut la
nouvelle de la mort de Koyouk-khan. Il s'arrêta aussitôt, attendant de savoir qui le remplacerait. Il fut
dénoncé à Bathou par les chefs de l'armée d'Orient,
qui ne voulaient pas l'avoir à leur tête, parce qu'il
était hautain. Ayant représenté à ce prince qu'il
était un des officiers qui refusaient de reconnaître
Mangou-khan, Bathou ordonna de le lui amener
chargé de chaînes; conduit devant lui, il périt au
milieu des supplices. Dès lors commencèrent à accourir auprès de Bathou les rois, les princes, les
chefs et les marchands, et tous ceux qui avaient été

---

[1] Son cousin au second degré, Bathou étant le petit-fils de Tchinguiz-khan par Djoutchi, comme Mangou par Touloui.

[2] Dans M. d'Ohsson, Iltchikadaï: c'était le gouverneur mongol de
la Perse (liv. II, ch. v). (Cf. de Hammer, *Geschichte der goldenen Horde
in Kiptschak*, p. 135 et 161.)

molestés et dépouillés de leurs biens. Il leur rendait justice avec impartialité, faisant rentrer chacun dans la possession de ses États, de son patrimoine ou de sa puissance. Il traitait ainsi quiconque allait s'adresser à lui ; il lui faisait délivrer un écrit revêtu de son sceau, et personne n'osait enfreindre ses ordres. Il avait un fils nommé *Sarthakh*, dont nous avons déjà parlé, qui fut élevé par des gouverneurs chrétiens. Ce jeune prince, lorsqu'il eut grandi, embrassa le christianisme, et fut baptisé par les Syriens, qui avaient eu soin de son éducation. Il fit beaucoup de bien à l'Église et aux chrétiens. Du consentement de son père, il rendit un édit qui affranchissait d'impôts les prêtres et les églises. Il fit proclamer partout des menaces et la peine de mort contre quiconque exigerait un tribut de l'Église et de ses ministres, à quelque nation qu'ils appartinssent. Il étendit le même privilége aux mosquées et à ceux qui les desservaient. Confiants en cette protection déclarée, des vartabeds, des évêques et des prêtres venaient à lui. Il les accueillait avec bienveillance, et leur accordait tout ce qu'ils lui demandaient. Sarthakh vivait dans la crainte de Dieu et la piété, faisant transporter continuellement avec lui une tente qui servait d'église, et où l'on célébrait assidûment les saints mystères. Parmi ceux qui allèrent le trouver fut le grand prince Haçan, que l'on appelait familièrement *Djelâl*, et qui était plein de religion et de modestie, et Arménien de nation. Sarthakh le reçut avec amitié et la plus grande con-

sidération, ainsi que ceux qui accompagnaient Djelâl, le prince Grégoire, appelé habituellement *Dgh'a'*
« enfant », et qui était alors avancé en âge; le prince
Téçoun, *Դեւուն* [1], vertueux jeune homme; le
vartabed Marc, et l'évêque Grégoire. Sarthakh conduisit avec de grands honneurs Djelâl à son père,
qui lui rendit ses possessions, Tcharapert, *Ջարա-
բերդ*, Agana', *Ականայ*, et Gargar', *Կարկառ* [2],
qui précédemment lui avaient été enlevées par les
Turks et les Géorgiens. Il reçut aussi un diplôme
en faveur du catholicos des Agh'ouâns, le seigneur
Nersès, exemptant d'impôts ses propriétés et tous
ses biens et les déclarant libres, et lui concédant la
faculté d'aller à sa volonté dans tous les diocèses de
son patriarcat, avec défense à qui que ce fût de lui
contrevenir en rien. Djelâl s'en revint fort satisfait;
mais au bout de quelque temps, tourmenté par les
exacteurs et par Argh'oun, il se rendit auprès de
Mangou-khan. Ce souverain monta sur le trône en
700 de l'ère arménienne (18 janvier 1251-17 janvier 1252).

DU RECENSEMENT QUI FUT FAIT PAR ORDRE DE MANGOU-KHAN.

XXXI. En l'an 703 de l'ère arménienne (17 janvier 1254-16 janvier 1255), Mangou-khan et le
grand général Bathou envoyèrent comme commis-

[1] Manuscrit B, *Զդեւում*, Ztéçoum.
[2] La position précise de ces trois forteresses ne saurait être dé-

saire, *ոստիկան*, *Argh'oun*, *Արղուն*, lequel avait
reçu déjà de Koyouk-khan la surintendance des impôts royaux, dans les pays soumis par les Tartares,
ainsi qu'un autre chef, attaché à la maison de Bathou, et nommé *K'oura-agh'a*, *Քուրա աղա*[1], avec
beaucoup d'agents qui les accompagnaient. Ils étaient
chargés de recenser les nations qui étaient sous la
domination tartare. Munis de cet ordre, ils parcoururent toutes les contrées pour accomplir leur man-
dat. Ils arrivèrent dans l'Arménie, la Géorgie et le
pays des Agh'ouans, ainsi que dans les contrées en-
vironnantes, comptant et inscrivant toutes les personnes à partir de l'âge de dix ans, à l'exception
des femmes, et exigeant avec rigueur de chacun un
tribut au-dessus de ses ressources. Les populations
commençant à tomber dans la misère, ils leur infligeaient des tourments et des tortures, et le supplice des ceps. Quiconque se cachait était arrêté et
mis à mort. Celui qui ne pouvait pas payer se voyait
arracher ses enfants, qu'ils prenaient en compensation de ce qu'il devait; car ces agents se faisaient
escorter de Perses professant l'islamisme. Les chefs
indigènes eux-mêmes, seigneurs de districts, se rendaient leurs coopérateurs en les aidant à maltraiter

---

terminée aujourd'hui; mais elle était très-certainement dans le
district de Khatchên, province d'Artsakh, où se trouvaient les possessions de la famille à laquelle appartenait le prince Djelâl. La
forteresse de Gargar' doit être distinguée de celle du même nom
qui s'élevait dans la Petite Arménie, à l'ouest et non loin de l'Euphrate.

[1] Manuscrit B, *Թորա աղա*, *Thôra-agh'a*.

et à pressurer les habitants, et afin de faire leur profit. Ces exactions ne leur suffirent pas; ils assujettirent à l'impôt tous les artisans, soit dans les villes, soit dans les villages, ainsi que les étangs et les lacs où l'on faisait la pêche, les mines de fer, les forgerons et les maçons. Mais qu'ai-je besoin d'entrer dans ces détails? Ils coupèrent tous les canaux qui alimentaient la richesse, et eux seuls restèrent riches; ils s'emparèrent des mines de sel de Gogh'p, Կողբ[1], et d'autres lieux; ils gagnèrent aussi considérablement avec les marchands, auxquels ils extorquaient des trésors en or, en argent et en pierres précieuses. C'est ainsi qu'ils réduisirent tous les pays à la misère. Les plaintes et les gémissements retentissaient de toutes parts. Après quoi, ils laissèrent des agents pour lever chaque année les mêmes sommes. Toutefois, il y eut un homme opulent qui fut traité avec égards. C'était un marchand nommé Oamég, Ումեկ[2], et par eux, Acil, Րաբիլ, homme de bien, dont nous avons déjà fait mention. Dans le sac de la ville de Garïn par les Tartares, il fut sauvé par ses fils Jean et Étienne. Il avait reçu le titre de père du roi de Géorgie, David, et de grands honneurs, par un édit du khan et des principaux chefs tartares. Ayant offert des présents considérables à Argh'oun et aux officiers qui l'accompagnaient, il fut traité par eux très-honorablement. Les agents tartares épargnèrent les ecclésiastiques et n'exigèrent d'eux aucun

---

[1] District de la province de Daïk', au pied des monts Barkhar.

[2] Manuscrit B, Ռամեկ, R'amég.

impôt, parce qu'ils n'en avaient pas l'ordre du khan. Il en fut de même des fils de Saravan, Սարավան[1], de Schaorhávor, Շնորհավոր (gracieux), et de Méguërditch, Մկրտիչ (Jean-Baptiste), lesquels étaient fort riches et puissants.

LE PIEUX ROI D'ARMÉNIE HÉTHOUM SE REND AUPRÈS DE BATHOU ET DE MANGOU-KHAN[2].

XXXII. Le fervent ami du Christ, Héthoum, qui régnait en Cilicie, dans la ville de Sis, avait précédemment envoyé son frère Sëmpad, le généralissime, à Koyouk-khan, avec de magnifiques présents. Sëmpad était revenu, après avoir été reçu très-honorablement et avoir obtenu des diplômes d'investiture. Lorsque Mangou-khan fut monté sur le trône,

---

[1] Manuscrit B, Սարավան, *Daravan.* Ces deux leçons offrent chacune un sens particulier et paraissent être des mots persans, ساربان, *conducteur de chameaux*, et دربان, *portier.*

[2] Ce chapitre a déjà été publié dans le cahier d'octobre 1835, traduit par Klaproth d'après une version russe qu'il fit faire, à ce qu'il raconte, sur le texte original de Guiragos, pendant son séjour à Tiflis, par un Arménien nommé *Joseph Toutouloff.* Cette traduction, assez fidèle, offre cependant parfois des omissions, des contresens et des non-sens, qui sont évidemment l'œuvre de M. Toutouloff, ou qui proviennent du texte défectueux et unique qu'il a eu sous les yeux. Je l'ai refaite sur mes deux manuscrits A et B; en même temps j'ai profité des notes de Klaproth sur l'itinéraire du roi Héthoum dans l'Asie centrale, tout en les contrôlant ou en les complétant par les indications que j'ai recueillies dans les travaux les plus récents sur cette partie du globe, et, entre autres, dans l'ouvrage de M. Alex. de Humboldt, intitulé: *Asie centrale,* Paris, 1843, 3 vol. in-8°.

le grand général Baṭhou, qui avait le titre de père
du roi, et qui habitait les contrées du nord, avec
des troupes innombrables, sur les bords du fleuve
immense et profond appelé *Ethil*, lequel se jette
dans la mer Caspienne, envoya un message au roi
Héthoum pour l'inviter à venir le visiter, ainsi que
Mangou-khan. Héthoum, qui redoutait Bathou, partit, mais en secret et sous un déguisement; car il craignait les Turks ses voisins, dont le souverain était
'Ala-eddin, sulthan de Roum, et qui lui en voulaient
beaucoup de ce qu'il était l'allié des Tartares. Ayant
traversé rapidement les États du sulthan, en douze
jours il arriva à Gárs, et ayant rendu visite à Batchou-nouin, général de l'armée tartare d'Orient,
ainsi qu'aux autres grands officiers, il fut traité par
eux avec beaucoup de considération. Il s'arrêta dans
le district d'Arakadz-ödën, Ա՛րագած ոտն[1], en face
de la montagne d'Ara', Ա՛րայ, au village de Varténis, Ա՛րդենիս, dans la maison d'un chef appelé
K'ourth, Քուրթ, Arménien d'origine et chrétien,
dont les deux fils se nommaient *Vatché* et *Haçan*,
et la femme *Khórischah*, Խորիշահ, laquelle était
de la famille des Mamigoniens, fille de Marzban et
sœur d'Arslan-beg et de Grégoire. Le roi fit halte
dans ce lieu, jusqu'à ce qu'on apportât de chez lui
les objets destinés à être offerts par lui en cadeaux,
et que lui envoyèrent son père Constantin, prince
des princes, alors avancé en âge, et ses deux fils,
Léon et Thoros. Il leur avait laissé le soin de le rem-

---

[1] Dans le nord-est de la province d'Ararad.

placer pendant son absence, car la reine sa femme, la pieuse Zabêl, c'est-à-dire Élisabeth, nom qui signifie *le sabbath de Dieu*, était morte. Elle justifiait bien son nom, car elle était le repos des volontés de Dieu, bienfaisante, charitable, amie des pauvres; elle était la fille du grand roi Léon, le premier de nos souverains qui ait porté la couronne. Le catholicos Constantin ayant su que Héthoum était parvenu heureusement dans la Grande Arménie, où il s'était arrêté, lui envoya le vartabed Jacques, habile et docte discoureur, qui autrefois avait été député pour rétablir l'union [entre l'Église arménienne et l'Église grecque] vers le puissant empereur Jean [Commène], maître des contrées de l'Asie, et vers le patriarche des Grecs. Ce docteur, par de savants raisonnements tirés de l'Écriture Sainte, réfuta toutes les objections des Grecs, réunis en assemblée, et qui nous reprochaient de croire qu'il n'y a qu'une nature en Jésus-Christ, et nous traitaient d'eutychéens. Jacques, par de solides arguments, leur montra, en s'appuyant sur le témoignage de l'Écriture, que Jésus-Christ possédait les deux natures, divine et humaine, toutes deux parfaites, par une union ineffable, sans perdre sa divinité et sans absorber son humanité, glorifié en une seule essence, agissant comme Dieu et comme homme. Il traita pareillement le sujet du cantique : *O Dieu saint!* (le trisagion), que nous adressons au Fils de Dieu, d'après l'évangéliste saint Jean. Il éclaircit aussi tout ce qui choquait les Grecs dans notre profession de foi, en employant d'excel-

lents raisonnements théologiques et des citations
de l'Écriture. Ayant rectifié leur opinion, il les ramena à l'amitié et à l'union avec notre nation. Après
quoi il s'en revint. congédié très-honorablement. Le
catholicos fit partir en outre le seigneur Étienne,
évêque. Le cortége du roi s'accrut du vartabed Mékhithar de Sguévr'a, Սկևռայ [1], où il était venu de
l'Orient; de Basile, Բարսեղ, qui était l'envoyé de
Bathou, et avec qui était venu Thoros, Թորոս,
prêtre non marié; de Garabed, Կարապետ (Jean-
Baptiste), chapelain du roi, homme de mœurs douces
et très-instruit, ainsi que de quantité de chefs que
Héthoum avait amenés avec lui. Ayant rassemblé son
cortége, il se dirigea par le pays des Agh'ouans et la
porte de Derbend, qui est la forteresse de Djor, Ճոր,
vers le camp de Bathou et de son fils Sarthakh, qui
était chrétien. Ceux-ci l'accueillirent parfaitement et
lui montrèrent beaucoup d'égards. Ensuite ils le
firent partir pour la résidence de Mangou-khan, par
une route très-longue, au delà de la mer Ca-
pienne. Ayant quitté ces princes le 6 de maréri,
c'est-à-dire le 13 mai[2], le roi et sa suite traversèrent
le fleuve Yaïk, Յայիխ, et parvinrent à l'endroit qui

---

[1] Couvent de la Cilicie, situé non loin de la forteresse de Lam-
pron, et très-célèbre au temps des rois r'oupéniens.

[2] Les dates indiquées dans cette relation du voyage de Héthoum
sont calculées d'après le calendrier fixe de Jean Diacre, calendrier
où le 1er du mois de navaçart, c'est-à-dire le commencement de l'année arménienne, correspond au 11 août julien. (Cf. mes *Recherches
sur la Chronologie arménienne*, t. I, Ire partie, chap. III; IIe partie, *Anthologie chronologique*, n° XCI; et IIIe partie, tableau F.)

forme [1] la moitié du chemin entre Bathou et Mangou-khan. Après avoir franchi le fleuve Irtisch,]ᵐ
ₚₕₓ, ils entrèrent dans le pays des Naïman, ⌐ᵤₐ
ₗₐₐᵣₕₙ ‘⌐ₐⱼⱷⱷₗₙ; puis, étant passés dans le Kara
Khitaï, ⌐ₐᵣₐₓₚₐₐⱼ, et de là dans le Thatharas-
dan (Tartarie), le 4 de hor'i, ou 1 3 septembre, pour
la fête de l'Exaltation de la Croix, ils arrivèrent auprès de Mangou-khan, et le virent siégeant sur son
trône dans toute sa majesté. Héthoum lui ayant offert
ses présents, Mangou lui remit un diplôme revêtu de
son sceau, et portant défense absolue de rien entreprendre contre sa personne ou ses États. Il lui donna
aussi un diplôme qui affranchissait partout les églises.
Héthoum quitta Mangou le cinquantième jour, 2 3 de
sahmi, ou 1 "novembre. En trente jours il parvint avec
son cortége à Gh'oumsgh'our, ¶] ₙₗⱷₙₗₚ, puis à
Ber-balekh, ¶]ₑₚ ₐₐₗₑₓ [2], et à Bisch-balekh, ¶]ₑₓ
ₐₐₗₑₓ, et dans le pays sablonneux habité par des
hommes sauvages, nus, ayant du poil seulement à la
tête, et par des femmes aux mamelles grosses et très-
longues. Ces populations étaient à l'état de brutes.

---

[1] Il y a dans le texte ⱼₙₚₙ ₙₚ, locution vulgaire composée de la
répétition du pronom relatif ₙₚ, qui, lequel, et dont la signification
est là où, à l'endroit où. Le traducteur russe de Klaproth a pris le
premier des deux relatifs, ₙₚₙ, pour un nom de localité, que ce dernier s'est évertué à chercher, bien entendu inutilement.

[2] On voit qu'en partant de Karakorum pour s'en retourner dans
ses États, le roi Héthoum prit la direction sud-ouest. La position de
Gh'oumsgh'our n'a pu être déterminée. Klaproth a fixé celle de
Ber-balekh au sud du lac Barkoul, dont cette ville porte aujour-
d'hui le nom chez les Mongols, sur le versant septentrional de la
chaîne du grand Altaï.

Elles ont des chevaux sauvages, de couleur rousse et noire; des mulets blancs et noirs et plus grands que le cheval et l'âne; des chameaux sauvages à deux bosses. De là les Arméniens passèrent à Yarlekh, 884ﬔﬗﬔﬗ ('Arlekh); à K'oulloug, ﬗﬗﬔﬗﬔﬗ; à Ën-gakh, ﬗﬔﬗﬔﬗ; à Djam-balekh, ﬗﬔﬗﬔﬗﬔﬗ[1]; à Khouthaph'a', ﬗﬔﬗﬔﬗﬔﬗ[2]; à Yangui - balekh, ﬗﬔﬗﬔﬗ ﬗﬔﬗﬔﬗ. Puis ils entrèrent dans le Tur-kestan, ﬗﬔﬗﬔﬗﬔﬗ; arrivèrent à Ëgoph'rog, ﬗﬔﬗﬔﬗ[3]; à Tinga-balekh, ﬗﬔﬗﬔﬗ ﬗﬔﬗﬔﬗ; à Ph'oulad, ﬗﬔﬗﬔﬗ[4], et traversèrent la Mer de lait, ﬗﬔﬗﬔﬗ ﬗﬔﬗ. Ils parvinrent à Alouálekh, ﬗﬔﬗﬔﬗﬔﬗ[5], à Ilan-balekh, ﬗﬔﬗﬔﬗ ﬗﬔﬗﬔﬗ[6]. Après avoir tra-versé la rivière Ilan-çou, ﬗﬔﬗﬔﬗ ﬗﬔﬗ, et une branche

[1] Assimilée par Klaproth à la forteresse actuelle de *Dzing* ou *Dzeng*, en chinois *Fung-jun-fou*, sur la rivière Dzing ou Dzeng, l'un des affluents du lac *Khaltar ousikhé noor* où *Boulkatsi noor*; cette place appartient au district de Kour Kara Oussou.

[2] Klaproth; *Khouthaxia'* ou *Khouthaxia'* ﬗﬔﬗﬔﬗﬔﬗ.

[3] Manuscrit B, ﬗﬔﬗﬔﬗﬔﬗ, *Ërgoph'roug*.

[4] La ville de Ph'oulad ou Boulad était dans le voisinage du lac *Soud-Goul*, سود گول, « Mer de lait. »

[5] Probablement *Ili-balekh*, l'*Almaligh* des écrivains musulmans, *Armalecco* de Pegolotti, en mongol *Gouldja-kopré*, sur la rive droite de l'Ili, et au nord-est de l'Isse-goul. (Cf. Klaproth, *Magasin asia-tique*, II° livraison, p. 173 et 214; M. Ritter, *Erd-Kunde, Asien*, t. I, p. 402, 404, 429; de Humboldt, *Asie centrale*, t. III, p. 395 et 396.

[6] Ou *Ville des serpents*. Elle a disparu aujourd'hui, mais proba-blement sa position se trouvait au sud-ouest d'Almaligh, dans le voi-sinage de la rivière Ilan-bach-çou, qui doit être la même que l'Ilan-çou ou Rivière des serpents de l'auteur arménien, affluent de la rive gauche du Tchouï.

du Taurus [1], ils atteignirent Talas, **Կшլшս**[2], et arrivèrent auprès de Houlagou, **Հուլшւու** (Houlavou), frère de Mangou-khan, lequel avait pris pour apanage l'Orient. Ayant ensuite tourné de l'ouest vers le nord, ils touchèrent à Khouthoukhtchin, **Խութուխչին**; à Ber-kend, **Պեր քանթ** (Berk'anth); Sough'oulgh'an, **Սուղուլղան**; à Öroso'-gh'an, **Որոսոյ ղան**; à Kaï-kend, **Կшյի քшնթ** (Kaï-k'anth); à Khouzakh, **Խուզшխ**, qui est K'amots, **Քшմոց**; à Khĕntakhouïr, **Խնդшխույր**; à Skhĕnakh, **Սխնшխ** [3], qui est la montagne Khart-choukh, **Խшրչուխ** [4], d'où les Seldjoukides sont originaires, et qui commence à partir du Taurus et va jusqu'à Ph'artchin, **Փшրչին**, où elle finit. De là ils rejoignirent Sarthakh, fils de Bathou, qui se rendait auprès de Mangou-khan, et atteignirent Signak, **Սին-ղшխ** (Sĕngh'akh) [5]; Savran, **Սшւршն**, qui est très-grand; Kharatchoukh, **Խшршչուխ**; Açoun, **Ասուն**;

----

[1] Klaproth conjecture que ce sont les hautes montagnes nommées actuellement *Khoabakhaï*, qui séparent le bassin du Tchouï, et son affluent le Khorkhotou, de celui du Talas.

[2] Ville située sur la rive méridionale du fleuve du même nom, qui se jette dans le Talas-goul.

[3] Manuscrit B et Klaproth, **Սնղшխ**, *Sĕngh'akh*.

[4] C'est, suivant Klaproth, la montagne appelée actuellement *Kara-Tau*, au nord de Tharaz, et dont sortent les rivières Kara-çou et Atchigan, entre lesquelles cette ville est située, au-dessus de Savran, au nord du Sihoun ou Iaxarte.

[5] Manuscrit B, **Սնղшն**, *Sĕngh'an*. C'est Saghnakh ou Sighnakh, sur le Mouskan, affluent de la rive droite du Sihoun. — Savran ou Sabran paraît être à l'ouest de Sighnakh, sur la rivière de l'Ard, l'un des affluents de la rive droite du Sihoun. — Les trois autres positions jusqu'à Otrar me sont inconnues.

Savri, Սաւրի, et Otrar, Օթրար (Ôthrar) ; ensúite Zour'noukh, Օւրնուխ[1] ; Tizag, Դիզակ[2], et enfin en trente jours Samarkande, Սմրխնդ (Sĕmĕrkhĕnt) ; Sôriph'oul, Սօրիփուլ ; Kerminié, Քրման (Kĕrman)[3], et Bokhara. Ayant traversé le grand fleuve Djihoun, Ջիհուն (Dchĕhoun), ils passèrent à Mĕrmĕn, Մրմն[4] ; Sarakhs, Սարախս, et Thous, Տուս (Dous), qui est en face du Khoraçan, nommé R'ôgh'asdan, Ռողասդան. Ils entrèrent dans le Mazandéran, Մազնդարան, et vinrent à Bistan, Բստան (Bĕsdan), de là dans l'Irak [persique], Երաղ (Ĕragh'), sur les frontières des Melahidé ; ensuite à Thamgh'an, Տամղան (Damgh'an) ; à Reï, Ռէ, la grande ville ; Kazwïn, Կազուին ; Abher, Աբահր ; Zenguian, Զանգիան (Zankian) ; Miana, Միանա. En douze jours ils parvinrent à Tauris, Թաւրէժ (Tavrêj) ; en vingt-six ils furent sur les bords de l'Araxe, Երասխ (Ĕraskh), qu'ils traversèrent. Étant arrivés à Sician, Սիսեան, auprès de Bathou-nouin, général de l'armée tartare, celui-ci fit conduire le roi vers Khodja-

[1] Ou Zarnoukh, Զարնուխ, ville située au-dessous d'Othrar, sur la rive gauche du Sihoun.

[2] Ou Debzak, ville comprise dans le territoire de Setrouchteh ou Osrouchnah, et, par conséquent, dans la plaine entre Zarnoukh et Samarkande.

[3] De ces deux stations entre Samarkande et Bokhara, la seconde, qui est la seule connue, peut être assimilée à la ville de Kerminié, كرمينـه, dans le Ma-wara-ennahar.

[4] Manuscrit B, Մարմին, Marmin. Klaproth a assimilé cette ville à Merv-Schahdjân ; mais ce rapprochement est tout à fait conjectural. Ce qu'il y a de certain, c'est que Mĕrmĕn doit se trouver sur la route de Bokhara à Sarakhs.

nouïn, auquel il avait laissé le commandement à sa place, tandis que lui-même, ayant pris avec lui le gros de l'armée, allait à la rencontre de Houlagou, qui s'avançait vers l'Orient. Cependant le pieux roi Héthoum étant arrivé chez le prince K'ourth, au village de Varténis, où il avait laissé sa suite et ses bagages, y attendit le retour du prêtre Basile, qu'il avait envoyé vers Báthou, afin de lui communiquer les lettres et le diplôme que lui avait remis Mangou-khan, et pour que Bathou donnât des ordres en conséquence. Ensuite arrivèrent les vartabeds Jacques, qu'il avait laissé ici pour s'occuper des affaires de l'Église, Mĕkhithar, qu'il fit revenir de chez Bathou avant que celui-ci fût parvenu auprès de Mangou-khan; des évêques, d'autres vartabeds, des prêtres et des seigneurs chrétiens, qui vinrent visiter le roi et qu'il accueillit tous avec bienveillance; car c'était un prince affable, et en même temps savant et versé dans la science de l'Écriture. Il donnait des présents et renvoyait chacun content. Il leur fit cadeau de vêtements sacerdotaux destinés à l'ornement des églises; car il aimait beaucoup la messe et les cérémonies religieuses [1]. Il accueillait avec bonté les chrétiens de toutes nations, et les conjurait de vivre dans un amour mutuel, comme des frères et des membres du Christ, suivant le précepte du Seigneur, qui a dit : « On connaîtra que vous êtes mes disciples si vous vous aimez les uns les autres. » (S. Jean, XIII, 35.) Il

---

[1] M. Toutouloff, et Klaproth, d'après lui, traduisent: « Parce qu'il était un grand ami de la messe *et des péchés*. »

nous racontait, au sujet des nations barbares, une foule de choses étonnantes et inconnues qu'il avait vues ou entendu rapporter. Il disait qu'il existait au delà du Khataï, ** Խատայք**, une contrée où les femmes ont la figure humaine et sont douées de raison, et où les hommes ont la forme de chiens, et sont sans raison, grands et velus. Ces chiens ne laissent pénétrer personne sur leur territoire, vont à la chasse, et se nourrissent, ainsi que les femmes, du gibier qu'ils prennent. Les mâles nés du commerce de ces chiens avec les femmes ressemblent à des chiens et les femelles à des femmes. Il y a une île sablonneuse où croît en forme d'arbre un os d'un grand prix, que l'on nomme *dent de poisson*. Lorsqu'on le coupe, il en pousse un autre au même endroit, à la manière des bois du cerf. Là sont une foule de contrées dont les habitants sont idolâtres et adorent des statues d'argile, très-grandes, appelées *sâkya-mouni*, **Շաքմունիա**, et qu'ils disent être dieu, depuis trois mille quarante ans. Ce dieu a encore à subsister trente-cinq toumans d'années (un touman vaut dix mille); après quoi il perdra sa divinité. Il y a encore un autre dieu nommé *Mâitréya*, **Մադրի**, auquel ils élèvent des statues d'argile, d'une grandeur prodigieuse, dans un magnifique temple. Toute cette race, hommes, femmes et enfants, se compose de prêtres, qui sont nommés *touïn*, **դուին**; ils ont les cheveux et la barbe rasés; ils portent un manteau jaune à l'instar des chrétiens, avec cette différence qu'il leur couvre la poitrine et non les épaules. Ils sont tempérants dans leur nourriture et dans les rapports sexuels. Ils se marient à vingt ans ; jusqu'à trente, ils s'approchent de leurs femmes trois fois par semaine ; jusqu'à quarante, trois fois par mois ; jusqu'à cinquante, trois fois par an ; et lorsqu'ils ont passé la cinquantaine, ils cessent tout rapport. Le savant roi Héthoum racontait sur ces peuples barbares bien d'autres choses que nous omettons, de peur qu'elles ne paraissent superflues. Huit mois après son départ de chez Mangou-khan, il rentra en Arménie. C'était en 704 de notre ère (17 janvier 1255-16 janvier 1256).

La fin dans le prochain cahier.

NOUVELLES ET MÉLANGES.

SOCIÉTÉ ASIATIQUE.

PROCÈS-VERBAL DE LA SÉANCE DU 12 MARS 1858.

Le procès-verbal de la dernière séance est lu ; la rédaction en est adoptée.

On donne lecture d'une lettre de M. A. Dumilloeuil, à Douai, qui offre à la Société un manuscrit telinga, dont il désire se défaire. Il sera conseillé à M. Dumilloeuil de s'adresser à la Bibliothèque impériale.

Sont proposés et nommés membres :

MM. Constantin Skatschkov, attaché au ministère des
affaires étrangères de Russie, département asiatique;
A. Rousset, ex-chirurgien de la marine impériale, à
Frasne (Doubs);
l'abbé Deschamps;
l'abbé Meignan.

M. Mohl annonce au conseil qu'une école de Beyrouth (le
medressé roumié) a adopté le premier volume de l'Ibn Batouta
pour livre de classe de l'enseignement français, et a demandé
les exemplaires nécessaires de ce volume. Il pense que la
Société apprendra avec plaisir cette nouvelle, car le désir de
faciliter l'enseignement du français dans les écoles orientales
a été une des raisons qui ont déterminé le conseil à entreprendre cette collection et à la rendre aussi accessible que
possible. Il soumet, au nom de la commission des fonds, au
conseil la proposition de sanctionner, pour les comptes de
l'année 1857, une somme de 200 francs comme indemnité
d'une pièce additionnelle fournie par M. Malo pour la bibliothèque de la Société. Après une longue discussion, cette
augmentation du prix de location est accordée.

Le même membre donne, au nom de la commission des
fonds, lecture des comptes de 1857 et du budget de 1858.
Ces pièces sont renvoyées à la commission des censeurs.

M. Rodet donne lecture d'un mémoire sur les changements
de sons entre le kawi et le javanais, et sur la métrique ja-
vanaise.

OUVRAGES OFFERTS À LA SOCIÉTÉ.

Par l'auteur. *Le pays et la société kabyle* (expédition de
1857), par M. le baron Henri Aucapitaine. Paris, 1857,
in-8°.

Par l'auteur. *Les Yem-Yem, tribu anthropophage de l'Afrique centrale*, par M. le baron Aucapitaine. Paris, 1857, in-8°.

Par la Société. *Madras Journal of literature and science*, edited by the committee of the Madras Literary Society and auxiliary Royal Asiatic Society, July-September 1857. Madras, in-8°.

Par l'auteur. *Indische Alterthumskunde*, von Christian Lassen. Leipzig, 1857, in-8°.

Par la Compagnie des Indes. *Selections from the records of the government of Bengal*, published by authority, n° XXVII. Papers relative to the colonization, commerce, physical geography, etc. of the Himalaya mountains and Nepal, by Brian Houghton Hodgson. Calcutta, 1857. In-8°.

Par l'auteur. *Notice sur la régence de Tunis*, par S. Henry Dunant. Genève, 1858, in-8°.

PROCÈS-VERBAL DE LA SÉANCE DU 8 AVRIL 1858.

M. Defrémery est prié de présider la séance en l'absence de M. le Président.

Il est donné lecture du procès-verbal de la dernière séance; la rédaction en est adoptée.

Est présenté et nommé membre de la Société :

M. DILLMANN, professeur à Kiel.

M. Menant offre au Conseil son intermédiaire bénévole pour des recherches de livres à faire à Canton. Le conseil accepte cette offre avec reconnaissance.

M. Rodet présente des observations sur une partie des pièces manuscrites du legs d'Ariel, surtout sur une traduction de Tirouvallouver et la correspondance de M. Ariel. M. Lancereau donne quelques éclaircissements sur ces points. M. le bibliothécaire adjoint promet d'examiner de nouveau ces pièces avant leur classement définitif.

OUVRAGES OFFERTS À LA SOCIÉTÉ.

Par l'auteur. *Jeremias von Anathoth. Die Weissagungen und*

Klagelieder des Propheten nach dem masorethischen Texte ausgelegt, von Wilhelm Neumann. Leipzig, 1856, in 8°.

Par la Société. *Proceedings of the Royal geographical Society of London.* Vol. II, n° 1. Janvier, 1858, in-8°.

Par la Société. *Bulletin de la Société de Géographie* (mars 1858).

Par les auteurs. *La Colombe du Massis*, Messager de l'Arménie (janvier 1858).

Par la Compagnie des Indes. *The Gol Goomuz at Beejapore, photographed from the original drawings.* Londres, 1858, in-folio.

NOTICE NÉCROLOGIQUE SUR M. LE COMTE JEAN II DE LAZAREFF.

La Société asiatique vient de perdre un de ses membres les plus regrettables, M. le comte Jean II de Lazareff, dont le nom rappelle d'éminents services rendus aux lettres orientales par une constante et généreuse protection, et par le noble emploi qu'il faisait de sa fortune pour en développer et en favoriser l'étude dans l'établissement fondé à Moscou par sa famille, sous le nom d'*Institut Lazareff des Langues orientales*. Le comte Jean II, l'aîné de trois frères, représentants directs de l'une des plus illustres et des plus anciennes familles originaires de la Grande Arménie, chambellan de Sa Majesté l'empereur de Russie et conseiller d'état actuel, est mort le $\frac{2}{14}$ février dernier, à Saint-Pétersbourg, à l'âge de soixante et douze ans. Cette famille possédait, au commencement du xvii° siècle, une des principautés restées encore debout et indépendantes dans l'Arménie orientale, au milieu des invasions et des révolutions auxquelles ce pays avait été en proie. Lorsque, en 1605, Schah-Abbas le Grand transplanta en Perse les habitants des provinces riveraines de l'Araxe, parmi lesquels étaient en majorité ceux du territoire de Djoulfa, Manoug, qui était alors le chef de la famille des Lazariants, partit avec eux.

Pour rappeler le souvenir de la patrie absente, ces émigrés donnèrent à la colonie qu'ils fondèrent auprès d'Ispahan, le nom de Nouvelle-Djoulfa. Schah-Abbas, voulant leur faire oublier la violence qui les avait arrachés de leurs foyers, et donner l'essor à leur industrieuse activité dans ses États; Schah-Abbas se montra plein de bienveillance pour eux, et leur accorda les plus grands priviléges. Son petit-fils, Abbas II (1642-1666), investit le fils de Manoug des fonctions de directeur des monnaies, et le fit son ministre des finances. Plus tard, le fameux Nadir-Schah (Tamasp-Kouli-Khan) le nomma *kelonther*, c'est-à-dire préfet et juge suprême de la Nouvelle-Djoulfa. Comme souvenir de son administration, le magistrat arménien laisse deux caravansérails, à l'érection desquels il consacra, sur ses deniers personnels, une somme de cent mille écus, et où ceux de ses compatriotes que le commerce attirait à Ispahan trouvaient l'hospitalité. Les révolutions qui survirent la mort de Nadir-Schah forcèrent le petit-fils de Manoug, Éléazar Nazarian Lazariants, à quitter la Perse; il passa en Russie, attiré par l'accueil empressé que, depuis Alexis Mikhaïlovitch, les tzars faisaient aux Arméniens, et par la protection et la sécurité qu'ils leur offraient dans leurs États. La Russie les voyait alors accourir de tous côtés; Éléazar et son fils le comte Jean I s'y signalèrent par la création de vastes fabriques de soie et de coton aux environs de Moscou, par l'exécution de plusieurs opérations importantes de finances pour le compte du gouvernement russe, et en prenant une part active à la fondation des villes de Kizlar, Mozdok, Grigoriapol et de la Nouvelle-Nakhitchévan.

Le comte Jean I, l'ancien ami de Potemkin, mourut en 1813, laissant une immense fortune, et après avoir été comblé des faveurs de Catherine II, de Paul Ier et d'Alexandre Ier. Sa dernière pensée fut un bienfait pour ses compatriotes, et un nouveau service rendu au pays qui l'avait accueilli. Par son testament, il consacra une partie de cette fortune à la fondation, à Moscou, d'une maison d'éducation, destinée,

sous le nom d'*Institut des Langues orientales*, à recevoir les
Arméniens et les natifs du Caucase, et à leur fournir une
instruction dont ils iraient plus tard rapporter le bienfait dans
leur patrie. La suprême volonté de Jean, dont l'exécution
avait été confiée à Joachim, son frère et son héritier, fut remplie avec une libéralité qui outrepassait même les intentions
du donateur. Joachim éleva le capital de la fondation à la
somme de cinq cent mille roubles, et, depuis lors, le comte
Jean II et son frère, S. Exc. M. Christophe, pieux continua-
teurs de l'œuvre paternelle, ont porté cette somme à plus
d'un million (quatre millions de francs). Après la mort de
son père Joachim, arrivée en 1826, Jean II, devenu le chef de
la famille de Lazareff, consacra tous ses soins à la direction
de l'Institut des Langues orientales, et introduisit de nombreuses améliorations dans cet établissement, aujourd'hui
l'un des plus importants de ce genre que possède la Russie.
L'imprimerie qu'il y annexa s'enrichit des types des principaux idiomes orientaux, et produisit une foule de publications utiles, parmi lesquelles on peut citer l'ouvrage, en trois
volumes in-4°, intitulé *Collection de documents relatifs à l'histoire de la nation arménienne* (en russe), recueil précieux où
sont contenus les oukases des tzars et toutes les pièces officielles concernant les Arméniens de Russie, et le *Dictionnaire arménien-russe*, en deux volumes in-4°, qui a pour auteur M. de Khoudabacheff, et dont l'impression coûta quarante
mille roubles assignats. Non content de fournir largement à
la dotation des églises arméniennes de Saint-Pétersbourg et
de Moscou, dont l'érection est due à sa famille, le comte
Jean II bâtit à ses frais la belle église qui s'élève aujourd'hui
au centre des usines du gouvernement de Perm. Plein d'humanité et de bonté pour les serfs de ses domaines, il subve-
nait, dans les années difficiles, à leur entretien et à leurs
besoins, et voulait que les sommes qu'il affectait à cet usage
fussent prélevées sur ses revenus, même avant ses dépenses
personnelles. En une foule de lieux il avait fondé pour eux des
écoles et des hospices. Aussi la nouvelle mesure ordonnée par

le gouvernement russe pour l'affranchissement des paysans avait-elle été accueillie par lui avec la plus vive sympathie. Ce n'est qu'à sa mort que l'on a connu les prodigalités de sa charité, qui s'exerçait indistinctement envers tous les malheureux, quelle que fût leur religion ou leur nationalité.

Ses obsèques ont eu lieu au milieu d'un immense concours, où figuraient tous les ministres de l'empereur. Sa dépouille mortelle a été déposée dans la sépulture de famille, à la chapelle arménienne du cimetière de Smolensk, non loin de Saint-Pétersbourg. — E. D.

A VOCABULARY OF WORDS USED IN MODERN ARMENIAN BUT NOT FOUND IN THE ANCIENT LEXICONS, Smyrne; 1847, in-8° (163 pages).

Je ne sais si ce petit livre de M. E. Riggs est connu en Europe; je ne l'avais jamais vu et je l'annonce dans la supposition que plusieurs lecteurs du *Journal asiatique* seront dans le même cas que moi. L'auteur a réuni à peu près six mille mots, qui sont usités aujourd'hui parmi les Arméniens, mais qui manquent dans les dictionnaires, parce qu'ils ne se rencontrent pas dans la littérature ancienne des Arméniens. Une partie de ces mots sont arméniens, et ont conservé leur ancienne forme, mais ont changé de sens ou au moins de nuance; d'autres sont arméniens aussi, mais ont changé de forme ou de terminaison; d'autres sont évidemment d'anciens mots de la langue, mais n'ont pas été placés dans les dictionnaires, parce qu'ils ne se trouvent pas employés dans les livres qui nous restent; d'autres, enfin, sont turcs ou viennent d'autres langues par l'intermédiaire du turc. — J. M.

NOTICE SUR LA RÉGENCE DE TUNIS, par M. J. Henry Dunant. Genève, 1858, gr. in-8° (261 pages).

C'est une description de l'état actuel de Tunis, par un

homme qui a évidemment habité le pays et qui en parle la
langue. Ce n'est pas un livre savant, ni précisément une
statistique; on n'y trouve point de recherches sur le passé,
mais des observations sur les mœurs et l'état civil du pays,
et l'auteur s'adresse plutôt aux hommes du monde qu'aux
savants. Son opinion sur le pays est en général favorable;
mais il a tort de ne pas indiquer quelle a été la longueur
de son séjour et quelles opportunités pour l'observation il
avait, parce que la confiance du lecteur dépend nécessairement de ces circonstances.

A JOURNEY THROUGH THE KINGDOM OF OUDE, by major general
Sir W. H. SLEEMAN. Londres, 1858, 2 vol. in-8° (LXXX, 337 et
428 pages).

Le général Sleeman était un des hommes qui ont le mieux
connu l'Inde. C'est à lui qu'était due l'organisation d'une police particulière, destinée à la poursuite et à la destruction
des Thugs, et les rapports qu'il a publiés sur cette grande et
difficile entreprise, de même que les deux volumes qu'il a
fait paraître en 1844, sous le titre : *Rambles and Recollections
of an Indian Official,* avaient montré depuis longtemps jusqu'à quel degré il s'était familiarisé avec les idées et les sentiments des Hindous. Il fut nommé, en 1849, résident à la
cour de Lucknow, et l'ouvrage posthume que j'annonce est
le Journal d'une tournée officielle faite dans le royaume
d'Oude pendant les années 1849-1850. Il n'y a rien de plus
curieux à lire aujourd'hui que ce récit d'un homme si bien
placé et si bien préparé pour tout voir, sa description de
l'état dans lequel une administration déplorable avait jeté ce
malheureux pays, et son appréciation des conséquences pro-
bables de l'absorption de cette province par l'empire anglo-
indien. — J. M.

JOURNAL ASIATIQUE.

JUIN 1858.

LES MONGOLS
D'APRÈS LES HISTORIENS ARMÉNIENS;

FRAGMENTS TRADUITS SUR LES TEXTES ORIGINAUX

PAR M. ÉD. DULAURIER.

(FIN DE L'EXTRAIT DE GUIRAGOS.)

MASSACRES DANS LA CONTRÉE DES ROMAINS.

XXXIII. Au commencement de l'année arménienne 705 (17 janvier 1256-16 janvier 1257)
mourut Bathou, commandant de l'armée tartare du
nord, tandis que son fils Sarthakh était en chemin
pour se rendre auprès de Mangou-khan. Sarthakh ne
revint point sur ses pas pour aller rendre les derniers
devoirs à son père; il continua sa route. Mangou-
khan, enchanté de son empressement, vint au-devant
de lui, et le traita avec la plus grande distinction.
Il lui accorda les États de son père Bathou, les mêmes
pouvoirs militaires, la domination sur tous les pays
que possédait ce dernier, avec le titre de second de
l'empire, et le privilége de dicter des ordres en souverain. Après quoi il le congédia. Avec Sarthakh se

trouvait le pieux prince de Khatchên, Djelâl, qui
était venu faire connaître au maître du monde les
persécutions que lui avait suscitées l'ösdigan Argh'oun, qui voulait le tuer, à l'instigation des Dadjigs, et auquel il avait échappé avec peine. Mangou lui conféra, par un diplôme, l'investiture de sa
principauté, le pouvoir de la gouverner en prince
indépendant, et une sécurité complète contre toute
agression; car Sarthakh l'aimait beaucoup, et le traitait avec une extrême considération. Sarthakh périt
empoisonné par ses parents (oncles) Béréké, *** Բ****
*****, et Barkadjar, ***Բ*****, qui étaient musulmans. Ce fut une grande douleur pour les chrétiens, et principalement pour Mangou-khan et pour
son frère Houlagou, qui régnait sur les contrées
d'Orient. Antérieurement à ces événements, le premier des généraux tartares, Houlagou, qui avait le
rang de khan, donna l'ordre aux troupes d'Orient,
commandées par Batchou-nouïn, de prendre leurs
bagages et tout ce qu'elles avaient, et de quitter la
région où elles stationnaient et où avait été fixée
leur résidence, la plaine de Mough'an, le pays des
Agh'ouans, l'Arménie et la Géorgie, de passer chez
les Romains[1], et de se substituer à eux dans ces contrées fertiles. En effet Houlagou était arrivé avec une
armée si considérable, que l'on prétend qu'elle mit
presque un mois entier à traverser le fleuve Djihoun.
D'ailleurs quelques-uns des parents de Houlagou ar-

---

[1] C'est-à-dire dans les États du sulthan d'Iconium, ou le pays
de Roum.

rivèrent au pays de Bathou et de Sarthakh, de ce côté-ci de la porte de Derbend, à la tête de forces innombrables. C'étaient de puissants personnages, d'un rang considérable, Balaka, ſ\ɯɥɯɻɯ; Toutar, ſ)ɯ̣ɯ̣ɯʂɯɻ ou ſ)ɯ̣ɯ̣ſ·ɯɻ; Kouli, ſ]ɯ̣ɥɾ¹. Nous les avons vus nous-même; ils étaient petits-fils de Tchinguizkhan, et on leur donnait le titre de *fils de Dieu*. Ils aplanirent et rendirent praticables tous les défilés par où ils passaient; car ils allaient en chariots. Leur voyage fut signalé par les calamités, les exactions et les déprédations qu'ils firent subir aux habitants, mangeant et buvant avec une avidité insatiable. Les populations se virent partout conduites aux portes de la mort. Outre les impôts multipliés qui avaient été établis par Argh'oun, comme le *mali*, ſɯɥɾ², et le *kharschouri*, ɻɯɯɻɀɯ̣ɥɾ³, Houlagou donna l'ordre d'en exiger un autre, qu'ils appellent *thagh'ar*, ſ·ɯɻɯɻ, c'est-à-dire capitation. Quiconque était inscrit sur les registres royaux devait fournir cent livres de froment, cinquante livres de vin, deux livres de riz, deux sacs⁴ de *dzĕndzad*, ठ̃ɯठ̃ɯ̣ɯ̣ɯ̣, deux cordes et une pièce d'argent⁵, une flèche, un fer à cheval, sans compter les

---

¹ Ces trois princes descendaient de Djoutchi; Balaka était son petit-fils, Toutar, son arrière petit-fils, et Kouli, son petit-fils par Ourda, l'aîné des quatorze fils de Djoutchi.

² Je pense que le mot *mali* est le même que le mongol ﮑﺎﻝ, *mal,* qui signifie « bestiaux de toute espèce, » et qui peut être entendu ici dans le sens d'impôt prélevé sur les bestiaux par les Tartares.

³ Manuscrit B, ɻɯ̣ɥɀɯ̣ɥɾ, *khaph'schouri.*

⁴ Manuscrit B, « trois sacs. »

⁵ Il y a dans le texte ɯ̣ɥ̣ɯ̣ɯ̣ɥ, *blanc,* qui m'a paru être le nom

présents offerts pour gagner ces gens-là ; de plus, une tête de bétail sur vingt, et vingt pièces d'argent. Celui qui n'avait pas de quoi s'acquitter se voyait enlever ses fils et ses filles en compensation de l'impôt. C'est ainsi que ces contrées furent pressurées et désolées. Comme les Tartares avaient beaucoup de peine à quitter les lieux où ils étaient établis, ils partirent avec répugnance, et seulement à cause de la crainte que leur inspirait Houlagou ; car ils le redoutaient à l'égal du khan. Ils marchèrent donc contre les Romains. Le sulthan, impuissant à leur résister, se sauva dans l'île d'Alaïa [1]. Les Tartares passèrent au fil de l'épée les populations de ses États, jusqu'à la mer Océane [2] et celle du Pont, étendant partout le massacre et le pillage. Ils exterminèrent les habitants de Garin, d'Ézĕnga, de Sébaste, de Césarée, d'Iconium, et des districts environnants ; puis, sur l'ordre de Houlagou, ayant renvoyé leurs bagages dans l'endroit où étaient leurs campements, ils étendirent leurs incursions de divers côtés. A ces expéditions prit part le roi d'Arménie Héthoum, de retour de sa visite chez Mangou-khan, Bathou, Sarthakh et Houlagou.

d'une monnaie d'argent. On dit aujourd'hui dans le mème sens, à Constantinople, ᙭ᕈᙏᖷᗃᐧᔔᕈ ᕈᙏᗃᐧᔔᕈ, *argent blanc,* pour exprimer d'une manière générale la monnaie d'argent.

[1] L'auteur commet ici une erreur : Alaïa n'est point une île, mais une forteresse située sur un cap, le *Coracesium promontorium.*

[2] Comme je l'ai dit (dans la note 14 du chapitre 1er, *Récit de la première croisade*), les Arméniens donnent aussi à la Méditerranée le nom d'Océan, principalement à la partie qui baigne la côte occidentale de l'Asie Mineure ou mer Égée, et la côte méridionale ou mer de Syrie.

Il accompagnait Batchou-nouïn, qui ensuite le renvoya dans ses États, en Cilicie, à Sis, en le faisant escorter par un détachement considérable. Héthoum, par les présents et les forces qu'il fournit à Batchou-nouïn, lui témoignait son dévouement, ainsi qu'aux troupes qui étaient sous les ordres de ce général. Il mérita même qu'une lettre d'éloges et de félicitations pour lui fût adressée à Houlagou. Ce dernier, prince belliqueux, ayant réuni toutes ses forces, marcha vers la contrée des Melahidé, contre Alamouth, et s'empara de cette place, que depuis plusieurs années les troupes royales tenaient assiégée. Les fils de 'Ala-eddin (prince des Ismaéliens), ayant tué leur père, s'étaient réfugiés auprès de Houlagou. Il fit détruire toutes les fortifications d'Alamouth. Cette expédition terminée, il donna l'ordre à son armée et à toutes les nations qui étaient sous la domination tartare de se réunir pour marcher contre Bagdad, cette grande métropole (le mot *Bagdad* signifie *le milieu;* entre les Perses et les Syriens); car cette ville n'avait point encore subi les coups des Tartares. Le khalife, dont elle était la résidence, descendait de Mahomet (Mah-mêd); le mot khalife signifie en effet *successeur.* Tous les sulthans qui professaient l'islamisme, ceux des Turks, des Kurdes, des Perses, des Élyméens, Սելճուք *Սէլճուք*, et autres, reconnaissaient son autorité. Il était le chef suprême de tous les peuples qui avaient accepté sa loi, et les sulthans étaient rattachés à lui par les liens des traités, de l'obéissance et du respect, comme au parent et au descendant de leur législateur, le premier de leurs imposteurs. Au rendez-vous assigné par Houlagou accoururent les chefs les plus considérables des contrées de Bathou, savoir : Kouli[1], Balaka, Toutar, Káda-khan, *Ͻ ɯɯɯɲɯՈ*[2], lesquels avaient pour Houlagou le même respect, la même soumission et la même crainte que pour le khan.

RUINE DE BAGDAD.

XXXIV. En 707 de l'ère arménienne (16 janvier 1258-15 janvier 1259), le grand monarque maître du monde, Mangou-khan, ayant rassemblé une armée innombrable, s'avança vers un pays éloigné dans la direction du sud-est, contre une nation nommée *Náinkas*, *Ͻɯʃɯɲɯɯ*[3], qui s'était révoltée contre lui et refusait le tribut qu'acquittaient les autres peuples, car cette nation était belliqueuse, et protégée par la forte situation du territoire où elle est. Elle était idolâtre; elle mangeait les vieillards, hommes et femmes. Les familles se réunissaient, fils, petits-fils et petites-filles, et écorchaient leurs parents avancés en âge, en commençant par la bouche, et retiraient

---

[1] J'ai rétabli la leçon *Ͻɯɯʃ*, qui se trouve précédemment : ici les manuscrits portent *Ͻɯɯʃ*.

[2] Manuscrit B, *ϽɯɯɯɲɯՈ*, *Tchadagh'an*.

[3] Manuscrit B, *ɯՆɲɯɯ*, *Ankas*. Il s'agit ici du pays appelé par les Mongols ﻧﻜﻴﺎﺱ, *Nankias*, et ﻧﻜﻴﺎﺩ, *Nankiad*, dans Ssanang Ssetsen, p. 210; ننكياس, dans le *Nozhet-el-Koloub* (cf. Raschid-eldin, traduit par Ét. Quatremère, *Vie de Raschid-eldin*, p. LXXXVI-LXXXVII, et *ibid.* note 155). C'est le Manzi ou Matchin, nom qui désignait à cette époque la Chine méridionale.

la chair et les os, qu'ils faisaient cuire et dont ils se repaissaient sans laisser de restes; puis, faisant de la peau une outre, ils l'emplissaient de vin; tous ses descendants, à l'exclusion des étrangers, y buvaient par le membre viril, comme tirant leur naissance de là, et comme si ce repas et cette manière de boire étaient pour eux un privilége. Ils entouraient d'or le crâne, qui leur servait de coupe toute l'année. Mangou-khan, ayant donc attaqué les Naïnkas, les mit vaillamment en déroute et les fit rentrer sous le joug. De retour chez lui, il fut saisi d'une maladie mortelle, et il expira, laissant pour lui succéder son frère Arik-bouga, ** Արիքպուղա**.

Cependant le puissant Houlagou, son autre frère, chargé du commandement de l'armée, prescrivit à tous ceux qui relevaient de lui de marcher contre la métropole des Dadjigs, la ville royale de Bagdad. Le souverain qui y régnait ne portait pas le titre de sulthan ou de mélik, comme les tyrans des Turcs, des Perses et des Kurdes, mais celui de khalife, c'est-à-dire successeur de Mahomet. Houlagou se mit en marche avec des forces immenses, où figuraient toutes les nations soumises aux Tartares. Il choisit l'époque de l'automne et de l'hiver, afin d'éviter la chaleur intense qui se fait sentir dans ces climats; mais, avant de se mettre en campagne, il enjoignit à Batchou-nouïn et aux troupes qui, avec ce chef, avaient envahi le pays des Romains, d'accourir, et de franchir le grand fleuve du Tigre, sur lequel est bâtie Bagdad, afin que personne ne pût échapper de cette ville en se jetant dans des embarcations pour se réfugier à Ctésiphon, Կատիսբոն, ou à Bassora, Բասրայ, place très-forte. Cet ordre fut exécuté immédiatement; les Tartares établirent un pont de bateaux sur le Tigre, et fixèrent dans des passages, sur toute la largeur du fleuve, des crochets et des broches de fer attachés au fond, afin qu'on ne pût se sauver à la nage, et que rien ne transpirât au loin. Le khalife Mosta'cem, Մուսթասար, qui régnait à Bagdad, plein-d'orgueil et de confiance en lui-même, envoya contre ceux qui gardaient le fleuve un corps considérable, sous les ordres d'un chef nommé *Tautar,* Տաւտար[1], préfet de son palais. Celui-ci vainquit d'abord les Tartares et leur tua environ trois mille hommes. Le soir, cet homme se mit à manger et à boire sans aucun souci; il envoya un message au khalife, pour lui annoncer qu'il avait battu les ennemis, et que le petit nombre de ceux qui avaient survécu au combat serait exterminé le lendemain. Cependant les Tartares, à l'esprit inventif et rusé, ayant passé la nuit à s'armer et à s'équiper de pied en cap, entourèrent le camp des Dadjigs. Avec ces Tartares se trouvait le prince Zak'arê, fils de Schahënschah. A l'aurore ils se précipitèrent, le glaive à la main, sur les Dadjigs, les massacrèrent et les précipitèrent dans le fleuve; il n'en échappa qu'un

---

[1] C'était Moudjahid-eddin Eibeg, le petit Dévatdar. Lui et le général Feth-eddin-ibn-Korer avaient établi leur camp entre Ya'kouba et Badjéni, sur la route de Holvan. Ils s'avancèrent à la rencontre de l'avant-garde mongole, qui arrivait à l'ouest du Tigre, et qui était commandée par Sougoundjak. (D'Ohsson, IV, 5, t. III, p. 230.)

petit nombre. En même temps, dès le point du jour, le grand Houlagou investit Bagdad en assignant à chaque soldat une brasse de rempart à renverser, et à garder avec vigilance afin que personne ne se sauvât. Il députa le brave Br'ôsch et d'autres vers le khalife pour le sommer de venir faire acte de soumission et se déclarer tributaire du khan. D'abord le khalife répondit par des mensonges et des outrages. Il dit qu'il avait les titres de porte-flambeau, seigneur de la mer et de la terre; qu'il se glorifiait de l'étendard de Mahomet, « qui est ici, ajouta-t-il, et si je l'agite, vous périrez tous, toi et le monde entier. Toi, tu es un chien turk; pourquoi te payerais-je tribut ou me courberais-je sous ton joug? » Cependant Houlagou ne s'irrita pas de ces insultes; il n'écrivit au khalife rien qui sentît l'orgueil. Il se contenta de répondre : « Dieu sait ce qu'il fait. » Il commanda alors d'abattre le rempart, qui fut détruit en totalité; puis de le relever et d'y faire bonne garde. Cet ordre fut exécuté. La ville était remplie de troupes et d'une population nombreuse. Pendant sept jours, les Tartares veillèrent aux remparts, sans que nul lançât de flèches, ou mît l'épée à la main, soit dans la ville, soit parmi eux. Après le septième jour, les habitants commencèrent à demander la paix et à se rendre vers Houlagou, dans des dispositions pacifiques et de soumission. Il ordonna de les laisser faire. Des flots de peuple sortaient par les portes de Bagdad, cherchant à qui accourrait le premier vers lui. Houlagou distribua ces gens à ses troupes, et commanda

de les éloigner de la ville et de les massacrer en
secret, afin que les autres n'en sussent rien. Tous
furent exterminés. Au bout de quatre jours arriva le
khalife Mosta'cem en personne, avec ses deux fils
et tous les grands de sa cour, apportant avec lui de
l'argent, de l'or, des pierres précieuses en quantité
et des vêtements de grand prix, pour les offrir à
Houlagou et aux chefs tartares. Houlagou le traita
d'abord honorablement, tout en lui reprochant d'a-
voir tardé de venir au lieu de se présenter aussitôt
Puis il lui dit : « Es-tu un dieu ou un homme? » Le
khalife répondit : « Je suis un homme, serviteur de
Dieu. » Houlagou reprit : « Dieu t'a-t-il prescrit de
m'injurier, de m'appeler chien, et de ne point me
donner, à moi, le chien de Dieu, à manger et à boire?
Eh bien! moi, le chien de Dieu, qui suis affamé,
je te dévorerai. » Et il le tua de sa propre main, en
disant : « C'est un honneur pour toi que je te donne
la mort, et que je n'aie pas laissé le soin de cette exécution à tout autre. » Il ordonna à son fils de mettre
à mort pareillement un des fils du khalife, et de précipiter le second dans le Tigre [1] : « Car il ne nous

---

[1] Il y a dans le texte : *Հրամայեաց . . . զիւս որդին առ դե-
ուն Ստերինի սաղաւարթ*. Quoique les deux manuscrits portent
distinctement *սաղաւարթ*, je crois devoir lire *աղաւարդ*, en prenant
la locution *առ աղաւարդ* dans le sens qu'elle a quelquefois de
Հարդաւանել, ou *զաշաւկծ առնել*, précipiter. Il est certain que
le second fils du khalife Mosta'cem Ahmed fut mis à mort le lendemain de l'exécution de son père et de son frère aîné, 'Abd-errahman. On lit dans d'Ohsson (IV, 5, t. III, p. 243), que Mosta'cem et 'Abd-errahman furent renfermés dans des sacs et foulés

a fait aucun mal, dit-il ; au contraire, il a été notre
coopérateur dans l'extermination de ces révoltés. »
Il ajouta [en parlant du khalife] : « Cet homme est
cause, par son orgueil, que beaucoup de sang a été
répandu. Qu'il aille en répondre à Dieu ; quant à
nous, nous n'en serons pas comptable. » Il fit périr
aussi les grands personnages ; puis il commanda aux
troupes qui gardaient le rempart d'en descendre et
de massacrer les habitants, depuis le plus grand jusqu'au plus petit. Les Tartares, pareils à des moisson-
neurs qui font tomber les épis sous la faux, tuèrent
successivement une multitude immense d'hommes,
de femmes et d'enfants. Le carnage dura quarante
jours. Les égorgeurs s'étant lassés, et leurs bras tom-
bant de fatigue, ils reçurent un salaire pour exterminer ce qui restait, et qui fut immolé sans miséricorde. L'épouse de Houlagou, sa première femme,
qui était chrétienne et se nommait Dôkouz-kha-
thoun, réclama les chrétiens de l'hérésie nestorienne,
ou de toute autre nation, qui se trouvaient à Bagdad,
et implora pour eux de son mari la vie sauve. Houlagou les épargna et leur laissa ce qu'ils possédaient.
Il abandonna le pillage de la ville à ses soldats, qui
se chargèrent d'or, d'argent, de pierres précieuses,
de perles et de vêtements de prix ; car cette cité

---

aux pieds des chevaux jusqu'à ce qu'ils expirassent. Le langage que
notre historien met dans la bouche de Houlagou ordonnant la mort
d'Ahmed peut s'expliquer par la raison que le conquérant mongol
regardait peut-être comme moins rigoureux le genre de supplice
auquel il condamna ce prince, en comparaison de la mort sanglante
que subirent, suivant notre récit, le khalife et son fils aîné.

était extrêmement riche, et sans rivale sur la terre.
Houlagou se réserva les trésors du khalife; il en em-
porta trois mille six cents charges de chameau,
avec une quantité innombrable de chevaux, de mulets et d'ânes. Quant aux autres magasins où les trésors étaient accumulés, il y apposa son sceau, et les
laissa sous la surveillance de gardiens; il ne pouvait
tout enlever, tant ce butin était immense. Il y avait
cinq cent quinze ans que cette ville avait été fondée
par [Abou-] Dja'far, Ջաֆր, l'Ismaélite. En 194 de
l'ère arménienne (24 mai 745-23 mai 746), elle fut
bâtie sur le Tigre, au-dessus de Ctésiphon, à une
distance d'environ sept journées de marche de Ba-
bylone. Pendant tout le temps qu'elle conserva l'empire, pareille à une sangsue insatiable, elle avait englouti le monde entier; elle rendit alors tout ce
qu'elle avait pris, en 707 de l'ère arménienne
(16 janvier 1258-15 janvier 1259). Elle fut punie
pour le sang qu'elle avait versé, pour le mal qu'elle
avait fait, lorsque la mesure de ses iniquités fut
comblé devant Dieu, qui connaît tout et qui donne la
rétribution avec équité, sans acception de personnes
et avec exactitude. La domination belliqueuse et
violente des Dadjigs dura et se maintint six cent quarante-sept ans. Bagdad fut prise le premier jour de
carême, un lundi, le 20 de navaçart, suivant le calendrier vague (4 février) [1]. Nous tenons ce récit du

---

[1] En 1258, année qui eut VII du cycle solaire et pour lettre do-
minicale F (chez les Arméniens Ֆ), Pâques tomba le 24 mars; le
dimanche de la Quinquagésime, le 3 février, et le lendemain lundi 4.

prince Haçan, surnommé *Br'ôsch*, fils de Vaçag, le pieux fils de Hagh'pag, lequel Haçan était frère de Babak' et de Mĕgtêm, et père de Mĕgtêm, de Babak', de Haçan et de Vaçag. Ce prince vit de ses propres yeux ce qui se passa, et entendit de ses propres oreilles ce qui fut dit.

RUINE DE MARTYROPOLIS.

XXXV. Après le sac de Bagdad, le grand Houlagou, au retour du printemps, convoqua ses troupes et les confia à son fils cadet, nommé *Dchiasmouth*, Ջ խաաՍուԹ [1], en lui adjoignant l'intendant en chef de sa maison, Ilikia-nouîn, Իլիգիայ Նուինն; il les envoya vers l'Euphrate, comme en partie de plaisir, pour

---

jour de la prise de Bagdad et premier jour du carême arménien, correspondit au 20 de navaçart, puisque ce mois avait commencé le 16 janvier. Cet accord des dates du calendrier pascal avec le quantième mensuel du calendrier vague arménien prouve que la concordance de ce dernier calendrier avec notre ère chrétienne, vainement cherchée jusqu'à présent, et telle que je l'ai établie dans mes *Recherches sur la chronologie arménienne*, est désormais à l'abri de toute discussion. Dans cet ouvrage, qui ne tardera pas à paraître, on trouvera les dates de la fondation et de la prise de Bagdad amplement discutées. M. Brosset, dans son *Histoire de la Géorgie*, Additions et Éclaircissements, p. 437, a vainement essayé de les expliquer. Il répète, en copiant la table fautive de Surmêli, que l'année arménienne 707 commença le 17 janvier 1258, et ajoute que cette année fut bissextile; mais la plus simple, la plus vulgaire notion du calendrier suffit pour savoir que le bissexte affecta 1256 et non 1258.

[1] Manuscrit B, Ջ խաաՍͷԹ, *Dchiasmath*; Yschmouth dans d'Ohsson.

dévaster et piller ces contrées, et les réduire. Comme ils passaient auprès de la ville des Martyrs, autrement appelée *Meïafarékin*, Ս*ուֆարկին*, les habitants les appelèrent pour leur offrir leur soumission, leur proposer des troupes et le payement d'un tribut, sous la condition qu'ils vivraient tranquilles. Le sulthan auquel appartenait çette ville, et qui était de la famille des Adéliens, Ս*դլեանք*[1], refusa de ratifier cette convention, et ayant rassemblé ses troupes, se mit à la poursuite des Tartares et leur tua quelques hommes; puis, s'étant renfermé dans la ville, il s'y fortifia et la mit en état de défense. Les Tartares, ayant laissé des forces pour l'assiéger, continuèrent leur marche jusqu'au grand fleuve Euphrate, vers la Mésopotamie, où ils firent du butin; puis ils revinrent grossir l'armée assiégeante. Ils envoyèrent annoncer à Houlagou la résistance de Martyropolis. Ce prince fit partir des forces considérables, qu'il confia à un général nommé Djagataï, Ջ*աղատայ*, arrivé précédemment avec des troupes tartares et avec le prince chrétien Br'ôsch, surnommé *Haçan*, tous deux braves et illustres guerriers. Il leur avait recommandé d'investir la ville de tous côtés, sans y laisser pénétrer ou en sortir personne. A leur arrivée, ces deux généraux attaquèrent vigoureusement la place; ils disposèrent des balistes

---

[1] Mélik-el-Kamel Nacer-eddin Mohammed, fils de Mélik-el-Modhaffer Schehâb-eddin Gazi, et neveu de Mélik-el-Adel, frère de Saladin. Il était de la famille des Ayoubites, que l'auteur appelle Է*լեանք*, *Ēïliank'*, du nom de Mélik-el-Adel, souverain de l'Égypte.

et autres machines de siége, et détournèrent la rivière qui traverse Martyropolis. La défense ne fut pas moins opiniâtre; un grand nombre de Tartares et de chrétiens qui combattaient avec eux furent tués. Ce siége durait depuis plus de deux ans lorsque la famine commença à faire sentir ses rigueurs aux habitants. Ils furent forcés de se nourrir de toutes sortes d'animaux purs ou impurs, et ensuite, poussés par la faim, de créatures humaines; les faibles devinrent la proie des forts. Lorsque les gens misérables vinrent à leur manquer, ils se jetèrent les uns sur les autres; les pères dévoraient leurs fils, les mères leurs filles; l'ami méconnut son ami; tout sentiment de tendresse s'évanouit. Dans cette pénurie, une livre de chair humaine se vendait 78 tahégans [1]; enfin elle fit défaut tout à fait. Cette affreuse famine régnait non-seulement dans la ville, mais encore dans beaucoup de districts environnants; car la contrée, soumise aux Tartares, fut accablée d'exactions et de violences, ayant à fournir des vivres aux assiégeants. Une foule de gens moururent du froid excessif occasionné par la neige qui couvrait les montagnes à cette époque de l'hiver. Le pays de Saçoun, Սասուն [2], fortifié par la nature, fit aussi sa soumission, par la médiation du prince Satoun,

---

[1] Cf. sur la valeur du tahégan, qui est assimilé quelquefois au dinar des Arabes, mes *Recherches sur la Chronologie arménienne*, t. I, chap. II, note 216.

[2] Forme vulgaire de *Sanaçoun*, Սանասունք, qui est le nom d'un district montagneux de la province d'Agh'ëtznik', au nord de la Mésopotamie arménienne.

fils de Schêrparok' et petit-fils de Satoun, lequel
était chrétien, et jouissait d'un grand crédit auprès
de Houlagou; car c'était un robuste et vaillant guer-
rier, à tel point que Houlagou l'avait placé dans les
premiers rangs. Il lui donna le district de Saçoun ;
mais plus tard les Tartares, violant leur serment,
y firent beaucoup de massacres. Lorsque la famine
eut anéanti la population de Martyropolis, les Tartares y pénétrèrent et exterminèrent les malheureux qu'ils trouvèrent, et que la faim avait exté-
nués. Quant au sulthan et à son frère, ils les
conduisirent vivants à Houlagou, qui les fit égorger
comme indignes de vivre, et comme coupables de
tout le sang versé par la faute du sulthan. Les églises
furent respectées, ainsi que les innombrables reliques
de saints que le bienheureux Maroutha avait rassem-
blées là de tous les pays; les chrétiens qui combattaient avec les Tartares leur firent connaître la vénération que méritaient ces reliques, en leur racontant
les nombreuses apparitions de saints qui s'étaient
fait voir sur le rempart, de lumières éclatantes qu'on
avait aperçues, d'hommes qui s'étaient manifestés
avec un corps lumineux. Martyropolis fut prise en
709 de l'ère arménienne (16 janvier 1260-14 janvier 1261), à l'époque du grand jeûne de la sainte
quarantaine [1].

_____

[1] Pâques, en 1260, étant tombé le 4 avril, nous avons, pour la
durée du carême, l'intervalle compris entre cette date et le 14 février, lundi du dimanche de la quinquagésime, où commence le
jeûne dans l'Église arménienne.

ÉVÉNEMENTS QUI EURENT LIEU DANS LA MÉSOPOTAMIE
ET LA COELÉSYRIE.

XXXVI. Le grand Houlagou réunit de nouveau
toutes ses troupes, et se dirigea vers la Syrie, contre
Alep, Հալպայ; Damas, Դմշք, Khar'an, Édesse,
ՌհաՍայ; Amid, et autres localités, dans lesquelles
il fit des incursions. Lui-même entreprit le siége d'A-
lep. Le sulthan maître de cette ville était de la famille de Youçouf Saladin, Յուսուֆի Սալահատին,
le conquérant de Jérusalem[1]; il se prépara à la résistance, et refusa de se rendre. Ayant fermé les
portes de la ville, il combattit vigoureusement. Cependant Houlagou investit Alep de tous côtés, et, au
bout de quelques jours, l'ayant emportée de vive
force, les Tartares commencèrent le massacre des habitants. Le sulthan et les grands attachés à son service, qui s'étaient retranchés dans la citadelle, entreprirent de fléchir Houlagou en lui offrant leur
soumission. Houlagou y consentit et fit arrêter le carnage; la ville dut s'engager à reconnaître son obéissance et à lui payer tribut. De là il s'avança sur
Damas, dont les habitants accoururent au-devant
de lui avec des présents et des objets d'une valeur
considérable. Le prince tartare les accueillit avec

---

[1] Alep était alors sous le commandement de Moa'ththam Tou-
ranschah, qui descendait du grand Saladin; cette ville appartenait
au prince ayoubite Mélik-ennacer Selah-eddin Youçouf, qui s'était
rendu maître de Damas et de presque toute la Syrie.

bienveillance et leur imposa ses lois. Il prit Émesse,
ﺷﻴﺰﺭ, et Hama, et beaucoup d'autres cités. Il fit partir des troupes pour attaquer Merdïn, place forte qui
ne fut prise qu'avec peine. Plusieurs jours après, les
Tartares détruisirent une bande de brigands, qui at-
taquaient les gens de toute nation et étaient le fléau des
voyageurs. Ces brigands, appelés *Djagh'ari*, Ճաղարի[1],
étaient Turcs d'origine; ils vivaient protégés
par d'épaisses forêts, dans des lieux sauvages et de
difficile accès; ils étaient très-nombreux et entièrement indépendants. Cette tourbe, recrutée de
tous côtés, se rendait redoutable, surtout aux chrétiens. Les Tartares en tuèrent une foule et en firent
captifs encore davantage. Houlagou, ayant laissé environ vingt mille hommes pour garder la contrée,
partit pour aller passer l'hiver dans la plaine de
Hérian. Cependant le sulthan d'Égypte [Kotouz],
à la tête d'une armée considérable, marcha contre
les troupes laissées en garnison par Houlagou, et
qui avaient pour chef un officier d'un haut rang,
appelé *Kith-bouga*, lequel était chrétien, et de la nation Naïman. Kith-bouga alla à la rencontre du sulthan, et lui tint tête vaillamment; mais il eut le
dessous et périt avec tous les siens; car les Égyptiens étaient nombreux. L'action eut lieu au pied
du mont Thabor. Un corps considérable d'Arméniens et de Géorgiens, qui prit part à ce combat
avec Kith-bouga, succomba avec lui. Cette défaite

---

[1] Manuscrit B, Ղախարի, Gh'adjari.

eut lieu en 709 de l'ère arménienne (16 janvier
1260-14 janvier 1261).

MORT DU PIEUX PRINCE DJELÂL.

XXXVII. Le roi de Géorgie David, fils de Lascha,
qui régnait sous la suzeraineté des Tartares, fatigué
des exactions fréquentes qui lui étaient imposées,
ainsi qu'aux grands et aux populations de ses États,
exactions extrêmement lourdes et devenues intolé-
rables, quitta sa ville de Dĕph'khis, renonça au trône
et à tout ce qui lui appartenait, et s'enfuit dans
l'Aph'khazie intérieure, et dans les parties inaccessibles du Souanêth. Il était accompagné des principaux seigneurs de districts, qui, pour suffire aux
avanies dont ils étaient accablés, avaient vendu et
mis en gage leurs villes et leurs possessions, sans
pouvoir assouvir l'avidité des Tartares, non moins
insatiables que la cruelle sangsue. Le roi ne put
emmener sa femme, la reine Kontsa, ni son fils
nouveau-né, Dimitri, '﬈﬋﬌; il ne prit avec
lui que Giorgi, ﬈﬋﬌, son fils aîné. Cependant
le grand préfet Argh'oun, avec des forces considérables, se mit à la poursuite du roi David, afin de
se saisir de lui. N'ayant pu l'atteindre, il envahit
plusieurs provinces géorgiennes, dont il massacra
impitoyablement ou fit captifs les habitants. Il saccagea et détruisit de fond en comble Gélath, ﬈﬋-
﬌ [1], lieu de la sépulture des souverains géorgiens,

---

[1] Gélath, célèbre couvent et église de l'Iméreth, sous l'invocation

ainsi qu'Adzgh'or, résidence du catholicos. Mais voilà
que tout à coup survint un détachement de cavaliers
géorgiens qui firent éclater leur bravoure en exterminant nombre de soldats d'Argh'oun. On eût dit
un incendie qui se répand dans un champ de ro-
seaux. Les Géorgiens s'en retournèrent sains et
saufs ; ils étaient environ quatre cents. Argh'oun,
effrayé de cet échec, n'osa plus s'aventurer à la recherche des Géorgiens ; il rentra auprès de Houla-
goù, et, ayant machiné une malice dans son cœur,
il mit en prison la reine de Géorgie Kontsa, sa fille
Khotchak', le grand prince Schahënschah, Djelâl-
Haçan, seigneur de Khatchên, et beaucoup d'autres,
sous prétexte qu'ils devaient encore le tribut. Il leur
extorqua des sommes considérables, et ce fut à ce
prix qu'ils échappèrent à la mort. Le pieux et vertueux prince Djelâl eut surtout à endurer de sa part
les plus cruelles tortures. Argh'oun exigea de lui des
sommes énormes, bien supérieures à ce que Djelâl
pouvait acquitter. Il lui fit mettre au cou une pièce
de bois, et les fers aux pieds. Il le traitait ainsi parce
que Djelâl était un chrétien fervent. Celui-ci avait
contre lui tous les musulmans, qui poussaient Argh'oun à le faire mourir. Ils lui disaient, «Celui-là
est le plus grand ennemi de notre religion et de

de la sainte Mère de Dieu, fondés par le roi David le Réparateur.
(Cf. Wakhoucht, *Géographie,* trad. par M. Brosset, p. 357-359.)
Adzgh'or, ville et forteresse du Samtzkhé, sur le bord du Mtkouar,
le Gour ou Cyrus, habitée par des musulmans, qui étaient les principaux de la ville, et par des marchands meskhes, arméniens et
juifs. (*Ibid.* p. 83.)

notre loi; » or Argh'oun était lui-même musulman.
Il conduisit Djelâl à Khazwïn. Ce prince infortuné
supportait tous ces tourments en bénissant le Seigneur, car il était profondément versé dans la connaissance de l'Écriture sainte, observateur de l'abstinence, assidu à la prière, tempérant dans ses repas; il aspirait à la mort des martyrs. Cependant la
fille de Djelâl, R'ouzouk'an, qui avait épousé Béra-
nouïn, fils de Tcharmagh'an, l'ancien chef des Tartares, alla trouver Dôkhouz-khatoun, femme de
Houlagou, pour la prier de délivrer son père des
mains d'Argh'oun. Cet infâme-préfet, ayant eu vent
de cette démarche, envoya aussitôt des bourreaux,
qui mirent à mort pendant la nuit ce juste, ce saint
serviteur de Dieu. Ils lui découpèrent le corps
membre par membre, comme on fit à saint Jacques,
martyr, aux tourments duquel il fut ainsi associé.
Qu'il soit jugé digne de partager aussi sa couronne
par le Christ notre Dieu. Telle fut la fin de ce digne
prince. Il accomplit sa carrière, en se conservant
ferme dans la foi, en 710 de l'ère arménienne (15 janvier 1261-14 janvier 1262). Son fils Athabag envoya des gens de confiance enlever furtivement les
restes mortels de son père, qui avaient été jetés
dans une citerne sans·eau. Le Perse qui avait tenu
Djelâl en garde dans sa maison fut témoin d'un
miracle que Dieu opéra en sa faveur; car, dès qu'on
l'eut mis à mort, une éclatante lumière descendit
sur lui, et ce Perse, voulant prendre soin de son
corps, le jeta dans cette citerne, avec l'intention de

lui rendre, au bout de quelques jours, les honneurs
de la sépulture. Il le découvrit à ceux qui le cherchaient, et leur raconta sa merveilleuse vision.
Ceux-ci, ayant recueilli avec empressement ces
restes vénérés, les rapportèrent à la maison du
martyr, et les ensevelirent au couvent de Kantzaçar[1], dans le tombeau de ses pères. Ces hommes
virent se reproduire le même prodige d'une lumière
éclatante qui était descendue sur le corps du prince.
Son fils Athabag hérita de sa principauté, d'après
l'assentiment de Houlagou et d'Argh'oun. Athabag,
nourri dans des sentiments de piété, était conti-
nent, humble, adonné à la prière comme un saint
anachorète; car ses parents l'avaient élevé dans ces
principes. Houlagou fit périr le prince Zak'arê, fils
de Schabënschah, lequel avait été auprès de lui
l'objet de dénonciations calomnieuses.

Cette année mourut en Jésus-Christ le charitable
et bon catholicos des Agh'ouans, le seigneur Nersès,
après avoir occupé le siége vingt-sept ans. Il eut pour
successeur le seigneur Étienne, qui était encore tout
jeune.

MORT DU PRINCE SCHAHËNSCHAH ET DE SON FILS ZAK'ARÊ.

XXXVIII. Le grand prince Schahënschah, fils de
Zak'arê, donna sa principauté à son fils aîné, Zak'arê.
Il avait un grand nombre de fils, Zak'arê, Avak, Sar-

---

[1] Monastère où était la sépulture des princes de Khatchên, situé
sur une montagne aux environs de la ville de Kantzag, province
d'Artsakh.

kis, Ardaschir et Ivané. Schahënschah administrait sa maison, tandis que Zak'aré servait dans l'armée tartare. La bravoure dont il faisait preuve lui avait valu l'estime du grand Houlagou et du préfet Argh'oun. Lorsque Argh'oun, avec une armée considérable, se trouvait en Géorgie, il avait avec lui Zak'aré. Ce prince, en cachette d'Argh'oun et des troupes, alla voir sa femme, qui était chez le père de celle-ci, Sarkis, prince d'Oukhthik, ᄆᄂᄂᄇᄃᄅᄃ [1], lequel partageait la révolte du roi de Géorgie David. Argh'oun en ayant été instruit, en prévint Houlagou, qui commanda qu'on lui amenât Zak'aré chargé de chaînes, et qui imagina une masse d'autres accusations contre lui. Il le condamna à mort, en le faisant écarteler, et ses membres furent jetés aux chiens. Lorsque Schahënschah, père de Zak'aré, eut appris cette triste nouvelle dans le village d'Ôtzoun, ᄆᄃᄆᄂᄃ [2], il tomba dans un si profond chagrin, qu'il expira. On le transporta et on l'ensevelit à K'opaïr, ᄂᄆᄃᄅᄃᄃᄃ [3], que sa femme avait pris aux Arméniens.

GUERRE TERRIBLE ENTRE HOULAGOU ET BÉRÉKÉ,

ᄆᄂᄃᄃᄃᄃᄃ.

XXXIX. Les puissants chefs et les grands généraux qui occupaient l'Orient et le Nord étaient pa-

---

[1] Bourg et district de la province de Daïk', que David le Curopalote laissa par son testament, avec cette province, à l'empereur Basile II.

[2] Village du district de Daschir, province de Koukark', non loin de la ville de Lôr'é.

[3] Couvent dans le district de Daschir.

rents de Mangou-khan, qui mourut après la guerre contre les Naïnkas [1]. Ses deux frères, Arik-bouga et Koubilaï, *ֆ պատկեր*, se disputèrent la couronne les armes à la main. Koubilaï détruisit entièrement l'armée de son concurrent, le força de s'enfuir hors du pays, et monta sur le trône. Houlagou, qui était leur frère et aussi celui de Mangou-khan, soutenait Koubilaï; Béréké, qui commandait dans le nord, s'était déclaré pour Arik-bouga, avec un autre de leurs parents. Un des chefs tartares, fils du khan Djagataï, le fils aîné de Tchinguiz-khan, et appelé *Algh'ou*, était en hostilité avec Béréké, parce que, à l'instigation de celui-ci et des siens, Mangou-khan avait exterminé sa famille. Il envoya proposer à Houlagou de venir à son secours, en se dirigeant du sud vers la porte de Derbend. Cependant Houlagou, qui avait auprès de lui les plus considérables et les plus puissants princes tartares, d'un rang égal au sien, et qui étaient venus des contrées de Bathou et de Béréké, Kouli, Balaka, Toutar, Megh'an, fils de Kouli, Kata-khan, et beaucoup d'autres, les fit exterminer sans pitié, ainsi que leurs troupes; tous, vieillards et enfants, furent passés au fil de l'épée, car ils étaient alors sous sa main, et ils se fréquentaient entre eux librement. Quelques-uns échappèrent; mais sans leurs femmes, leurs enfants, et ce qui leur appartenait; ils se réfugièrent auprès de Béréké et de leurs autres parents. Ce dernier, apprenant ce qui s'était passé, rassembla des forces immenses

---

[1] Manuscrit B, *Նենկրանք. Nenkrank'.*

pour aller venger les siens immolés par Houlagou.
De son côté, Houlagou réunit ses troupes, qui étaient
aussi fort nombreuses [1], et les partagea en trois corps.
Il confia le premier au fils d'Abaka, Ապատդա, en lui
adjoignant le préfet Argh'oun, et les envoya dans le
Khoraçan au secours d'Algh'ou, d'un côté; il posta
le second corps à la porte des Alains (défilé de Da-
riel) et, prenant avec lui le reste de ses troupes, il
franchit la porte de Derbend; car il y a là deux en-
trées, l'une chez les Alains, et l'autre à Derbend.
Il ravagea les États de Béréké, et parvint jusqu'au
fleuve large et profond qu'alimentent un grand nombre
d'affluents, et que l'on appelle Ëthil, fleuve qui coule
comme une mer, et se jette dans la mer Caspienne.
Běréké vint hardiment lui faire face, et l'action s'en-
gagea sur les bords du grand fleuve. Il y eut un horrible carnage de part et d'autre, mais surtout dans
les rangs de Houlagou, dont les soldats étaient gelés
par la neige et l'intensité du froid. Une foule d'entre
eux furent précipités dans le fleuve. Houlagou battit
en retraite par la porte de Derbend. Cependant l'un
de ses généraux et de ses plus intrépides guerriers,
nommé Schirémoun, Սիրամ֊ն, lequel était fils de

---

[1] Marco Polo nous apprend le nombre des combattants engagés
de part et d'autre dans cette guerre, et ce renseignement lui avait
été fourni par son père, Nicolas Polo, et son oncle, Mafeo Polo, qui
étaient à cette époque auprès de Béréké. « Car noz savon certainement, fait dire le voyageur vénitien à Béréké, qe il ne ont qe trois
cens mille homes à chevauz, et noz avon trois cens cinquante
mille d'ausi bones jens con il sunt e meior. » (Chap. ccxxii, p. 276,
édition de la Société de géographie.)

Tcharmagh'an, l'ancien chef des Tartares, tint bon
à la tête des siens contre Béréké, et le fit reculer.
Les fuyards, s'étant ralliés à lui, furent sauvés ; puis,
reculant peu à peu et faisant bonne contenance, il
franchit la porte de Derbend, où une garnison fut
postée. Les Tartares rentrèrent dans la plaine de
Mough'an occuper leurs quartiers d'hiver. C'est ainsi
que les deux partis se firent la guerre pendant cinq
ans, depuis l'an 710 (15 janvier 1261-14 janvier
1262) jusqu'à 715 de l'ère arménienne (14 janvier
1266-13 janvier 1267). Chaque année, réunissant
leurs troupes, ils se combattaient pendant l'hiver,
car durant l'été la guerre était impossible à cause
des chaleurs et du débordement des rivières.

A cette époque, Houlagou entreprit de bâtir dans
la plaine de Kar'ni une ville vaste et capable de contenir une nombreuse population. Il imposa à toutes
les nations soumises à son empire la corvée d'apporter du bois en abondance pour construire les
maisons et les palais de cette cité, qu'il destinait à
lui servir de résidence d'été, pour aller respirer le
frais. Gens et bêtes étaient contraints à un rude
labeur par des agents plus impitoyables que ceux
qu'avait préposés Pharaon sur les enfants d'Israël.
Cent paires de bœufs attelés à une pièce de bois ne
pouvaient pas la faire mouvoir, tant étaient lourdes
et grosses les charpentes que l'on employait, tant les
distances étaient considérables et les chemins difficiles, à travers fleuves et montagnes. Sous les coups
de ces agents chargés des travaux succombaient les

hommes et les animaux. Houlagou y fit élever de
grands temples à ses idoles. Il avait fait venir tous
les ouvriers travaillant la pierre ou le bois, et des
peintres. Les magiciens tartares qui font parler les
chevaux, les chameaux et les idoles de feutre [1], et
qui pratiquent l'art des sortiléges, sont tous prêtres;
ils ont la tête rasée, et portent un manteau jaune
attaché sur la poitrine. Ils adorent tous les objets,
mais principalement Sakya-mouni, Սակմունի, et
Maïtrêya, Մայրի. Ils abusèrent Houlagou en l'assurant qu'ils le rendraient immortel. Ce prince se réglait sur leurs paroles, et faisait halte, se mettait en
marche ou montait à cheval d'après leurs volontés,
auxquelles il s'était abandonné sans réserve. Il s'in-
clinait et se prosternait plusieurs fois par jour devant
leur chef. Il mangeait des mets consacrés dans le
temple des idoles, et traitait ces prêtres avec plus
de considération que personne. Aussi prodiguait-il
les dons pour orner les temples. La première de
ses femmes, Dôkhouz-khathoun, qui était chrétienne, lui en fit des reproches réitérés; mais elle
ne put le détourner de ces magiciens. Cette princesse, qui vivait dans la pratique de la religion,
était la protectrice et le soutien des chrétiens.

En 714 de notre ère (14 janvier 1265-13 janvier 1266), un phénomène remarquable apparut
dans les cieux: un astre se montra dans la direction
du nord au levant; il projetait en avant, vers le sud,

---

[1] Les *idola* ou *imagines de filtro* de Rubruquis et de Plan Carpin,
le *deu de freutre et de dras* de Marco Polo.

des rayons de lumière en forme de colonne. L'astre lui-même était petit; sa marche était rapide; il se montra pendant un mois, après quoi il disparut tout à fait. Il ne ressemblait pas à une comète qui apparaît par intervalles, en se dirigeant de l'ouest au nord. Il laissait échapper des rayons qu'il lançait au loin, et qui augmentèrent de jour en jour, jusqu'à ce qu'il s'éteignît. En ce temps moururent Houlagou et sa femme Dôkhouz-khathoun. Il eut pour successeur son fils Abaka, en 714 de l'ère arménienne. Ce jeune prince épousa la fille de l'empereur des Romains, nommée Despina (Δέσποινα)-khathoun, qui arriva avec une pompe magnifique, escortée du patriarche d'Antioche et de plusieurs évêques. Elle était conduite par le seigneur Sarkis, évêque d'Ëzënga, et le vartabed Pënêr, ֍ֆֆֆ [1]. Après avoir baptisé Abaka, ils le marièrent à cette princesse. Abaka, ayant formé une armée considérable, marcha contre Béréké. Les troupes de ce dernier, après avoir franchi la porte de Derbend, s'établirent sur les bords du fleuve [Gour]. Les deux partis campaient chacun sur la rive opposée, qu'ils fortifièrent par des murailles et des tranchées [2].

---

[1] Manuscrit B, ֈֆֆֆ, *Thénêr*.

[2] Ici s'arrête le récit brusquement et se termine l'ouvrage de Guiragos dans nos deux manuscrits les plus étendus, A et B. L'auteur a été empêché de continuer pour une cause quelconque qu'il nous a laissé ignorer. Comme ces deux manuscrits, de provenance toute différente, finissent par le même mot, on peut croire qu'ils reproduisent en entier la composition de l'historien arménien. Je n'ose point cependant affirmer d'une manière absolue que l'on ne puisse retrouver un jour quelque copie plus complète.

ÉTUDE
SUR UNE STÈLE ÉGYPTIENNE,

APPARTENÁNT À LA BIBLIOTHÈQUE IMPÉRIALE,

PAR M. LE Vᵗᵉ E. DE ROUGÉ.

SUITE (VOIR LE CAHIER D'AOÛT-SEPTEMBRE 1857).

————————

Nous arrivons à une phrase beaucoup plus difficile; M. Birch remarque que le texte est obscur,
parce que le rédacteur qualifie également de ⌐⌐
HeN-w «sa sainteté» et le dieu et le roi, ce qui amène
de la confusion; mais nous pourrons encore nous
tirer plus facilement de cette difficulté que de l'explication du signe ▅▅▅, qui paraît avoir, jusqu'ici,
résisté à tous les efforts des interprètes.

hane	ṭat en	hen-w	ma-	(vesa-k?)	hena-w	ta-a	schema
Tum	dixit	rex :	Da	virtutem tuam	illi,		mittam

hen-w	er	vechten	er	nehem	se-t	en sar	en	vechten
majestatem ad		Bachtan.	ut	sanam faciat filiam		principis		Bachtau.
(dei)								

La dernière partie de la phrase ne fait aucune
difficulté; elle avait été comprise par Champollion,

qui s'en est servi comme exemple dans sa grammaire (p. 398). Le verbe *nehem*, que ce savant a
très-justement assimilé ici au copte ⲛⲟⲩϩⲉⲙ *libe-
rare, sanare*, avait pour premier sens *eripere, auferre*,
comme je l'ai établi dans le Mémoire sur Ahmès
(p. 148), C'est ce que prouve parfaitement le passage
du chapitre cxxv du Rituel, où le défunt dit : *Je n'ai
pas enlevé (nohem) le lait de la bouche de l'enfant.*

Toute la difficulté porte donc sur le sens du signe
⋙. Le roi demande au dieu Chons-newer-hetp
de donner son ⋙ au dieu Chons-p-ari-secher; à la
ligne suivante, Chons-newer-hetp fait ⋙, quatre
fois; à Chons-p-ari-secher, avant qu'on envoie celui-ci
au pays de Bachtan; enfin, en arrivant à sa destination, le dieu exerce à son tour la même action à
l'égard de la malade, qui se trouve soulagée sur-le-
champ. Voilà les éléments du problème, tels qu'ils
résultent de notre récit. On prendrait volontiers ici
le mot en question pour un geste symbolique; mais
⋙, et sa variante ⟨, sont employés dans une foule
de cas qui exigent un sens plus-abstrait, et ne permettent pas qu'on s'arrête à un simple geste.

On peut se faire une idée des difficultés que nous
devons aborder ici, par les tentatives de notre savant devancier; il traduit le signe controversé dans
le premier passage «*minister* with him »; dans le second, « making a *reverence* »; et enfin, à la ligne 18ᵉ,
« gave his *aid* to the daughter, etc. » Le sens de ⋙
varie encore plus dans ses autres ouvrages: Dans les
Notes sur une momie, etc. il traduit ⋙ par *le dos*.

Dans la stèle des Mineurs d'or, c'est la *perfection* de la vie et 𓀀 𓈖 signifie, *à côté* ou *derrière*. C'est au contraire la *ceinture* ou le *milieu*, dans le Tableau du ciel. Il revient au sens d'*aide*, au chapitre cxxvii, l. 10, du Rituel funéraire. Je trouve encore, chez le même auteur, 𓀀 𓈖 𓏏, traduit par *je viens, derrière ta tête*, et 𓀀 𓈖 𓏏 𓏏𓏏 par le *milieu, de tes membres*, dans deux passages tirés des Monuments de Champollion[1]. Dans le dictionnaire fourni par ce savant à l'ouvrage de M. Bunsen, le même mot est traduit « côté ». Mais la véritable opinion de M. Birch ne s'est peut-être fait jour que dans son dernier résumé du système hiéroglyphique, où 𓀀 𓈖 figure, à la page 158, avec . . . . . . pour seule explication.

Je vais m'efforcer de grouper les principales notions que j'ai pu acquérir sur ce signe, qui joue un si grand rôle dans les textes ; étudions d'abord la nature du symbole. 𓈖 est évidemment une sorte de nœud ; le nombre des boucles latérales varie. On peut penser qu'il figure une entrave ou une sorte de nœud coulant, car on le trouve appliqué, dans les bas-reliefs, à des veaux pris au lacet[2]. On retrouve le même nœud placé perpendiculairement, 𓂻, et servant de déterminatif au mot 𓏲 *vaïa*, qui désigne un des cordages de la barque sacrée, dans le chapitre LXXXIX de Rituel[3]. Telle est la nature de

[1] Voy. Champollion, *Monum.* t. I, pl. 38, lig. 18, et t. II, pl. 111.

[2] Voy. Lepsius, *Denkmäler*, t. II, p. 96.

[3] Voy. Todtb. 99, 13. Conf. Birch, dans Bunsen, t. I, p. 256.

ce signe [1]. La variante ♀ montre également un nœud dans ses diverses variétés. Aucune représentation ne nous a fait connaître jusqu'ici l'usage de ce dernier nœud; on le remarque seulement comme un des emblèmes favoris de la déesse Ap, hippopotame à pattes de lion. J'ai rencontré, mais seulement aux basses époques, une autre variante qui n'a pas encore été signalée, c'est le cynocéphale assis et tranquille ; il alterne avec nos deux nœuds [2]; mais le cynocéphale est employé, sous les Ptolémées, avec une telle variété d'acceptions, que sa présence ici ne m'est pas d'un grand secours.

En ce qui concerne la lecture, j'ai déjà indiqué la variante unique, tirée des listes des décans, au nom du décan grec *Sesme*, en égyptien *Seschemu* [3]. Elle indique une lecture *sche*. M. Birch a lu *sa*, parce que le manuscrit démotique à transcriptions grecques rend par *sa* un signe démotique, analogue à ⚊. Ces deux renseignements s'accorderaient entre eux; car le *sche* de *seschemu* a aussi été transcrit par *σ* dans σεσμε.

Mais l'on peut s'attendre à rencontrer la polypho-

---

[1] Je trouve aussi, parmi des offrandes, le mot *peset*, l'échine écrit ⚊, au lieu du déterminatif ordinaire. Le nom d'une autre offrande montre également le même déterminatif. (*Denkmäler*, t. IV, pl. 3).

[2] Voy. *Denkmäler*, t. IV, p. 40, 61, etc.

[3] M. Lepsius lit ce nom *Schesma*; mais une variante d'Edfou, citée par Brugsch (*Nouvelles recherches*, p. 11), est écrite; elle semble indiquer qu'il faut lire l'autre variante ⋔♀ *seschemu*.

nie dans les transcriptions d'un signe d'un aussi vaste emploi ; ainsi, parmi les mots écrits avec ⬛, 𝖷 ou ▌, on doit certainement compter l'expression]∩⬥— VeSA ; c'est ce qui me paraît résulter des rapprochements suivants. Cette prononciation est écrite au complet dans la légende d'une des déesses au corps monstrueux qui assistent à la naissance d'un jeune dieu (voyez cette scène reproduite dans les Monuments de la commission prussienne, IV° partie, planche 63) :

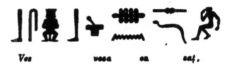

Ves   vesa   en   saf.

C'est-à-dire la déesse *Ves* exerçant l'action dite *vesa* en faveur de l'enfant[1]. Je ne crois pas que le mot *vesa* puisse être ici autre chose que la prononciation de ⬛. Je trouve le premier complément phonétique, V, exprimé seul dans l'orthographe de la phrase ⬛]𝖷𝕣 *ari vesa-k* (*Denkmäler*, IV, 41), et le second, S, dans une variante de la légende circulaire des hypocéphales : elle finit ordinairement par 𝖷𝖂𝖳, suivi du nom propre. L'hypocéphale de la dame *Isi-en-chev*, au Louvre, finit par 𝖷∩𝖂𝖳𝖳 : or l's ∩ ne paraît encore pouvoir être ici qu'un complément phonétique, car il n'y a aucun sujet fémi-

---

[1] ⬛𝕣 *saf*, enfant ; conf. ⴹⵏⵂ : *pallas*.

nin dans la phrase qui puisse amener ⏐ comme pronom[1].

M. Devéria m'a aussi indiqué une variante pareille, observée par lui sur un canope du Louvre ;
on trouve, toujours dans la seconde formule du canope Hapi, la phrase ⟨hiéroglyphes⟩ *ari-a vesa;*
elle est écrite, sur le canope de Ases-ptah, prêtre
memphite, ⟨hiéroglyphes⟩. Nous reviendrons tout à
l'heure sur l'interprétation de ces légendes; mais ces
exemples nous autorisent, dès à présent, à prendre
le mot *vesa* pour un de ceux qui correspondaient à
nos nœuds. Le cynocéphale assis qui sert de variante à ces deux signes recevait également le nom
de *Bisa*, car un bel exemplaire de ce quadrupède,
en terre émaillée, de la galerie du Louvre, porte
écrit sur la poitrine, en caractères tracés à l'encre,
ⲂⲎⲤⲀ.

L'interprétation qui ressort d'une très-grande
quantité d'exemples où figurent ces symboles, c'est
le *principe de la vie* dans l'homme; c'est aussi *la vertu
divine*, qui transmettait ce principe vital et le préser-
vait de toute atteinte pendant la vie, ainsi que l'action céleste qui le conservait et le réchauffait dans
la momie, comme germe de la seconde vie. Cette
notion embrasse tous les cas où j'ai rencontré ces

---

[1] ⟨hiéroglyphes⟩ (*Denkmäler*, t. IV, p. 65) doit peut-être aussi être lu
⟨hiéroglyphes⟩.

nœuds symboliques, que je crois traduire assez exactement par les mots latins *animus*, *virtus*, et, dans le sens le plus général, *salus*.

Il est d'abord certain que Ⱡ ne constitue pas une épithète qualifiant la vie; on ne trouve pas ⱡ Ⱡ *anch vesa*, comme on trouve ⱡ⌐ ou ⱡ⌐, ou ⌐⌐⌐, etc. La vie est toujours au contraire le *résultat* ou la conséquence de Ⱡ. C'est ainsi qu'au chapitre cxxvii du Rituel funéraire, les dieux des zones accueillent le défunt justifié avec des transports de joie; le texte ajoute :

Ta-*sen*	*new*	(*vesa-usen* ?)	*anch-new*
Dant	illi	virtutem suam	ut vivat.

Ce symbole est employé indifféremment au singulier ou avec les signes du pluriel; remarquez d'ailleurs l'analogie que présente, avec Ⱡ, le nœud symbole de la vie ⱡ, qu'on nomme ordinairement la croix ansée, mais dont la nature comme *nœud* est indubitable. Partout le résultat du don céleste indiqué par Ⱡ est *la vie* conservée, défendue ou ranimée après la mort par cette émanation divine.

Isis, venant assister la momie étendue sur son lit funèbre, dit, au chapitre cli du Rituel :

Na-*a*	*em*	*ļa-u*	*ai-na*	*er*	*an-na*	*em*
Venio	per auras,		adsum	ut	fiam	

	(Vesa-k ?)	ta-a niw-u	er went-ok	meht-u	pere	em	tam
	tibi animus;	do halitus	naso tuo,	spiritus	emissos	a	deo Tum.

Ce principe vital était conçu comme une sorte de *ferment;* on le rapproche constamment de l'idée d'un feu qui excite la vie dans la nature animale. Il est dit, par exemple, de la mère du soleil [1], au moment de la naissance de ce dieu.

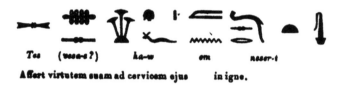

	Tes	(vesa-s ?)	ka-u	em	neser-t

Affert virtutem suam ad cervicem ejus   in igne.

On trouve une expression toute pareille dans la phrase suivante [2] :

	(Hou-a ?)			nek	teka	er ari	(vesa ?) ka-k

Accendo   tibi   scintillam ad procreandum animum in te.

Un symbole de ce ferment vital était le disque, couvert d'emblèmes relatifs à la rénovation de la vie, que nous appelons *l'hypocéphale,* parce qu'il devait être placé sous la nuque de la momie. Le chapitre CLXII du Rituel, relatif à cette prescription, est intitulé :

[1] *Denkmäler,* t. IV, p. 11.
[2] *Ibid.* t. IV, p. 46.

Ro en   er-ta   cheper   ves   ker   ape en   chu;

Ce qui se traduit : « Chapitre de mettre un feu,
ou ferment, sous la tête du défunt. » La rubrique
explique que l'on doit peindre sur le disque la figure
de la génisse qui servira de mère pour cette nouvelle
génération ; en conséquence de quoi, le justifié aura
le feu vital, *ves*, comme dans sa vie mondaine. ▯▯▯
répond à l'idée de chaleur, inflammation ou fermentation, et ▯▯▯ ▬, que nous avons cité comme variante de ▬, avait un rapport intime avec ce mot,
car ils se remplacent l'un l'autre sur divers canopes[1].
Ces deux nuances de *ves* se rapprochent naturellement du copte ⲟⲩⲱⲥⲓ *intumescere*, qui est précisément employé pour la turgescence et l'inflammation
du ventre et de l'utérus. (Livre des Nombres, ch. v.)
Nous avons dit que le nœud ▯ était l'emblème favori
de la déesse ▮ ; la forme de son ventre est caractéristique. Ces déesses jouent un grand rôle dans les
enfantements divins, elles donnent particulièrement
le ▯ aux Horus naissants.

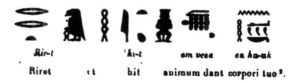

Rir-t   'hi-t   em ves   en ha-uk
Riret   t t   bit   animum dant corpori tuo[2].

[1] Musée du Louvre, canope de Psamétik-méri-ptah ; on y lit
▯▯▯, à la place de ▯▯▯.

[2] Discours d'Isis à Horus, sur la stèle du prince de Metternich.

Dans cette locution, c'est la divinité elle-même qui, par émanation, se fait le *animus* du corps qu'elle vivifie.

On trouve très-souvent notre symbole mis en rapport avec l'*incubation*, qui développe la vie latente de l'œuf. Isis est représentée étendant ses ailes sur la momie d'Osiris; la légende la nomme alors

« *Hisi chu son-s* Isis fovens fratrem suum[1]. » Cette même action, exprimée par le vautour (ou la mère) étendant ses ailes, est mise en parallélisme avec *ari ves* dans la phrase suivante :

Chu-a	sams-k	ari-aa	(ves?)	wress-k
Fovee	lectum tuum,	suppedito	animum	cervicali tuo[2].

[1] *chu*, «gouverner, protéger», doit évidemment être ici interprété dans le sens de *fovere*, car c'est l'action exercée en étendant les ailes sur quelque chose. On dit, dans le même sens, du roi Ramsès II, dans la stèle des Mineurs d'or:

Chui-now		kemi	em	tonah-w
Tegit (foret)		Ægyptum	alis suis.

(Voy. Prisse, *Monuments*, pl. XXII.)

Au tombeau de Séti Ier, la déesse *Ma* couvre également le roi de ses ailes, et la légende dit :

chui-s se-s nev tati; elle couvre son fils, le maître du monde. (Belzoni, *Atlas*, pl. III.)

[2] URøS, «chevet», est bien connu; SaM, «lit», figure plus loin dans notre stèle; l'un et l'autre ont, pour déterminatif, le bois (*Deukmäler*, t. IV, p. 46.)

Cette action vivifiante, dirigée ici vers le chevet, était, en effet, localisée vers l'occiput, à l'endroit où l'hypocéphale devait conserver pour la momie le 𓏲𓊪𓄿 *ves* ou germe du feu vital.

La légende gravée ordinairement derrière le dos des rois est ainsi conçue : 𓋹𓏲𓄿𓈖 (*ves?*) *en anch ha-w nev* « virtus vitæ super eum tota. »

La préposition 𓉔𓂝 *ha*, qui se prend pour *sur* et *derrière*, doit également désigner, en principe, l'occiput.

Anubis, le curateur spécial de la momie, est un des principaux acteurs dans l'action vivifiante; on dit au mort, dans le Livre des souffles de vie[1] :

Ghaa-tuk		aapu	ari-w	(ves-uw ?)
Fuvette		Anubis,	dat	virtutem suam.

Le geste symbole de l'action 𓏞 consistait à étendre les bras, comme le fait Anubis sur le lit fu-nèbre, ou à envelopper et serrer sur son sein le

schai en sinsinu ; je rends ce titre par « Livre des souffles de vie. » La voile 𓊽 ne se prête pas au sens de « transmigrations » qu'on lui a supposé; ce n'est jamais un emblème de locomotion, mais bien le déterminatif constant du *vent*, *de l'air*, de la *respiration* : elle alterne avec le 𓏤, comme déter-minatif de *senes* et *sensen*, deux formes d'un même verbe qui signifie incontestablement « respirer ».

corps qui devait être animé. La déesse Maut dit à Ramsès III (*Denkmäler*, III, 2 1 1) :

Ta-a   a-uia   em (ves-x?)   ka-k

Expando   brachia mea   in salutem   post te.

Ici la déesse porte la main à l'occiput du roi pour exercer cette action. Isis se place également derrière Osiris pour l'envelopper de ses bras ailés, position qui rappelle encore l'incubation de l'oiseau. Nous allons voir diverses nuances de ces attitudes, exprimées dans les légendes des vases canopes, qu'il est nécessaire d'approfondir ici, parce que les signes et forment l'essence de ces textes.

Les vases destinés à conserver les intestins de la momie portent toujours une légende consacrée qui présente deux variétés principales. Les admirables canopes provenant de la tombe d'Apis peuvent nous servir de type pour la première leçon, que je crois la plus ancienne. Isis, protectrice de la portion d'intestins dédiée au génie Amset, parle ainsi :

Tat   an   hisi   hept-a   'a-uia   ha   nti   am-a

Dicit   Isis : Circumdo   brachiis meis   quod (est) in me.

Setep-na   (ves-a?)   ha   mesta   nti   am-a

Largior[1] animum meum (huic) Amset   qui   in me (est).

---

[1] Le verbe *setep* «approuver», quand il a pour régime direct

J'omets la fin des légendes qui ne contient que des répétitions et des noms propres.

Dans les textes de cette première espèce de canopes, chacune des quatre déesses, Isis, Nephthys, Neith et Selk, dit les mêmes paroles; les seules variantes ordinaires portent sur le verbe 𓎛𓊪𓏏 *hept* « réunir (les bras) », qu'on trouve remplacé par 𓇋𓈖𓎡 *ank* « serrer (entre ses bras) », ou 𓀭𓈖𓈖 *sechenn* « renfermer (entre ses bras). » On rencontre aussi quelquefois 𓎛𓊪 *hap* « couvrir », et d'autres verbes analogues. Isis est chargée de la portion d'entrailles nommée *Amset;* Nephthys veille sur *Hapi*, Neith, sur *Tiumautew* et Selk sur *Kevahsennuw.* On peut considérer les exceptions comme rares et peut-être fautives. D'après les observations de M. Pettigrew, Amset aurait présidé à l'estomac et aux gros intestins; Hapi, aux petits intestins; Tiumautew gardait les poumons et le cœur; Kevahsennuw, le foie et la vésicule du fiel.

Dans les canopes de la seconde espèce, la légende varie avec chaque déesse; mais toutes les phrases roulent également sur le symbole ⸻. La première déesse dit les mots suivants :

Tat	*an*	*hesi*	*sam-a*	*ta*	*setep-a*	(*ves?*)
Dicit		Isis :	Prævaleo	hosti,	largior	salutem

une faveur, doit se prendre dans le sens de « diriger » ou « donner », avec un choix plus réfléchi, une préférence.

Ha   amset   ati   am-a   (ves?)   hesiri N.

(huic)   Amset   qui   in me,   salutem Osiridi N.

(ves?)   Amset   hesiri   N.   pu   Amset

salutem   Amset [1]   Osiridis N.   hic est   Amset.

Je laisse de côté l'étude des variantes de cette légende; elles portent ordinairement sur le verbe *sam*, que j'interprète par le copte COⲰ « domare »[2].

Le texte qui se rapporte au canope Hapi (dieu des petits intestins) et à la déesse Nephthys, est le plus important pour nous; je prends pour type un beau canope du Louvre, gravé pour le capitaine Psamétik-em-achou :

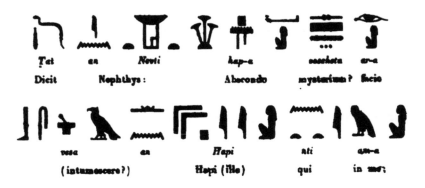

Tat   en   Nevti   hap-a   sescheta   er-a

Dicit   Nephthys :   Abscondo mysterium? facio

vesa   en   Hapi   ati   am-a

(intumescere?) Hapi (ille)   qui   in me;

[1] Comparéz le nom d'*Amset* au latin *omasum* « gros intestin. »

[2] ⟨glyphs⟩ est le type simple du mot ⟨glyphs⟩ *fafa*, qui est le copte ⲒⲀϪⲒ « ennemi ». Cet ennemi est le *mal absolu*, la *mort*.

Cette légende présente des difficultés : les mots *hap-a sescheta* pourraient aussi s'entendre dans le sens de *je couvre le tombeau*. *Scheta* signifie métaphoriquement *mystère*, *chose cachée*, et, au sens propre, tout ce qui est *fermé*, comme le cercueil et le tombeau. Nous avons vu aussi le verbe *hap* « couvrir », employé comme variante de *hepet* « entourer » de ses bras; cette phrase, dans l'une ou l'autre nuance, se rapporte encore à l'incubation vivifiante de la déesse. La phrase *ari-a vesa* reçoit des variantes considérables : au lieu de ⫿⫿⫿, on trouve quelquefois ⫿⫿⫿[1] comme dans le nom de l'hypocéphale. Je lis sur divers exemplaires ⫿⫿⫿; on sait que ce poisson a la valeur phonétique *ves;* c'est un symbole de corruption, et, par conséquent aussi, de fermentation. Le canope de *Ases-ptah* donne la leçon ⫿⫿⫿[2]. On voit que les rédacteurs jouaient ici sur les divers sens dont le radical *ves* était susceptible : aussi je suis loin de regarder ⫿⫿⫿, ⫿⫿⫿ et ⫿⫿⫿ comme de parfaits synonymes; je rapporterai le premier à la fermentation animale, à la chaleur, source et conséquence de la vie; le second, à la dilatation (ⲟⲩⲟⲥⲓ

---

[1] Louvre, canope de Psammétik-si-net.

[2] Louvre, canope du prêtre, ⫿⫿⫿, Ases-ptah.

« intumescere ») que l'objet desséché devait subir pour
revenir à la vie, dilatation analogue à celle du fœ-
tus : -####- est le principe vital, le *animus* qui les comprend l'un et l'autre, ainsi que la respiration. Aussi,
sauf cette variante infiniment rare, ⌐∏✦ ⋀ — ne
remplace jamais le signe -####-, ℜ, dans les autres légendes des canopes.

J'ai dit que cette seconde édition de la légende
des canopes me semblait postérieure; on peut remarquer d'ailleurs qu'elle est pleine de jeux de mots.
Le verbe *hap* a été choisi pour rappeler le nom d'Hapi
et le mot *vesa* pour jouer avec -####-. La seconde légende de Tiumautew nous offre les mêmes particularités :

Tat	an	net	se-tiau-a	se-maschera-a
Dicit	Neith :		Sum mane	et vespere

ra nev	ha	ari	mak-ta	en tiu-mu-tw
quotidie	conferens		curas (meas)[1]	in Tiumutew (cor)

nti	am-a	(ves ?)	hesiri	N.
qui	in me,	dans salutem	Osiridi	N.

---

[1] *Mak* « prendre soin, gouverner avec bienveillance », a été interprété par Champollion, qui l'a heureusement rapproché du copte
ⲙⲉⲕⲙⲟⲩⲕ « cogitare, considerare ». C'est une opération de l'esprit; c'est pourquoi il est suivi de ⎯ « le rouleau de papyrus ».

L'allitération est encore évidente ici : *Tiau* signifie « le matin »; avec l'*s* préfixe, causative, *faire le matin*. Ce verbe rare est amené par le nom du génie *Tiamautew*[1].

Le quatrième canope porte un texte analogue :

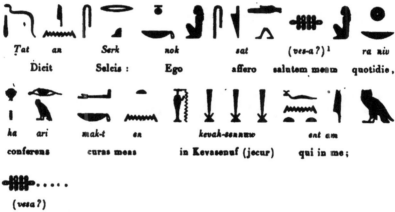

Tat	au	Serk	nok	sat	(ves-a ?)[1]	ra niu
Dicit		Selcis :	Ego	affero	salutem meam	quotidie,

ha	ari	mak-t	en	kevah-sennuw	ent am
conferens		curas meas		in Kevasenuf (jecur)	qui in me ;

(vesa ?)

do salutem Osiridi N. etc.

J'ai dû insister sur ces quatre génies, qui étaient spécialement chargés de conserver le germe vital aux intestins. Ils étaient associés à d'autres personnages dans leur rôle de sauveurs de la momie, suivant la prescription portée au chapitre XVII du Rituel[2].

Leurs allocutions au défunt né sont que des variations sur le thème expliqué plus haut dans les

---

[1] Ce nom signifie « celui qui rend hommage à sa mère »; il a probablement rapport à la légende sacrée des scarabées funéraires qui commence ainsi : « Mon cœur est de ma mère, etc. »

[2] Voy. dans Todt, ch. XVII, l. 20, le détail des sept esprits sauveurs, placés par Anubis lui-même sur le cercueil d'Osiris.

canopes. J'en citerai un seul exemple, où le sens général de ▬▬ est commenté par les membres de
phrase qui le suivent; le génie Hapi dit, sur le sarcophage de Taho, au musée du Louvre :

Hai	N.	nok	se-k	un-a	em (vesa-k?)
Heus!	N.	ego	filius tuus [1]	adsum	pro salute tua,

num-na	ha-uk	em anch	se-rut-na
impleo	artus tuos	vita,	suscito germen

saku-k	em sniv	an	heru-á	er-k	teta
in cadavere tuo	ut sanetur,	non	discedam	a te in æternum.

Les personnages qui adressent ces allocutions sont
nommés ▬▬, dans le sens de *sauveurs* ou *vivifica-
teurs* de la momie, et cette expression s'étendait même
jusqu'à désigner, d'une manière générale, la décoration des flancs du cercueil et du sarcophage où
les figures de ces génies jouaient le principal rôle.
C'est ainsi qu'on trouve la phrase suivante dans l'é-
pitaphe de l'Apis mort l'an 23 d'Amasis, après la
description des sarcophages.

---

[1] Les quatre génies, étant fils d'Osiris, traitent comme leur père
le défunt, identifié à Osiris.

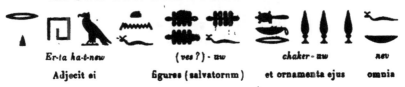

Er-ta ha-t-new	(ves?) - uw	chaker - uw	nev
Adjecit ei	figures (salvatorum)	et ornamenta ejus	omnia

em nuv...

ex auro...

C'est ainsi qu'on arrivait quelquefois à un emploi tout matériel du terme ▆▆▆; mais le sens abstrait ressort très-clairement dans plusieurs scènes qu'il est intéressant d'analyser à cette occasion.

La conservation du germe précieux qui devait ressusciter le corps humain, à l'exemple d'Osiris, et la destruction du principe de la mort formaient le fond de toutes les hymnes funéraires et le sens religieux de l'embaumement : on peut voir le résumé de ces idées dans une scène sculptée à Karnak, sous Evergète II [1]. Osiris, type de l'homme, se réveille sur son lit funèbre; son âme, sous la forme d'un épervier décoré des emblèmes d'Ammon ithyphallique, vole vers lui; la légende explicative de cette scène porte ce qui suit :

Amon-ra	vaï	as	en hesiri	hotep	ha cha-w
Amon-ra	anima	sancta	Osiridis.	jungitur	corpori suo

[1] Voy. Lepsius, *Denkmäler*, t. IV, p. 29.

em ha-t   *mesche-t-w*

in domo   ortus sui.

Isis et Nephthys président à cette renaissance d'O-
siris : Isis, qui est toujours le principal agent de la
résurrection, porte la main à *son chevet;* voici sa légende :

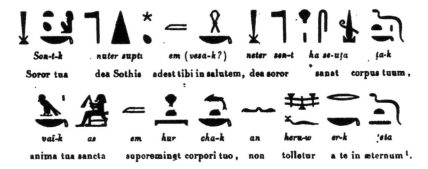

Son-t-k	*nuter supti*	*em (vesa-k?)*	*neter sen-t*	*ha se-uţa*	*ţa-k*
Soror tua	dea Sothis	adest tibi in salutem,	dea soror	sanat	corpus tuum,

vai-k	*as*	*em*	*hur*	*cha-k*	*an*	*heru-w*	*er-k*	*ʾeta*
anima tua sancta		superemingt corpori tuo,		non	tolletur	a te in æternum [1].

C'est bien l'action vivifiante d'Isis que désigne ici
le caractère 𓋹; le sens n'est pas moins précis quand
il s'agit des vivants; c'est encore la vie, la force et
la santé qui sont la conséquence de 𓋹. On trouve
souvent, dans les discours des dieux, des phrases
analogues à la suivante (Champollion, *Monuments,*
t. I, pl. XXXVIII) :

Num-a	*ha-uk*	*em anch*	*ţam*	*ves-a*	*ha-k*
Impleo'	artus tuos	vita	quieta,	salus mea	in te

---

[1] Cette phrase ne présente pas de difficultés, il faut seulement
remarquer l'emploi de la particule ⌒ pour l'ablatif. 𓎛𓎛⌒

em   uṭa   sniv

in sanam et integram (valetudinem)[1].

Au milieu des combats, les dieux donnent aux Pharaons leur vertu 𝔖 pour les rendre invincibles et, peut-être, invulnérables. On dit ainsi de Tout-mès III, ▮▬═𝔖 ▮ ⦷ ⫵ *Amon em vesa-u ha-uw*, « Amon fit salus artubus ejus [2]. » La même influence est attribuée au soleil et à divers dieux[3].

On sait qu'on identifiait souvent les qualités des rois avec les attributs divins; c'est ainsi qu'un texte qualifie le ▬▦▬ de Ptolémée-Alexandre, après une énumération de plusieurs dieux : ▬▦▬▮▮▮ ▬▦▬ ▬● ●... *vesa-u vesa se ra*.... « animus eorum est animus filii « Solis (Ptolemæi) [4]. » Remarquez que, dans cet exemple, le sens de protection serait tout à fait inadmissible. Notre mot *salat* est celui qui se rapproche le plus du terme égyptien pris dans une acception très-générale; on l'appliquait souvent à la maison

---

heru er signifie constamment *enlever de, séparer de*, et, comme préposition, *en outre, excepté*.

[1] Cette phrase montre l'ensemble des idées que les Égyptiens attachaient à la santé. Le sens de ▮ *ṭam* est encore douteux, je le rapproche de ⤫𝔖⤫ « tranquillitas, serenum (cœlum) ». ▮ *ouṭa*, (le copte ⲞⲨⲪⲀⲒ « sanitas ») est, en principe, l'équilibre et le ⌐▬ *sniv* est l'état opposé à la maladie, *integritas*.

[2] Lepsius, *Denkmäler*, t. III, p. 32, l. 14.

[3] Champollion, *Monuments*, t. II, pl. CXI.

[4] *Denkmäler*, t. IV, p. 46.

entière, comme à l'individu. Le texte que je viens de
citer dit encore [1] aux dieux protecteurs de Ptolémée-
Alexandre :

Cette idée, souvent répétée, peut servir à l'explication du groupe ⟨hieroglyphs⟩. M. Birch a bien vu
qu'il désignait souvent le palais et, par suite, le roi;
cette locution, très-analogue à la formule royale
⟨hieroglyphs⟩, peut signifier *la demeure plus spécialement fa-
vorisée du principe vital*, celle du ⟨hieroglyphs⟩, ou *doué
d'une vie éternelle*.

___

[1] *Denkmäler*, t. IV, p. 46.

[2] La barque, sous les Ptolémées et les empereurs, sert fréquemment à écrire la particule *em*; c'est une notion de la dernière importance pour l'intelligence des textes de ces époques. L'ignorance où
l'on était de cette valeur a même vicié jusqu'ici l'analyse de deux
passages de l'inscription de Rosette. (Voy. Brugsch, *Inscriptio Rosett*
l. 9 et 10.)

, comme exclamation, peut se rendre aussi par *salut!* Il se rapproche beaucoup de notre locution *vive!* L'inscription de Ptolémée-Alexandre, déjà citée, nous montre ,  et employés comme exclamation initiale d'une longue série d'allocutions adressées à toutes les divinités.

On aurait pu être tenté, dans une partie de ces exemples, de s'en tenir à une idée générale de *protection* ou de conservation; mais il est des textes qui ne le permettent pas; le principe abstrait désigné par est, par exemple, mis en parallélisme avec l'âme, dans le chapitre CLXIII du Rituel. Le texte mystérieux qui roule sur Ammon, après les mots, « Je suis l'âme du grand corps qui repose dans Arbahou », ajoute :

| *Ntew* | *(vox?)* *en* | | *ta* | *.che* | *en* | *Harti* | |
| *Ipse* | *est* *animus* | | | *corporis* | | *dei Harti.* | |

.Il n'y a pas lieu de s'étonner si l'on trouve qu'en recherchant le principe de la vie, qui échappait aux premiers efforts de la science, comme au scalpel de nos savants anatomistes, les Égyptiens étaient arrivés à des expressions assez subtiles pour embarrasser beaucoup les interprètes modernes.

Il me paraît utile, pour résumer cette discussion, de grouper les locutions par lesquelles est indiquée l'action divine dont émanait la vie.

1° 〔hieroglyphs〕 *au em* (*vesa?*) ou 〔hieroglyphs〕 *un em* (*vesa?*)[1] « être dans l'action de vivifier »;

2° 〔hieroglyphs〕 *ari* (*vesa?*) « exercer la même action »;

3° 〔hieroglyphs〕 *ta* (*vesa?*) « donner son influence vitale »,

4° 〔hieroglyphs〕 *tes* (*vesa?*) « apporter son influence »;

5° 〔hieroglyphs〕 *meh* (*vesa?*)« compléter le salut »;

6° 〔hieroglyphs〕 *setep* (*vesa?*) « fixer sur quelqu'un son action salutaire »;

7° 〔hieroglyphs〕 *es-t-a em ves-u en*....... « placer comme sauveur, ou source de vie auprès de quelqu'un ». Cette dernière expression ne peut se traduire, comme on l'a proposé, par « mettre sur les flancs »; car souvent une autre place est désignée. Ainsi, au chapitre ɑʟᴠɪɪ du Rituel, il est dit du vautour d'or 〔hieroglyphs〕 *er-t-a em vesu en cha*, Or le titre même du chapitre nous apprend que ce vautour devait être placé sur la gorge du défunt : 〔hieroglyph〕 n'est donc pas une partie du corps, il n'a jamais d'ailleurs le déterminatif des membres humains. *Er-t-a em vesu en cha* sera rendu assez exactement par : « qu'on met comme amulette au défunt ». La particule *em* est ici l'*m d'état*.

Je crains que ces explications n'aient paru trop longues; elles m'ont cependant semblé nécessaires

---

[1] Il faut rapporter à ce type, avec ellipse du verbe être, les noms propres composés comme 〔hieroglyphs〕 *sevek em* (*ves ?-w*) « Sevek est animus ejus. »

pour saisir le rôle que ⟨ joue dans notre inscription .
à la ligne 15°, le roi dit à Chons-nefer-hotep : ✸⬤✶
⟨ *ma* (*vesa-k?*) *hna-w*, « da animum tuum ipsi », c'est-
à-dire : « communique ta force vivifiante à Chons-p-
ari-secher »; celui qui doit faire le voyage de Bachtan, et qui semble jouer le rôle d'agent immédiat. A
la ligne suivante, le premier dieu, se rendant à la
prière du roi, fait quatre fois ⬛, c'est-à-dire qu'il
communique sa vertu à l'autre Chons en faisant sans
doute quatre fois le geste symbolique pour lequel
étaient disposés les bras mobiles des statues. Enfin,
à ligne 18°, le second dieu exerce son action salutaire à son tour sur Bint-reschit ⬤⟨ *ari new* (*ves?*).
sans doute par l'entremise du même geste.

C'est une *action curative* que notre signe indique
dans ce dernier exemple; la belle stèle du prince de
Metternich m'offre une phrase tout à fait analogue.
J'ai déjà eu occasion de citer ces textes curieux, où
la mort est désignée par l'emblème du venin d'un
scorpion. C'est Tot qui parle dans ce passage :

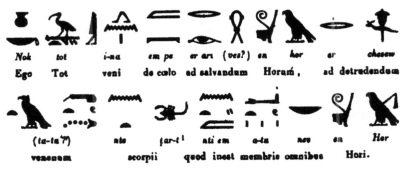

Nok	tot	i-na	em pe	er ari	(ves?)	en	hor	er	chesou
Ego	Tot	veni	de cœlo	ad salvandum			Horam,		ad detredendum

(ta-ta?)		nis	tar-t[1]	ati em	a-ta	nev	en	Hor
venenum			scorpii	quod inest	membris	omnibus		Hori.

[1] ⬛ *tar-t* est le nom donné au scorpion dans ce texte; cf.
ϹⲀϨ « scorpius ».

On voit qu'ici *ari ves* est faire l'action de combattre le venin. Tous les exemples que j'ai dû employer sont curieux à plus d'un titre, et j'espère que leur intérêt pourra servir d'excuse à cette digression. La phrase suivante se trouve déjà toute expliquée par ce que nous avons dit.

Han	ape oër oër	en Chensu	em	Tama	newer-hept	ha	ari-new
Gratia	maxima	Chons	in	Thebis	dei optimi,	ecce	dedit

(ves?) en	Chensu	p-ari	seeher	em	Tama	top	4
virtutem	Chons	agenti	consilia	in	Thebis,	quater.	

M. Birch : « Assented (twice) Chons in Thebaid « (named) nefer hetp, making a reverence to Chons « the contender for the Thebaid, four times. » On voit que le mot *han* est encore ici interprété « consentement », sans tenir compte des mots *ape oër;* je pense avoir justifié le sens de *grâce*, de *faveur*, qu'indiquent ces épithètes. Le signe ▬ est traduit par « reverence »; il y a évidemment plus qu'une politesse entre les deux dieux; le supérieur anime l'inférieur du principe de vie, que celui-ci doit plus tard communiquer à la malade.

L'ordre de ces idées ne peut mieux se comparer qu'aux *pouvoirs spirituels*, transmis dans le sacerdoce suivant l'ordre hiérarchique, et la scène qu'on va nous raconter a évidemment toute la couleur d'un exorcisme. Les expressions ⟦symbols⟧ *sep 4* « quater », se rapportent sans doute à un geste de la statue de Chons-newer-Hotep, tel que l'imposition des mains; nous avons vu que c'était le geste indiqué dans la légende de la déesse *Maut.* On pourrait encore supposer que la statue avait un ressort disposé seulement pour faire toucher aux assistants le sceptre ⟦symbol⟧, un des symboles de la vie divine, que Chons tenait à la main.

Uo en	hen-w	er-t-a	uļa	Chensu	p-arj	socher,	en,
Jussit	rex	dimitti		Chons	agentem	consilia	in

Tama	er ne	aa	kek	tiu		ureren-f	
Thebis	in arca	magna;	(cam)	naviculis	quinque,	curru,	

	semsein-a		achu	amient	avet	
	equis		plurimis,	ministris	et a destris.	

Je ne comprends pas tout à fait ce passage comme M. Birch; l'étude de la pierre m'a fait apparaître le signe ⟦symbol⟧ « nombreux », qui a échappé à M. Prisse et même à M. Birch. Ce savant traduit de la manière suivante : « His majesty commanded that Chons « who contends for the Thebaid should go to his great « Baris of his five boats in a chariot having horses « on its right and left hand ». Il entend formellement

que ces chevaux, placés à droite et à gauche, traînaient le chariot.

M. Birch remarque cependant que l'arche paraît,
dans la stèle, portée sur les épaules des prêtres, et
qu'en conséquence il pouvait être question d'une
escorte. C'est, en effet, ce qui résulte du mot *achu*
« nombreux », ajouté aux chevaux. Nous ne connais-
sons pas sur les monuments égyptiens de chars assez
vastes pour porter une barque surmontée d'une grand
naos; elles sont portées à bras d'hommes partout où
elles paraissent, comme le fut l'arche dans le désert. Celle de *Chons p ari secher*, qui fit le voyage de
Bachtan, a, dans notre vignette, quatre paires de porteurs; le char était probablement destiné au prêtre
de Chons, chef du cortége; les chevaux nombreux
étaient des relais et des cavaliers d'escorte. On peut
cependant dire, à l'appui de l'opinion de M. Birch,
qu'à la ligne 25 le prince de Bachtan dit en parlant
de Chons : *urer-w* « son char ». On trouve mentionnés
quelquefois des chariots de transport, attelés de six
paires de bœufs; ils sont désignés par le mot *aakarat*,
qui n'est que le terme sémitique ䷀, עגלה *currus*.
(Voy. *Denkmäler*, III, 219.)

Tous les mots employés ici sont déjà connus : *ua*
s'applique à toutes sortes de navires; *kek* « barque »,
a été signalé par Champollion dans les bas-reliefs de
métier [1]. M. Birch traduit : « la plus grande de ses
cinq barques ». Je pense qu'il s'agit plutôt de petites
baris, destinées à faire cortége d'honneur à Chons,

---

[1] Champollion, *Grammaire*, p. 68.

qui résidait dans la principale; le déterminatif ⌐⌐ᴧ
est d'ailleurs bien différent de celui de la grande
arche ᴧᴧ. Cela formerait une difficulté pour le sens
que propose M. Birch; on ne dirait pas naturellement:
« un navire, le plus grand des cinq barques. »

Le char, que M. Birch voulait restituer, est très-
visible dans sa forme abrégée (une roue et un ti-
mon). Il ne me reste qu'à faire une petite observation sur le mot *semsem* « cheval » : il n'y a à guère
de doute qu'il ne provienne du pluriel סוסים ; on
sait que les chevaux ne se sont introduits d'Asie qu'à
une époque relativement récente de l'histoire égyptienne; la forme la plus ordinaire du mot est *sesem*
ou *sesma*; le terme 𓈖𓏏𓂝 HeTRa, qui répond au
copte ϩⲧⲟ « equus », signifie habituellement « le
bige »; il a été assimilé par les Égyptiens à un radical
hater « conjungere », qui subsiste dans le copte ϩⲱⲧⲣ
« conjungere », d'où ϩⲁⲧⲣⲉⲉⲩ, *gemelli*. Je pense
néanmoins qu'il peut avoir un rapport d'origine avec
ﻓﺮﺱ « equa », analogue à celui de *sesem* avec סוס
« equus[1]. » Quant à la forme *semsem*, cette combinaison, quadrilittérale par réduplication, était tout à fait
dans les habitudes de l'égyptien antique, et l'on en
pouvait citer de nombreux exemples.

[1] On trouve aussi l'orthographe 𓊪𓈖𓆓 HeTRe, qui se rapproche encore plus de la forme arabe.

S VIII.

Sper	nuter	pen	er	Vechten	en kame	renpe	na	(avot ?)	tu
Accessit	deus	iste	ad	Bachtan	spatio	anni unius	et	mensium	quinque.

La traduction de M. Birch porte : « The god ap-
« proached the land of Bakhten, from Egypt, after
« a journey of one year and five months. » Ce sens
paraît si naturel que je l'avais tout d'abord adopté;
mais en soumettant la phrase à une analyse rigoureuse, j'ai trouvé des difficultés à reconnaître ici le
mot Égypte. D'abord, contre l'habitude constante
du rédacteur de la stèle, le mot ▬ kemi, Égypte,
serait ici privé de son déterminatif nécessaire ⊗ (comparez le même mot aux lignes 2, 6, 23, 24, 25 et
26). En second lieu, M. Birch est obligé de suppléer
after a journey; ce serait une ellipse un peu forte, et
il est difficile d'admettre qu'aucune particule n'ait
dû être introduite pour remplacer cette liaison nécessaire entre ce qui précède et l'expression du temps
qu'a duré le voyage. Tout me porte donc à prendre
ici le groupe ▬ *kame* dans le sens *d'espace de temps*
qu'il a incontestablement dans beaucoup d'autres
exemples : j'ai eu l'occasion d'expliquer ce mot dans
un mémoire sur les Apis, lu à l'Académie des ins-
criptions, mais encore inédit. ▬ | KaMe, soit comme
verbe, soit comme substantif, était l'expression propre
pour indiquer la révolution d'un espace de temps dé-

terminé. Je puis citer comme exemple du verbe
kame cette prière du défunt Ahmès au dieu *Aten-ra*[1].

Kras-t *nowre-t* *em-chate* *aaai*
(Da mihi) Sepulturam bonam post senectutem,

ha sai en *aohu-t* *aten* *au-kame-na* *ha*
in mente domus (occasus) solis, cum absolvero spatium vitæ

em nowre
feliciter.

Ce mot a déjà été l'occasion de plusieurs contre-
sens; il était utile de l'éclaircir : comme substantif,
c'est l'*espace du temps*. Ainsi entendue, notre phrase
ne présente plus de lacunes.

Han *i* *en sar* *en Vechten* *hna* *menu-ew*
Ecce venit princeps Bachtan cum militibus suis

oeew *er ha-t* *en chensu* *-pan* *-secher* *er-t-a-new-sa* *ha cha-w*
(et) duce suo obviam deo Cheons agenti consilia; procidit in ventrem

em fat
dicens :

[1] Lepsius, *Denkmäler*, t. III, p. 98.

Je serais tenté de suppléer la marque du pluriel après le signe ⌷ : *les soldats et les chefs* sont une expression extrêmement usitée dans les descriptions égyptiennes. Il est possible cependant que quelque circonstance, à nous inconnue, ait engagé à mentionner spécialement *un chef supérieur* de l'armée de Bachtan. J'avais d'abord compris le mot ⬦— *cha* dans le sens de *sein*; je pensais que le prince avait placé l'idole sur son sein; mais le sens proposé par M. Birch, et que je suis maintenant, est évidemment le bon; il tient compte de la forme réfléchie, *er-t-a-new-su* mot à mot, *dedit se*, et nous avons vu, dans un exemple cité à la page 120 (septembre 1857), qu'une des formalités du *sen-ta* ou adoration était précisément la prostration sur le ventre, indiquée par ces mots. Le sens propre du signe ⊕— est d'ailleurs *le ventre*, *les flancs*.

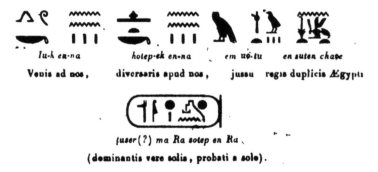

Iu-k en-na   hotep-ek en-na   em uȯ-tu   en suten chape
Venis ad nos,   diverraris apud nos, jussu   regis duplicis Ægypti

{user(?) ma Ra sotep en Ra,
(dominantis vere solis, probati a sole).

J'ai un léger dissentiment à constater entre ma traduction et celle de M. Birch; il traduit le verbe ⊟ *hotep-ek* par « tu nous apportes la paix ». Je pense qu'il s'agit ici du sens très-ordinaire de ce verbe,

conservé dans le copte ℥ⲱⲧⲡ « occidit sol »; cette
locution vient renforcer le sens de *ia-k enna*, « tu viens
« chez nous, tu daignes descendre chez nous », comme
le soleil, à son coucher, dans sa demeure céleste.
C'est dans ce sens que le même verbe s'appliquait
au défunt qu'on portait au tombeau.

Han	sche	en nuter pen	er va	ati	au	vent-reschi
Tum	venit	deus iste	ad locum	in quo	erat	Bint-reschit

am	ha	ari-neu (ves?) en se-t	en p-ar en	vechten	nefer-es
(in eo);	cum	dedisset salutem filii	principis	Bachten, sanata fuit

ha-a

illico.

Voici la traduction anglaise : « Then the god pro-
« ceeded to the place in which Benteresh was, and
« gave his aid to the daughter of the chief of the
« good Bakhten, terrifying (?) » Nous ne différons
que quant au sens des derniers mots. M. Birch n'a
pas connu la locution ha a, mot à mot, *sur l'acte*
ou *à l'instant*, que nous avons déjà rencontrée à la
ligne 10°; il l'a prise pour le verbe *s-her*; mais ce verbe
est transitif (nous l'avons vu dans le titre de Chons);
il lui faudrait un complément direct. M. Birch applique le mot nofre au pays de Bachtan; il

serait contre tous les usages du style égyptien de trouver cette épithète ainsi accolée à une région étrangère, qui, d'ailleurs est tant de fois nommée dans notre texte et toujours sans qualification. Le sens que je présente est naturel de tout point; l'action bienfaisante de Chons s'exerce *à l'instant*, et la malade se trouve, ou soulagée ou même tout à fait guérie des effets morbides qu'avait amenés la possession, quoique le démon en personne ne l'abandonne pas encore. Les explications qui ont précédé font voir que ce sens est également demandé par tous les exemples où le don de la vertu divine nommée ☥ a *le salut* pour conséquence immédiate. J'admets donc que tout aussitôt la princesse se trouva mieux, sens naturel de ⚹⚹⚹.

Han	ṭat en	chu	pen	ati hане-s	em-(ta?)
Et	dixit	dæmon	ille	qui erat in ea,	coram

	chons-p-ari	abcher-	'em-Tama	i-t	'em kolep
	deo Chons agente	consilia	in Thebis;	venias [1]	pacifice,

nuṭer aa	se-heri	schema-u	techa-k	pu	vechten
deus magne,	qui disturbas	hostes,	urbe tua	est	Bachtan,

[1] Mot à mot : *veniens* ou *tu qui venis pacifice* ; *i-t* est le participe de *i*, aller, venir.

	hen-uk	pu	ret-w	nok	pu	hen-k
	servi tui	sunt	populi ejus,	ego	sum servus tuus.

Nous sommes ici complétement d'accord pour le sens; tous ces mots sont d'ailleurs bien connus dans la science; il n'y a utilité à s'arrêter ici que sur le terme 〔✦〕. C'est à M. Birch que l'on doit l'importante remarque sur la valeur de ce groupe qui, dans l'énumération des tributs, désigne les esclaves. Je suis beaucoup moins satisfait des explications que donne ce savant sur la lecture et les autres usages du signe 〔, que Champollion désigne comme un vase renversé : voyant ce symbole employé pour nommer les prêtres, les rois et même les dieux, il l'avait traduit par sainteté. Suivant M. Birch, on devrait au contraire interpréter le nom du prêtre, 〔, par *esclave du dieu*, ce qui paraît bien logique. Il serait encore assez naturel de voir dans la formule des dates 〔······〕 quelque chose de semblable à : *l'année telle de la servitude* (du pays) *sous le roi un tel*...... mais on trouvera une véritable difficulté à admettre la généralité de ce sens, si l'on étudie l'emploi courant du terme 〔 pour désigner les rois et les dieux.

Nous avons vu, dans notre texte, un grand nombre d'exemples de l'emploi du terme 〔 pour la personne du roi : à la ligne 15ᵉ, le même groupe se rapporte au dieu Chons (*Ta-a scheme hen-w er vach-ten*, « j'enverrai sa sainteté (?) à Bachtan »). On ne voit

pas quel rapport cette locution pourrait avoir avec
l'idée d'esclavage. Dans l'inscription de la statue nao-
phore du Vatican, Neïth est désignée par ⌐ une figure ⌐
sa sainteté (?), *Neith.* Enfin, dans les textes sur le soleil, rien n'est plus fréquent que les groupes ⌐ figure ⌐
la *sainteté* (?) *de ce dieu,* pour introduire la personne
divine. Il me paraît donc difficile que l'idée d'*esclavage* ou le sens actif de *commandement* suffise pour
expliquer ces idiotismes. Champollion s'était probablement approché bien près de la véritable nuance,
en traduisant par *sa majesté*, dans les formules royales.

M. Birch propose pour le signe ⌐ une nouvelle
lecture ⌐ figure ⌐ *cher.* Je ne vois pas jusqu'ici de preuve
décisive pour cette valeur; la particule *cher* s'employait très-fréquemment et d'une manière qui peut
nous paraître redondante; elle se groupait aussi avec
d'autres particules. Les formules que M. Birch cite
à l'appui de son système me paraissent susceptibles
d'une analyse différente. Ainsi, dans la formule des
dates, je traduirais ⌐ figure ⌐ *cher hen en suten
chave* « sub imperio regis ». Remarquez qu'on ne signale pas une variante qui se borne à supprimer ⌐;
si les signes ⌐ figure ⌐ ne formaient qu'un mot, il y
aurait souvent la particule ⌐ entre les années de
la date et le substantif *cher;* on eût écrit naturelle-

---

[1] Remarquez aussi l'orthographe usuelle ⌐ figure ⌐ , etc. Le
signe placé après les phonétiques comme simple déterminatif
prend rarement les marques complémentaires ⌐ ou ⌐.

ment ⟨☐☐⟩, etc. *l'an 12 du commandement*, etc.
Au lieu de cela, on lit constamment ⊜ immédiatement après la date, ce qui semble lui attribuer
forcément la valeur d'une préposition ; l'autre formule citée par M. Birch n'infirme nullement cette
manière de voir ; il s'agit des travaux exécutés, par
ordre d'un roi, en faveur de quelqu'un :

Ta-u em hes-u   'nte   cher   suten en   se-t suten...

J'analyserais ainsi ces mots : *fait par les ordres qui
de la part du roi, pour la princesse.....*

Remarquez que dans cette formule, dont on possède plusieurs exemples, on ne voit pas ❘ remplacer
⊜, et qu'ensuite on n'y lit pas davantage la particule
〰〰, qui suit ordinairement le vase et le relie au
mot roi, *sic* : ❘ ⊤ ⊝. ⊜ *cher* se comporte donc
comme une particule et ❘ comme un substantif abstrait.

Cher serait d'ailleurs, pour le vase ❘, *une seconde
lecture ;* il ne faut l'admettre qu'en face de preuves
plus tranchées, puisque la lecture de Champollion,
hen, se trouve étayée par des variantes phonétiques
indubitables ; j'ai cité l'orthographe ⨆⨆, tirée d'un
monument très-ancien ; on peut y joindre la variante
⦙⦙⦙, qui se lit à Philæ dans un texte ptolémaïque.
En s'en tenant à cette valeur, la langue copte nous
fournit le radical ϩⲱⲛ « *jubere* » (cf. ⲡⲓϩⲱⲛ « *præ-*

ceptum, lex »), qui, au sens actif, nous mène droit à l'autorité royale, et, au sens passif, à celui qui obéit, l'*esclave*. Le ⌐∣∣, ou l'*hiérodule*, se trouve également bien représenté par le memphitique ⲡⲓ ⲋⲟⲩⲧ « sacerdos », pour lequel cette langue ne nous fournit pas d'autre radical[1]. Dans son application au roi et aux dieux, le terme ∣ prend souvent pour déterminatif l'épervier divin, *sic* ∣⟶, en sorte qu'il est aisé de voir qu'on y attachait la plus haute idée de *souveraineté*, tandis que le même signe, avec un homme ∣⟍, indiquait au contraire l'esclavage, sans doute comme sens passif de la première acception. La locution HeN-w me paraît donc pouvoir s'analyser par *sa souveraineté*.

M. Birch hésite sur le second membre de phrase.

---

[1] Le radical de ce mot ne peut pas se chercher dans le sahidique ⲋⲛⲧ *attedere*, dont le correspondant memphitique est ⲋⲛⲧ.

qu'il rend ainsi : « Giving you peace that thou co-
« mest here for her? » Le sens ne me paraît pas douteux; les verbes coptes ϩⲱⲡⲧ et ϩⲱⲧⲡ ont conservé le sens de *reconcilier, réunir*. La nuance de *paix*,
repos, que reconnaît M. Birch, mène au même résultat; c'est-à-dire *pour satisfaire ton désir*. Je ne crois
pas que le pronom féminin qui termine 𓏲 ⲓ puisse
se rapporter à la princesse, que le démon n'a pas
nommée; ce féminin doit être ici le représentant du
neutre ou de l'indéterminé, qui, en égyptien comme
en copte, se rendait par le pronom féminin. Le relatif s'exprime ainsi souvent à la manière sémitique,
avec ellipse de la conjonction ⌒ « que » et le pronom rejeté à la fin : *ha iu-k-ha-s*, mot à mot « de
(quo) venisti ad illud », ou bien avec ellipse du pronom final, comme dans les mots : *er vu iu-a am* « ad
locum veni ex (eo). »

Dans le premier membre de phrase, que je traduis comme M. Birch, ce savant pensé qu'il faudrait
restituer dans la petite lacune le signe 𓇋 pour le
pronom de la première personne; mais il reste une
trace visible de l'oiseau 𓅭, il faut donc lire 𓇋𓅭𓏲
au-tu. J'ai fait voir, dans le mémoire sur Ahmès,
que c'était la forme du pronom indéfini. *Au-tu-er-
sche* sera mot à mot *il est à partir*, il faut partir. La
forme 𓉐, pour le déterminatif des lieux, n'est pas très-
pure; M. Birch a raison de corriger 𓊖; mais la
faute[1] existe sur la pierre et dans plusieurs endroits.

---

[1] La similitude de ces deux signes a souvent causé cette faute;

en ton	en nuter	pen	er piu	han-nuter	em tat
bgnatns est	dens	ille	suo	sacerdoti	dicere :

Nous sommes ici entièrement d'accord, sauf la nuance que j'ai expliquée plus haut à propos du mot *han*, que je traduis dans ces phrases par *grâce* ou *faveur*.

Ma-ari	p-ser en	Vechten	au	aa-t	em (ta?)	cha
Ponat	princeps	Bachten	oblatum	magnum	ante	dæmonem

pa	ar	men	nen	ari	Chons-p-ari-	secher-	en-Tama
istum. Dum	ferent	hæc	(et) agerot	Chons	dans	consilia	Thebis

han	p-cha	au p-ser	en Vechten	ha
cum	dæmone,	erat princeps	Bachten	adstans

han	menu-au	au-u sent	er-a-oër
cum	exercitu suo	(et) verebatur .	vehementer.

La traduction de M. Birch est peu différente : « Let the chief of the Bakhten make a great sacrifice

on la remarque à tout instant dans les textes des bas temps et même dans de belles inscriptions, comme celle de Rosette.

« before the spirit. It was done as aforesaid between
« Chons the contender for the Thebaid and the spi-
« rit. The chief of the Bakhten stood with his troops
« very well ordered ». On voit que le savant anglais
sépare ce texte en trois phrases distinctes. D'après
ce que nous avons déjà plusieurs fois observé sur
le rôle du verbe ❙ initial, les mots *ar unen nen* doivent commencer un *antécédent* qui exigera un *con-*
séquent corrélatif. Cette tournure peut exprimer le
conditionnel, et je l'avais pensé d'abord ; j'avais compris que le discours du dieu continuait, et, qu'après
avoir commandé l'offrande, il ajoutait : « Quand on
aura fait cela, Chons agira, etc. » J'ai changé d'avis,
en me rappelant que le second membre de phrase
annoncé par ❙ initial commence très-habituelle-
ment par le verbe ❙▶ ; si l'action de Chons était ici
le terme conséquent, la tournure aurait probablement été *ar unen nen, au Chons ha ari han p-chu*. Les
personnes un peu familiarisées avec la syntaxe des
textes égyptiens comprendront bien cette différence ;
c'est ce qui me détermine à chercher le terme conséquent dans le membre de phrase commençant
par *au p-ser en vechten*. La tournure établit alors entre
les deux parties de la phrase un simple rapport de
temps, c'est ce que nous avons déjà rencontré plusieurs fois.

J'aurai aussi quelques différences essentielles à
signaler dans les détails. Le mot ❙❙〰 NeN, que

M. Birch traduit dans son texte par *aforesaid,* est indiqué, tant dans la note qui accompagne ce passage que dans le mémoire sur la stèle des Mineurs d'or, comme répondant à l'idée de rang ou d'ordre. Ce n'est pas le véritable sens; j'ai expliqué le type des deux pousses ⸗ dans mes notes sur les textes de M. Green; sa signification première est la *similitude;* comme adverbe, il répond à *sic;* comme pronom démonstratif, on le trouve, soit avec un substantif pluriel, comme ⸗ *nennutera,* « ces dieux »[1]; soit isolément, signifiant *ceci, cela, ces choses,* celles que l'on vient de mentionner; comme dans la locution usuelle des papyrus ⸗ *ha-sa nen* « après cela ».

Quant au dernier membre de phrase, M. Birch nous prévient que sa traduction est très-douteuse. Le sens de ⸗ *sent,* lui semble pouvoir être *discours* ou *respect,* quoiqu'il le traduise par « bien rangée », et il ne tient pas compte des signes ⸗. Je ne saurais pas expliquer pourquoi l'oie plumée servait à écrire le mot phonétique SeNT; mais c'est un fait constaté depuis longtemps. Dans son usage le plus

---

[1] Dans la stèle des Mineurs d'or, à la ligne 7, on lit : ⸗ *ua em nen hru cheper,* traduisez : « Un de ces jours il arriva que, etc. »

ordinaire, ce mot représente le typé copte ϹΝΑ̅Ⲧ « reveri, timor ». Les exemples ne laissent que l'embarras du choix. Ainsi on lit, dans le poëme de Penta-ur, quand l'écuyer de Ramsès II s'aperçoit du danger où l'a jeté le courage trop bouillant de son maître [1] :

Un-an-w	ha		vutseoh		het-w chasi
Factus est			segnis,		cor illi defecit,

senta[2]		aa		ak-tu	em	ha-uw
timor		magnus		invasit		artus ejus.

Dans le papyrus des deux Frères, lorsque le héros devint furieux des propos honteux que sa belle-sœur lui avait tenus, le texte ajoute :

Au-s		senta		er-aker-aker
Ipseque		timuit		vehementer.

Des peuples aussi superstitieux que ce récit nous les montre devaient, en effet, être fort inquiets pendant l'entrevue du dieu Chons avec leur démon.

La locution *er a uër* s'analysera par : « à l'action

---

[1] Voy. Papyrus Sallier, n° 3, pl. V, l. 4°.
[2] Le déterminatif 𓄹 est commun à beaucoup de mots exprimant les *sentiments*, les *pensées*, ou les *affections de l'âme*.

grande »; c'est évidemment une formule de superlatif. Il ne faut pas négliger de remarquer un nouvel
exemple du pronom *w* exprimé par le signe ‘; c'est
avec raison que Champollion nous a signalé l'é-
poque de la XX° dynastie comme celle de l'invasion
des variantes.

Ligne 22.

Toute cette partie est parfaitement claire, du moment où l'on admet le sens des phrases précédentes.

Le mot *hane* ⸽〰︎, qui est toujours écrit ⸽〰︎, a été répété par le graveur au commencement de la 22ᵉ ligne, peut-être par distraction, peut-être aussi comme correction, s'il s'est immédiatement aperçu de la faute qu'il avait commise. M. Birch traduit les mots *ha ari ra nowre ha-u* par *on the day appointed*. Je ne saurais admettre cette traduction : outre l'offrande ▦⸽ *av aa*, on devait célébrer une fête, ⸽ « un jour heureux », d'après la demande de l'esprit ; le prince apporte son offrande à l'esprit et au dieu Chons, puis il fait célébrer la fête en leur honneur, mot à mot « pour eux » *ha-u*. ⸽, *u* est une forme du pronom pluriel de la 3ᵉ personne, identique au copte ⲟⲩ ; on ne la trouve pas sur les monuments très-anciens, mais elle n'est pas rare dans les textes de la XXᵉ et même de la XIXᵉ dynastie. On peut conjecturer qu'elle avait dès lors remplacé, dans certaines portions du langage, le pronom antique 〰︎ *sen*, déjà moins usité.

Il ne faut pas omettre de remarquer la place de la conjonction ⸽〰︎ *ha;* elle diffère peu de ⸽〰︎ *hane*, dont elle forme le fond ; mais elle est plus souvent employée pour commencer le second membre d'une phrase.

IX.

La princesse étant guérie, le récit passe à une

nouvelle série d'événements qui précédèrent le retour de Chons en Égypte.

Un	p-ser en	Vechten	ha nsham	sr-aa-uër	han
Fuit	princeps	Bachtan	exultans	vehementer	cum

sa-nsu	nti	em	Vechten
omnibus	qui (erant)	in	Bachtan.

M. Birch traduit : « The chief of Bakhten and all
« who were in the land of Bakhten were highly (de-
« lighted) on account of the cure ». Il est remarquable que le verbe *se réjouir* ait été assez nécessaire
à la phrase pour que M. Birch se croie autorisé à suppléer le mot ·*haa* [glyphes], connu dans ce sens.
Mais le texte est parfaitement conservé et ne laisse
de place à aucune restitution. L'erreur de ce savaut
provient de ce qu'il a confondu le verbe [glyphes]
NeHaM avec [glyphes] NeHeM « sauver », que nous avons
vu plus haut. J'ai eu déjà l'occasion de faire l'histoire
du mot Ne HaM, qui rappelle le type sémitique نعم
dans les textes publiés par M. Greene : son déterminatif spécial est la femme jouant du tambourin
[glyphe], que M. Birch lui-même a reconnu, d'après le
texte de Chærémon, comme le symbole de la joie.
Dans les textes les plus anciens, on ne trouve que

le déterminatif plus général ⟨image⟩, signe de la parole et des sentiments. Il est nécessaire de rectifier dans ce sens plusieurs passages importants de divers textes traduits par M. Birch : ainsi dans la stèle des Mineurs d'or (ligne 3°), il est dit de Ramsès II :

Neham	*em pe*	*Àru en*	*mes-tu a*
Fuit exultatio	in cœlo	in die	natali ejus.

A la ligne 34° du même monument, le pays d'Akaïat ayant obtenu de l'eau contre tout espoir, on dépeint ainsi sa joie :

Ha nehamu	*em reschi-tu*	*àa*
Exultavit	lætitia	magna.

Dans les campagnes de Toutmès III (Lepsius, *Denkmäler*, III, 32, ligne 18), on dépeint, après la bataille, l'armée de ce roi : ⟨image⟩ *ha neham ha er-ta au*..... « se rejouissant, et rendant grâce (à Amon, pour la victoire qu'il a donnée à son fils) ».

Ce mot est très-usité, et l'idée de *réjouissance*, que M. Birch jugeait ici nécessaire au contexte, s'y trouve ainsi naturellement et sans rien changer à la leçon conservée.

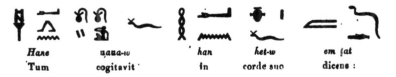

Hau	*uaua-u*	*han*	*het-u*	*em ȝat*
Tum	cogitavit	in	corde suo	dicens :

M. Birch traduit : « Then he was comforted and
« rejoiced, saying, since the god has made this change,
« let him be given to the land of the Bakhten, let
« him not return to Kami. » Je comprends tout autrement ce premier membre de phrase. Le verbe
uaua, que M. Birch traduit, sans autorité, par *com-*
forted, exige un instant d'étude. C'est une expression intéressante, parce qu'elle se rapporte à une
idée abstraite et que cette classe de mots est de
beaucoup la plus difficile à déterminer, qu'on trouve aussi sous fa forme pleine
UAUA, n'a d'autre déterminatif que celui de
la parole ; mais comme ce signe caractérise aussi
les sentiments (comme *meri* « aimer » etc.), nous
sommes bien autorisé à étendre son usage aux pensées. On voit d'ailleurs, par divers exemples, que
l'opération indiquée par le radical *uaua*, se passait
dans le *het* « cœur », mot qui, dans la langue égyptienne avait une très-grande extension ; nous lisons
ici *uaua han het-w* « cogitavit in corde suo ». On trouve
dans le texte de Medinet-Abou, publié par M. Greene,

(ligne 35°) 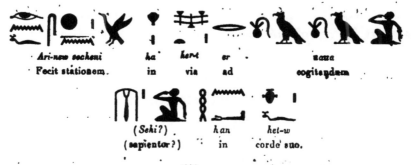 « ils pensaient »

ou « se disaient dans leur cœur ». C'est donc une parole *intérieure*, une *réflexion*. M. Chabas s'est approché de la véritable nuance dans son travail sur la stèle du roi Séti Ier [1]. Il traduit *exprimer sa pensée en lui-même*, dans les mots suivants, où il est question du roi qui vient inspecter la région des mines d'or.

Ari-new socheni	ha	kem	er	uaua
Fecit stationem.	in	via	ad	cogitandam

(Sehi?)	han	het-w
(sapientor?)	in	corde suo.

C'est encore *dans le cœur* qu'est ici placée la réflexion du roi; loin de signifier *exprimer*, c'est tou-

dire proprement *sa réflexion*, que le mot *uaua* exige

stèle des Mineurs d'or, la ligne 8° nous représente Ramsès II assis sur son trône, et se livrant aux soins de l'administration.

Ha uaua	socher-u en schat
Animo versans [2]	concilia de conficiendis

---

[1] Lepsius, *Denkmäler*, III, 140, confer. Chabas, *loco cit.*

[2] La traduction de M. Birch « promulgating plans » indiquerait exactement le contraire de cette délibération intérieure.

ummi-tu	ha	her-t-a	kan-tu	ha	ma
aquariis	in	viis	carentibus		aqua.

C'est aussi en lui-même, *kan het-w* « in corde suo », que le prince de Bachtan conçoit d'abord le désir de garder le dieu Chons.

Je comprends aussi autrement que mon savant devancier les mots *au er-ta cheper nuter pen.*  *che-per* est ici employé dans son acception la plus ordinaire, *devenir*; analysez cette locution : *Il est à faire devenir ce dieu, être donné à Bachtan.* Le dernier membre de phrase ne doit pas non plus être rendu par l'impératif, si l'on veut être rigoureusement exact; il faut traduire : *Je ne fais pas* (je ne permets pas) *qu'il aille en Égypte.* Remarquez la place du pronom *a*, entre la négative *ven* et le verbe *er-t-a*; *ven-a-er-t-a.* Dans le Rituel funéraire, dont le style est bien plus ancien, on trouve au contraire la forme *ven-ta-a*, pour la même locution. La tendance vers les formes du copte se marque déjà dès l'époque dont nous étudions ici le langage par ce déplacement du pronom. On sait en effet que, dans le copte, les marques de personne se trouvent placées avant le radical et après les mots auxiliaires qui varient la conjugaison.

Hau.	n-uubenna	en nuter pen	renpe.....3 (cuot?)......9	en Vuhtan
Et	manait	deue iste	annis tribus, mensibus novem,	in Bachtan.

M. Birch a lu un an quatre mois et cinq jours; mais en comparant l'expression de cet espace de temps à celle qui est écrite dans la ligne 17, j'ai été conduit à ne voir ici que des mois; en effet, on trouvera plus loin, en rapprochant les diverses dates du monument, que, si l'on comptait ici quatre mois et cinq jours, il resterait pour le retour en Égypte un temps disproportionné avec celui du premier voyage. L'expression qui répond à l'oiseau 𓄿, dans le sens de s'arrêter, est le verbe 𓊪𓈖𓄿 Se CheNNu. C'est un mot très-important dans les textes; je n'aborde pas son étude complète, qui ne nous est pas nécessaire en ce moment; nous constaterons seulement le sens d'arréter, faire une station, ou même demeurer. Dans ce but, nous pouvons renvoyer à un exemple cité plus haut et tiré de la stèle des Mineurs d'or (voy. p. 557), où le roi s'arrête en chemin pour délibérer. Je me contenterai d'en ajouter un second, où l'expression rappelle le beau symbole du disque ailé; il est tiré des Litanies du soleil. (Lepsius, Denkmäler, t. III, p. 203, l. 2.)

Sechen	teneku	pen	en hotep-u	em tiau
Quiescant	illa		éjus cum occidit in cælo.	

Le verbe sechen est également le mot dont se servent les stèles d'Apis pour indiquer l'arrivée du dieu

---

[1] Pen, ainsi placé, est un pronom démonstratif emphatique qui se rapporte au sujet de la phrase, le soleil.

nouveau dans la partie du temple de Phthah qui devait être sa demeure définitive.

M..Birch : « When the chief of the Bakhten was « laid on his couch, then the chief of the Bakhten « sees that god comes out of his shrine. The god was « in the shape of a hawk of gold, monting up to the « heaven toward Egypt. » On voit que nous sommes parfaitement d'accord pour le sens; mais il reste des détails à discuter. Dans les deux premiers groupes, il faut probablement éliminer l'*n* sous l'oiseau ; cependant comme on trouve quelquefois un article pluriel de la forme *ne-n*, on pourrait admettre, aussi une forme *pe-n-* pour l'article singulier.

Le lit, de la forme abrégée , me paraît ici

remplacer le verbe ⟦glyph⟧, SeṬeR, bien connu avec le sens *d'être étendu, couché*. Le mot ⟦glyph⟧, que M. Birch indique ici, signifie proprement *aborder, arriver*, et avec le déterminatif ⟦glyph⟧, il se prend dans le sens *de la mort*, jour de l'arrivée dernière au but du voyage terrestre : le sens de *couché* appelle ici le verbe *seter*.

Sans s'expliquer sur les mots qui suivent, M. Birch ajoute : « Perhaps it may be : when the chief of the « Bakhten was inclining on his couch (?) or asleep. » Il n'y a ici aucune place au doute parce que le terme ⟦glyph⟧ signifie certainement *un lit*. Le caractère ⟦glyph⟧ reproduit fidèlement celui qui est gravé sur le monument, c'est-à-dire un signe d'une forme indécise; on le peut prendre pour une variante de ⟦glyph⟧ *sen*, ou de ⟦glyph⟧ *sam*, dont il reproduit exactement l'abrégé hiératique. L'on choisira le mot *sam* avec certitude, lorsque l'on saura que ce mot s'employait pour le lit des Égyptiens. Ce meuble, dont le caractère ⟦glyph⟧ représente la forme élégante, est en effet désigné par le mot *sam* dans l'exemple cité plus haut[1], où il est en parallélisme avec le chevet ⟦glyph⟧ *ures*, déterminé, comme *sam*, le lit, par le bois ⟦glyph⟧. Le signe ⟦glyph⟧ n'est employé ici que pour sa valeur phonétique *sam*; mais je ne puis laisser passer ce caractère sans indiquer sa véritable valeur idéographique et l'explication du groupe ⟦glyph⟧, qui constitue son emploi le plus important dans les textes. Une addition

---

[1] Voyez page 518.

de chiffres, mentionnée dans une inscription du temps d'Amemphis III[1], se termine ainsi :

En tout, personnes vivantes (prisonniers). . 740

Mains des tués. 3ı2

Puis vient la phrase suivante : (hiéroglyphes) M. Birch a bien·vu que ce nombre formait un second total et il traduit: *montant avec les têtes vivantes à 1052.* Traduisez *réunis aux têtes vivantes*, et vous aurez le véritable sens; aussi ai·je depuis longtemps interprété constamment (signe) par *réunir, rassembler*, avec un plein succès dans toutes les phrases· où ce mot se rencontre. Je me contente d'ajouter ici l'explication du symbole qui sert de décoration habituelle aux côtés des trônes royaux. On·y voit le signe (signe) auquel sont attachées les deux plantes symboliques de la haute et de la basse Égypte; souvent c'est le dieu Nil qui lie ainsi ces deux plantes au symbole (signe), pour mieux exprimer qu'il attache ainsi au trône du roi la souveraineté des deux régions *réunies*.

Le groupe (hiéroglyphes) *Sam-to-ti* « celui qui réunit les deux pays » n'est qu'une variante de la même idée; il constitue l'un des titres favoris d'Horus et des souverains ses successeurs. On reconnaîtra d'ailleurs facilement,

---

[1] Texte publié par M, Birch, à la suite de son travail sur la stèle des Mineurs d'or (*Archéologia*, t. XXXIV.)

[2] Cette petite lacune ne pouvait contenir que l'm (signe) complémentaire ou le déterminatif (signe), qui s'attache aux idées de *calculs* ou *comptes*.

dans le thème *sam* « assembler », la racine indo-germa-
nique si connue *sam, hama*, qui a la même valeur.

Retournons au second membre de phrase; M. Birch
ne le croit pas bien copié et veut y lire *ar ua*, ce
qu'il traduit *to go along* (the shrine). Mais la pierre
est ici bien conservée; il ne serait possible de restituer, tout au plus, qu'un ⬤ devant le petit naos,
⫿; quant au groupe ⬲ ⸗, il faut nécessairement
y lire *er* et puis un verbe *rūa-ti*, qui n'a pas encore
été signalé, et où le déterminatif ⋀ nous indique
tout d'abord l'idée générale de *locomotion*.

Le thème RUA a son correspondant exact dans
le copte ⲗⲟ, ⲗⲁ, *cessare, desistere, discedere, proficisci*;
la phrase ⲗⲟ ⲙ̄ⲡⲉⲓⲙⲁ [1] *derelinquere hunc locam*,
nous donne la nuance qui convient ici; le dieu semblait *quitter* son naos. Le mot antique RUA paraît
avoir eu aussi le sens actif *écarter, repousser;* il est
dit du soleil, sur la stèle du prince de Metternich :

Nok	serhat	toti		ru		hek		aoti er hak [2]
Ego	lucem do	terræ,		amoveo,		tenebras,		effulgens in æternum.

Ici le déterminatif ⸚⋀ indique que l'idée première vient de *mettre de côté;* on trouve en effet le
type ⬛⬛⬲⸗ RAa, *côté, rive*, que j'ai déjà eu l'occa-

---

[1] Citée par Peyron. Lexique C. *verbo* ⲗⲟ.

[2] La réunion du soleil et de la lune désignait l'éternité, d'après
Horapollon; c'est une orthographe des bas temps.

sion de citer, et, dont on reconnaît la trace dans le copte ⲡⲓ-ⲗⲙⲟⲩ *fimbria, margo.*

Dans le groupe ⫯🏛, le déterminatif montre clairement qu'il s'agit du *naos* où le dieu était renfermé : peut-être y était-il représenté par un épervier sacré, symbole de Chons, au lieu d'une statuette que nous avions supposée; la suite s'accorde mieux avec cette seconde conjecture. Le signe ⫯ se prononçait HaT : c'était un des noms de ces naos. Il n'est pas très-fréquemment employé; on peut néanmoins en citer d'autres exemples. Ainsi on trouve, sous Ptolémée-Philopator, à Edfou, la demeure de Har-hat qualifiée ⫯🏛 ⳥ 𓀀 *haṭe-w as*, « sa demeure auguste [1]. »

On voit qu'après une étude attentive il ne reste rien d'obscur dans ce membre de phrase; Champollion, qui a donné dans sa Grammaire le sens des mots suivants [2], avait traduit le groupe 𓏃 *suspendant ses ailes;* il n'avait pas reconnu alors que les ailes n'étaient que le déterminatif du mot AChi, qui signifie *s'élever.* M. Birch a eu raison de traduire le groupe par « mounting up »: le thème copte ⲁ̅ϣⲉ, ⲁ̅ϭ︥ⲥ, ⲉ̅ϭ︥ⲥ, signifie *suspendere,* mais aussi *imminere;* le premier sens est l'action d'*élever* [3].

---

[1] Lepsius, *Denkmäler,* t. IV, p. 17.

[2] Voy. Champol. *Gramm. égyptienne,* p. 398, 402.

[3] Il est dit, du soleil, dans un hymne antique: *achi-k achi ran-k, sublimis tu, sublime nomen tuum.*

Nehas pu   *ari-new*   *em henuh*

Cum (princeps) evigilasset   factus est   (ægrotus ?)

M. Birch : « When he had risen, he was like a black « owl »; mais plus loin ce savant nous avertit lui-même qu'il n'attache pas d'importance à cette traduction, et que le sens lui paraît très-obscur. Je crois que la difficulté est venue pour M. Birch de ce qu'il a appliqué ces mots à l'épervier, tandis qu'il s'agit réellement du prince. Le mot ⧈ NeHaS, répond très-bien au copte ⲚⲈϨⲤⲈ *suscitare, evigilare, expergisci*; mais la présence de l'œil ⇒ avertit qu'il faut choisir le sens d'*éveiller* : plus de doute, dès lors, quant au sujet de la phrase; c'est le prince qui était *couché sur son lit*. Le 𓃭 qui suit le verbe *ari-new* ne peut être autre chose que l'*m* d'état : la petite barre , qui l'accompagne, est tout à fait explétive [1], et peut-être même un trait inutile échappé au graveur, à la charge duquel nous avons déjà constaté des fautes bien plus graves. On ne peut corriger le mot *henuh* et lire *nahsi*, comme le propose M. Birch; les signes sont tous bien tracés; le déterminatif n'est pas douteux 𓀢, il s'applique à la mort ou à des maux très-graves. Le mal qui s'empara de ce prince fut considéré comme un avertissement de la puissance céleste irritée; comparez cette histoire à celle du mutisme

---

[1] Comparez, à la ligne 25ᵉ, l'orthographe du mot *Kemi*, Égypte

qui frappa Zacharie après sa vision nocturne[1]. Je
n'ai retrouvé nulle part ce mot *henah;* il désigne probablement ici un état de maladie grave; on peut
le rapprocher des mots coptes ϢΟΝϨ «privare»,
ϢΟΝϢϤ «languor», ou bien de ΟⲦϢϤ «stupor, at-
tonitus.» Quelle que soit la véritable signification
du mot *henah,* on va voir que le prince, effrayé par
sa vision, se hâta de renvoyer le dieu Chons.

M. Birch a compris tout autrement : « The priest
« of Chons.... said : this god goes with us, returning
«to Kami, let his charriot go to Kami. »

Ce savant fait parler ici le prêtre, parce qu'il n'a
pas reconnu le sujet de la phrase précédente, à savoir, le prince de Bachtan; mais pour traduire ainsi
il faudrait négliger le pronom ⟞; les mots *hane*

---

[1] Conférez Luc. I, 20 et suiv.

tat-w en pe-hen neter ne peuvent se rendre autrement que par : *il dit au prêtre*. On commettrait donc un véritable contre-sens en prenant le prêtre pour sujet.

Le groupe ⊞ se prend surtout dans l'acception de *partir*. Je ne sais pas si, dans cette occasion, le chemin ⊞ est radical ou simplement déterminatif, s'il faut écrire *ta* ou *ta-her*. Le mot écrit *ta-HeR* se comprendrait bien; il se composerait du ▬ *t* causatif et de ⊞, *via; dare viam* pour *proficisci*.

Le papyrus des deux Frères me fournit une variante qui semble appuyer cette lecture (p. 9, l. 4). Lorsque les dieux plaignent leur héros de sa vie isolée, ils lui disent :

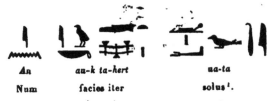

An	au-k ta-hert	ua-ta
Num	facies iter	solus[1].

Les signes ⌒ s'ajoutent plus ordinairement à un substantif qu'à un mot employé comme verbe; cependant ce n'est pas une règle observée avec scrupule, et l'on peut ici conserver des doutes sur la lecture. Le groupe qui suit ⊞ *ha-na* est probablement une contraction pour ⊞ *han-na*; je ne rencontre pas la particule ▬ *ha*, jointe de cette manière avec les suffixes pronominaux.

---

[1] *Ua*, « un », prend l'oiseau funeste ⬎ quand il signifie *seul : ua-ta* est exactement le copte ⲟⲩⲱⲧ « solus ».

Il est peut-être utile de remarquer encore dans cette phrase la forme d'impératif, *au-ma-sche;* nous avons déjà trouvé cette formule *au-ma*, composée du verbe auxiliaire *au, esse* et de *ma, da;* elle semble former une sorte d'optatif ou d'impératif *plus poli.*

Cette phrase ne présente plus de difficulté, et nous serions entièrement d'accord avec M. Birch si sa copie eût été plus exacte; il n'a pas eu connaissance du groupe ![signe] « des archers ». Divers mots correspondent à ce signe; le plus usité est ![signe] *menwi.* Le mot *semsem* « chevaux », dont il a soupçonné l'existence, est parfaitement lisible ainsi que son déterminatif ![signe] « quadrupède »[1]. La forme ![signe] *semsē*, pour *semsem,* se rattache à un système d'abréviation très-

---

[1] C'est sans doute ce signe que M. Birch avait pris pour la palme ![signe] *rener.*

usité pour les mots de formation quadrilittérale par réduplication, comme ☰ sensē, pour 〰 〰 🐦 sen-sēn, etc. J'ai déjà fait observer d'ailleurs que l'*n* et l'*m* pouvaient s'omettre dans l'écriture par une considération analogue à l'anousvara de la grammaire sanscrite, sans pour cela disparaître de la prononciation.

Le mot 🦅 *uēr*, placé après un adjectif, forme un superlatif; c'est à M. Birch qu'on doit cette remarque précieuse; il est très-usité avec l'adjectif 🦅 *achu* « multus »; notre phrase en offre deux exemples. Le mot *uēr* a ici le même sens que dans la locution copte ⲚⲞⲨⲎⲢ « quantus, quot. »

Je ne veux pas quitter cette phrase sans faire remarquer que, dans l'orthographe du mot ◿🦅'⊗ *Kemi* « Égypte », nous retrouvons avec l'*m* le trait | complétement explétif qui a trompé M. Birch dans la phrase précédente, et l'a fait traduire 🦅! par *une chouette;* ici aucun doute n'est possible et c'est un renseignement qui confirme le sens adopté plus haut.

Sper-sen om hotep — Cum accedissent feliciter — er Ṭama ad Thebas, — hane sche tum venit — en Chens Chons,

p-ari — seсher — em — Ṭama Thebis, ad domum — er pa en — Chens Chons — em — Ṭama Thebis

agens — consilia — in — ad domum — Chons — in — Thebis

nowre-hotep
optimi quiescentis.

Aucune difficulté ne s'élève ici : la faute du graveur, qu'a répété le signe ⸙⊙, à la place de ↓, qui
devait terminer le nom du premier Chons, se cor-
rige d'elle-même. Cette faute nous est précieuse par
son évidence même ; elle donne de l'autorité aux
corrections que nous avons reconnues nécessaires
dans le courant de la stèle.

Nous suivons encore ici exactement M. Birch ; la
phrase ne présente ni mots nouveaux, ni tournure
difficile. Une remarque grammaticale trouvera cependant sa place ; le relatif a une expression nécessaire dans les mots *munera* (quæ) *dederat ei princeps
Bachtan.* Cette notion se trouve donc dans le groupe
er er-t-a-new. La particule ⊂⊃ *er,* dans une grande
partie de ses acceptions, a perdu son *r* final pour
devenir en copte ε ; il en est de même ici, car le ε

copte remplace *qui, quæ, quod*; et par conséquent répond au ⟨⟩ *er* relatif de notre phrase : l'analyse du groupe ⟨⟩ se trouve ainsi bien complétée.

M. Birch a rendu avec raison par *choses* le groupe ⟨⟩, que Champollion traduisait par *autre*; la phrase que nous venons d'étudier peut servir de base pour le sens de *choses*, surtout dans le second membre.

Cette dernière phrase ne présente rien qui soit digne de remarque, si ce n'est un nouvel exemple de la locution *em hotep* dans le sens évident de *en paix, heureusement*. Le groupe au commencement de

la dernière ligne ⌐⌐ı a laissé assez de traces sur la
pierré pour que sa restitution soit certaine; il comble
la seule lacune qui avait fait hésiter M. Birch et confirme le sens général qu'avait adopté ce savant interprète pour la fin de notre inscription. Je terminerai
cette analyse par une observation sur l'orthographe
du dernier cartouche royal. On remarque, dans la
première partie, un ⸺ N, qui ne se trouve pas dans
les autres exemples du même nom. Si nous n'étions
pas autorisé suffisamment à signaler des fautes dans
notre texte, il faudrait penser, d'après cette orthographe, que le nom doit être lu (*toser?*) *ma en ra;* on
traduirait alors : *Seigneur par la justice* ou *de la justice du soleil.* On pourrait en conclure que ce titre
diffère essentiellement, quant au sens, du prénom
de Ramsès II, où le soleil est toujours placé comme
le premier mot.

(La suite dans un prochain cahier.)

NOUVELLES ET MÉLANGES.

SOCIÉTÉ ASIATIQUE.

PROCÈS-VERBAL DE LA SÉANCE DU 14 MAI 1858.

Le procès-verbal de la dernière séance est lu; la rédaction en est adoptée.

Il est donné lecture d'une lettre de M. le Ministre de
l'instruction publique, par laquelle il annonce la continua-

tion de la souscription de son département au Journal asiatique. Des remercîments seront adressés à M. le Ministre.

Sont présentés et nommés membres dè la Société :

MM. A. Sadous, professeur au lycée de Versailles;
Le marquis de Roquefeuil (Félix);   .
Léo Joubert.

Il est décidé que la séance ordinaire du mois de juin n'aura pas lieu, et qu'elle sera remplacée par la séance annuelle.

OUVRAGES OFFERTS À LA SOCIÉTÉ.

Collection d'ouvrages orientaux. Ibn-Batoutah, texte et traduction, par MM. C. Defrémery et le Dr B. R. Sanguinetti. Vol. IV. Paris, 1858, in-8° (479 pages).

Par le traducteur. *Législation hindoue*, publiée sous le titre de *Vyavahara-Sara-Sangraha*, ou Abrégé substantiel de droit, par Madura-Kandasvami-Pulavar, professeur au collége de Madras, traduite du tamil par F. E. Sicé. Pondichéry, 1857, in-8°.

Par la Société. *The Journal of the Bombay Branch of the Royal Asiatic Society.* (Vol. V, n° XX.) Bombay, 1857, in-8°.

Par l'auteur. *Storia dei musulmani di Sicilia*, scritta da Michaele Amari. Vol. II. Florence, 1858, in-8°.

Par M. Tessier. *Catéchisme siamois.* Bangkok, in-8°.

Par l'auteur. *Rodrigo el Campeador, estudio historico, fundado en las noticias que sobre este heroe facilitan las cronicas y memorias arabes*, par D. Manuel Malo de Molina. Madrid, 1857, in-4°.

Par l'Institut. *Werken van hat koninklijk Instituut voor Taal- Land- en Volkenkunde van Nederlandsch-Indië.* Vol. XII, contenant le voyage au Japon, en 1643, par G. Vries. Amsterdam, 1858, in-8°.

Par l'auteur. *Original sanscrit texts, on the origin and progress of the religion and institutions of India*, collected by J. Muir. P. I. The mythical and legendary accounts of caste. Londres, 1858, in-8°.

Par l'auteur. *Aperçu général des langues sémitiques et de leur histoire*, par L. Léon DE ROSNY. Paris, 1858, in-8°.

— *Notice sur le vert de Chine, et de la teinture en vert chez les Chinois*, par Natalis RONDOT. Paris, 1858, in-8°.

———

ESSAYS ON INDIAN ANTIQUITIES, historic, numismatic and palæographic, of the late James Prinsep, to which are added his *Useful Tables*, illustrative of indian history, chronology, modern coinage, weights, measures, etc. edited with notes and additional matter by Edward Thomas. London, 1858, 2 vol. in-8° (XVI, XVI, 435, et VIII, 224 et 336 pages, et 46 planches).

Les belles recherches numismatiques que Prinsep avait insérées dans les premiers volumes du Journal de la Société asiatique de Calcutta, et qui s'étendaient aux monnaies bactriennes, indo-scythiques, sassanides et indiennes, étaient devenues à peu près inaccessibles à cause de la rareté de ces volumes du Journal. M. E. Thomas a eu l'idée de réunir ces mémoires et de les commenter, et l'ouvrage ne pouvait tomber dans de meilleures mains que celles d'un éditeur qui, lui-même, s'était fait connaître par de nombreux travaux qui formaient une sorte de continuation de ceux de Prinsep. Il a reproduit les mémoires, et y a ajouté des notes et des suppléments considérables, qui mettent le lecteur au courant de tout ce qui a été fait depuis la mort de Prinsep, et des découvertes propres à l'éditeur. Il s'est servi des planches originales gravées par Prinsep, et en a fait regraver avec beaucoup de soin un certain nombre d'autres, dont les cuivres avaient péri; enfin, il a ajouté une assez grande quantité de planches nouvelles, contenant surtout des alphabets ariens et sémitiques. L'ouvrage, qui est d'une impression difficile, a été extrêmement bien exécuté par M. Austin, à Hertford, et le fait qu'un livre de ce genre ait trouvé un libraire éditeur est très-honorable pour le public anglais. Il eût été impossible de le publier en France sans l'aide du gouvernement. — J. M.

TABLE DES MATIÈRES

CONTENUES DANS LE TOME XI.

MÉMOIRES ET TRADUCTIONS.

Pages.

Recherches sur l'histoire, l'organisation et les travaux de l'Académie impériale de Péking. (M. BAZIN.) 5

Mémoire sur le Calendrier arabe avant l'islamisme, et sur la naissance et l'âge du prophète Mohammad. (MAHMOUD EFFENDI.) 109

Les Mongols d'après les historiens arméniens, fragments traduits sur les textes originaux. (M. Éd. DULAURIER.) 192

Les Mongols, etc. (Suite.) 426

Les Mongols, etc. (Suite et fin.) 481

Remarques sur quelques Dictionnaires japonais-chinois, et sur la nature des explications qu'ils renferment. (M. L. Léon DE ROSNY.) 256

Études sur la Grammaire védique. Chapitre XIII. (M. RÉGNIER.) 289

Études sur la Grammaire védique. Chapitre XIV. 328

Recherches sur l'histoire naturelle et la physique chez les Arabes. (M. J. J. CLÉMENT-MULLET.) 379

Coup d'œil sur la vie et les écrits de Hafiz. (M. C. DEFRÉMERY,) 406

Étude sur une stèle égyptienne, appartenant à la Bibliothèque impériale. (M. le Vte E. DE ROUGÉ.) 509

NOUVELLES ET MÉLANGES.

Procès-verbal de la séance du 11 décembre 1857 105

The anglo-barmese entertaining preceptor, etc. (J. M.). — Life in China. (J. M.). — Recherches sur plusieurs ouvrages de Léonard de Pise, etc. (J. M.).

Procès-verbal de la séance du 8 janvier 1858............. 278

　Vendidad-Sadé traduit en langue huzvaresch ou pehlevie.
　(M. Jules THONNELIER.) — Unité et confusion des langues,
　par Félix MICHALOWSKI (J. M.).

Procès-verbal de la séance du 8 avril 1858.............. 475

　Notice nécrologique sur M. le comte Jean II de Lazareff. (É. D.)
　— Notice sur la Régence de Tunis, par M. J. Henry DUNANT.
　— A Vocabulary of words used in modern armenian but
　not found in the ancient lexicons. (J. M.)

Procès-verbal de la séance du 14 mai 1858.............. 572

　Essays on indian antiquities, etc. (J. M.)

FIN DE LA TABLE.

AVIS AUX MEMBRES DE LA SOCIÉTÉ ASIATIQUE.

Le quatrième volume des *Voyages d'Ibn Batoutah* ayant
paru, les membres de la Société asiatique peuvent faire prendre
leur exemplaire au bureau de la Société, contre un payement
de 5 francs. Les acheteurs étrangers à la Société le trouveront
chez M. Duprat, libraire, au prix de 7 francs 50 centimes.
Les acheteurs de ce volume sont priés de ne le faire relier
que lorsque les *Tables des matières*, que prépare M. Sanguinetti, auront paru. Les écoles qui voudraient introduire
un des volumes d'*Ibn Batoutah* comme livre de texte peuvent faire prendre directement au Bureau de la Société
autant d'exemplaires qu'elles voudront, au prix fixé pour les
membres.

Lightning Source UK Ltd.
Milton Keynes UK
UKHW021840140219
337217UK00005B/394/P